Deutschlands Nordseeinseln

W0073346

Urlaubshandbuch

Wir drucken auf CHLORFREIEM PAPIER

Der
Reise Know-How Verlag Peter Rump GmbH
ist Mitglied der
Verlagsgruppe

REISE KNOW-HOW

Roland Hanewald
Deutschlands
Nordseeinseln

Wer sich nicht wenigstens einmal im Leben
rings von Meer umgeben sah,
weiß nichts von sich und der Welt

Goethe

Impressum

Roland Hanewald
Deutschlands Nordseeinseln

erschienen im:
Reise Know-How Verlag Peter Rump GmbH
Hauptstr. 198
33647 Bielefeld/Brackwede

© Peter Rump
2. aktualisierte Auflage 1995
ALLE RECHTE VORBEHALTEN

Umschlaggestaltung: M. Schömann, Köln
Inhalt: Kordula Röckenhaus, Bielefeld
Karten, Pläne: Catherine Raisin, Iain Macneish, Bernhard Spachmüller (Umschlagkarten)
Fotos: Kurverwaltung Baltrum, Kurverwaltung Borkum (KVB), Kurverwaltung Helgoland
(KVH), Kurverwaltung Wangerooge (KVW), Flor Hanewald (FH), Martin Liebermann (U2,
S. 216, 449, 456), alle anderen: der Autor
Lithographie: Städter Belichtungsservice, Bielefeld
Druck, Bindung: Fuldaer Verlagsanstalt GmbH, Fulda

Dieses Buch ist erhältlich in jeder Buchhandlung der BRD, Österreichs,
der Niederlande und der Schweiz. Bitte informieren Sie Ihren
Buchhändler über folgende Bezugsadressen:
BRD: Prolit GmbH, Postfach 9, 35461 Fernwald (Annerod)
oder über die Barsortimente *KNOe/KV, Libri,*
Umbreit, Könemann, Wegener & Co.
Schweiz: AVA-buch 2000, Postfach, CH-3910 Affoltern
Österreich: Mohr-Morawa Buchvertrieb GmbH,
A-1230 Wien, Sulzengasse 2
Niederlande: Nilsson & Lamm bv, NL-1380 AD Weesp

Wer im Laden trotzdem kein Glück hat, bekommt unsere Bücher
gegen Voreinsendung des Kaufpreises plus 4,50 DM für Porto und Verpackung (Scheck im
Brief) direkt bei:
Rump-Direktversand
Heidekampstr. 18, 49809 Lingen (Ems)

Alle Angaben leider ohne Gewähr. Wir freuen uns über Kritik,
Kommentare und Verbesserungsvorschläge.

Alle Informationen in diesem Buch sind von den Autoren mit größter Sorgfalt gesammelt
und vom Lektorat des Verlages gewissenhaft bearbeitet und überprüft worden.
Da inhaltliche und sachliche Fehler nicht ausgeschlossen werden können,
erklärt der Verlag, daß alle Angaben im Sinne der Produkthaftung ohne Garantie
erfolgen und daß Verlag wie Autoren keinerlei Verantwortung und Haftung für
inhaltliche und sachliche Fehler übernehmen.

PRINTED IN GERMANY
ISBN 3-89416-197-3

Anhang

Abkürzungen

HS	Hauptsaison
JH	Jugendherberge
NSG	Naturschutzgebiet
Ü	Übernachtung
ÜF	Übernachtung mit Frühstück
VP	Vollpension

Vorwort

Nach langen Jahren, in denen ich als Seemann die Weltmeere befahren habe, nach langer Zeit, in der ich einen der schönsten Inselstaaten der Erde, die Philippinen, zum Domizil erkoren hatte, hat es mich wieder zurück an die deutsche Nordseeküste gezogen. Was mich dazu veranlaßt hat, tropische Trauminseln mit dem rauhen Norden zu vertauschen? Und was hat mich an den deutschen Nordseeinseln so fasziniert, daß ich sie zum Inhalt eines Reisehandbuchs gewählt habe?

Gewiß lassen sich die kargen Eilande und Küsten der Nordsee nicht mit den Maßstäben tropischer Gestade, dem Liebreiz (unverbauter) mediterraner Küsten messen. Aber eine einmalige Andersartigkeit kann man ihnen nicht absprechen. Nicht, daß da etwas wäre, auf das man mit dem Finger zeigen könnte – so einfach ist die Faszination, die von den Inseln ausgeht, nicht erklärbar. Es sind eher die vielen kleinen Einzelheiten, die zusammen ein Ganzes ergeben, das man womöglich erst dann als solches erkennt, wenn man die Inseln wieder verlassen hat.

Da ist der hohe Himmel, der unendlich weite Horizont, der selten ruhende Wind mit seinen jagenden Wolken. Da sind die "an den Strand trekkenden Wellen" – so die "Nordseehymne" – und das Grummeln und Tosen der Brandung, die durchdringenden Möwenschreie und, wenn es einmal "pottendick" ist und der Horizont auf Steinwurfweite schrumpft, die klagenden Sirenen ferner Seeschiffe. Da ist der Geruch von Salzwasser und Schlick, ein "Nullgeruch" eigentlich, der dem von Millionen von Motoren umgasten Kontinentalbewohner als prickelndes Sauerstoffbad in Nase und Lunge fährt. Da sind das Wasser und der Sand, elementare Teile der Erde und stets in solcher Nähe, daß es leicht fällt, sich zu beglückender Einheit mit ihnen zu verbinden.

Alles dies stellt die alltägliche insulare Kulisse dar, die die Sinne des Wachen belebt und den Müden wie ein Kind in den Schlaf wiegt.

Zwar liegen die Inselstrände selten gänzlich verlassen, auch im Winter nicht, und manchmal tummelt sich auf ihnen mehr Menschheit, als dem nach insularer Isolation Dürstenden lieb sein mag. Doch sind dies überwiegend Menschen in fröhlicher Stimmung, deren Gesellschaft eher anregt als "nervt". Dies, das "Nerven", ist auf den Inseln ohnehin ein Fremdwort. Außer vielleicht, wenn die Rechnung präsentiert wird. Davon reden wir gleich, damit wir's hinter uns haben.

Einen schönen Inselaufenthalt! Mögen auch Sie hinfort zu den Nisophilen, den Liebhabern von Eilanden gehören!

Roland Hanewald

Hinweise zur Benutzung

Aufbau des Buches

Dieses Buch ist in mehrere Abschnitte unterteilt.

Die *praktischen Reisetips* vermitteln einen allgemeine Überblick zu Themen wie Preise und Unterkünfte, Gesundheit oder Essen.

Unter *Die Nordsee* findet man landeskundliche Beschreibungen zu Natur und Ökologie der Nordseeinseln; ein weiterer Abschnitt behandelt Sprache, Kultur und Geschichte.

Danach folgt die *Beschreibung der einzelnen Inseln*, geographisch von West nach Ost geordnet und in die Abschnitte Ostfriesische Inseln, Helgoland, Neuwerk und Scharhörn und Nordfriesische Inseln eingeteilt.

Zu jeder kleineren Insel findet man einleitende Texte mit Hintergrundinformationen und einer Beschreibung der Insel und ihrer Sehenswürdigkeiten. Darauf folgt ein ausführlicher Informationsteil mit wichtigen Adressen und Angaben zu Themen wie Strandkorbmieten, FKK oder Kinderbetreuung.

Bei den größeren Inseln Amrum, Föhr und Sylt sind die Sehenswürdigkeiten und Informationen den jeweiligen Orten zugeordnet. Sämtliche Halligen wurden in einem einzigen Kapitel zusammengefaßt.

Unterkünfte können natürlich nur in einer kleinen Auswahl vorgestellt werden - eine vollständige Aufzählung würde den Rahmen dieses Handbuches sprengen. Stattdessen werden nützliche Anhaltspunkte zum Preisvergleich gegeben. Dementsprechend ist - wie auch bei den Restaurants - weder die Auswahl noch die Reihenfolge als Wertung zu verstehen.

Nach einem Kapitel mit Informationen zu *Fährverbindungen* und -häfen folgt der *Anhang* mit einer Tabelle der Kurtaxen, dem Literaturverzeichnis sowie dem Orts- und Sachregister.

Praktische Reisetips

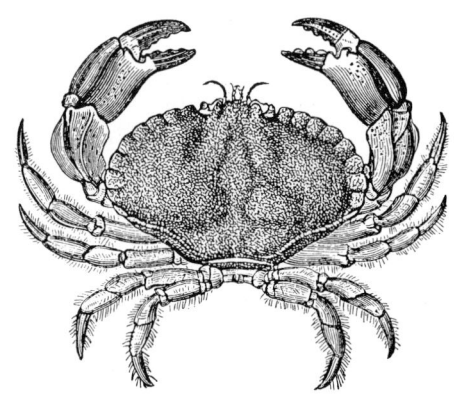

Reise und Preise

Anno 1992 gab es eine einschneidende Veränderung im touristischen Gefüge Germaniens: Der Bundesgerichtshof entschied ("leider" so eine Inselvertretung), daß alle **Nebenkosten** (z.B. Strom, Wasser und Heizung) im Mietpreis für Ferienwohnungen klar angegeben werden müssen.

Für den Gast hat dieses Urteil fühlbare Erleichterung geschaffen, und es war auch bitter vonnöten gewesen. Denn bis dato enthielten die Preislisten häufig Posten, die irgendwo unter "ferner liefen" oder im Kleingedruckten untergebracht waren und dem Mieter beim Abschied eine böse Überraschung bescherten. Vor allem bei den sogenannten **End- oder Nachreinigungkosten** war dreist zugelang worden: Mit 60 Mark oder mehr war dieser Posten mitunter teurer als die Übernachtung selbst. Strom, Wasser, Heizung, Reinigung usw. fallen heute in eine gemeinsame Sparte; sie müssen, bei Hotels funktioniert das ja auch, mit in den Tagespreis einkalkuliert sein. Wenn man in der Endabrechnung zusätzliche Kosten dieser Art aufgelistet findet, kann man diese mit einem Achselzucken abtun – vorausgesetzt allerdings, daß eine Inanspruchnahme solcher Leistungen, so der Gerichtsentscheid, nicht freiwillig war.

Also Vorsicht! Auch weiterhin wird versucht, sich an der neuen Gesetzeslage vorbeizulavieren und dem Gast eine Mogelpackung unterzujubeln. Dafür eignet sich der Terminus "freiwillig" vorzüglich. Wer nimmt schon unfreiwillig eine Dusche? Das Morgenbad kann deshalb, nach einem entsprechenden Hinweis, in separate Rechnung gestellt werden.

Die im Buch angegebenen **Beherbergungspreise** sind mehrheitlich, sofern nicht anders vermerkt, die jeweils niedrigsten für eine Übernachtung mit Frühstück (ÜF) pro Person im Doppelzimmer (DZ) in der Hauptsaison (HS). (Die Definition der HS variiert von Insel zu Insel, Einzelheiten im jeweiligen Info-Teil). Sie sind zudem, wie alle Zahlenangaben in diesem Buch, nicht verbindlich, sondern Anhaltswerte für einen Überblick über das Preisniveau. Ebensowenig kann von Fixpreisen ausgegangen werden, denn weitere Variationen sind stets möglich. Vielfach sind die Preise auf eine **Mindestbelegung** bezogen, die in der Regel drei Tage beträgt, oft aber auch eine Woche oder mehr. Bei kürzerer Belegung gibt's einen Aufschlag. Das ist ganz legal und auch verständlich. Bei langer Belegung (oder zu "Sauregurkenzeiten") kann man andererseits auch ein wenig handeln, was bei schmaler Kasse allemal zu empfehlen ist.

Feste Kosten stehen bei **Jugendherbergen** an. Die JH auf den Inseln haben die Kategorien II und III und bei VP die folgenden Preise:

Junioren in der Kategorie II: 29,20 DM, Senioren 33,20 DM. Kategorie III: 29,70 bzw. 32,70 DM. Dazu kommt ein täglicher "Inselzuschlag" in Höhe von -,70 DM, 3-5 DM für Wäsche (bis zu 10 Tage) und, von Fall zu Fall, Kurtaxe.

Zu bedenken ist auch stets, daß das allgemeine **Kostenniveau für Lebensmittel** auf den Inseln spürbar höher ist als auf dem Festland. Selbstversorger sollten sich vor Anreise zumindest für ein paar Tage mit dem Notwendigsten eindecken.

Richtig buchen

Der Leser möge Verständnis dafür haben, daß angesichts einer **sechsstelligen Gästebettenzahl** auf den deutschen Nordseeinseln unmöglich alle Herbergen in diesem Buch aufgezählt werden können. Es würde im Format sonst dem neuen PLZ-Verzeichnis ähneln und wäre nur noch ein Handbuch für jene, die Hände wie Kohlenschaufeln besitzen.

Zimmer-vermitt-lung

Die Praxis ist auch viel einfacher. Wer sich für eine Insel interessiert, setzt sich mit der dortigen **Zimmervermittlung** oder **Kurverwaltung** in Verbindung (Adressen und Telefonnummern im jeweiligen Info-Teil) und läßt sich das **Gastgeberverzeichnis** zuschicken, in dem alle Herber-

gen säuberlich aufgelistet und in sämtlichen Einzelheiten beschrieben sind. (Die Reihenfolge der Beherbergungs- und Gaststättenbetriebe ist in diesen Verzeichnissen – und auch in diesem Buch – keineswegs wertend zu verstehen, sondern folgt dem Alphabet, Größenordnungen, der Lage oder anderen praktischen Erwägungen).

Auswahl der Unterkunft

Erster wichtiger Punkt: Wann ist das Haus geöffnet? Viele Herbergen machen über Winter dicht oder legen zu anderen Zeiten eine Pause ein.

Außer dem Typus der Unterkunft und, versteht sich, ihrem Preis, sind jetzt viele kleine Details zu beachten, die alle im Verzeichnis stehen. Die Lage zum Beispiel. (Manche Leute empfinden Brandungsrauschen als einklagbare Lärmbelästigung). Die Ausstattung. (Ein Telefon mag für manchen unverzichtbar sein, aber ginge es nicht mal zwei Wochen ohne Glotze?) Sind Kinder willkommen? Hunde und andere Haustiere? Keineswegs überall! Ziehen Sie womöglich ein Nichtraucherhaus vor? Davon gibt's jetzt immer mehr. Und letztlich wird auch interessieren, ob die Herberge zumindest entfernten Inselcharakter hat und nicht aussieht wie eine Garage mit Wohnteil. In den meisten Prospekten sind die Häuser einschließlich ihrer sorgfältig getrimmten Rasen und Hecken abgebildet. Inselwildnis-Charakter hat leider keines, nirgendwo.

Vertragsabschluß

Gegenseitige Kontaktaufnahme und Vertragsabschluß sind ausschließlich Sache von Gast und Vermieter; die Kurverwaltungen haben damit nichts mehr zu tun. Ein *Gastaufnahmevertrag* gilt als abgeschlossen, sobald die Unterkunft bestellt und schriftlich bestätigt worden ist. Eine *schriftliche Bestätigung* ist auch seitens der meisten Insel-Jugendherbergen erforderlich, andernfalls erfolgt keine Aufnahme!

Jobben auf der Insel

Vor allem für junge Leute hat die Aussicht auf Inselferien bei freier Kost und Logis plus Bezahlung bestimmt einen gewissen Reiz. Die Arbeitsämter in den Küstenstädten vermitteln in der Tat in der Hauptsaison jede Menge Ferienjobs.

Manche sind sicherlich ganz attraktiv: Eine Pferdekutsche lenken, bei guten Trinkgeldern kellnern, als Ladenhilfe tätig sein. Unter der Überschrift "Vorsicht Falle: Jobs auf den Nordseeinseln" berichtete die "Wilhelmshavener Zeitung" im Sommer 1993 allerdings auch von sehr schlechten Erfahrungen einiger Ferienwerker. Eines ist klar: In den meisten Fällen haben sie die Dreckarbeit zu machen, zu der sich sonst jeder zu gut ist. Wenn der Boß dann aber auch noch die Meinung vertritt, das Privileg eines Inselaufenthaltes gleiche eine leistungsgemäße Entlohnung wieder aus, sind die Aussichten weniger reizvoll. Am besten, man sammelt unter Dortgewesenen zunächst einmal Erfahrungsberichte ein.

Die Sache mit der Kurtaxe

Daß ein freier Bürger seinen Fuß nicht auf freien Boden setzen darf, ohne dafür zur Kasse gebeten zu werden, ist vielen Menschen schlicht unverständlich. Deshalb hat es auf den deutschen Nordseeinseln seit der frühen Einführung der leidigen Abgabe immer wieder Ärger zwischen Gästen und der Verwaltung gegeben. Und ein Ende ist nicht in Sicht. Die Kurtaxe stellt nämlich eine nicht geringe zusätzliche Last für das Urlaubsbudget dar. Das läßt manchen Inselreisenden aufmucken, der ihren Sinn nicht zu erkennen vermag, vor allem, wenn er weiß, daß Bund und Länder die Inseln kräftig unterstützen.

Der Wortreichtum, mit dem die Verwaltungen in ihren Schriften das Thema angehen, die langatmigen Auslassungen zur Sache, das Anführen von Paragraphen und Grundsatzurteilen in ansonsten devot gehaltenen Texten – das alles läßt im "Kurgast" den Argwohn aufkommen, daß hier etwas nicht rechtens ist. Von ihm, der vielleicht nur seine Lungen mit der guten Seeluft durchspülen, ein Bad im Meer genießen will, wird erwartet, einen teuren Verwaltungsapparat mitzufinanzieren, sich aus eigener Tasche an Programmen zu beteiligen, die ihm sehr überflüssig und albern vorkommen mögen – und für die in der Mehrzahl eh noch gepfeffert gelöhnt werden muß. Vielleicht verlangt es ihn auch gar nicht nach den pompösen

Kurpalästen aus Glas und Klinker und anderem mehr, das den Inseln wenig zum Schmuck gereicht, vielleicht sähe er lieber etwas natürlich Gewachsenes anstelle von Architektur, die auch in Garmisch-Partenkirchen ihren Platz hätte.

Doch danach fragt man ihn nicht. Sein Luftholen, sein Morgenbad, der Fuß auf dem Sand werden pauschal zur geldwerten "Kur" erklärt, für die er gefälligst zu blechen hat. Und rechtens ist auch alles. Wiederholt ist versucht worden, die Kurtaxe zu Fall zu bringen, doch sie ist gesetzlich fest einbetoniert.

Manchmal sind es die Insulaner selbst, die an den Fundamenten der Taxe rütteln, indem sie sie ihren Gästen gar nicht in Rechnung stellen. In Wittdün auf Amrum gingen die Rebellen (1992, laut "Stern") einen anderen Weg: Sie rechneten vor, wie sich Gebührenerhöhungen vermittels Kürzung von Repräsentationsaufwendungen der Kurverwaltung vermeiden ließen. Diese schlug umgehend zurück: Die Kurtaxe wurde heraufgesetzt – um 40 Prozent.

Eine gewisse Kontrolle, ob der Gast seine Taxe zahlt oder nicht, erlangen die Verwaltungen mittels der *Kurkarte*. Es gibt sie auf den meisten Inseln. Sie wird entweder an der *Kurkasse* gelöst oder direkt vom Vermieter ausgestellt (der gibt auch die nötige Auskunft). Ohne dieses Kärtchen läuft vielerorts gar nichts. Man erreicht nicht einmal den Strand – es sei denn, man zahlt horrend drauf, und jede Veranstaltung und Fahrt kostet doppelt soviel. Aber erst mal anreisen – dann sehen wir weiter!

Gesundheit

Meer für die Gesundheit

Thalassotherapeutisches Potential. Aktinischer Komplex. Thermisch-hygrisches Prinzip. Maritime Aerosol-Atmosphäre.

Dies sind einige der Hundertmarkwörter aus den Prospekten, mit denen ein Klima beschrieben wird, wie es eigentlich überall sein sollte: Gesund und anregend, mit sauberer Luft und inmitten einer weitgehend unverschandelten Umwelt und Natur. Die See ist ein Extrabonus.

Die deutschen Nordseeinseln besitzen kein Monopol auf das sogenannte und vielgepriesene *Heil- und Reizklima*. Auch anderswo gibt es ähnlich günstige klimatische Verhältnisse.

**Indika-
tion:
Allergien**

Wenn Ärzte ihren Patienten einen Inselaufenthalt verordnen, so haben sie dabei vor allem Allergiker im Visier, die auf bestimmte Stoffe in ihrer Umgebung – besonders in der Luft – ausgesprochen "gereizt" reagieren. Allein in der Bundesrepublik leiden schätzungsweise 15 Millionen Menschen an Gesundheitsproblemen dieser Kategorie. Eine Vielzahl spricht sehr ungünstig auf ***Pollen*** an, Blütenstaubpartikel, die sich je nach Pflanzenart von Februar bis September in den Lüften tummeln. Anderen, ebenfalls sehr zahlreich, bereitet der Aufenthalt in beheizten, klimatisierten oder elektronikbestandenen Räumen intensive Beschwerden.

Die sehr hohe Zahl der dieserart Leidenden läßt vermuten, daß das Immunsystem vieler Zivilisationsmenschen durch ständige Überreizung geschwächt ist und beim kleinsten Anlaß "sauer" reagiert. Man könnte diese Auslöser "negative Reize" nennen. Es gibt aber auch positive, und die herrschen im Seeklima vor und machen es so "heilkräftig". Außerdem fehlen in der sauberen Meeresluft viele der allergieauslösenden Stoffe.

**Licht und
Luft**

Ganz von selbst sorgt auch die Abkopplung vom Alltag, die Ferien- und Feiertagsstimmung, für ganzheitliches Wohlbefinden. Hierzu gesellen sich die Wirkungen der "aktinischen und thermisch-hygrischen Komplexe", auf gut deutsch die Einflüsse von Licht, Luft, Wärme und Wasser. Licht nämlich stimuliert die Produktion von Hormonen, die direkt auf unser Wohlbefinden Einfluß haben.

**Vorsicht,
Krebs!**

Defizite auf diesem Sektor sind während einiger Ferientage nicht mit Brachialgewalt auszugleichen. Wer sich mit dieser Absicht auf den "Teutonengrill" packt, kann sich unter Umständen allerdings statt guter Laune und knackiger ***Bräune*** Schlimmes einhandeln. Daß übermäßiges ***Sonnenbaden***, besonders dann, wenn es zum ***Sonnenbrand*** kommt, eine der Hauptursachen für Hautkrebs ist, sollte sich inzwischen ja herumgesprochen haben. Besonders in den ersten Urlaubstagen und in der Mittagszeit sollte man sich schützen – durch ***Sonnenschutzmittel*** oder einfach dadurch, daß man den Schatten aufsucht.

Bekanntlich ist die UV-Einstrahlung an der See um einiges höher als im Binnenland. Selbst im Schatten kommt man hier – langsam, aber sicher – zur begehrten Bräune.

Wohltäter

Im schattigen Exil erreichen den Nordseeurlauber sowieso auch weiterhin Scharen von meeresspezifischen Wohltätern. Dies sind zunächst einmal die ***Aerosole***, fein aufgelöstes Salz und Jod in der Atemluft, und des weiteren die sogenannten ***negativen Ionen***. Die werden erzeugt,

17

wo immer Wasser in heftiger Bewegung ist, so am Brandungssaum, und sie vermitteln dem Menschen das prickelnde Wohlgefühl, das ihm in umbauten Räumen – bis hin zu einem erstickenden Minimum in betonierter Umgebung – in totalem, womöglich krankmachendem Ausmaß abhanden kommt. Dort herrschen nämlich die positiven Ionen vor, deren Effekte außerordentlich negativ sind.

Kur-
packung

Die Kurpackung ist für alle Nordseebäder ein Eckpfeiler ihrer Existenzgrundlage. Viele Millionen hat man nahezu überall in Einrichtungen gesteckt, die sich von Insel zu Insel im Prinzip wenig unterscheiden.

Allen gemeinsam sind gesalzene Preise; natürlich, die teuren Anlagen wollen betrieben werden und müssen sich amortisieren. Wer seine Kur nicht von der Kasse bezahlt bekommt, muß tief in die Tasche greifen. Natürlich kann man das Bad im Nordseeschlick statt als teure "Anwendung" auch umsonst haben – im Watt nebenan.

Dieses Buch gibt keine Empfehlungen für den Kurbetrieb – dafür gibt es schließlich die Kurärzte. Es ist nämlich möglich, ein Eiland nach einem Ferienaufenthalt erfrischt und belebt zu verlassen, ohne ein einziges Mal der Segnungen einer mit dem Wort Kur- beginnenden Einrichtung teilhaftig geworden zu sein. Das ist ja auch überhaupt das kleine Geheimnis der Inseln, das sie so anziehend macht.

See-
krankheit

Bei allen nützlichen Aspekten des Klimas – einem ganz inselspezifischen Leiden wird sich mancher Küstenbesucher nicht immer entziehen können: Der Seekrankheit. Auf einigen Seebäderschiffen gibt es einen eigens installierten "Brechraum", in dem sich die Reise in netter Gesellschaft erleben läßt... Weniger auf den Zubringern der küstennahen Inseln, Fahrzeugen stattlicher Tonnage, die durch das Wattenmeer schippern. Doch auf einer Helgolandfahrt kann es trotz Schlingerkielen und Umwälzsystemen mitunter ganz lustig hergehen!

Manche Medikamente aus der Apotheke schützen vor dem Schlimmsten. Auch ein Stück frischen Ingwers zu kauen soll hilfreich sein. Am besten hilft wohl "Augen zu und durch" und zudem eine humorige Einstellung wie diejenige *Wilhelm Buschs*, der eine Inselreise (nach Borkum) mit diesen Worten beschrieb:

"...Der Weg durch Oldenburg und Ostfriesland bei Hitze und unglaublichem Sand und Staub war auch unerfreulich genug. Aber schon die Seefahrt von Emden aus machte mir das größte Vergnügen. Drei Hüte gingen fort auf ewig. Ein stattliches Kalb, welches ein Schlachter überführte, richtete vermittels seiner Wind- und Wetterseite ergötzliches Unheil an. Ein paar junge Damen wurden seekrank, die eine in meiner Nähe so geschickt, daß ich mit dem

Winde so eine Art Pastetenfüllung ins linke Ohr bekam."

Möge es dem heutigen Inselfahrer besser ergehen. Wenn nicht, dann möge er bedenken: Die Windseite vermeiden!!!

Säuglinge und Taubstumme werden nie seekrank, ebenso eine verschwindend kleine Anzahl von permanent Gefeiten. Ein ebenso geringer Prozentsatz ist von dem Übel erst befreit, wenn er wieder festen Boden unter den Füßen verspürt. Für das Gros dazwischen stellt die Seekrankheit eine Frage der Gewöhnung dar. Unwahr ist auch, daß ein "richtiger Kerl" nie seekrank wird...

Herzmuschel

Einer, den es mächtig packte, war der dicke *Hermann Göring* auf einer stürmischen Kreuzerfahrt von Helgoland nach Kiel. Nachdem er — was den Seeoffizieren nicht verborgen blieb — Neptun reichlich geopfert hatte, belegte man ihn in der Offiziersmesse mit dem ehrenvollen Titel "Reichsfischfuttermeister" (mit der Berechtigung, ein goldenes Netzhemd zu tragen).

Göring kam die Sache zu Ohren, und er verlangte bitterböse die Bestrafung des Offiziers, der sich bei diesen Frotzeleien am meisten hervorgetan hatte. Der Mann wurde befehlsgemäß verdonnert, doch seine Karriere nahm keinen Knick. Die deutsche Marine war auch im Zweiten Weltkrieg noch monarchistischen Prinzipien treu. Der olle Willem hatte schon mal einen Spaß vertragen können — zumal er seefest war.

Sicheres Baden

Natürlich reist man vor allem auf die Inseln, um dort zu baden, und nicht in der Hotelwanne, sondern in der See. Selbiges wird einem vielerorts jedoch stark erschwert. Es gibt **Bademeister, Baderegeln, Badezeiten**. Hier und da ist das Baden außerhalb abgezirkelter Areale sogar schlichtweg verboten.

Brandung

Die heraufbeschworenen Gefahren sind real. Hohe Brandungswellen sind allein schon wegen ihrer kinetischen Energie gefährlich. Sie können einen Schwimmer auf den betonharten Boden schmettern, daß ihn die Sinne vielleicht für immer verlassen. Das Risiko ist aber primär durch die Vermischung von Wasser und Luft in der Brandungszone gegeben, denn diese Mixtur hat eine weitaus geringere Tragkraft als unvermengtes Wasser.

Strömung

Schwache Schwimmer können in dieser Zone schnell in Bedrängnis geraten, vor allem, wenn noch Strömungen an ihnen ziehen. Der Rückfluß der Wellen ist um so stärker, je höher diese sind, und dazu gesellen sich die *Gezeitenströmungen*. Diese sind besonders stark, wo sich in einiger Entfernung parallel zum Strand Sandbänke hinziehen, wie es auf vielen Inseln der Fall ist. Vor allem bei ablaufendem Wasser entstehen in dieser Rinne böse Strömungen, die durch über die Bänke brechende Seen noch zu-

Warnzeichen: Ein roter Warnball. Baden nur unter Aufsicht der Rettungsschwimmer gestattet! Zwei rote Warnbälle: Baden verboten!

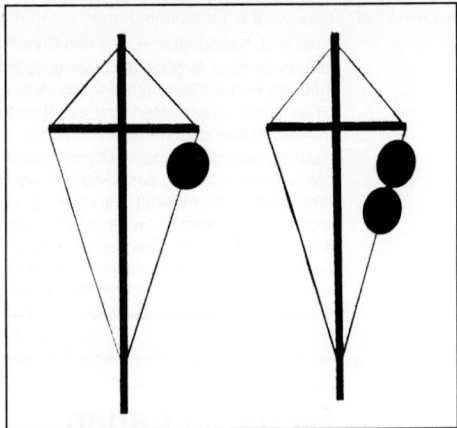

sätzliche Kraft erhalten. Für den, der hier auf die offene See getragen wird — denn gegen den Strom ist kein Anschwimmen, sieht's zappenduster aus. Das kalte Nordseewasser läßt ein Überleben von höchstens ein paar Stunden zu. Auch die Mär vom "Warmschwimmen" ist natürlich eine solche: Jegliche Körperbewegung im kalten Wasser führt letztendlich zu Wärmeentzug und Schwächung. Unbewegliches Treibenlassen mit Hoffnung auf Rettung ist in dieser Lage die beste Strategie.

Wadenkrampf und Unterkühlung

Ein Minimum an Bewegung beugt auch dem gefürchteten Wadenkrampf vor, der übrigens kein (direktes) Produkt des vollen Magens, sondern eines von Unterkühlung und Überanstrengung ist. Hilfreich — bis zum völligen Verschwinden des Problems — ist das Heraufziehen der großen Zehe bei gestrecktem und durchgedrücktem Bein.

Analoges gilt auch bei glücklicher Rückkehr an den winddurchzogenen Strand. Da hilft kein "Warmturnen"; ein Unterkühlter gehört unter die heiße Dusche. (Siehe auch "Alkohol" im nächsten Abschnitt).

Also sollte man – von moderaten Ausbrüchen abgesehen – doch wohl lieber "den Anordnungen des Badepersonals Folge leisten"? Gewiß – zumindest so lange, bis man selber mit allen Gefahren und Risiken auf das Innigste vertraut ist.

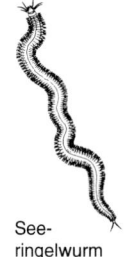

Wattwandern

Dies gilt auch ganz besonders für Wattwanderungen. "Verboten!" heißt es da fast überall, oder "nur mit staatlich geprüftem *Wattführer*", der natürlich Geld kostet.

See-
ringelwurm

Da dem Entdeckungstrieb der Menschheit aber keine Zügel anzulegen sind, gehen immer wieder Neugierige, Trotzige und Unwissende auf Erkundungstour in die Watten und geraten mitunter ganz schön in die Bredouille.

Ausdrücklich sei hier empfohlen, es diesen "Individualisten" nicht nachzutun. Nicht nur der Gefahr wegen, sondern auch, weil der größte Teil der Watten Naturschutzgebiete sind, in denen man nicht herumtrampeln sollte. Der Wattführer hat den Kompaß, das Walkie-Talkie und die Erfahrung, und die hat der Kurgast meistens nicht. Das ist besonders bitter, wenn plötzlicher *Nebel* aufkommt. Und es gleichzeitig kälter wird. Und die Flut aufläuft...

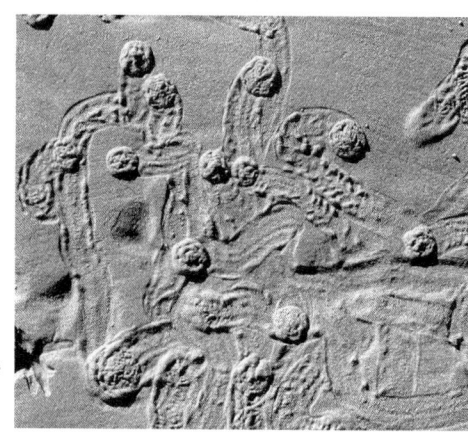

Watt-
schnecke

Ebbe und Flut

Ganz früher einmal glaubte man, daß das Atmen eines Seeungeheuers oder Meeresgottes die Gezeiten bewirkte. Doch schon vor der Zeitenwende hatten kluge Köpfe erkannt, daß irgendwie ein Zusammenhang mit der **Bewegung des Mondes** bestand. Der Grieche *Strabo* stellte fest: "Der Okeanos ahmt die Bewegungen der Gestirne nach!" Vor allem *Plinius d. Ä.* machte sich wenige Jahre später um den Wissensstand zu diesem Thema verdient. Dann geriet mit dem Verfall der Antike alles wieder in Vergessenheit.

Erst *Kopernikus* sah (im 16. Jh.) die Zusammenhänge in groben Zügen wieder, und Kepler bahnte *Newton* den Weg zu weiteren Erkenntnissen, vornehmlich dem Gravitationsgesetz. Denn es ist die **Schwerkraft**, die für das Phänomen der Gezeiten (Küstendeutsch: **Tiden**) verantwortlich zeichnet. Die Massen des Mondes und, in weit geringerem Ausmaß, der Sonne zerren nämlich mit ihren Anziehungskräften gewaltig an der Erde. Und da ein flüssiger Stoff wie Wasser sich leicht in Bewegung versetzen läßt, entsteht dort, wo diese Kräfte sich am stärksten auswirken, jeweils ein regelrechter Wasserberg, unter dem die Erde sich quasi hinwegdreht.

Der durch diesen "Berg" verursachte **Gezeitenhub** (**Tidenhub**) kann beträchtlich sein. Im Nordosten der USA erreicht er über 18 m, im englischen Bristol 14 m und im französischen St. Malo 13 m. An der deutschen Nordseeküste sind diese Werte bescheidener: 2,80 m in Wangerooge, 2,40 m in Borkum und Helgoland, 1,80 m in List auf Sylt. Nur in den Flüssen kann der Hub noch höher liegen, so bei 4 m in Bremen.

Das Gefälle des Wassers bewirkt das Entstehen erheblicher **Strömungen**, die in der Nordsee aufgrund des relativ geringen Tidenhubes jedoch einigermaßen moderat sind. An engen Stellen wie in den Passagen zwischen den Inseln rauscht es aber ganz schön durch. Bei 4 Knoten (7,4 km/h) wird es auch für Schwimmer und sogar für manche Boote eng. Dann erhallt, wie so oft in jedem Jahr, der Ruf nach den Rettern.

Anhand des sogenannten **Tidenkalenders** bzw. einer **Gezeitenübersicht**, die auf den Inseln an jedem Anleger und Badestrand einsehbar ist, kann man sich mit Ebbe und Flut, Hoch- und Niedrigwasser vertraut machen. Es ist nämlich keineswegs so, daß diese Vorgänge sich jeden Tag zur gleichen Zeit wiederholen. Die Tiden sind pro Mondaufgang um 50 Minuten versetzt, und da es zweimal innerhalb von 24 Stunden auf- und abläuft, ver-

schiebt sich der Zeitpunkt von Hoch- bzw. Niedrigwasser um täglich jeweils 25 Minuten. Mit anderen Worten: Die **Dauer einer Tide** (oder Gezeit) beträgt 6 Stunden und 13 Minuten. Je nach der Mondphase, d.h. der Stellung unseres Trabanten zur Sonne, stellen sich auch besonders hohe (Springtiden) oder niedrige (Nipptiden) Gezeiten ein, die sich ebenfalls aus den Tabellen entnehmen lassen.

Schwimmer, Surfen, Bootsfahrer, Wattwanderer – eigentlich jedermann auf den Inseln sollte mit den Gezeiten eng vertraut sein, sollte auch wissen, daß Wind und Seegang für große Abweichungen des berechneten Ergebnisses sorgen können. Die Gezeiten der Nordsee stellen nicht nur ein faszinierendes Phänomen dar. Sie bergen auch ein Gefahrenpotential, vor dem es sich in acht zu nehmen gilt.

3 Grad minus, Nebel – und die Flut läuft auf

Wie schnell Leichtsinn und Unwissenheit in die Katastrophe führen können, zeigt der nachstehende Bericht aus den Annalen der DGzRS:

Der letzte Dienstag im Dezember 1992 ist ein grauer, kalter, unfreundlicher Tag. Starker Nebel liegt über dem Watt von Borkum, der ostfriesischen Insel im Westen, die auch um diese Jahreszeit als Urlaubsziel ihre Vorteile bietet: klare, saubere Luft und Hochseeklima, gerade drei Stunden vom Festland entfernt.

Heinrich und Helga K. aus dem schwäbischen Kornwestheim haben sich vormittags auf den Weg gemacht, um eine Prise Meeresluft zu schnuppern. Über die lange Strandpromenade führt sie ihr Weg in Höhe des Kurhauses hinunter an den um diese Jahreszeit verwehten, graugelben Strand und weiter an die Wattkante. Die bunten Strandkörbe sind längst im Winterquartier und nur wenige Spaziergänger unterwegs. Das Ehepaar hat den Weg Richtung Seehundsplate angetreten – eine großflächige Untiefe, die weitläufig trockenfällt. Bei auflaufendem Wasser, also wenn die Flut ihren Höchststand erreicht, überspült die Nordsee die Plate. Heute vormittag ist das Wasser bei Ebbe weit abgelaufen. Ein Priel wird von den "Spaziergängern auf dem Meeresgrund" umlaufen, und sie erreichen das Hohe Riff, das normalerweise nicht betreten werden darf: Seehundschutzgebiet. Für 14.12 Uhr ist Hochwasser angesagt. Wer dann noch trockenen Fußes zurückgehen will, muß einen ganz bestimmten Weg kennen. Und den wissen eigentlich nur die Einheimischen ...

Szenenwechsel. Kurz vor 13.00 Uhr. Liegeplatz des Seenotkreuzers *Alfried Krupp* im Schutzhafen von Borkum. Der Mittagstisch ist gerade abgebackt worden. In der Kombüse klimpern Bestecke und Teller – Abwasch. Auf UKW läuft ein Funkspruch auf. "Wattwanderer am Hohen Riff vom Wasser eingeschlossen. Von Land aus keine Hilfe möglich."

Glücklicherweise waren die beiden Wattwanderer beobachtet worden, wie sie sich immer weiter von der Promenade entfernten, vom Nebel verschluckt wurden und auf die weite Entfernung nur schemenhaft mit dem Fernglas ausgemacht werden konnten. Alarm für die Inselfeuerwehr. Vergeblicher Einsatz: Das Wasser ist schon zu hoch aufgelaufen. "Da kommen wir nicht mehr ran. Ruf die Retter!"

"Retter" – das ist an der Küste und auf den Inseln die kurze und einprägsame Bezeichnung für die Seenotkreuzer und Seenotrettungsboote – und auch für die Männer, die an Bord rund um die Uhr ihren Dienst tun. Die "Retter" sind auf dem Anmarsch. Durch das Hubertgat prescht der Seenotkreuzer, erreicht nach knapp 20 Minuten das Revier am Hohen Riff.

"Tochterboot raus!" Die 7,50 Meter lange *Glückauf* mit gerade 75 Zentimetern Tiefgang ist in ihrem Element. Umsichtig manövrieren die beiden Rettungsmänner das Tochterboot an die Wattkante, wo ihnen das Paar entgegenkommt. Völlig durchnäßt, zitternd vor Kälte. Kein Wunder: Lufttemperatur minus drei Grad. Wassertemperatur drei Grad. Ein frischer Wind aus Südost.

Minuten später wird das Tochterboot vom Kreuzer aufgeslipt. Heinrich und Helga K. werden an Bord der *Alfried Krupp* versorgt. Mit trockener Kleidung und einem guten ostfriesischen Tee mit Kluntjes. Viel Worte gibt es in dieser Situation nicht. Der Seenotkreuzer läuft zurück zum Liegeplatz, wo die Wasserschutzpolizei für alles Weitere sorgt, unter anderem den Transport in das Inselkrankenhaus, wo die beiden Urlaubsgäste auf Unterkühlungserscheinungen untersucht werden.

Als Heinrich und Helga K. von Bord der *Alfried Krupp* gehen, spüren die Seenotretter, was in den Köpfen der beiden vor sich geht: " ... wenn die uns nicht da rausgeholt hätten ..."

Essen und Trinken an der Küste

Brot

Es beginnt mit dem Brot. Was sich **Schwarzbrot** nennt, ist auch schwarz und enthält komplette Getreidekörner, die zu einem krustigen, nährstoffreichen Laib zusammengebacken sind. So ein richtiges norddeutsches Schwarzbrot erweckt den Eindruck, es würde die erste Halbzeit eines Fußballspiels ganz gut als Ball überstehen. Ein Klacks Butter drauf – und voilà: eine komplette Mahlzeit!

Krabben

Dabei läßt es der Nordseemensch nun aber nicht bewenden. Er häuft sich entweder rohes **Hackfleisch** auf den Kanten oder belegt ihn dick mit **Garnelen**, die in den flachen Gründen vor der Küste gefangen und noch an Bord der Kutter in Seewasser gekocht werden. Die Krabbeltiere haben an der See die kuriosesten Namen und heißen überall anders: **Granat** in Ostfriesland und an der Weser, **Kraut** an der Unterelbe und im Nordfriesischen, **Porren** und vereinzelt auch **Sanduhl** auf den Halligen und Inseln im Norden. Sie sind von vorzüglichem Eigengeschmack und – außerhalb der Restaurants – gar nicht teuer, vorausgesetzt allerdings, man "puhlt" (schält) sie selbst.

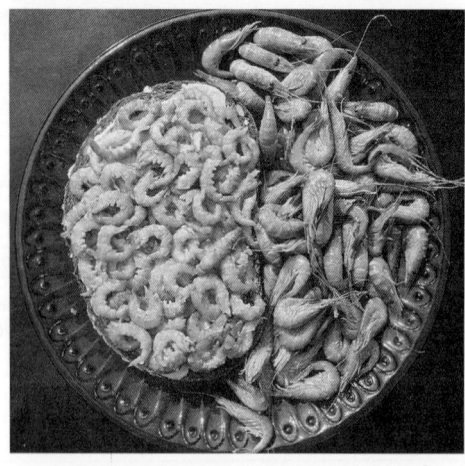

Fisch

Wer Fisch verabscheut, ist an der Nordsee eigentlich fehl am Platze. Eine leckere Palette erwartet hingegen den Kenner oder Experimentierfreudigen. Jedes **Maischollengericht**, auch in einfachster Zubereitungsart, ist fünf Sterne wert. So häßlich der **Knurrhahn** aussieht, so lieblich schmeckt er. Und dann haben wir noch den noblen **Matjes**, den man schon deshalb zu schätzen wissen sollte, weil ihm in der – vor allem von den Holländern – hemmungslos überfischten Nordsee möglicherweise ein baldiges Aussterben bevorsteht...

Garnele

Matjes

Laut Lexikon ist Matjes "ein junger Hering im besten Ernährungszustand, der zur Fangzeit (Frühsommer) vor der Laichreife steht, doch noch keinen Ansatz von Milch (= Samen) oder Rogen (= Eier) erkennen läßt." Nach dem Fang wird Matjes etwa acht Wochen bei Temperaturen zwischen 6 und 15 Grad in einer milden Salzlake, der Zucker und biologische Wirkstoffe beigegeben werden, "herangereift". Mehrere hundert Tonnen Matjes bereitet man dieserart alljährlich an der Küste zu, vornehmlich im ostfriesischen Emden. Der beste Monat für den Verzehr von knackfrischem Matjes ist der Juni, doch perfekt kontrollierte Steuerungen des Reifevorgangs machen den Fisch heute zu jeder Jahreszeit zur exquisiten Delikatesse, dem "Kaviar der Nordsee".

Man serviert Matjes mit saurer Sahne, Zwiebelringen und Apfelscheiben zu Pellkartoffeln oder Schwarzbrot. Oder aber man packt ihn am Schwanz und läßt ihn nach und nach im Schlund verschwinden – das ist die traditionelle und keineswegs anstößige Art des Verzehrs. Alle Methoden resultieren (des nie ganz auslöschbaren Salzgehalts des Herings wegen) in herrlichem Durst.

"Ostfriesenpalme"

Grünkohl (alias "Ostfriesenpalme") ist die einzige wahrhaft deutsche Kohlart, doch kaum über den Norden hinaus bekannt, geschweige denn geschätzt, was unter anderem an mangelnden Zubereitungskenntnissen liegen mag. Von oben gesehen ähnelt ein Grünkohlfeld beeindruckend einem Urwalddach en miniature. Das Kraut wird vorzugsweise nach den ersten Frösten geerntet, noch steif vor

Eis, und mit Schmalz, fettem Bauchfleisch und dicken Grützwürsten (*Pinkel*) gegart, "bis es glänzt" — so die gängige Rezeptur. Dazu gibt es Röstkartoffeln und scharfen Senf und, zur vermeintlichen Entschärfung dieser Cholesterinbombe, jede Menge Alkoholisches.

S-teifer Grog

Zum Thema Alkohol soll hier nichts Spielverderberisches gesagt werden. Allerdings sollte auch kein Insel- und Küstenbesucher dem fatalen Irrglauben anhängen, daß die Einnahme von Hochprozentigem eine Art Kälteschutz darstelle. "Dann haben wir erst mal einen anständigen 's-teifen Grog' zur Brust genommen, bis uns wieder warm wurde... oder 'n ordentlichen Köm..." So etwas hört man immer wieder. Jedermann scheint auch zu glauben, daß Seeleute und Fischer mehr oder weniger permanent diesem schönen Brauch huldigen, um gegen widrige Winde gefeit zu sein.

Dr. Meinhard Kohfahl, Seenotarzt der Deutschen Gesellschaft zur Rettung Schiffbrüchiger, ist einer, der es ganz bestimmt besser weiß. "Das zunächst als wohlig empfundene Wärmegefühl ist trügerisch," warnt er. "Der 'Klare', der 'steife Grog' – jede Art der Alkoholeinnahme führt zu einer Erweiterung der Blutgefäße. Das hat zur Folge, daß der Körper mehr Wärme abgibt, als er produzieren kann." Der Alkohol trägt letzten Endes also nur zu weiterem Wärmeverlust bei, im Falle extremer Unterkühlung kann er tödlich wirken. Wenn Seeleute "einen heben", so geschieht dies meist, um ihre Einsamkeit und Perspektivlosigkeit zu betäuben.

Niemandem soll mit diesen Zeilen die Freude vergällt werden, einmal einen kräftigen Zug zu tun, und Inselfahrer mögen sich auch weiterhin das "zünftige" Grogrezept "Rum muß, Zucker darf, Wasser kann" geduldig anhören. Aber daß der Stoff nicht gegen die Kälte hilft, sollte gerade im kühlen Norden nie vergessen werden.

'n Koppke Tee

Von "Köm" kann man auch mit Gewinn auf ein zahmeres Getränk umsteigen, das wirklich wärmt. Es ist Tee, mit dem ein Großteil der Küstenbewohner ein aufwendigeres *Zeremoniell* veranstaltet als die Japaner. Auf den Nordseeinseln wird man sich überall, wo es noch halbwegs traditionell zugeht (oder wo man einen Touristenkult daraus macht), diesem Zeremoniell kaum entziehen können.

Der Tee muß "der richtige" sein, nur die besten Sorten. Dasselbe gilt für das Wasser. Chloriertes Leitungswasser ist unter Kennern out. Mit dem *Stövje*, einer Art Mini-Samowar, werden die richtigen Brauverhältnisse gewährleistet. Dunkel-goldgelb muß der Tee ins "Koppke" rinnen.

Knisternder *Kandiszucker* – kein anderer – wird zugesetzt und dann die dicke *Teesahne*, die eine blumige Wolke im Goldbraunen aufblühen läßt. Die Sahne nicht umrühren! Das tun nur unverbesserliche Barbaren aus dem Binnenland!

An Tee ist allerdings auch ein (kleiner) Haken. Er enthält viel Gerbstoff (Tannin), weitaus mehr als Kaffee, der die sogenannte Eisen-Bioverfügbarkeit negativ beeinflußt. Gerade das Küstenprodukt Fisch ist sehr reich an biologisch hochwertigem Eisen, das bei Einnahme von viel Tee nicht voll genutzt wird. Andererseits wirken die Tannine besänftigend auf Magen und Darm, sind im Verbund mit Fluor gegen Karies wirksam und bauen über B-Vitamine Streßlasten ab. Das Mittelmaß ist hier, wie so oft, die beste Empfehlung.

Die Nordsee

Ans Haff nun fliegt die Möwe,
Und Dämmrung bricht herein;
Über den feuchten Watten
Spiegelt der Abendschein.

Graues Geflügel huschet
Neben dem Wasser her;
Wie Träume liegen die Inseln
Im Nebel auf dem Meer.

Ich höre des gärenden Schlammes
Geheimnisvollen Ton,
Einsames Vogelgerufe -
So war es immer schon.

Noch einmal schauert leise
Und schweiget dann der Wind;
Vernehmlich werden die Stimmen,
Die über der Tiefe sind.

Theodor Storm

Die Natur

Wie alles begann

Frühzeit

Wo fangen wir an – bei Würm, Riß, Mindel und Günz, den letzten Eiszeiten, die im erdgeschichtlichen Maßstab nur ein paar Sekündchen zurückliegen? Oder holen wir etwas weiter aus, 250 Millionen Jahre vielleicht, als der Großkontinent Pangäa gerade auseinanderzudriften begann, um die heutigen Erdteile zu bilden?

An welcher Stelle wir auch immer das Buch der **Erdgeschichte** aufschlagen: Wir finden ein ständiges, regelloses Auf und Ab. Riesige Landstriche verschwinden von der Oberfläche der Erde, andere tauchen auf. Meere entstehen und vergehen. Im frühen **Perm** etwa bedeckte das von wunderlichen Kreaturen bewohnte **Zechsteinmeer** die heutige Nordsee und Norddeutschland. Doch dieser Vorläufer unseres Hausmeeres hatte keinen Bestand. Durch wüstenähnliche Klimabedingungen trocknete das Zechsteinmeer wiederholt aus. Dieserart entstanden die unter der norddeutschen Tiefebene liegenden gewaltigen Salzlager, die den Menschen der Gegenwart so begehrenswert für die "Entsorgung" ihres lebensfeindlichen Mülls erscheinen. Im Verlauf der **Trias-Phase** war das Nordseebecken von Gebirgen und Hochländern umgeben, deren Verwitterungsschutt in die Tiefe geschwemmt und dort abgelagert wurde. So entstanden mächtige Schichten aus Buntsandstein – dem "Baumaterial" der roten Felsen Helgolands. Das war vor etwa 225 Millionen Jahren.

Dann, während die britische Insel wie ein Zahn aus dem Kiefer Europas herausbrach und nach Westen zu driften begann, stieß die See erneut in die nördlichen Niederungen vor und bewirkte über die Ablagerung von **Muschelkalk** die Sedimentation von **Kreideschichten**. Diese, aus winzigen Lebewesen gebildet, wuchsen im Lauf der Jahrmillionen auf Hunderte von Metern heran, und das ursprünglich lose Material wurde zu hartem Stein zusammengepreßt. So entstanden die berühmten "Kreidefelsen": Dover, Helgolands "Witte Kliff", Rügen.

Und das Meer, dann auch wieder die Erde, sie hoben und senkten sich weiter. Mitunter drückte das Salz aus der Tiefe nach oben – so wurde Helgoland "aus der Taufe gehoben" –, oder Eis band das Wasser und ließ den Meeresspiegel fallen. Das geschah während der bewußten **Eiszeiten**, die jedem Oberschüler ein Begriff sind.

Eiszeiten

Nicht nur viermal, wie anfangs erwähnt, sondern mindestens achtmal gab es die Eiszeiten. Die letzte dieser Kälteperioden, die Weichsel-Eiszeit, endete vor lediglich zehntausend Jahren, als unsere Vorfahren bereits diese Gefilde bewohnten.

Auf dem Höhepunkt dieser letzten Vergletscherung lag der Meeresspiegel um rund 100 m tiefer als heute. Weite Teile der gegenwärtigen Nordsee waren solides, allerdings eisbedecktes Festland. Die Elbe floß im Verbund mit der Weser westlich von Helgoland vorbei; der Rhein, mit Themse und Humber als Nebenflüssen, ergoß sich nördlich der Doggerbank ins Meer.

Erwär-mung

Einer neuerlichen Erwärmung des Erdklimas folgte auch ein *Abtauen der polaren Eismassen* und *Ansteigen des Meeresspiegels*. Die von Skandinavien kommenden, bis weit nach Deutschland hineinstoßenden, mächtigen Gletscher hatten das Land flachgehobelt, bei ihrem Rückzug aber enorme *Endmoränen* und gewaltige Steinbrocken, die *Findlinge*, hinterlassen. Aus den Sandmassen der Moränen entwickelten sich die höhergelegenen trockenen *Geestrücken*, das tiefergelegene Land bildete die feuchten, aber fruchtbaren *Marschen*.

Doch die Nordsee überflutete in mehreren Anläufen ihr heutiges Becken. Ab 13.000 v. Chr. wütete der Blanke Hans bereits wieder über der *Doggerbank*, und vor etwa 8000 Jahren erreichte die Nordsee schon ungefähr ihre heutige *Küstenlinie*. Rund 3000 Jahre später, bei Durchbruch des Englischen Kanals durch eine alte Gletscherrinne, erhielt diese dann ihre vorerst gültige, von den wiederholten Eisschüben abgeplattete Form.

Immerhin fünf oder sechs Meter tiefer lag der Meeresspiegel damals noch. Auch weiterhin ragten markante Inseln und Höhenzüge aus der Wasserwüste, deren Reste den Geologen heute als *Pisa-* oder *Amrumbank-Moräne* vertraut sind. Hier entwickelte sich die frühe menschliche Kultur unserer Breiten unter harten Lebensbedingungen, doch in einer herrlichen Umwelt mit reicher Fauna und Flora.

Vor etwa 5000 Jahren lag *Helgoland* wahrscheinlich am westlichen Ende einer Geest-Halbinsel. Schon ein halbes Jahrtausend später zerbrach diese Brücke, und Helgoland gewann endgültig seinen insularen Status. Vorher bereits war die *Geestküste Schleswig-Holsteins* auf winzige Überbleibsel reduziert worden. Gewiß werden sich in einem späteren Erdzeitalter Gebirge recken, wo heute die Nordsee rauscht. In der Gegenwart und nahen Zukunft hält das Abbröckeln indes noch an – ein ernstes Problem unserer Zeit, von dem in diesem Buch noch wiederholt die Rede sein wird.

Die *Ostfriesischen Inseln* allerdings sind keine Überreste dieses ehemaligen Festlandes. Sie entstanden aus *Sandbänken*, auf denen der Wind Dünen aufhäufte, die durch Pflanzenbewuchs stabilisiert wurden. Im Laufe der Jahrhunderte wandern diese bewohnbaren Sandhaufen allmählich immer weiter nach Osten.

Wind und Wetter

Ewiger Westwind

Die Nordsee liegt ziemlich mittig im Bereich der Zugbahnen **nordatlantischer Tiefdruckgebiete**, die sich am quasistationären Azorenhoch vorbeidrücken müssen. Deshalb weist sie fast ständig wechselndes und häufig windiges bis stürmisches Wetter auf. Dies ist die sogenannte *Westwindtrift*.

Ein von den Britischen Inseln herannahendes Tief kündigt sich in der Regel durch südwestliche Winde an. Nach Durchzug einer Warmfront mit Regen und einer Kaltfront mit Schauern springt der Wind dann gewöhnlich auf nördliche Richtungen um, meistens Nordwest, und es wird klarer und kälter. Dies ist das "typische" Nordseewetter, dessen Wechselhaftigkeit nie die Langeweile eines permanent blauen Himmels aufkommen läßt, andererseits aber auch auf allen Küsten- und Inselreisen die Mitnahme des wasserdichten gelben "Friesennerzes" voraussetzt.

Nordsee – Mordsee

Die mitunter zum Extremen neigenden Wetterverhältnisse und ihre Folgen haben der Nordsee das schlimme Beiwort "Mordsee" eingetragen. Zwar ist sie nur fünfmal so klein wie das Mittelmeer, und ihr Volumen beträgt weniger als 0,01% der globalen Seewassermenge. Aber ein Ententeich ist das "atlantische Randmeer" dennoch nicht. Das

hat seine Geschichte bewiesen, seit man diese entlang seiner Gestade aufzuzeichnen begann.

In der *Julianenflut* kamen 1164 mehr als 20.000 Menschen ums Leben. Die *Lucia-Flut* von 1287 forderte 50.000 Opfer; die verheerendste aller Sturmfluten, die *Grote Mandrenke* vom 16. Januar 1362, mindestens die doppelte Zahl. Tausende ertranken auch in der *Antoniflut* des Jahres 1511. Nordfriesland allein beklagte mehr als 8.000 Tote, als die *Buchardiflut* 1634 über die Inseln und Halligen hinwegbrach. Die schreckliche *Weihnachtsflut von 1717* bleibt bis heute an der Küste unvergessen. Überall entlang der Nordsee kennt man auch noch die Namen blühender Ortschaften, die spurlos verschwanden: Itzendorf bei Norddeich; Otzum bei Neuharlingersiel; Jadeleh, Dauens und Bant am Jadebusen; Rungholt im Nordfriesischen und noch viele mehr.

"Landunter", so der gängige Ausdruck an der Küste, gab es auch am *17. Februar 1962*, als die Nordseedeiche an 61 Stellen brachen und selbst das 80 km elbaufwärts gelegene Hamburg zu einem Fünftel zur Wasserwüste wurde. 315 Menschen starben in dieser *Jahrhundertflut*, wie sie in den Medien genannt wurde. In der *Holland-Flut*, just elf Jahre zuvor, waren sogar 1051 Menschen ums Leben gekommen; 300.000 mußten vor den Wassermassen flüchten.

Auch weiterhin Landunter

Die oben geschilderte meteorologische Konstellation mit jäh umspringenden Winden von Sturmstärke ist, wie gesagt, typisch für die Nordsee und trägt für den Inselfahrer zu manchem Reiz bei. Doch ein Zuviel davon, gar noch gekoppelt mit überhohen *Springtiden*, kann für die deutsche Nordseeküste nicht weniger katastrophale Folgen haben als 1962 – immer noch.

Riesige Mengen Wassers werden vom Sturm zunächst durch den Englischen Kanal gepreßt, um in der Deutschen Bucht, wo es nicht mehr weitergeht, einen regelrechten Berg zu bilden. Hinter diesen faßt der Nordwest dann und schiebt ihn in die Trichter der Flußmündungen – potentielles Landunter! In den Niederlanden befaßt man sich bereits mit dem ketzerischen Gedanken, der See wieder einiges mühsam gewonnene Land zurückzugeben, um den Druck auf die Küste zu verringern.

Solche Überlegungen werden aus gutem Grund angestellt, denn sie sind auf lange Sicht von nackter Not diktiert. Noch ist nicht genau abzusehen, ob und wie schnell das Erdklima sich, unter anderem durch menschengemachte Auslöser, erwärmen wird. Doch der *Meeresspiegel* kriecht langsam, aber stetig höher. Schlimmer noch: Die Energie des Seegangs und der Brandung wächst fortwährend an; das Hämmern auf die Küsten verstärkt sich.

Zwar hat die Kraft der Sturmtiefs nur unwesentlich zugenommen, falls überhaupt. Superstürme hat es schon immer gegeben. Doch neuerdings ist sogar von "Mammuttiefs" die Rede, der Definition nach Druckgebilde, die ein normales Barometer gar nicht mehr anzeigen kann. Sicher ist: Wenn Winde von Hurrikanstärke über die Nordsee hinwegtoben, werden an der Küste nicht nur ein paar Dachpfannen wegfliegen.

Landunter heißt es dann vor allem auf den Inseln und Halligen. Wieviel dort bereits zu Bruch gegangen ist, zeigt die Geschichte. Doch der **Blanke Hans** nagt ewig weiter. Die ostfriesischen Inseln, driftende Sandbänke allesamt, bewegen sich nach und nach gen Osten, mit dem kleinen Trost allerdings, daß der westliche Abbau am anderen Ende meistens wieder anwächst. Aber dieser Trost ist schwach. Auf 40 m näherten sich die Fluten im Winter 1992/93 den ersten Gebäuden Langeoogs, einer an und für sich recht stabilen Insel. Tausende von Kubikmetern Sand mußten nachgespült werden, um das Ufer zu festigen. Das sind Kosten, die keine Kurtaxe mehr trägt und für die Land und Bund einspringen müssen.

Trübe Aussichten

Ähnlich sieht es auf den Nordseeinseln fast überall aus. Ein Kampf gegen Windmühlenflügel wird vor allem auf Sylt ausgetragen. Trotz heftigster Gegenwehr gehen der 99 km² großen Insel alljährlich 170.000 m² Substanz verloren – für immer. Um anderthalb Meter weicht an der Westküste die Strandlinie jedes Jahr, Tendenz zunehmend. Modernste Großtechnik kommt zum Einsatz, um den Abbau, wenn schon nicht aufzuhalten, so doch zumindest zu verlangsamen. Doch das dafür ausgelegte große Geld ist nur für den Moment gut und bleibt letztlich in den Sand gesetzt. Die Geologen sind sich einig, daß die Nordseeinseln in spätestens 600-700 Jahren von der Karte verschwunden sein werden und noch viel eher, falls der Treibhauseffekt richtig zum Greifen kommen sollte. Auch die Holländer täten nach Ansicht der Fachleute gut daran, sich trotz aller Wasserbaukunst schon jetzt nach höhergelegenen Asylen für ihre Nachkommen umzusehen.

– und Sonnenschein

Noch allerdings sind die schönen Nordseeinseln da. Und auch wenn die Winde rauh wehen – zumindest die **Temperaturen** sind recht ausgeglichen. Auf den Inseln wird es nie zu heiß und sehr selten einmal wirklich kalt. Dafür sorgt auch weiterhin der nicht allzu weit entfernte Golfstrom.

Der Monat mit den **höchsten Temperaturen** ist auf allen Inseln der August mit einem maximalen täglichen Mittel von 20° C. Das Thermometer kann auch höher klettern, doch fast immer mildert Wind die Hitze. Den meisten

Sonnenschein gibt es überall im Juni. Sylt erreicht hier mit 261 Stunden ein ausgeprägtes Maximum (Borkum im Vergleich: 226 Stunden). Man spricht in der Tat im Bereich Nordfriesland von einer regelrechten Sonnenküste. Der dunkelste Monat ist der Dezember; auch Sylt kommt hier nur auf 41 Sonnenstunden. Die *Wassertemperaturen* auf den Inseln erreichen im Juli und August 17° C und fallen außerhalb dieser Monate rasch auf erheblich kühlere Werte ab (Angaben: Deutscher Wetterdienst, Seewetteramt).

Doch dies sind statistische Erhebungen, die allenfalls einen Überblick vermitteln, aber natürlich nichts über das Wetter von einem Tag auf den anderen aussagen. Für die Nordsee gilt: Voller Optimismus anreisen, aber immer auf das Schlimmste gefaßt sein!

Übrigens: Ein ausführlicher regionaler Wetterbericht hängt täglich bei Kurverwaltungen, Rathäusern und Segelclubs aus.

Die Umwelt

Sand und Wasser

Insel-baustoffe Die Hauptelemente der meisten deutschen Nordseeinseln sind eben diese: Sand und Wasser. Um was für Stoffe handelt es sich dabei eigentlich genau?

Der *Nordseesand* ist vorwiegend das zerriebene Überbleibsel einstiger Felsmassen, die in die Mühle der Eiszeiten gerieten. Er ist auf allen Inseln, die einen Strand besitzen, von makellosem Hell- bis Dunkelgelblichweiß, feinkörnig und absolut sauber. Im weltweiten Vergleich verdienen die deutschen Inselstrände höchste Benotungen – vor allem, wenn man bedenkt, daß sie einem industriellen Koloß vorgelagert sind und sich pro Jahr Zehntausende von Schiffen an ihnen vorbeiwälzen.

Es hat allerdings einige Arbeit gekostet, diesen Idealstatus zu erreichen, im großen Maßstab wie auch im kleinen vor Ort. Heute sind die Strände so sauber, daß eine angetriebene solitäre Flasche schon interessierte Aufmerksamkeit erregt. (Ja, es gibt zeitweilige Ausnahmen, den ekligen Giftbeutelskandal im Januar '94 zum Beispiel, doch diese sind nicht von Dauer.) Das allgemein erhöhte *Umweltbewußtsein* hat unter anderem stark dazu beigetragen, daß im ökologischen Bereich auf allen Inseln geradezu richtungweisend vorgegangen wird. Der Tag ist nicht fern, da Kunststoffe weitgehend von den Inseln verbannt sein werden. Einwegflaschen, Getränkedosen und belastende Reinigungsmittel sind schon jetzt fast verschwunden. Sehr lobenswert auch kostenlose Toiletten im Gelände; geklärt wird weitgehend biologisch.

Und das Wasser?

Daß angesichts dieser Saubermann-Bedingungen auch das *Meerwasser* gute Noten erhalten hat, darf niemanden verwundern. Die vom ADAC in den letzten Jahren periodisch durchgeführten Untersuchungen ergaben durch die Bank das Fazit "einwandfrei sauber", welches allseits mit großer Genugtuung aufgenommen wurde. Manche Leute hatten das doch immer gesagt und alles andere einer Panikmache der linken Kampfpresse zugeordnet.

Allerdings bezogen sich die ADAC-Tests lediglich auf das Vorhandensein schädlicher Bakterien. Was die Nordsee an sonstiger Schmutzfracht mit sich führt, steht auf einem anderen Blatt. Das graue Nordmeer ist keine blaue Karibik.

Zwar ist das, was da im Kielwasser der Fähre braungrünlich emporbrodelt, dem hoffnungsvollen Schnorchler am Inselstrand die Hand vor Augen verwehrt, keine Verschmutzung im eigentlichen und abschreckenden Sinn. Es handelt sich um Schwebstoffe aus Schlick, Plankton und Algen – das gab es schon vor tausend Jahren und ist vielleicht sogar "gesund". Was jedoch von anderer Seite in die Nordsee "eingetragen" – so das Fachwort – wird, ist von minderer Heilkraft.

Spröde Elastizität

Früher, noch gar nicht so lange her, sah man die Belastbarkeit mariner *Ökosysteme* wie der Nordsee als unerschöpflich an. Bis auf Bundesebene schwadronierte man von den "unendlichen Selbstheilungskräften", der "Elastizität" und der "Absorptionsfähigkeit" des Meeres. Spätestens in den 60er Jahren wurden diese Erkenntnisse hochbezahlter Fachleute als Irrglaube und Nonsens entlarvt; vieles war im Zeichen industrieller Interessenvertretung auch nur so dahergeredet worden. Wie sich zunehmend zeigte, war das Meer ein höchst fragiles Biotop und der Mensch im besten Begriff, es zu zerstören. Als ganz besonders gefährdet erwies sich die Nordsee, ein von lauter Industriestaaten umgebenes flaches Schelfrandgebiet des Atlantischen Ozeans. Auch die Mär, daß alles aus ihm "hinausgeschwemmt" würde, erwies sich als solche. Die

Nordsee, klein und seicht wie sie ist, hat nicht einmal eigene Gezeiten, sondern liegt im Bereich sogenannter Mitschwingtiden des Nordatlantiks, die als Welle bei den Orkneys und Shetlands in das Bassin hineinlaufen und sich gegen den Uhrzeigersinn an den Küsten entlang ausbreiten.

Grusel-Szenario ÖI-GAU

Wehe, wenn es in diesem empfindlichen Flachmeer einmal zu einer Supertankerkatastrophe kommen sollte! Dieses aus den Medien leider wohlbekannte Szenario wird an der Wattenmeerküste immer wieder mit allen gruseligen Konsequenzen ausgemalt. Was, wenn...!

Doch es bedarf gar keines solchen Desasters, um die Nordsee auch so alljährlich mit einer **Großtankerladung Öl** zu überziehen. Nicht spektakulär "im Stück" und wabernden Schmierteppichen, sondern so ganz "sutje", um ein Küstenwort zu benutzen. Die entsprechenden Schätzungen jährlicher Gesamteintragungen aus verschiedenen Quellen liegen bei mehreren zehntausend Tonnen! Allein rund 20.000 davon kommen aus der Atmosphäre: unvollständig verbrannte Treibstoffreste von Maschinen aller Art mit Einschluß von Kraftfahrzeugen. Die Schiffahrt ist zu 10-20% mit sich summierenden "Kleineinträgen" beteiligt, auffällig schon durch eine deutlich lebhafter sprudelnde Quelle im Winter, wenn Dunkelheit und schlechte Sicht ein Beobachten der illegalen Schweinereien erschweren.

Ein Löwenanteil entstammt Landabflüssen, ein kleinerer Prozentsatz dem Offshore-Bohrgewerbe, bei dem das eine oder andere Tönnchen immer mal wieder danebenkleckert.

So ungeheuerlich diese Quantitäten klingen mögen – sie sind gottlob (?) überwiegend dünn verteilt oder auch im Wasser gebunden und richten dort keinen unmittelbaren, augenfälligen Schaden an. Dazu reichen viel kleinere Mengen. Als 1987 ein Schiff vor einem Gebiet hoher Vogeldichte im holländischen Wattenmeer eine Tonne Öl abließ, starben über zehntausend Vögel. Doch auch in feiner Verteilung tötet das Öl nach Schätzung von Fachleuten an die 100.000 Vögel pro Jahr.

Chemie

Für Öl, das man sieht und riecht, hat der Badegast Sinnesorgane, und er wird im Regelfall und zu seiner großen Befriedigung beim Mittagsbad nichts davon bemerken. Doch für einige andere "Einträge" haben wir leider keine Fühler – sonst gäb's auch dauernd Alarm.

Dies geht vor allen Dingen die komplexeren Produkte der **Chlorchemie** an, von denen riesige Mengen den Weg in den "industriellen Nachttopf" finden, als den Zyniker die Nordsee bereits bezeichnet haben.

Nun mag abwiegelnd argumentiert werden, daß die See, der Badegast selber gar, als elementaren Baustein eine Chlorverbindung enthält: Natriumchlorid, das schlichte Kochsalz, ein überlebenswichtiger Stoff. Stimmt. Wir Menschen und das Meer können offenbar auf uralte gemeinsame Ursprünge zurückblicken. Deshalb enthalten wir auch beide keine chlorierten Kohlenwasserstoffe (CKWs) und erst recht keine polychlorierten Biphenyle (PCBs) – oder sollten es zumindest nicht. Denn diese brodeln erst seit etwa hundert Jahren in den Retorten. Und nicht nur dort. Der teuflische Gebräukomplex ist auch in solchem Maße "freigesetzt" worden, daß er mittlerweile alle biologischen Kreisläufe durchdrungen hat. Und da in unserem über Jahrmillionen hinweg mühsam erworbenen enzymatischen Abwehrprogramm kein Mittel gegen diese neuen lebensfeindlichen Substanzen existiert, haben sie uns zahlreiche und außerordentlich komplexe Krankheiten beschert. Nicht über eine unmittelbare "giftige" Wirkung, sondern auf dem Umweg über eine allgemeine Schädigung und Schwächung des Immunsystems mit allen weiteren Konsequenzen. Das beginnt, haben Wissenschaftler herausgefunden, bei Mikroorganismen auf dem Meeresboden und endet bei uns, der "Krone der Schöpfung".

Mehr Chemie

Zu diesen üblen Stoffen (auf die keineswegs das Meer, geschweige denn die Nordsee, ein "Monopol" hat), gesellen sich an die 40.000 t **Schwermetalle**, ein großer Teil davon – mittels "atmosphärischer Eintragung" – Blei aus Auspuffrohren. **Radioaktivität** (aus den Wiederaufbereitungsanlagen La Hague und Sellafield) macht sich ebenfalls in der Nordsee bemerkbar, wenn auch keineswegs besorgniserregend im deutschen Bereich. Aber muß dieser sprichwörtliche, ein Überlaufen einleitende Tropfen denn unbedingt noch hinein in den industriellen Nachttopf?

In den letzten Jahren hat sich gottlob einiges getan im ökologischen Umdenkprozeß. Mehr noch ist vonnöten. Immerhin ist man aber bereits so weit, daß im Zweifel über die Auswirkungen menschlicher Aktivitäten stets auch von Schadeffekten ausgegangen wird. Nach dem Vorsorgeprinzip sucht man in der Vermeidung von Ursachen generell die beste Lösung. Einige besonders schlimme Exzesse, so die berüchtigte **Dünnsäureverklappung** in die Nordsee, konnten über konzertierte Aktionen gestoppt werden. Es besteht Anlaß zu vorsichtigem Optimismus.

"Was geht mich das alles an?" mögen Sie fragen, während Sie Ihre Zehen in das erfrischend kühle und naturbelassen Nordmeer tauchen. "Das Wasser ist doch sauber!"

Nun, vielleicht möchten Sie Ihr Lieblingsmeer im nächsten Jahr genauso taufrisch und scheinbar pflegeleicht vorfinden. Das beinhaltet auf lange Sicht allerdings ein paar persönliche Einschränkungen: Weniger Auto, Plaste und Elaste. Umweltbewußtes Denken erfordert heute vernetzte Überlegungen.

Während des großen *Seehundsterbens* in Nordfriesland von 1988/89 konnte auch auf keinen einzelnen Schadstoff mit dem Finger gezeigt und gesagt werden: "Der war's." Zu denken geben sollte allerdings auch den Uneinsichtigsten, daß die etwa 11.000 Kadaver wegen extrem hoher Giftanreicherungen als "Sondermüll" beseitigt werden mußten.

*Um-
denken?*

Ungefähr 17.000 Seehunde gingen in der genannten Periode ein, wahrscheinlich durch eine Virusepidemie, gegen die ihr von endlosen "Eintragungen" geschwächtes Immunsystem keinen Widerstand bot.

Als die ersten Kadaver antrieben, gingen die Kurverwaltungen in aller Hast daran, diese einzugraben, um die Gäste nicht scheu werden zu lassen. Doch die meisten Inselbesucher ließen sich keineswegs verschrecken. Im Gegenteil, vielen gereichte das Spektakel zur Gaudi. Zusammentreffen mit zerfließenden Seehundleichen wurden als abenteuerliche Erlebnisse abgebucht. In bestimmt mehr als einem Fall setzte man Kleinkinder für ein pittoreskes Erinnerungsfoto auf den glibbernden Kadaver.

(Nach dem Bericht eines Mitarbeiters bei der Kadaverbeseitigung auf den Nordfriesischen Inseln).

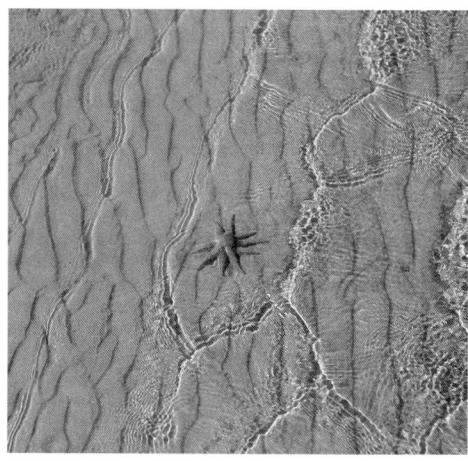

Nationalpark Wattenmeer

Der erste, der sich nachweislich über diese eigentümliche Weltregion wunderte und seine Eindrücke zu einem Bericht zusammenfaßte, war *Plinius d. Ä.* Er sah hier das Land zweimal am Tage aus der See auftauchen und wieder darin verschwinden, für ihn, der dem fast gezeitenlosen Mittelmeerraum entstammte, ein wahrhaft erschreckendes Phänomen.

Annähernd zweitausend Jahre später, anno 1985, standen erneut Menschen kopfschüttelnd am Rande des Schlick- und Sandmeeres und verstanden die Welt auch nicht mehr. Doch diesmal handelte es sich nicht um von fernher angereiste Fremde, sondern um Einheimische, die längst mit den Gegebenheiten vertraut waren. Was ihnen nicht in den Kopf gehen wollte, war ein Plan "von denen da oben", das Wattenmeer in einen **Nationalpark** zu verwandeln. Zu Beginn der achtziger Jahre hatte sich – endlich – die Erkenntnis verdichtet, daß sich dieses überaus fruchtbare und wichtige Ökosystem in akuter Gefahr durch menschliches Wirken befand.

"Nein, danke!" war die Reaktion an der Küste – und das war lediglich die mildeste. Schleswig-Holsteins Ministerpräsident *Uwe Barschel* flatterten Morddrohungen ins Haus, das Wort "Zonengrenze" machte die Runde. Nicht anders in Ost-Friesland. Man sah persönliche Pfründe in Gefahr, lang Etabliertes schwinden. Die dringlichen ökologischen Zusammenhänge sah man nicht oder wollte sie nicht sehen. Zwar lancierten die Anrainer ihre Proteste insofern schon zutreffend, als sie, mit relativ "sanften" Eingriffen vertreten, immer noch den geringsten Schaden anrichteten. Die Befürworter des Parkkonzepts ließen jedoch keinen Zweifel daran, daß auch Tourismus und Fischerei im Wattenmeer zunächst in umweltverträglichere Bahnen gelenkt werden mußten, bevor man die dickeren Brocken wie Ölförderung, militärischen Mißbrauch und letztlich die industrielle Großverschmutzung anging.

"Die da oben" setzten sich durch. Seit 1986 ist das Wattenmeer von Den Helder in den Niederlanden bis zum dänischen Esbjerg Europas größter Nationalpark mit einer Ausdehnung von 525.000 Hektar allein im deutschen Bereich. Einbezogen sind Teile aller ostfriesischen Inseln, jedoch keine Landgebiete (außer ein paar Sänden) im nordfriesischen Raum.

Was ist Watt?

Was *Theodor Storm* als ein "Gären des Schlammes" bezeichnet, ist in Wahrheit das Wuseln unzähliger Kleintiere. Kaum ein anderes Biosystem hat eine derart große **Biomasse** aufzuweisen wie das Wattenmeer. In einem Fingerhut Watt findet sich eine Million Algenzellen, an die 40.000 Kleinkrebse bevölkern einen Quadratmeter Schlick. Dieser außergewöhnliche Lebensreichtum gedeiht auf einem trockenfallenden Meeresboden, der bei jeder Tide aufs neue mit Sedimenten und Nährstoffen versorgt und der durch vorgelagerte Inseln geschützt und erhalten wird. Paradoxerweise tragen nämlich die Eilande der Nordsee durch eigenen Substanzverlust zur Existenz der Watten bei – des einen Tod, des anderen Brot. Es ist diese einzigartige Konstellation, die zum Werden und Bleiben des Watts führte: Ein wildes Meer, Inseln mit (noch) viel Abbausubstanz, relativ langsame Gezeitenströmungen, die das Aufgespülte nicht wieder fortwaschen.

Zwar gibt es auch anderswo in Europa Wattgebiete, in Irland und an der Algarve zum Beispiel, und in Übersee noch viel mehr. Doch die an der Nordsee herrschenden Verhältnisse findet man nirgendwo anders. Das Nordseewatt nimmt insofern weltweit eine einsame Spitze ein.

In der ständig regenerierenden Urbrühe der Watten, die dem Betrachter bei flüchtigem Hinblick eher als tote Schlickwüste erscheinen mögen, wimmelt es von Leben. Hier beginnt die **marine Nahrungskette** mit mikroskopisch kleinen Kieselalgen; am Ende der vielfältigen tierischen Erscheinungsformen steht Großfauna wie der Seehund. Hier auch ist die Kinderstube zahlreicher Fisch- und Schalentierarten, die unverzichtbar für die menschliche Ernährung sind. Gleichzeitig ist das geschützte Wattenmeer **Europas größtes Vogelreservoir** und seine Übergangsgebiete zum Land (Salzwiesen, "Heller", Strände, Dünen und Deichvorländer mit Prielen und Flußmündungen) ein Hort seltener Pflanzenarten, in dem wiederum bis zu 2000 Spezies von Kleingetier leben.

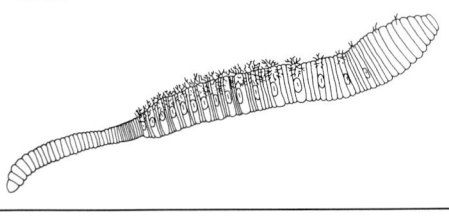

Pierwurm
ca. 20 cm

Was kreucht und fleucht im Watt?

Der erste Blick ins trockengefallene Watt enthüllt wenig Spektakuläres. Man muß schon etwas genauer hinsehen. Zum Beispiel müssen die Haufen von dünnen Sandwürsten, die sich überall erheben, offensichtlich organischen Ursprungs sein. Mit ein wenig Geduld erkennt man auch ab und zu eine Bewegung in ihnen. Da lebt also etwas.

Schlickkrebs

Die Haufen sind die Auswürfe des *Watt- oder Pierwurms*, der das Watt stellenweise mit bis zu fünfzig Exemplaren pro Quadratmeter durchsetzt und für Fisch und Vogel gleichermaßen als leckere Beute gilt. Kleinere "Bauten", Löcher und Trichter sind das Werk von *Borsten- und Seeringelwürmern,* von winzigen *Schlickkrebsen* (bis zu 400.000 pro m²), von *Herz-, Platt-, Pfeffer- und Sandklaffmuscheln*. Eine ruckartige Bewegung im Sand, begleitet von einem Wasserspritzer, verrät eine aufgeschreckte, jäh ihren Saugrüssel zurückziehende Muschel – und dem *Austernfischer* und *Großen Brachvogel*, daß es hier, nur dünn verborgen, etwas Nahrhaftes gibt. Bei der Sandklaffmuschel müssen allerdings auch sie passen. Bis zu 250 Gramm schwer sitzt sie nämlich fußtief im Boden. Nur der Mensch stellt ihr dort noch nach.

An der Oberfläche, vornehmlich dort, wo Steine und Pfahlwerk ein Festhalten erlauben, haben sich in arroganter Offenheit, bis zu 12.000 von ihnen auf dem Quadratmeter, *Miesmuscheln* angesiedelt - mir kann keener. Doch, der Mensch schon. Die Muschelfischerei hat seit Gründung des Nationalparks Wattenmeer zu einigen Kontroversen geführt; man bemüht sich auch weiterhin, Kompromisse zu finden, die allen Beteiligten gerecht werden. Allerdings trägt die Muschel selber auch einige Mitschuld - schlicht in Essigsud gekocht schmeckt sie nämlich verteufelt gut!

Apropos Essig: Dies ist das geeignete Gegenmittel bei Kollision mit einer sehr unangenehmen und "wehrhaften" Bewohnerin der Nordsee. Die sogenannten *Feuerquallen* können mit ihren bis zu 5 m langen haarfeinen Tentakelfäden Schwimmern arge Verletzungen durch Nesselgifte zufügen. Zwar gibt es an der Nordsee nur zwei gefährliche Quallenarten, und die sind überdies recht selten. Doch ein guter Pfadfinder ist immer vorbereitet. Abreiben der betroffenen Körperteile mit Essig ist hilfreich. Im schlimmsten Falle mag sogar die künstliche Beatmung eines Opfers notwendig werden, bei schweren "Verbrennungen" durch Quallen ist ärztliche Hilfe also schnellstmöglich zu suchen.

Ein kurioses Lebewesen im Watt ist die **Seepocke**, deren kleine weiße Kegel sich überall dort ansiedeln, wo es einen einigermaßen harten Untergrund gibt, Treibgut jeglicher Art nicht ausgeschlossen. Logischerweise wird man die festklebende "Pocke" im Reich der Muscheln ansiedeln. Weit gefehlt. Es handelt sich um ein Krebstier, das, geschützt von einem glasharten Chitinpanzer und angepappt mit einem ausgesprochenen Megaklebstoff, recht zufrieden und weitgehend feindlos vor sich hinlebt. Nur der Mensch mag die Seepocke nicht, denn sie klebt sich besonders gerne an Schiffsböden und nimmt so die Fahrt aus dem Dampfer ...

Da sind ihm die nächsten Verwandten des Klebtieres, die **Hummer** (s. Helgoland) und **Garnelen** (s. Essen und Trinken) schon lieber. Zwischen 20.000 und 30.000 Tonnen Garnelen werden alljährlich in deutschen Nordseegewässern von Krabbenkuttern gefangen - eine Zahl, die zunächst erschreckend anmuten mag. Doch der Fischwelt schmecken Garnelen mindestens genauso gut. Man schätzt, daß mindestens das Fünffache der genannten Menge von Fischen gefressen wird.

Ein besonders lustiger zu dieser Familie gehöriger Geselle, ein Krabbeltier, das einem häufig auch weit oben auf dem Trockenen begegnet, ist der **Einsiedlerkrebs**. Er schützt seinen weichhäutigen, verletzlichen Hinterleib, indem er ihn in ein leeres Schneckengehäuse rollt, das er dann immer mit sich herumschleppt. Wächst der Eremit, muß er sich auch ein größeres Haus suchen. Das Tierchen läßt sich schon mal von Menschenhand füttern, wenn ihm die Atzung zusagt. Eltern sollten ihren Kindern aber streng den Versuch untersagen, den "Willi" aus seinem Bau zu ziehen. Er reißt dabei nämlich in der Mitte durch und stirbt.

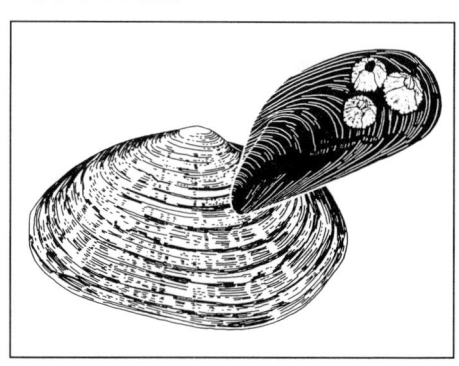

Sandklaffmuschel und Miesmuschel mit Seepocken

Auch bei *Seesternen* ist ein autoritäres Wort vonnöten, und nicht nur an die Adresse von Kindern. Zwar ist das symbolträchtigste aller Nordseetiere im Flachwasser relativ selten. Zudem ist der Seestern ein böser Räuber, der mit Vorliebe Miesmuscheln auslutscht. Doch auch er hat seine Lebensberechtigung. Man sollte einen lebenden Seestern nicht "zum Trocknen" mitnehmen, um damit seine Strandburg zu verzieren. Ist er aber bereits einmal mumifiziert, so steht seiner Rolle als Souvenir natürlich nichts im Wege.

Von den *Fischen* des Watts wird auch der aufmerksamste Beobachter wenig zu sehen bekommen, es sei denn, sie treiben tot an den Strand oder sie landen als Fangergebnis auf seinem Teller. Nur gelegentlich kann es einem mal passieren, daß beim Waten im flachen Wasser etwas unter dem Fuß zappelt. Keine Angst - das ist dann eine kleine *Scholle*, die sich eilends davonmachen wird und kein tropischer Stachelrochen, der einen in die Wade sticht.

Viel auffälliger für den Menschen als Landlebewesen ist die *Vogelwelt* des Watts. Für 25 Arten stellt der Wattenraum das *Hauptbrutgebiet* im europäischen Küstenbereich dar, viele weitere sind vertreten, zum Teil als Durchreisende. An erster Stelle stehen *Silbermöwen*, von denen es wohl an die 70.000 streng monogame Paare gibt, sowie auch *Lach-* und zu einem weit geringeren Anteil *Sturmmöwen.* Diese Vogelarten, vielfach als charakteristisch für den Nordseeraum angesehen, haben in der jüngsten Vergangenheit stark an Zahl gewonnen. Einmal dadurch, daß die Silbermöwe binnenländische Müllkippen als bequeme Wintervorsorgungslager "entdeckte", was eine Bestandsvergrößerung zur Folge hatte, andererseits weil, genau umgekehrt, die Lachmöwe, einst ein Inlandsvogel, seit den dreißiger Jahren immer stärker die Inseln besiedelte. Das ging auf Kosten anderer, teilweise stark gefährdeter Arten. Möwen sind von Küstenbewohnern und Vogelkennern deshalb gar nicht so gerne gesehen wie von den Badegästen. Schilder an Bord der Inselfähren - "Möwen füttern verboten!" - mögen wunderlich anmuten, und es wird nach Kräften "zuwidergehandelt". Doch die Aufforderung hat den Zweck, den Möwen den Status als "fliegende Ratten" zu versagen, wie ihn die Tauben des Binnenlandes schon innehaben.

Seeschwalben, Regenpfeifer, Rotschenkel, Austernfischer, Säbelschnäbler, Enten, Gänse - alles was in der Vogelwelt der Nordsee Rang und Namen hat, ist auch im Wattenmeer vertreten. Und das rund um die Uhr. Das Kreischen der Möwen verstummt am Abend,

Säbel-
schnäbler

"... und fliegen
weiter und
haben zu
sechst doch
richtig den
ganzen
Dückdalben
beklext."
(*Joachim
Ringelnatz*)

denn die Vögel ernähren sich zu einem Großteil direkt aus dem Meer und können nachts zu Bett gehen. Andere - viele - Arten sind auf das trockenfallende Watt angewiesen und müssen einen gezeitenbedingten Tagesrhythmus einhalten . Im Watt "ist immer etwas los", keineswegs kann man von einer trostlosen und schweigenden Wasser- und Schlickwüste sprechen.

Und grün ist's auch. **Algen** und **Tange**, archaische Gewächse aus der Urzeit irdischer Lebensentfaltung, bilden mitunter ganze Teppiche, üppig an der Wasseroberfläche wallend oder braungetrocknet und angenehm unter dem Fuß den Strand säumend. **Blasentang**, von kleinen "Luftballons" getragen, treibt besonders häufig in Fragmenten an, und Kinder vergnügen sich damit, die Blasen mit einem "popp!" zerplatzen zu lassen. Manchmal kauen sie auch daran herum - Bubblegum. Macht nichts. Die Praxis ist ungefährlich. Algen und Tange sind in großem Umfang eßbar, haben zum Teil sogar Heilwirkung - sofern nicht gerade ein besonders saftiger Schub von CKWs und PCBs in die Nordsee eingetragen wurde.

Blasentang

47

Verhalten im Nationalpark

Aus praktischen Erwägungen hat man den Nationalparkbereich in drei Zonen eingeteilt:

1. *Die Ruhezone.* In dieser "Zone I" gelten die strengsten Schutzbestimmungen, weil sich hier die empfindlichsten Landschaften und Biotope befinden. Betreten und Befahren dieser Zone ist generell nicht erlaubt, es sei denn auf ausgewiesenen Pfaden oder unter Führung von Parkpersonal. Versteht sich, daß man auch der Tierwelt fernbleibt. Niemand ist legitimiert, in eine Vogel- oder Seehundfamilie einzubrechen, um "nur" ein Foto zu machen.

2. Die *Zwischen- oder Pufferzone*. Hier sind alle Handlungen untersagt, die den Charakter des Wattenmeeres und der Inseln verändern oder die natürlichen Verhältnisse beeinträchtigen. Sonderbestimmungen gelten für die Brut- und Aufzuchtzeit der Vögel vom 1.4.-31.7. jeden Jahres. Naturgerechtes Verhalten sollte eigentlich in jeder "Zone" eine Selbstverständlichkeit sein.

3. In der *Erholungszone* (III, zumeist Stadt-, Strand- und Kulturgebiete) gelten lediglich lokale Beschränkungen.

Mehr Auskünfte zum Thema erteilen die *Nationalparkverwaltung Niedersächsisches Wattenmeer* (Virchowstr. 1, 26382 Wilhelmshaven) bzw. das *Landesamt für den Nationalpark Schleswig-Holsteinisches Wattenmeer* (Schloßgarten 1, 25832 Tönning). Außerdem befinden sich auf allen Inseln Info-Zentren (siehe Text), in denen man sich vor Ort kundig machen kann.

Die Menschen

Geschichte

Römerzeit   Schon der Grieche *Strabo* (66 v.-24 n. Chr.) beschrieb die Nordseeküste und ihre Bewohner. Der Römer *Plinius d. Ä.* wunderte sich als erster über das Wattenmeer mit seinen Gezeiten. *Tacitus* spendet den Küstenbewohnern Lob und beschreibt ihre Boote als "leichte Kähne, die sich aber zu Plünderungsfahrten eignen". Er berichtet auch von den Häuptlingen *Verritus* und *Malorix* und deren Reise zum *Kaiser Nero* in Rom, wo sie keck wie Asterix und Obelix Ehrenplätze im Theater beanspruchen, "denn niemand übertrifft an Tapferkeit und Treue die Germanen".

Das waren damals an der Küste die **Chauken** und die **Friesen**, vor allem die letzteren. Ihr Ursprung ist wahrscheinlich in den heutigen Niederlanden zu suchen, von wo sie sich entlang der Marschküsten in Richtung Osten und Norden ausbreiteten. Dort fanden sie weitgehend unbewohntes Land vor, Land, das den Launen der Nordsee ausgesetzt war und auf dem niemand leben wollte. Um 700 n. Chr. entstand das **friesische Großreich** unter *König Radbod.*

Christianisierung

Ein halbes Jahrhundert später begann auch hier das Christentum Einzug zu halten – was den Friesen zunächst überhaupt nicht in den Kram paßte. Der große Missionar *Bonifatius* starb 755 in Dockum (Ostfriesland) den Märtyrertod. (Böse Zungen behaupten, die Friesen hätten ihn auch verspeist, was jedoch keineswegs den Tatsachen entspricht. Wahr ist allerdings, daß seine Gebeine nie gefunden wurden).

Bonifatius jedenfalls gebührt der Ruhm, das widerspenstige Volk unter das Kreuz der Christenheit geführt zu haben. Im Jahre 785 wurden die friesischen Gebiete **Teil des Frankenreiches** unter *Karl dem Großen*. Gleichzeitiq setzte auch eine stärkere **Besiedlung des heutigen Nordfriesland** von Westen her ein. Die Dickköpfe unter den Friesen, und sie hatten offenbar nicht wenige davon, verließen ihre alte Heimat, um sich der Herrschaft des deutschen Kaisers und dem Einfluß des Christentums zu entziehen. Sie siedelten sich auf den Geestinseln Sylt, Föhr und Amrum sowie auch auf Helgoland an, wo sich noch geringe Reste eines verwandten Volkes, der **Angeln**, befanden, deren Hauptzahl zuvor nach England abgewandert war.

Warften

"Frisia non cantat," lästerten bereits die Römer in Hinblick auf die karge **Subsistenzkultur** der Küstenbewohner, "in Friesland singt man nicht." Man hatte dort auch gar keine Zeit zum Trällern, denn es gab Vordringlicheres zu tun.

Im 9. Jahrhundert erhoben sich die friesischen Behausungen noch auf sogenannten Warf(t)en oder Wurten, menschengemachten Erdanhäufungen, um die See "außen vor" zu halten. Doch das "Mare Oceanum Germaniae" kroch weiter empor, weil sich die Küste unmerklich senkte. Zwar waren die Häuser auf den Warften zunächst noch einigermaßen sicher. Aber der Getreideanbau und damit die Grundernährung wurde durch immerwährende Überflutungen zunehmend in Frage gestellt. Es galt etwas zu unternehmen.

Deichbau

Der Deichbau an der deutschen Nordseeküste begann um das Jahr 1000. Er wurde vom ganzen Volk, nicht vom Einzelnen, unternommen und stellt ein stolzes Kapitel in der Geschichte der Küstenbewohner dar. "Wer nicht will deichen, muß weichen!", hieß es: Wer sich nicht am Deichbau beteiligte, flog aus der Volksgemeinschaft. In seinem "Schimmelreiter" schildert *Theodor Storm*, wie unerbittlich es auch noch Jahrhunderte später am Deich zuging. "Gott schuf das Meer, der Friese die Deiche", klingt es heute an der Küste. Im Hinblick auf das Jahrtausendwerk, an dem immer noch gearbeitet wird, werden muß, kann man sich ein bißchen Selbstbewußtsein auch ruhig leisten.

Friesischer Freiheitsdrang

Das hat man eigentlich immer gehabt, dort, "wo Ebbe herrscht und Flut" (Ostfriesenhymne). Die Friesen auf ihrem buchstäblich selbsterrungenen Land haben sich nie etwas dreinreden lassen. Das hatte schon *Karl der Große* anerkannt, der ihnen Sonderrechte einräumte, und das mußten auch andere hinnehmen, die sich bei den vermeintlich tumben Schlickschauflern blutige Nasen holten. Im 13. Jahrhundert gründeten die Friesen den **Upstalsboomverband**, eine der Schweizer Eidgenossenschaft nicht unähnliche Vereinigung. "Thiu forme urkere aller Fresena is thet hiu ense a jera to gadera kome to Upstalsboma – die erste Kür aller Friesen ist, daß sie einmal im Jahr beim Upstalsboom zusammenkommen", war der Grundsatz dieses urgermanischen **Things**.

Das bodenständige Motto trug zu jahrhundertelangem Zusammenhalt bei. In vieler Hinsicht herrschten im Friesenland bereits **mustergültige demokratische Verhältnisse**, als es überall sonst in Europa noch drunter und drüber ging. Alles Auswärtige war den Friesen daher auch zutiefst suspekt. Man blieb, schon aus Gewohnheit, unter sich.

Neuzeit

So hielt auch das **Industriezeitalter** nie Einzug; an den Deichen herrschte permanente Ebbe. Während es im übrigen Deutschland boomte, blieb man in Friesland **arbeitslos**. Und während es in anderen deutschen Landen allmählich immer demokratischer und sozialer wurde, vollzog sich im Friesischen genau das Gegenteil: Fast bis in die jüngste Neuzeit hat sich dort ein geradezu penetrantes **Junkertum** erhalten, das an der Rückständigkeit breiter Volksschichten einen nicht unbeträchtlichen Anteil hatte.

Aber die Zeiten ändern sich. Angesichts eines neuen, durch den Massentourismus an die Küste geschwemmten **Wohlstandes** wird es vielleicht eines Tages heißen: *"Frisia cantat."*

Navigare necesse -

**Haupt-
sache
Seefahrt**

Navigare necesse – vivere non. So lautet der grimme Spruch an der Küste: "Seefahrt ist not, leben nicht." Der nördliche Teil dessen, was sich heute Deutschland nennt, war seit seiner frühesten Besiedlung auf Fischfang und Seehandel angewiesen. Und schon immer war die Seefahrt im Nordseebereich ein beinhartes Gewerbe gewesen. Nicht nur hatte der Seemann mit den Widrigkeiten der Elemente zu kämpfen. Auch seinesgleichen machte ihm das Leben schwer. ***Seeräuber***, heute eher romantisch verklärte Gestalten, forderten einen hohen Tribut innerhalb seiner

Zunft. Schlimme Seegeier lauerten insbesondere an den friesischen Küsten und gierten nach Beute. Einer der ersten Berichte dieser Art stammt aus dem Jahre 1290, als eine päpstliche Gesandschaft aus Norwegen den kapitalen Fehler machte, sich samt Geldschatulle auf einem friesischen Segler einzuschiffen. Der Papst reagierte mit Acht und Bannfluch – aber welchen echten Friesen beeindruckt das schon...

Die "***Vitalienbrüder***" verunsicherten im nächsten Jahrhundert Nord- und Ostsee, und obwohl ihnen schließlich das Handwerk gelegt wurde, regierte das Faustrecht an den Stränden weiter. Wer hilflos antrieb, wurde zur Beute der Küsten- und Inselbewohner, und wer dagegen Einwände vorbrachte, wurde kurzerhand erschlagen. Mitunter wurden sogar irreführende Leitfeuer angezündet, um Schiffe auf falschen Kurs und ins Verderben zu locken.

**Neues
Denken**

So ging es lustig fort bis weit in die erste Hälfte des 19. Jahrhunderts. Das "Strandrecht" ließ diesen "ganz normalen" Erwerb zu, und niemand fand etwas dabei, waren es doch nur Seeleute, die dabei ihres Lebens verlustig gingen.

Erst als das Auswandererschiff *Johanne* im Jahre 1854 unter dramatischen Umständen auf Spiekeroog strandete, wurde man an der Küste ein wenig nachdenklich. Ändern tat sich indes nichts. Es war der Untergang der hannoverschen Brigg *Alliance* samt ihrer neunköpfigen Besatzung am 10. September 1860, der den Stein ins Rollen brachte. Ein alter, morscher Kahn und ein paar Todesopfer – nichts unterschied dieses Unglück von den mindestens fünfzig, die sich alljährlich an der deutschen Nordseeküste ereigneten. Zufällig hatte ein "Kurgast" jedoch das Ereignis beobachtet und sich über die Wurstigkeit und ausbleibende Hilfsbereitschaft der eifrig "strandjenden" Insulaner empört. Er verfaßte einen Augenzeugenbericht und gab diesen an die Presse weiter.

Gründung der DGzRS

Doch das Echo blieb zunächst gedämpft. Es war *Adolph Bermpohl*, Ex-Steuermann und jetzt Seefahrtschullehrer in Vegesack, der den Faden aufnahm und voller Engagement weiterspann. Am Ende – große Hindernisse und ein Berg an Gleichgültigkeit mußten noch überwunden werden – stand die Gründung der **Deutschen Gesellschaft zur Rettung Schiffbrüchiger** (DGzRS) am 29. Mai 1865. Zehntausende seefahrende Menschen (und etliche andere) verdanken dieser Organisation seither ihr Leben. Die Gesellschaft wird – einmalig auf der Welt – ausnahmslos von Spenden und freiwilligen Aufwendungen erhalten. Die Hauptverwaltung sitzt in Bremen (Werderstr. 2, Tel. 0421-537070); dort befindet sich auch die **Seenotleitstelle**, das MRCC (Maritime Rescue Coordination Center).

Viel zu tun

Die Modernisierung der Seeschiffahrt, alle diese mit hervorragender Technik ausgerüsteten schwimmenden Maschinen, haben den Rettern beileibe nicht etwa weniger Arbeit eingebracht als im vorigen Jahrhundert. Allein in den letzten 150 Jahren sind der Nordsee zwischen 3000 und 4000 Schiffe zum Opfer gefallen. Alljährlich erhöht sich diese Zahl weiterhin durch Untergänge, Strandungen, Kollisionen. Mehr Freizeitskipper denn je sind auch in der Nordsee unterwegs, und sie geben den **Seenotkreuzern** besonders gut zu tun.

Aus einem Bericht der DGzRS: "Auch in diesem Jahr gab es das wieder überreichlich: Einsätze und nächtelange Suchfahrten, z. T. unterstützt durch Flugzeuge und Hubschrauber, nach Luftmatratzenkapitänen, nach Leichtsinnigen, Unbelehrbaren. Gefahren werden verkannt oder gering geachtet, Verantwortungslosigkeit mit Mut verwechselt. Helfer und Retter müssen sich in Gefahr begeben – Kosten entstehen, die niemand deckt. Menschen sind in Gefahr – selbstverständlich wird geholfen! Aber für manchen kommt die Hilfe zu spät. Muß das sein?"

Auch die kommerzielle, "christlich" genannte Seefahrt wartet weiterhin mit eindrucksvollen Verluststatistiken auf, verursacht durch vergammelte Pötte, überstrapazierte, todmüde Besatzungen, zuviel Vertrauen in die Technik, durch Sparen um jeden Preis, an allen Ecken und Enden. Wenn Sie am Inselstrand stehen und dem stolzen Containerriesen mit wehmütigen Augen nachblicken, schlagen Sie sich jegliche Romantik lieber aus dem Kopf. Dort oben, auf der Brücke des hypermodernen Kahns, sitzt der Wachoffizier vielleicht gerade auf dem "gläsernen Lokus" mit Rundumblick, weil man ihm den Ausgucksmann gestrichen hat ..

Friesisch und "Platt"

Friesisch

Einstmals wurde an der Küste und auf den Inseln fast nur Friesisch gesprochen. Doch von der friesischen Sprache ist wenig übrig geblieben. In den Niederlanden wurde sie schon vor langem als Schulfach abgeschafft, und auch in Deutschland ist sie in den siebziger Jahren *fast ausgestorben*. Nur im hohen Norden, vor allem auf Föhr und Amrum, wird sie von einer Minderheit noch mit viel Engagement gesprochen, und es steht zu hoffen, daß diese schütteren *Sprachinseln* auch weiter erhalten bleiben.

"Platt"

Wesentlich besser hat das *Plattdeutsche* abgeschnitten, das in verschiedenen Färbungen von fast 20 Millionen Menschen im Land gesprochen oder verstanden wird.

"Platt", im Gegensatz zum drögen (auch ein "plattes" Wort) Hochdeutsch ein eher pausbackiger *Großdialekt*, hat in den letzten fünfzehn Jahren sogar eine Renaissance erlebt und ist salonfähig geworden. Es liegt gegenwärtig "voll im Trend" und hat seinen festen Platz in Funk und Fernsehen, Literatur und Musik. Sogar Zugereiste bemühen sich an der Küste jetzt schon mal, Platt mit den Eingeborenen zu "schnacken", rührend mitunter.

Plattdeutsch ist, wie sein Name sagt, eine deutsche Mundart. Das heißt, es ist keine archaisch-fremde Sprache wie das Friesische, obwohl es aus diesem zahlreiche Elemente bezieht.

Moin, moin

Typisch und für Binnenländer erklärtermaßen völlig unverständlich ist auch der Gruß *Moin, moin*, der im Oldenburg-Ostfriesischen am häufigsten ist, aber sich an der gesamten Küste verbreitet hat. Man grüßt dieserart zu jeder Tageszeit, und eben das finden die Besucher so befremdlich. Aber nicht der Morgen liegt dem Wort zugrunde, sondern das westfriesische *mooi* = gut. Der Gruß bedeutet so etwas wie "Alles Gute", liebenswert genug.

53

"Küstendeutsch"

Könnte ein Süddeutscher etwas anfangen mit: *Töv is wat, he mokt gau un komt fors...* ? Ganz gewiß nicht. Es übersetzt sich als: "Warten Sie bitte etwas, er beeilt sich und kommt sofort."

Etwas verständlicher ist dieser markante plattdeutsche Vierzeiler, der für Yachties und angehende Seefahrer recht nützlich ist:

An Backbord brennt dat rode Licht
An Stüerbord dat greun:
Wer dat nich weet, den schall man glieks
Dat Achterdeel verbleun!

Ein wenig Küstendeutsch als Verständigungshilfe:

achtern	hinten
Back	1. Vorschiff
	2. Eßtisch
Balje	"Wanne"; flacher Meereseinschnitt
Blanker Hans	Nordsee (poet.)
Buhne	Steindamm im rechten Winkel zur Küste; zur Uferbefestigung
Dalben,	Pfahlgruppe zum Festmachen von
Duckdalben	Schiffen
Deern	Mädchen. Kommt zwar von "Dirne", hat aber keine Assoziation im heutigen Sinn
dick	1. neblig 2. bezecht
dwars	quer(ab)
Dwarslöper	Querläufer (Schiff), scherzh. für Krabbe
Feuer	leuchtendes Seezeichen
Fleet	Siel (s. u.)
Gat(t)	Einbuchtung im Watt
Geest	das sandige gehobene Land, das sich an die Marsch anschließt
Groden	Land vor dem Deich
Heck	1. Achterschiff (s. o.)
	2. Weidegatter
Heller	Salzwiese
Huk	Inselende (oft hakenförmig, daher der Name)
Kieker	Fernglas
Kimm	Horizont
klönen	sich gemütlich unterhalten
Klönschnack	das Hauptwort dazu
Kog, Koog	Land zw. zwei Deichen (Nordfr.)
Köm	Schnaps
Leine	Tau, Seil; an Bord sagt man nur "Leine"

Messe	Eßraum an Bord
Pesel	Wohnzimmer (Nordfr.)
Plate	Sandbank, flache Insel
pottendick	sehr neblig
Pricke	besenartiges Seezeichen im Watt
Priel	Wasserlauf im Watt
Pütz	kleiner Eimer
Reet	Ried: trockenes Schilf zum Dachdecken
Ruder	"Steuer" eines Schiffes
Rudergänger	Dieser Mann steuert das Schiff, im Gegensatz zum "Steuermann", dem navigatorische Aufgaben obliegen
Sand	Sandbank, flache Sandinsel
Schapp	Schrank; Lade
Schart	massiver Durchlaß im Deich
Schlenge	Uferbefestigung aus Pfahl- und Zweigwerk
Schnack	Gerede, Unterhaltung
schnacken	reden
Siel	Entwässerungskanal
Stövje	Teewärmer (Ostfr.)
Stuube, "Stuv"	Wohnzimmer
sutje	langsam
Tide	"Gezeit". An der Nordsee sagt kaum jemand Ebbe und Flut, sondern "ab- und auflaufend Wasser" bzw. "Hoch- und Niedrigwasser". "Stauwasser" ist, bevor "die Tide kippt".
Tonne	Boje — kein Seemann sagt "Boje"
Wuling	großer Andrang, Durcheinander

Altfriesisch (11.-13.Jh.):

Hwasa thene thruchtingath let, sa resze hi tha liudem tua merc, and tha sithum ene halwe; thi, ther tha kethene nauwet ne halt, alsa stor...

Altfriesisch besitzt kaum erkennbare Ähnlichkeit mit heutigen modernen Sprachen.

Niederdeutsch (15. Jh.):

Van enen droegen sommer. Anno Christi 1497. In dussem jaer is een droege sommer gewest, selden hefft geregent, dan allene...

Niederdeutsch ist mit einiger Sachkenntnis für den Deutschsprachigen schon ziemlich leicht lesbar. Es ähnelt dem heutigen Niederländischen und ist auch nicht weit vom Plattdeutschen entfernt.

Namensgebung

Zwar ist, wie eben vermerkt, von der alten Sprache gerade in Ostfriesland nicht viel übrig geblieben. Doch in der Namensgebung hat sie sich im gesamten Bereich noch erhalten. An der Küste gibt es Vornamen, die sich vollkommen von denen des Binnenlandes unterscheiden. Ein kleiner Querschnitt:

Adde	Ibo	Popeo
Aiso	Iggo	Pupke
Alke	Imke	
Ammo	Immo	Redelf
	Ino	Renskea
Bette		Renste
	Jabbo	Reuke
Cekea	Jantken	Rinelde
Coob	Japen	Rippe
	Jelde	
Edine		Schwidde
Ehme	Kea	Siebo
Eike	Koert	Silko
Etta		Swantje
	Lammert	
Fokko	Lüke	Taalke
Folke	Lünkea	Tini
Fooke		Tjarko
Frauke	Meldert	Tobe
	Middent	Tönjes
Galt	Moetje	
Gebkaus		Ulfert
Göke	Okje	Upte
	Okko	
Habbo	Ollig	Weert
Heie	Ommo	Wi(e)bke
Hillrich	Onka	Wübbo
Honke	Onko	

Was ist Männlein, was Weiblein? Die Friesen wissen es, vor allem bei den Endungen auf -e, oft selber nicht. Manche Namen sind sogar echte Zwitter, männlich und weiblich zu verwenden. (Deutsches Standesrecht schreibt in diesen Fällen einen weiteren, geschlechtsidentischen Namen vor). Schon Napoleon war bemüht gewesen, etwas Klarheit in dieses Dickicht zu bringen. Er schaffte es bei den wirren Familiennamen. Bei den Vornamen mußte auch er allerdings passen...

Ostfriesenwitze

Ausgehend vom feindlichen benachbarten Oldenburg, wo Studenten den Römerspruch mit *"Frisia non ridet sed nos* – Friesland lacht nicht, aber wir!" parodierten, überzog in den siebziger Jahren eine Welle von Ostfriesenwitzen die gesamte Nation und stellte die bedächtigen Hinterdeichler bundesweit als Dorfdeppen dar. (Frage: "Warum tragen die Ostfriesen immer Rollkragenpullover?" Antwort: "Damit man die Gewinde ihrer Holzköpfe nicht sieht.") Frisia schlug zurück – immerhin hatte man die Pointen verstanden – und giftete: "Warum gibt es in Ostfriesland keine Hämorrhoiden? – Weil die ganzen Arschlöcher in Oldenburg sitzen!" Als der "Bürgerkrieg" vorbei war, vertrug man sich nach Marschmännerart wieder.

Die Ostfriesischen Inseln

Übersicht

Welcher	Wangerooge
Seemann	Spiekeroog
Liegt	Langeoog
Bei	Baltrum
Nanni	Norderney
Im	Juist
Bett?	Borkum

An der Küste populärer Merkspruch, um die Reihenfolge der Ostfriesischen Inseln – von Ost nach West – im Gedächtnis zu behalten. In diesem Buch sind die Inseln, einer allgemeinen geographischen Richtung folgend, in umgekehrter Sequenz aufgelistet.

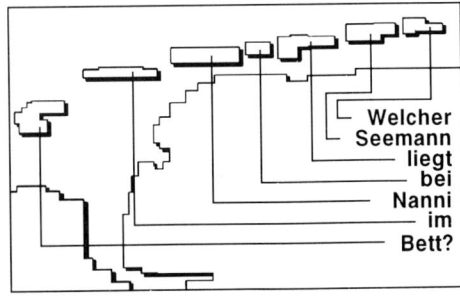

Die sieben Schwestern

Auf Bildern aus dem Weltraum sehen sie sich alle sehr ähnlich, die sieben ostfriesischen Schwestern: Im Westen von wilden Wassern angebohrt, im Osten allmählich ausfiedernd – Köpfchen unter Wasser, Schwänzchen in die Höh! Schaut man sich ganz im Osten die kleine Insel Minsener Oog an, so erkennt man an deren Westseite die gleichen Ansätze. Doch den Kaulquappenschwanz haben die Jade und die Bagger abgeschnitten, und die nach Wilhelmshaven bestimmten Großtanker lavieren behutsam an den Resten vorbei.

Fast hat es den Anschein, als wollten die nach Osten wandernden sieben Schwestern nach

und nach in diesem Loch verschwinden. Denn die ostfriesischen Inseln sind keine Überbleibsel eines einstmals mächtigen Festlandes, kein Bollwerk wie Helgoland, das der See die Stirn bieten könnte. Sie sind schüttere Sandbänke, die das Meer eher spielerisch aufwarf und die sich in den letzten paar Jahrhunderten durch Dünenanhäufung, Vegetationsansiedlung und menschliches Wirken etwas verfestigt haben. Dennoch wird ihr Bestand kaum von Dauer sein. Und man wird weiter um sie ringen müssen, um den Exitus hinauszuzögern.

Trotz aller Nöte klammerten sich die Menschen bereits an die unwirtlichen Eilande, als die Besiedlung der Nordseeküste gerade begonnen hatte. Das hatte zweifellos seinen Grund darin, daß das Nordmeer damals ein Fisch- und Vogelparadies war, von dem wir heute, in der Endphase einer langsamen Zerstörung, nur träumen können. Außerdem war man auf sturmumtosten Inseln sicherer vor kriegerischen Auseinandersetzungen als auf dem Festland. Auch heute noch sind die kargen Sandhaufen ihren Bewohnern lieb und teuer. Woran der inzwischen voll entwickelte Fremdenverkehr mit seinem großen Geld natürlich eher beteiligt sein mag als süße Heimatgefühle ...

Anreise

Ein Inselurlaub verläuft meistens nach Schema F: Buchen, anreisen, sich vergnügen, abreisen.

Und doch läßt das System Innovationen zu. Um die "sieben Ostfriesinnen" wieder einmal zu besuchen und um die Küste besser kennenzulernen, hatten meine Frau und ich uns ein Bereisungskonzept ausgeheckt, das erheblich vom Schema abwich: Wir gingen – auf dem Deich – die ganze ostfriesische Küste zu Fuß ab, verbrachten die Nächte in der sogenannten "dritten Reihe" und unternahmen von solchen Stützpunkten aus jeweils Inseltouren von einigen

Tagen. (Die "dritte Reihe" setzt sich aus weiter inland gelegenen Gästehäusern zusammen. Die zweite liegt direkt an der Küste, die erste auf den Inseln. Entsprechend staffeln sich die Preise).

Nun ist dies wirklich keine ungewöhnliche Art des Reisens, und die maximal 20 km, die wir im "Etmal" (in der Seemannssprache die Distanz von einem Mittag zum nächsten) zurücklegten, keine Glanzleistung. Und doch bereitete es uns Genugtuung festzustellen, daß wir die einzigen waren, die sich auf diese milde abenteuerliche Weise fortbewegten. Vielleicht mag dem einen oder anderen Leser die Idee gefallen und ihn zur Nachahmung einer solchen "Erlebnistour" anregen, bei der er sich allein unter Schafen findet.

Störtebeker

Die meisten Inselgäste rollen im eigenen Auto an; das ist, in doppelter Bedeutung, der Zug der Zeit. *Wilhelm Buschs* "unglaublicher Sand und Staub" auf der Reise durch Oldenburg und Ostfriesland gehört der Vergangenheit an. Heute führen gut ausgebaute Straßen bis ins letzte Kaff. Wer mit seinem Wagen die **Störtebeker-Route** entlangfährt, die sich mehr oder minder parallel zum Deich die ganze Ostfrieslandküste (und weiter bis Bremerhaven, Cuxhaven und Stade) entlangzieht, der wird immer wieder auf Hinweisschilder stoßen, die zu Übernachtung und Verbleib in privaten Häusern und auf Bauernhöfen laden. Insofern läßt sich die beschriebene Tour auch auf Rädern nachvollziehen. Jedenfalls bis ans Wasser. Dort muß man das Vehikel in den meisten Fällen, nutzlos am Ferienbudget zehrend, ohnehin stehen lassen.

Doch es kann auch ruckzuck gehen, per Auto, Bahn, Flugzeug, denn alles ist perfekt durchorganisiert, befinden wir uns doch in Deutschland. Dann ist halt nicht der Weg das Ziel, sondern die Insel. Und davon handelt dieses Buch ja auch. Genug deshalb der Vorrede. Wir gehen jetzt auf Inselreise.

Borkum
– die Bohneninsel (?)

Geschichte

Römerzeit Am Anfang war das Wort. Keine steinernen Zeitzeugen, keine ausgegrabenen Ruinen künden von einem Borkum, das bereits eine gewisse Kultur aufwies, als das Römische Reich sich auf dem Höhepunkt seiner Macht und Ausdehnung befand.

Und doch war die Insel Borkum schon im **Altertum** ein geographischer Begriff. Der vorerwähnte griechische Chronist *Strabo* berichtete etwa zur Zeitenwende von den **Eroberungsfahrten** des älteren *Drusus* in den Jahren **12 bis 9 v. Chr.**: "Zwischen Saale und Rhein fand *Drusus Germanicus* nach glücklichen Kriegszügen sein Ende. Er überwältigte aber nicht nur die meisten Völkerschaften, sondern auch die Inseln, an denen man vorbeifahren mußte. Unter diesen war auch *Byrchanis*, das er nach einer Belagerung eroberte..."

Man lese und staune: Ein Eiland (denn "Byrchanis" ist kein anderes als Borkum) an der grimmen Nordseeküste, das vor Christi Geburt schon in solchem Maße besiedelt war, daß es erst nach einer Belagerung durch kriegserprobte römische Truppen fiel! Fühlt man sich nicht an Asterixens "kleines, unbeugsames Dorf" erinnert?

(KVB)

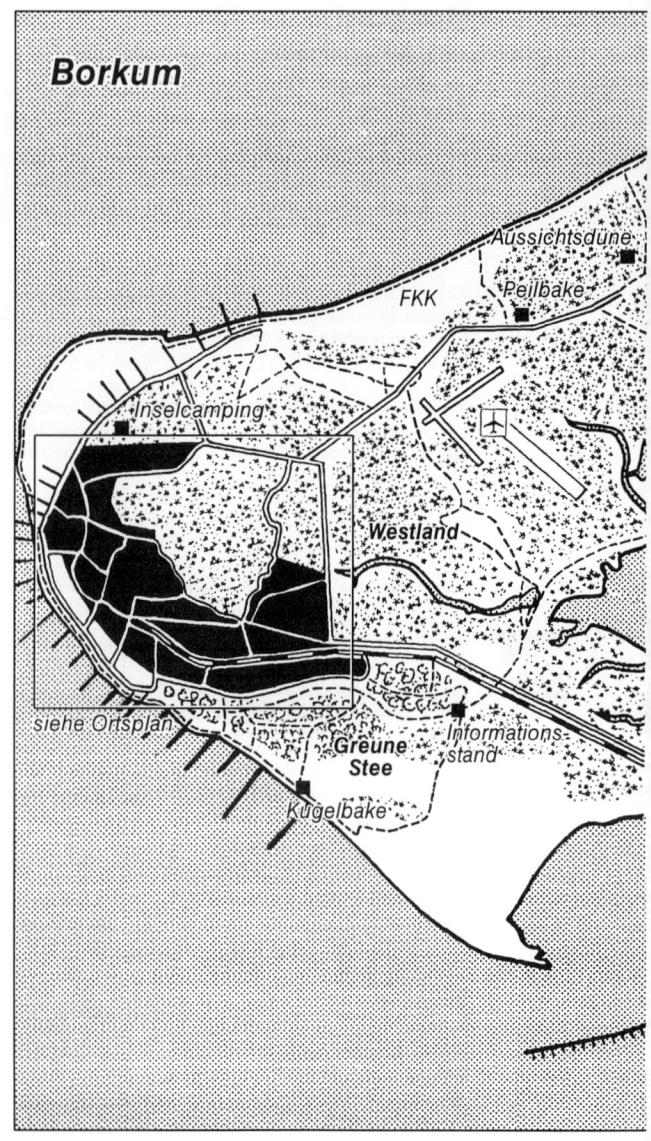

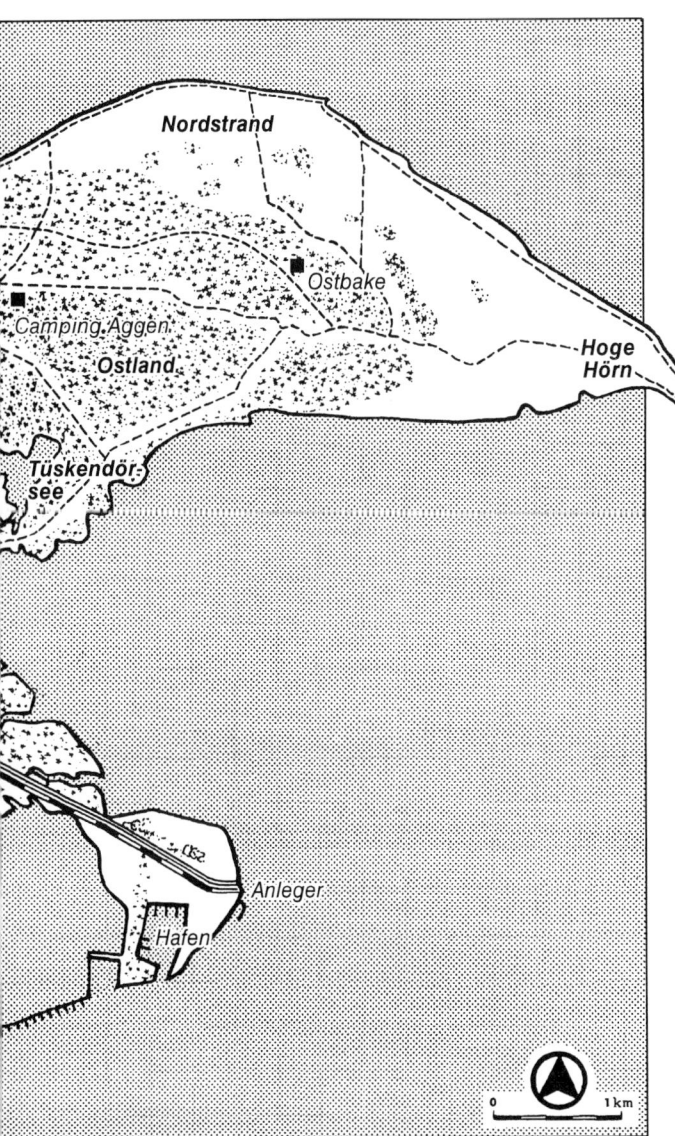

Leuchttonne

Die Einnahme Borkums war indes nur ein Pyrrhussieg für die Römer. Wenige Jahre später *(9 n. Chr.)* lockten die germanischen Wilden die Heerscharen des *Augustus* in die Sumpfmoore nahe des heutigen Osnabrück und machten drei komplette Legionen nieder. Von der **Varusschlacht**, dieser gewaltigen römischen Schlappe, zehrt deutsches Selbstbewußtsein bis auf den heutigen Tag.

Anno 15 wurde von Rom ein **Vergeltungsfeldzug** in Gang gesetzt, und zwar über See und wieder an Borkum vorbei, um die Ems als Einfallstor nach Germanien zu nutzen. Und – "anfangs rauschte das Meer vom Ruderschlag der tausend Schiffe, und man fuhr unter Segel..."

So beginnt die Chronik des *Tacitus*. Doch dann, es war Herbst, kam der unvermeidliche Sturm. "Dieser packte die Schiffe, warf sie auseinander in die offene Nordsee oder nach den Inseln hin..." Nichts blieb heil. Der verhinderte Eroberer *Germanicus II.* wurde von römerfreundlichen Chauken gerettet, doch seine Karriere war im Eimer. Dieserart wurde Nordgermanien nie römisch, woran weniger die Borkumer als die Wetterlage vor Borkum einen nicht unbeträchtlichen Anteil hatte. Ob dies der kargen Küste in letzter Konsequenz zum Vorteil gereichte, sei dahingestellt. "Das Schicksal schont viele, um sie zu strafen," seufzte *Plinius d. Ä.* in weiser Voraussicht.

Der Name   Ist Borkum wirklich die "Bohneninsel", als die sie in der heutigen Lokalliteratur wiederholt dargestellt wird?

Diese Interpretation beruft sich nämlich auf die *Burchana Fabria* des *Plinius*, wobei die Schriftgelehrten die zweite Namenshälfte der Bohne (lat. *faba*) zuordnen. Aber was sollte zu der Annahme verleiten, daß Borkum vor zweitausend Jahren trotz eines Mehrfachen seiner heutigen Ausdehnung ausgerechnet ein blühender Bohnengarten war?

Ist es nicht viel naheliegender, das *fabr-* der lateinischen Kunstfertigkeit, dem Bau- und Zimmermannsgewerbe, der Werkstatt und der Schmiede zuzuschreiben, wie es in unserem "fabrizieren" und der "Fabrik" noch heute fortlebt? Könnte nicht ein Rumpfwort für "Barke" dem ersten Namensteil Pate gestanden haben? "Die Insel der Schiffbauer" – wäre die nicht wahrscheinlicher als die der Bohnenbauern um die Zeit von Christi Geburt? Der zweite Teil ging im Lauf der Geschichte eh verloren. Übrig blieb das "Burch-, Burk-, Borke", womöglich, wie gesagt, die Barke. Das friesische -um gesellte sich hinzu, das sich an der ganzen deutschen Nordseeküste von Borkum im Westen bis Husum im Norden und sogar über die Grenzen hinaus verfolgen läßt. Mit großer Gewißheit steht diese Nachsilbe für "-heim".

Also: "Heim der Boote"? Das entbehrt sicherlich nicht der Logik.

Bant

Damals, zur Römerzeit, war Burchana noch ein Eiland von stattlichen Ausmaßen und einiger historischer Wichtigkeit. Doch plötzlich war es aus damit. Fast ein Jahrtausend lang senkt sich Schweigen über die vermeintliche Bohneninsel.

Erst zur Zeit *Karls des Großen* taucht Borkum unter dem Namen **Bant** wieder aus der Versenkung auf. Aber es hat sich nicht nur in bezug auf den Namen völlig verändert... Schon *Plinius* berichtete von einer schweren Sturmflut um die Jahreswende auf anno 58. Jetzt, im **9. und 10. Jahrhundert**, brach Bant endgültig in **zwei Teile**, das westliche und das östliche. **1470** wird das östliche Bant als solches aktenkundig vermerkt, **1743** geht es als Sandbank endgültig unter. Das westliche Bant ist in den Chroniken nicht einmal erwähnt.

Gab es das alte Burchana überhaupt noch? Sicher ist, daß die Großinsel im Laufe ihres Bestehens nach und nach zerstückelt wurde. Ein Brocken nach dem anderen brach ab in der **Johannisflut (1164)**, **Allerheiligenflut (1170)**, **Marcellusflut (1219)**, **Lucasflut (1287)**, **Clemensflut (1334)**, **zweiten Marcellusflut (1362,** sehr schwere Schäden**)**, **Cosmas- und Damionsflut** (**1509**). Was nach diesen Orgien der Zerstörung im wesentlichen übrig blieb, ist das heutige Borkum: Immerhin noch die größte der sieben Ostfriesinnen.

Likedeeler und Geusen

Zu Beginn dieses Jahrtausends rührte sich auch wieder etwas auf "Borkana". Die Insel war nunmehr christianisiert, und die weite Bucht in ihrem Südosten, der Hopp, galt als gute **Schutzreede** mit – damals noch – genügend tiefem Wasser, um selbst großen Schiffen das Ankern zu erlauben. Schon *Germanicus* soll hier pläneschmiedend gelegen haben und danach die **Wikinger**. **1227** versammelte sich im Hopp eine friesische Flotte zum **Kreuzzug** in das Heilige Land, und anno **1270** wetterte dort ein ähnliches Geschwader einen Monat lang widrige Winde ab.

Etwas über ein Jahrhundert später, Borkum war jetzt **(1398)** erstmalig urkundlich erwähnt, gaben sich die berüchtigten **Vitalienbrüder** vor der Insel immer häufiger ein Stelldichein. Diese rauhbauzigen Gesellen waren ursprünglich Fahrensleute in der Ostsee gewesen, die während des schwedisch-dänischen Krieges 1389-95 das belagerte Stockholm mit Lebensmitteln (= Viktualien) versorgt hatten. Bei Kriegsende war das schöne Geschäft vorbei, und man verlegte sich nun auf das nicht minder lukrative Seeräubern – vornehmlich in der Nordsee, wo die reich beladenen Schiffe der "Pfeffersäcke" in Hamburg und Bremen fette Beute versprachen. In Ostfriesland, wo man dem **Freibeutertum** immer schon große Sympathien entgegengebracht hatte, wurden die **Likedeeler** (=Gleich-

Wracktonne

Dalben

teiler), wie sie sich auf frühsozialistische Art nannten, warm willkommen geheißen. Der berühmte Räuberhauptmann *Claus Störtebeker* heiratete sogar in die *Familie tom Brok* ein, die in Ostfriesland zum damaligen Zeitpunkt weitgehend das Sagen hatte.

Doch er sollte sich keines langen Eheglücks erfreuen. Im **Frühjahr 1400** fielen die **Hanseaten** auf der Osterems über Störtebekers Flotte her und vernichteten sie. Die gefangengenommenen Piraten, darunter der Chef selbst, den man später vor Helgoland erhaschte, wurden in Emden und Hamburg einen Kopf kürzer gemacht. Ein Teil von Störtebekers Schätzen, so die Legende, soll in den Woldedünen Borkums vergraben liegen. Also: Spaten nicht vergessen, Borkumfahrer! (Die Woldedünen liegen am südwestlichen Ortsrand).

Einige Zeit später sorgten die **Geusen** für Abwechslung, vom Papsttum und der spanischen Krone abtrünnig gewordene Niederländer, die sich die Insel ebenfalls zum Stützpunkt erkoren. Inzwischen hatte auch der Schiffsverkehr auf der Ems erheblich zugenommen; Emden war ein bedeutender Hafen. **1576** wurde der Turm der um 1540 erbauten Inselkirche auf 47 m aufgestockt, um als markantes **Seezeichen** zu dienen. Der "Alte Leuchtturm" steht heute noch in Borkums Stadtkern und gilt als Wahrzeichen der Insel.

Zusammenwuchs

Gegen **Mitte des 18. Jahrhunderts** war Borkum noch so gut wie zweigeteilt. Wo man sich heute im edlen Lichtkleide am FKK-Strand vergnügt, befand sich damals ein Durchlaß, fast zwei Kilometer breit und auf der anderen Seite im "Tüskendör" (= Zwischendurch) ins Watt mündend. Doch diese Wunde, später der "Glop" genannt, begann allmählich zu verheilen. Teils durch natürliche Geschehnisse, teils durch menschliches Zutun, wuchs die Insel zusammen; endlich gab es – Borkum.

Dieses "menschliche Zutun" war nicht unerheblich – oder sollte es zumindest sein. Bereits **1574** waren **Landschaftsschutzgesetze** erlassen und, weil sie scheinbar nicht griffen, **1628** mit zusätzlichen Zähnen versehen worden. Bei sehr empfindlichen Strafen wurden den Borkumern auferlegt, ihre Insel gefälligst beisammenzuhalten, weil, so ein Bericht aus dem Jahre **1650**, "dahero fast sehr zu besorgen, daß wofern der wütenden Meere der rigell nitt baldt verlegt wirdt, dieß Eylandt (welches sonsten neben anderen dießer Graffschafft eine brustwehr ist) von den continue hefftig darauff antringenden wellen weitterß abgeschlagen, weggespühlett."

Doch an dem "gefährlichen und betrübten Zustand mitt dem Eylande Borckumb" änderte sich im Grunde wenig. Erst die **Preußen** brachten ab **1744** System in den Inselschutz, sonst wäre Borkum letzten Endes vielleicht doch noch "weggespühlett" worden.

**Walfang-
Ära**

Das lag unter anderem daran, daß die fähigsten Insulaner seit **Beginn des 17. Jahrhunderts** selten zu Hause waren. Von 1611 auf -12 hatte der Holländer *Willem Barents* nämlich das Nordmeer bis hinauf nach Spitzbergen erkundet und war mit der Nachricht zurückgekommen, daß es dort oben von Seegetier wimmele. Vor allem **Wale** waren schon wenige Jahre später das begehrteste Fangobjekt. **1643** wurden die ersten Walfangschiffe in Emden ausgerüstet; Borkumer Fischer bemannten sie oder heuerten auf holländischen und Hamburger Fahrzeugen an. Eine Zeitlang beteiligten sich dreiundzwanzig Borkumer "Kommandeure", wie man die Walfangkapitäne damals nannte, an der Ausrottungskampagne gegen den großen Meeressäuger. Mancher verdiente sich eine goldene Nase dabei. Noch heute künden auf Borkum **Zäune aus Walknochen**, museale Exponate und sogar eine nach dem erfolgreichsten Schlächter *Roelof Gerritsz Meyer* benannte Straße von jener glorreichen Zeit.

Doch dann war plötzlich Schluß. Schon in der **zweiten Hälfte des 18. Jahrhunderts** wurde der Wal seltener, die Fänge gingen zurück. Im Zuge des Krieges zwischen den Niederlanden und England nahmen die Briten **1780** zudem fast die gesamte Walfangflotte hopp. Aus der Traum! Zurück blieb ein bescheidener Wohlstand – und zahlreiche Witwen und Halbwaisen. Denn der Wal und die See hatten den Frevel nicht völlig unwidersprochen hingenommen. Viele Männer waren "geblieben".

1811 vertieften die **französischen Besatzer** das Elend nur noch. **1828** wurde Borkum eigentlich erst richtig **deutsch**, als es endgültig zur Abschaffung der niederländischen Sprache kam, die bis dahin fast ausschließlich auf der Insel gesprochen worden war. Und jetzt begann das Badezeitalter.

Seebad

Borkum erhielt vergleichsweise spät *offiziellen Seebadstatus*. Ein Inselarzt namens Ripking hatte *1846* damit begonnen, kränkliche Knaben in sein Haus aufzunehmen und Badeeinrichtungen zu schaffen. Eines zog das andere nach, und alsbald wurde auf Borkum munter gebadet. Noch im gleichen Jahr zählte man bereits 300 Kurgäste, und das, obwohl nur alle vierzehn Tage ein Fährschiff (von Emden) die Insel anlief.

Denn Borkum war (damals) billig, und zudem konnte man sich herrlich leger geben. Die Ostfriesische Zeitung meldet *1850:* "In Borkum lebt man für wenig Geld gut und ungeniert. Hier fühlt man den Druck der sogenannten Etikette nicht. Hier kleidet sich ein jeder, wie es ihm beliebt. Hier haben Nachtmütze, Schlafrock und Pantoffeln mit Hut, Frack und Stiefeln gleichen Wert. Hier gilt, gottlob, ein nicht geschorener Bart dem glattrasierten Kinn völlig gleich..." Insbesondere Emder Beamte liebten es, auf Borkum den zeitweiligen "Aussteiger" zu spielen.

Diese *Idylle* hielt lange Zeit an. Noch um die Jahrhundertwende heißt es: "Übertriebenen Luxus und weltstädtisches Treiben gibt es hier nicht. Ungezwungenheit im geselligen Verkehr, Unterhaltung und Vergnügen in Einfachheit und ohne Aufdringlichkeit, vor allem aber Ruhe und Erholung. Das sind die Vorzüge des Borkumer Badelebens."

Pricken

Borkum heute

Nach dem 2. Weltkrieg wuchs Borkum schnell zu einem wahren *Zentrum des Fremdenverkehrs* heran, mit über 165.000 Gästen pro Saison. Ihren Charme hat die Insel dennoch nicht verloren.

Die eine oder andere Baulichkeit entlang Borkums *Strandpromenade* wird den Betrachter mit wenig Begeisterung erfüllen. Trotzdem ist das Gesamtbild vom Strand her ein ansprechendes. Das vorherrschende Weiß, in dem die älteren Gebäude gehalten sind, die strengen hohen Fenster und verglasten Veranden – das paßt zu dem kargen Nordseeumfeld, besser als lautes Bunt und klobiger Backstein.

Vieles im Innern des Ortes vermittelt noch einen Hauch vergangener Zeiten. Im *Altdorf*, vornehmlich rund um den alten Turm, finden sich viele *Zäune aus Walrippen und -kiefern*, alle

Am Rande
der City
(KVB)

alle unter Denkmalschutz. Auch auf dem *Friedhof* ragen, etwas makaber, Walknochen aus der Erde. Von den alten Grabsteinen aus jener Ära sind indes nur noch zwei erhalten.

Ein Stadtbummel offenbart manches Haus aus dem letzten Jahrhundert oder aus der Zeit des großen Aufschwungs unmittelbar danach. Was in jüngeren Jahren gebaut worden ist, fällt dagegen spürbar ab; manches, was sich "modern" nennt, ist im Vergleich ausgesprochen häßlich.

Borkums "Action" brodelt in der *Fußgängerzone* seeseits des *neuen Leuchtturms*, insbesondere in der *Strandstraße*. Hier finden sich die meisten Lokale, die eleganten Shops, die Einkaufsbuden mit ihrem teuren Tand. Und hier wickelt sich auch Borkums Nightlife ab, ganz schön schrill für eine Ostfrieseninsel.

Außerhalb der "City" mit ihrem geschäftigen Treiben ist auf Borkum jedoch jede Menge Platz geblieben. Vor allem in der Nebensaison läßt sich vielerorts insulare Einsamkeit finden. Borkum ist immerhin die größte der ostfriesischen Inseln und diesem Rang einigen Auslauf schuldig. Der Tag mag – wird – auch kommen, an dem Privatautos endgültig von der Insel verbannt sein werden. Manchem wird das als Rückschritt erscheinen, aber Borkum kann dadurch nur gewinnen.

Borkum nach
einem alten
Stich

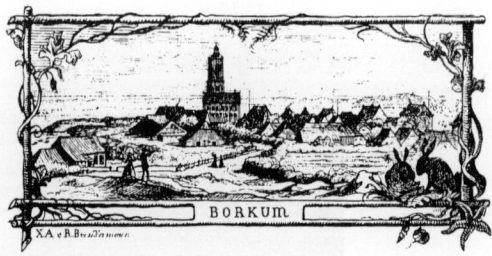

Sehenswertes

Dykhus Borkums *Heimatmuseum*, das "Dykhus" am
Fuß des Alten Leuchtturms, sollte man anläßlich
eines Inselaufenthalts unbedingt besuchen.

Schon vor der Tür gibt es Interessantes zu
sehen: Die zwei *Walrippen*, die den Eingang
formen, dahinter ein *Brandungsboot*, eine *alte
Badekarre* und ein *Kleinbahncoupé* von anno
dunnemals. Drinnen liegen in neun großzügig
ausgestatteten Räumen Schätze aus der Inselgeschichte der letzten 300 Jahre ausgebreitet.

Im ersten Raum befindet sich die *Karnstee*
(Kirnstelle), wo Butter und Käse hergestellt wurden, im nächsten die Küche, reich geziert mit
holländischen Fliesen aus der Zeit zwischen
1680 und 1840. Das *Wohnzimmer*, Raum 3,
zeigt Einrichtungsgegenstände von ca. 1880. In
Raum 4 ist ein *Kapitänszimmer* mit "Nautiquitä-
ten" untergebracht, Raum 5 gibt einen Einblick
in die *Ära des Borkumer Walfangs*, in Raum 6
sieht man "*Butzen*" (Alkoven), in denen man damals schlief. Die große Borkumhalle in Raum 7
ist ein Schaufenster für die frühe Entwicklung
der Insel zum *Seebad*. In Raum 8 sind Exponat-
te aus dem *Schiffahrts- und Rettungswesen*
zusammen getragen, darunter das berühmte
Boot *Otto Hass*, das sich um zahlreiche Rettun-
gen verdient gemacht hatte. In Raum 9 befindet
sich letztlich die *naturkundliche Abteilung*, die
einen anschaulichen Querschnitt durch die Flora
und Fauna der Nordsee gibt.

●Tgl. 10-12 und 16-18 Uhr geöffnet, So nur morgens, Mo geschl.; Tel. 4860 oder 2824; Eintritt 2 DM, Kinder 1 DM.

Neuer Leuchtturm

Der Neue Leuchtturm im Zentrum bietet aus 60,3 m Höhe einen phantastischen Rundblick. Geöffnet 10-11.30 und 15-16.30 Uhr.

Feuerschiff Borkumriff

Im **Schutzhafen** nahe des Fähranlegers liegt das Feuerschiff *Borkumriff*, das letzte bemannte Fahrzeug dieser Art, das 1956 in Dienst gestellt und am 15. Juli 1988 hier auf seinen endgültigen Ankerplatz verlegt wurde. 32 Jahre lang hatte sein tröstliches Licht über Borkumriff, einen der gefürchtetsten Schiffsfriedhöfe der Welt gewacht. Heute haben unbemannte Feuerschiffe, Großtonnen gleich, diese Funktion übernommen, Radarstrahlen ersetzen manches fehlende Licht. An Bord der *Borkumriff* erhält man einen faszinierenden Einblick in das Wesen der alten "Leuchtschiffe". Gleichzeitig hat sich die **regionale Nationalparkverwaltung** hier höchst passend einquartiert und bietet Exkursionen, praktische Übungen und Vorträge an.
●Führungen Di, Do und Sa um 13.15 und 14.45 Uhr; für umfangreichere Programme Terminabsprache; Tel. 2030.

Naturschutzgebiete

Die Form und topographischen Besonderheiten der Insel Borkum haben dazu geführt, daß das NSG annähernd in vier Teile zerfällt. Das aus der Sicht des Naturschutzes wohl wichtigste Gebiet empfängt den Inselbesucher unmittelbar bei seiner Ankunft. Der Borkumer Hafen bildet nämlich den Endpunkt einer langen, schmalen Landzunge, auf der die Inselbahn in den Ort tuckert. Rechts und links liegt geschütztes Gelände – betreten verboten!

Greune Stee

Weiter im Westen erstreckt sich die Greune Stee ("Grüne Stelle") mit **Feuchtwiesen**, **Sümpfen** und **moorigem Gelände**, teils von Seewasser

73

überspült, teils außerhalb des Salzeinflusses gelegen, wie Schilfröhrichte und Birkenhaine verra-
ten. Hier und in dem vorgelagerten *Wattgebiet
Ronde Plate* sind zahlreiche *Sumpf- und Wat-
vögel* zu Hause. (Insgesamt hat man in den
letzten vierzig Jahren auf Borkum 261 Vogelarten gezählt! Diese Zahl schließt allerdings auch
alle "Zugereisten" und "Irrläufer" ein.) Am Was-
serrand herrscht das Schwarzweiß von Austern-
fischern vor, und Lachmöwen sind in der Luft
bildbestimmend. Im Innern gehen Löffelenten,
Bleß- und Teichhühner, Kampfläufer, Rohrwei-
hen und anderes Federvieh ihren wie immer ge-
arteten Geschäften nach. Vor allem in den war-
men Monaten geht es hier sehr lebendig zu.

Nahe des Bahndamms am Nordrand des NSG
ist von März bis Oktober ein *Info-Stand* in Betrieb, in dem man sich zusätzliche Auskünfte besorgen kann. Von hier führt auch ein *Wanderweg* durch das Gebiet und ein weiterer an der
Kugelbake vorbei. Am Wasser kann man dann
wieder zum Ort zurückkehren.

**Water-
delle-
Muschel-
feld**

Ein weiteres NSG ist das Waterdelle-Muschel-
feld nordöstlich des Ortes, ein relativ kleines
Areal mit einem fast völlig verlandeten *Flach-
wassersee*. Es ist fraglich, ob dieses Gebiet
auch zukünftig dem Naturschutz erhalten bleiben wird, denn die unmittelbare Nähe des beleb-
ten Strandes macht sich störend bemerkbar, abgesehen davon, daß sich mehrere Reit- und
Wanderpfade durch das Gelände ziehen. Hinzu
kommt, daß das Areal infolge verstärkter Grund-
wasserentnahme zunehmend trockenfällt.

**Tüsken-
dör-
Gebiet**

Mehr versprechen sich die Naturschützer vom
Tüskendör-Gebiet, das in der Inselmitte liegt
und ans Watt grenzt. In der Tat ist der ausgedehnte gleichnamige *Baggersee* mit künstlich
angelegten Inselchen und umliegenden Feuchtwiesen ein wichtiges *Brutgelände*, unter anderem für den Großen Brachvogel und die rare Be-

Andererseits bohren sich Anflugschneise und Rollfeld des recht betriebigen Borkumer Flugplatzes mitten durch dieses NSG, was der lokalen Ökologie nicht gerade zuträglich sein dürfte. Immerhin bleibt die Fauna aber von weiteren Störenfrieden verschont, denn nur ein einziger **Wanderweg** führt **am Südrand** (Deich) an ihm entlang.

Osten der Insel Annähernd völlig unter sich ist die Vogelwelt dagegen im Osten der Insel. Hier, nordöstlich der Sternklippdünen, dehnen sich weite vegetationsfreie **Sandflächen** – teilweise ist das Land in diesem Bereich noch im Aufbau. In den Dünentälern zeigt sich indes schon kräftiger Bewuchs, der nach der Wattseite hin zunimmt. Dort geht das Areal in **Strandwiesen** über, und in dieser Mischzone ist auch das meiste Gefieder zu Hause. Da der **Rundweg zum Hogen Hörn**, der Ostspitze Borkums, wegen häufiger Überflutungen ohnehin schlecht begehbar ist, sollte man trotz vorhandener Trasse die dortigen Piepmätze vielleicht am besten ganz allein lassen.

Ein nur der Vogelwelt vorbehaltenes Eiland, das **Lütje Hörn**, liegt 2,5 km östlich von Borkum im Randzelwatt. Betreten verboten!

Insel-Info

PLZ: 26757
Vorwahl: 04922

Auskunft ●**Informationen:** *Kurverwaltung*, Goethestr. 1 (Tel. 303310, Fax 4800).
●**Zimmervermittlung:** *Verkehrsbüro* am Bahnhof (Tel. 841, Fax 844).
●**Reise- und Schiffsauskunft:** *Borkumer Kleinbahn* (Tel. 3090).
●**Reisebüro:** *Tautz*, Bahnhofspfad 5 (Tel. 559).
●**Flugauskunft:** Flugplatz (*OFD*, Tel. 686/1038).

Ärzte Mehrere Praxen; vier Kliniken; drei Zahnärzte, ein Tierarzt.

Haupt-saison	15.5.-30.9.
Kurtaxe	Siehe Anhang ●*Kurkasse:* Im Gebäude der Kurverwaltung (s. o.); geöffnet Mo-Fr 9-12 und 14-16 Uhr, außerhalb der HS Fr nur morgens.
Strand	●*Strandzelte* und *Liegestühle* erhält man beim *Verein Borkumer Strandzeltvermieter* (Postfach 2264). Mindestens 6wöchige Vorbestellung ist ratsam. ●Die Preise für ein *Strandzelt incl. Liegestuhl* betragen für eine Woche 49 DM, für zwei Wochen 86 DM, für drei Wochen 125 DM, für vier Wochen 161 DM. Jeder weitere Liegestuhl kostet pro Woche 7 DM.
FKK	●Ca. 5 km vom Ort entfernt in der Nähe des NSG Waterdelle (s. Inselkarte). Sanitäre Anlagen, Umkleidekabinen (Preise s. o.), Strandsauna, Kinderspielplatz und Kiosk. Per PKW oder Bus zu erreichen. (Parkplatz / Haltestelle "Oase"). ●Die *Preise* für eine *FKK-Kabine* zum Umkleiden betragen für eine Woche 63 DM, für zwei Wochen 113 DM, für drei Wochen 162 DM, für vier Wochen 211 DM.
Kirchen	●Die folgenden Kirchen sind auf Borkum vertreten: Ev.-ref. (Rektor-Meyer-Pfad), ev.-luth. (Goethestr.), kath. (Kirchstr.) und neuapostolische Kirche (Reedestr.). Die katholische Kirche hält tägliche Gottesdienste ab, die anderen an Wochenenden.
Hunde	●Gleich an drei Stränden (Süd-, Nord- und FKK-Strand) darf der Hund sich tollen. Ansonsten ist er an der Leine zu führen. Etwa die Hälfte der Herbergen Borkums heißt (auf Anfrage) Hunde willkommen.
Presse	●Die *Borkumer Zeitung* erscheint täglich. ●Die *Badekarre* enthält das Veranstaltungsprogramm und kommt von April bis Oktober monatlich heraus. Das Heftchen ist gratis. ●*Ditjes un' Datjes* – "Kleine Borkumer Geschichten zum Zeitvertreib" – gibt es (ebenfalls gratis) alljährlich. Ganz lustig, besorgen!
Kinder	Borkum ist ein ausgesprochen kinderfreundliches Eiland, erkennbar schon an zahlreichen Einrichtungen für die Kleinen. ●*Kinderspielplätze* gibt es am Süd-, Nord- und FKK-Strand (dort Mai bis September). ●In der *Kinderkiste* werden 3-6jährige, deren Eltern im

Besitz einer Kurkarte sind, von sachkundigem Personal
betreut, und zwar in der HS Mo-Fr 8-12.30 und 14-17 Uhr
und in der übrigen Zeit nach Bedarf und Voranmeldung.
Dieser Service ist kostenlos und soll vor allem Eltern zugute kommen, die Kuranwendungen beanspruchen und
sich währenddessen nicht um ihre Wichtel kümmern können.

●Das *Kinderspielhaus* ist für über 6jährige da, und hier
ist die beaufsichtigende Anwesenheit der Eltern erwünscht. Auch dieses Haus kostet nichts. Nur bei Bastel-
arbeiten fallen manchmal nominelle Materialkosten (3-5
DM) an. Das Kinderspielhaus ist in der HS von Mo bis Fr
9.30-12.30 und 14-18 Uhr, in der übrigen Zeit nur nachmittags geöffnet. Beide Einrichtungen befinden sich im *Kurmittelhaus* und sind unter Tel. 303294/6 zu erreichen.

●Speziell für die Kleinen gibt es auf Borkum auch drei
Kinderpensionen bzw. -kurheime, in denen die Zwerge
sich unter ärztlicher Aufsicht und fachkundiger Leitung er-
holen können. Die Pension *Rumpelstilzchen* (Am Neuen
Leuchtturm 1, Tel. 2206) nimmt Kinder von 4-12 Jahren
auf. Nur bis 9 geht's im *Kurheim Concordia* (Hindenburgstr.
94, Tel. 519) und von 4-13 im *Dünenhaus* (Jakob-
van-Dyken-Weg 15, Tel. 2233). Diese Etablissements
sind allerdings ein wenig teurer als die Horte im Kurmittelhaus: Um 75 DM VP pro Tag. Im Winter sind die Heime
geschlossen; genaue Termine anfragen.

Ein Herz für
Kinder (KVB)

Fortbewegung

Inselbahn

Von März bis Oktober wird der Borkumbesucher am Anleger von einer gemütlichen Bimmelbahn abgeholt und ins Stadtzentrum befördert. In der übrigen Zeit übernimmt ein Bus diese Funktion. Die Strecke ist im Fährpreis enthalten.

Auto

Nach Borkum kann man das Auto mitnehmen. Doch viel Freude wird man an ihm nicht haben. "Benutzen Sie wegen der umfassenden *Verkehrsbeschränkungen* auf der Insel die Autogaragen und Abstellplätze in Emden und Eemshaven, direkt an der Schiffsanlegestelle. *Parkplätze* stehen auf der Insel Borkum nur begrenzt zur Verfügung." So heißt es, nicht gerade einladend für den inselreisenden Automobilisten, in den offiziellen Prospekten.

In der Tat ist ein großer Teil von "Borkum-Town" für Kraftfahrzeuge zeitweilig bis ständig gesperrt. Auf der Strandpromenade (einschließlich ihrer Verlängerungen B.-Kieviet und K.-Wolters-Pad), wo es einiges zu sehen gibt, darf man ganzjährig nicht einmal radfahren. Die Sperrzone Innenstadt ist vom 22.12.-9.1. und 26.3.-25.10. (geringe Variationen von Jahr zu Jahr) für Kfz ganztägig gesperrt. Amtlicherseits ist dies die *rote Zone*. Die sogenannte *blaue Zone* erfaßt den weiteren Umkreis des Ortes; hier herrscht ganzjährig von 21-7 Uhr Kfz-Verbot. Wenn in den beiden Zonen schon mal gefahren werden darf, dann nur mit 30 km/h. "Weitere Verkehrsbeschränkungen sind möglich." Das Rathaus erteilt Auskunft: Tel. 303222.

●Autofahrer, die eine Unterkunft in der roten Zone gebucht haben, erhalten im Info-Stand am Hafen eine *Durchfahrgenehmigung* zum Zielhaus. Wenn man nicht gerade schwerbehindert ist und einen entsprechenden Ausweis besitzt, kann man innerhalb der Sperrzeit sein Fahrzeug dort getrost einmotten.

●*Parkplätze:* Siehe Ortskarte.

Bus

Der befahrbare Teil der Insel Borkum wird von einer Buslinie bedient, die kaum Lücken läßt und den eigenen Wagen weiterhin entbehrlich macht. Mehrmals täglich fahren Busse von der Stadt zum Hafen, Flugplatz, FKK-Strand und Ostland (hier nur von April bis Oktober) und zurück.

●*Fahrpläne* im Verkehrsbüro.

Taxi

Taxenstände am Bahnhof, am Flugplatz und am Anleger.

Fahrrad Das Rad ist das gängigste Verkehrsmittel auf Borkum. Fahrräder verschiedener Art gibt's bei *Jan van Gerpen* (Am langen Wasser und Strandstr. 43). Für die Standardtypen bezahlt man 2 DM pro Stunde, 8 pro Tag und 30 pro Woche. Go-Carts, eine Art Tretauto für 2-4 Personen, kosten ab 12 DM die Stunde. Fahrräder zu zivilen Preisen hat auch der passend benannte Verleih *von Raden* am Parkplatz an der Hindenburgstraße.

Pferd Siehe Sport.

Unterkunft

Preise Außerhalb der HS werden bei Appartements und Ferienwohnungen substantielle Rabatte gewährt (bis 40 %). Bei Hotels liegen die Preise in der VS/NS etwa 10 % niedriger; bei Pensionen besteht meistens kein oder nur ein minimaler Unterschied.

Hotels Die immerhin 23 Hotels auf Borkum sind nicht allzu teuer.
●Die Preise beginnen recht zivil bei 48 DM (*Bruns*, Tel. 3420) und pendeln sich bei 200 DM ÜF zu einem ansehnlichen Maximum ein.
●Einige Bauten weisen noch den schönen alten insularen Stil auf, so das *Haus Borkum* (Tel. 91840, ab 80 DM ÜF), das *Strandhotel Ostfriesenhof* (Tel. 7070, ab 53 DM ÜF – nicht übel für die Lage!) und das alte *Poseidon* (Tel. 811, ab 110 DM ÜF). Das neue Poseidon, unmittelbar daneben, sieht aus wie eine Hochgarage – müssen solche schlimmen Stilbrüche sein? Die alten Hotelbauten aus der Jahrhundertwende, welche die Beachfront bestimmen, werden heute von Edel-Kliniken und anderen Zweckbauten belegt.

Pensionen Borkum ist groß, und Pensionen und Privatunterkünfte gibt es massenhaft. Mit Frühstück bezahlt man ab 22 DM, doch die Obergrenze liegt bei rund 45 DM. Wer sich selbst in der Küche betätigt, kommt am besten weg: Mit 20 DM ist zum Beispiel das *Haus Lübben* (Gartenstr. 25, Tel. 2143) die günstigste Unterkunft auf der Insel. Andere Häuser dieser Kategorie liegen bei einem durchschnittlichen Maximum von 30 DM.

Appartements, Ferienwohnungen Die Praxis von Borkumer Appartement- und Ferienwohnungseigner, zwischen erstem und weiteren Belegungstagen eine himmelhohe Preisdifferenz anzusetzen, hat glücklicherweise ein Ende gefunden. Nur bei sehr wenigen Einheiten ist im Kleingedruckten auch noch darauf zu achten, daß Bettwäsche entweder selbst gestellt oder

Quirlige
Fußgänger-
zone (KVB)

extra bezahlt werden muß – mit dem Vermieter klarstellen!
Pro-Kopf-Preise beginnen bei etwa 30 DM; mitunter,
wenn man zu viert oder zu fünft anreist, läßt sich aber
noch etwas Billigeres finden. Vorraussetzung ist in allen
Fällen eine mindestens 7tägige Belegung, bei dieser Art
von Herberge eine durchaus verständliche und akzeptable Auflage.
● Wer eine Aversion gegen Bettenburgen hat, sollte darauf achten, nicht in einem der mehrstöckigen Apparte-
mentblocks zu landen, die als Ferienwohnungen durch die
Kataloge geistern.

Jugend-
herberge
● Die *JH Borkum* (Jann-Berghaus-Str. 63, Tel. 579) ist eine
der besten Adressen der Insel. Zentral und direkt an der
Promenade am Weststrand gelegen, ist das große Haus
(340 Betten, 5 Tagesräume) gar nicht zu verfehlen. In
Richtung Meer gesehen, liegt es unmittelbar hinter dem
neuen Leuchtturm. Die Jugendherrberge hat die Kategorie II. Achtung: Nur offen von März bis November, genaue
Termine auf Anfrage. Nur VP. Preise: siehe unter "Reise
und Preise".

Camping
● *Insel-Camping Borkum* (Hindenburgstr. 114, Tel. 1088/
4224) ist einer der modernsten und am aufwendigsten
ausstaffierten Campingplätze der Bundesrepublik, ein
Riesengelände mit über 300 Parzellen, computergesteu-
erter Organisation, kartenkontrollierendem Torwächter, eigenem Restaurant und Einkaufszentrum, Fahrradverleih,
Grill- und Spielplatz, Kindergarten, gästeunterhaltender
Animation – ein Dorf für sich. Man kann im eigenen Cara-
van anreisen, auf der Zeltwiese zelten oder aber im Camp
einen Wohnwagen mieten.

●**Preise:** Personengebühr: 7 DM bis 14 Jahre, 10,30 DM
darüber. Platzgebühren: 8,50 DM für ein kleines Zelt,
15,50 DM für einen Caravan-Stellplatz, 13 DM für eine Sa-
nitärkabine daneben. 6,50 DM kostet der Hund, 6 DM das
mitgebrachte Auto, 1,50 DM der Stromanschluß. Miet-
wohnmobile: 63-68 DM zzgl. Personengebühr. Plus Strom
(0,90 DM pro kWh). Plus Gas. Diese Preise (jeweils für
eine Übernachtung) gelten für die Zeit von Juni bis August. Während dieses Zeitraums sind auch nur Buchungen in Blöcken von 1-4 Wochen möglich. (Ausgenommen
Zelter; Einzelübernachtungen kosten dann jedoch 18,50
DM pro Person). Die Preise (außer für Strom und Gas) re-
duzieren sich in der übrigen Zeit um 30 %. Eine Endreinigung – dieses fatale Wort wieder! – droht mit 75 DM zu
Buche zu schlagen, es sei denn, man reinigt selbst. Ob's
auch ordentlich war, entscheidet eine "Abnahme durch
den Platzwart". Außerhalb der HS kann man bei ICB recht
günstig unterkommen, wenn man von einem der zahlreichen pauschalen Sonderangebote Gebrauch macht.
●Etwas bescheidener sieht's aus bei *Camping-Aggen* (Ostland
1, Tel. 2215). Dort findet man 35 Stellplätze für
Wohnwagen und eine Wiese für ca. 15 kleine Zelte. Billiger ist's dort aber auch nicht. Ein Stellplatz kostet 18 DM,
ein Zeltplatz 9, dazu jeweils 8 DM pro Person und ggf.
Strom zu 0,80 DM/kWh.

Gastronomie

Die kulinarische Szene Borkums ist schon fast großstädti-
schen Charakters – was die reine Zahl der Bewirtungsbetriebe angeht. Hauptsächlich steht jedoch Rustikales und
Regionales auf den Speisekarten. Und, versteht sich, überall das "Koppke Tee mit Kluntjes".
●Vorzüglich speisen kann man in den Restaurants aller
Borkumer Hotels. Dort bezahlt man aber auch etwas mehr
als bei einem Streifzug durch die allgemeine Inselrestau-
ration.
●Die *Delfter Stuben* und *Fischerdorf* (gegenüber der Post)
bieten Seefische, Muscheln und Krabben täglich frisch
vom Fang; außerdem internationale und gutbürgerliche
Küche; bis 23 Uhr.
●Genau das gleiche Programm hat das *Kurhausrestaurant*,
täglich geöffnet 11-22 Uhr.
●Fisch und Gutbürgerliches gibt es auch in den *Germa-
nia-Stuben* (Deichstraße), überdies Grillgerichte.
●*Zum Walfänger* (Von-Frese-Straße) ist ein gemütliches
Familienrestaurant im Herzen des Ortes. Walfleisch gibt's
gottlob nicht. Offen täglich bis 23 Uhr.

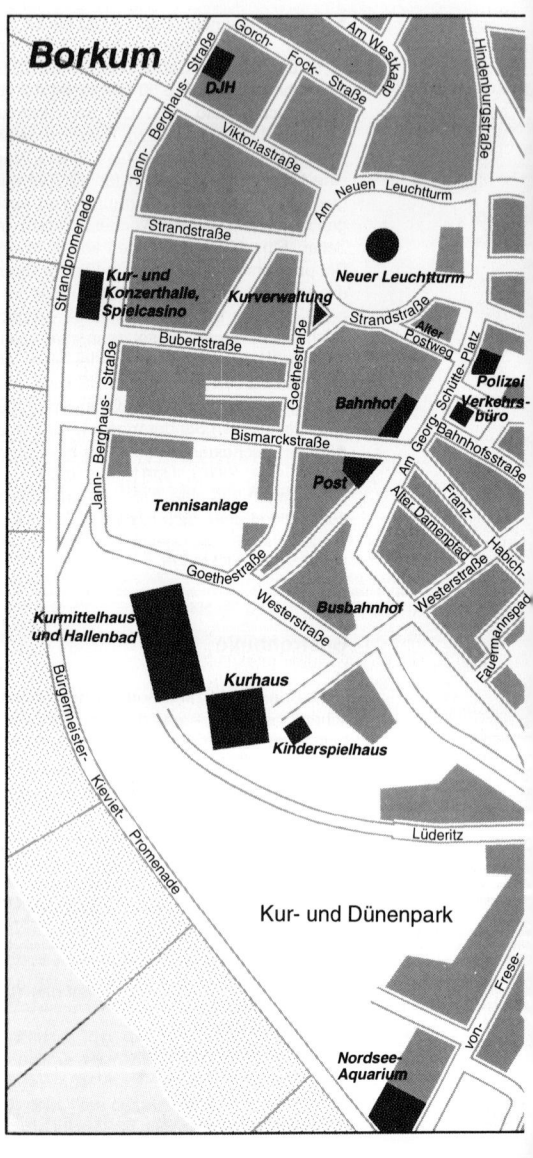

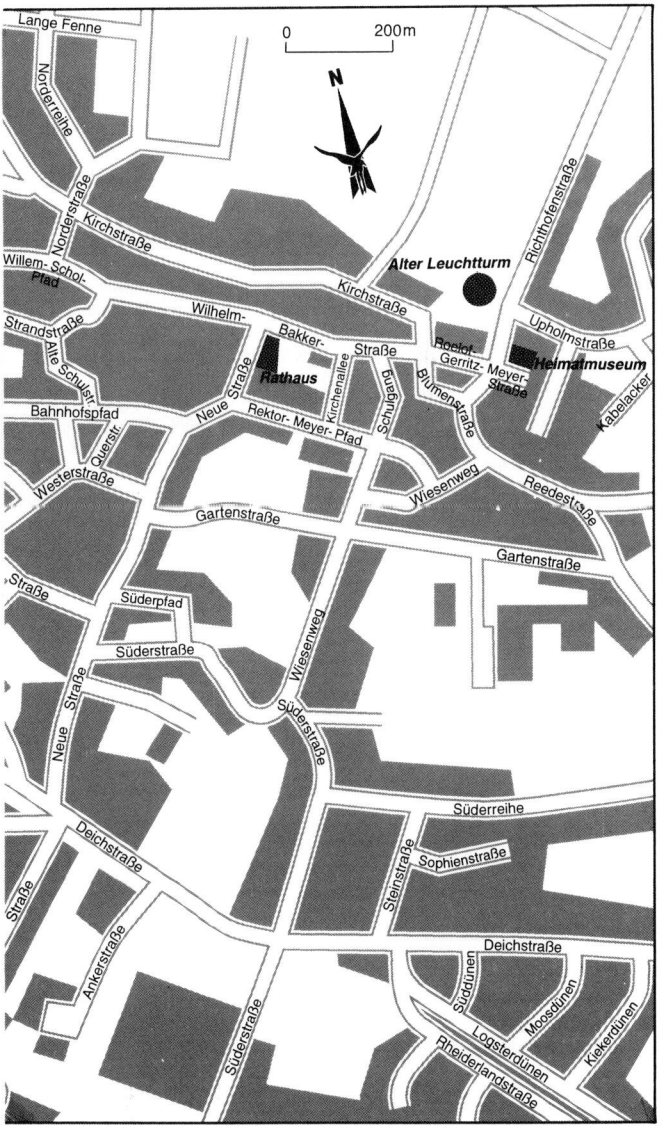

●"Meeresschätze am Spieß" reicht das *Rolinck-Eck* (Neue Straße) in "heimeliger Atmosphäre". Täglich bis 24 Uhr.

●Borkums "einziger Grieche" residiert im *Rhodos* (F.-Habich-Straße) und führt dort (täglich bis 24 Uhr) vor, was man am Mittelmeer alles aus Fisch machen kann.

●Etwas weiter befindet sich das *Pane e Vino*, welches aber nicht Borkums "einziger Italiener" ist. Da gibt es außerdem das *Pinocchio* (W.-Bakker-Straße, beide mittags offen, abends bis 24 Uhr) und das *Mamma Mia* in der Bismarckstraße (mittags, abends bis 23.15 Uhr). Alle drei bieten Feines aus der Cocina Italiana, die beiden letzteren auch Pizzen.

●In maritimer Atmosphäre speist man im Restaurant *Zum Yachthafen*, mit gut bestückter Mittags- und Abendkarte und täglich frischer Seafood. Bis 22 Uhr.

●Gleiches gilt fürs *Gorch Fock* in der Viktoriastraße. Offen mittags, abends bis 21.30 Uhr.

●Der *Upholm-Hof* (Alter Deich) fährt Gastronomie gleich in geballter Ladung auf: "Scheunenrestaurant", Biergarten, Grillhütte und Caféterrasse, dazu Animation, Live-Music, Tanz, plus Ponyreiten und Spiele für die Kinder. Sag' da noch mal einer "Frisia non cantat"!

●Frisia singt auch im *Strandkorb* an der Promenade, denn hier ist der Borkumer Szenetreff. Ab 18 Uhr gutbürgerlicher Abendtisch mit zunächst noch moderater Musik, später bricht dann die Fete los.

●In *Opa sein klein Häuschen* in der Strandstraße trifft "man" sich ebenfalls. Am Wochenende schon zum bejazzten Frühschoppen, sonst täglich ab 18 Uhr. Oder aber man richtet sich in der *Felsenquelle* (W.-Bakker-Straße) eine gemütliche Zusammenkunft ein, um sich täglich ab 11 an edlem Gerstensaft zu laben. Oder man läßt sich (ab 17 Uhr) in der *Seekiste* (am Bahnhof) nieder. Oder... Das Angebot ist noch lang, wollte man alle Pinten, Cafés, Snackbars, Imbisse und Läden einbeziehen ...

Pavillon auf der Strandpromenade (KVB)

Sport

Hallenbad   Das Meerwasser-Wellen-Hallenbad im ***Kurmittelhaus***
(Tel. 303330) hat ein 50 x 25 m großes Becken mit 27°
Wassertemperatur, Wellenhöhe bis 1 m. Außerdem gibt
es eine Sauna.
●***Öffnungszeiten****: vom 15.3. bis 31.10. Mo-Do und Sa
8.30-12 und 14-19 Uhr; Fr 8.30-12.30 und 14-20 Uhr, So
9-12 Uhr. In der übrigen Zeit jeweils entsprechend 14-19,
14-20 und 9-12 Uhr. Das Bad macht gewöhnlich gegen
die zweite Januarhälfte eine Betriebspause.
●***Eintritt*** (mit Kurkarte): Erwachsene 7 DM, Kinder 9-15 J.
4,50 DM, darunter 3,50 DM. Außerdem gibt es 6er-Karten
(38/23/18 DM) bzw. 12er-Karten (75/45/35 DM).

Gymna-   Von Juni bis September kann man sich "unter Leitung von
stik   geschultem Fachpersonal" an Nord- und Südbad sowie
am FKK-Strand zu organisierter Gymnastik anleiten lassen; auch Kinder sind dabei willkommen. Der Service ist
gratis.

Volkslauf   im Frühjahr und Sommer findet auch etwa einmal im
Monat der große Borkumer Volkslauf statt, bei dem sich
sogar eine Medaille gewinnen läßt. Info: *Heinz Helmus* (Tel.
1663) oder *TuS-Heim* (Tel. 540).

Angeln   Angler werden auf Borkum ihr Paradies finden. Aal, Butt
(Scholle), Dorsch, Knurrhahn (Seeteufel), Makrele und
Grundhai gehen an den Haken. Das Angeln in den ***Kü-***
stengewässern der Insel ist auflagenfrei. Gefischt werden kann annähernd überall, außer natürlich an den Ba-
deständen und in den NSGs. Eine spezielle Gastkarte
benötigt man (zusätzlich zum Sportfischerpaß), wenn man
im "Hoppschlot" angeln möchte, denn es handelt sich um
ein ***Vereinsgewässer****. Info: Tel. 1887.

Reiten   Pferdeliebhaber kommen auf Borkum voll auf ihre Kosten.
Der *Reitstall Jütting* (Norddünen, Tel. 2478) bietet Anfän-
gern und Fortgeschrittenen Unterricht in der Halle und im
Freien, außerdem Geländetraining und Ausritte entlang
des Strandes, durch die Dünen und Ostlandweiden. Je
nach Programm muß man mit 25-35 DM/Std. auf dem
Pferderücken rechnen.

Tennis   Tennis ist *der* Sport auf Borkum. Die Tennisanlage (Tel.
529) befindet sich in der Bismarckstraße dicht am Meer
und ist ganzjährig geöffnet. Sie verfügt über 2 Hallen- und
6 Außenplätze, auch für eine Cafeteria ist gesorgt. Von
Mitte Mai bis Mitte September kostet eine Außenstunde
20-26 DM; in der Halle sind je nach Jahres- und Uhrzeit

zwischen 14 und 35 DM anzulegen. Trainerstunde 29 DM extra. Niedrigere Raten in der NS. Im Sommer werden auch häufig Turniere abgehalten.

Unterhaltung

Veranstaltungen

Die Action findet im **Kurhaus** und in der **Kurhalle** am Meer statt: Mit Preisskat fängt's an und steigert sich zu Highlights wie Möricke-Lesungen und Mozart-Darbietungen. Borkum ist bemüht, kulturell aus dem langen Schatten herauszukommen, den die unfern gelegene Königin Norderney hinüberwirft.

Diavorträge über das Wattenmeer sind oft im Programm, Shantyabende mit Klamaukmache durch die *Borkumer Oldtimer*, Tanz und Spaß, und dann wieder solch konträre Themen wie "Naturkatastrophen an der Nordsee" und "Modeschmuckgestaltung aus Fertigteilen und Fimo". Für die Kleinen tritt "Watz das Krokodil" auf oder "Der Stinkmorchelfieselfratz" – so jedenfalls laut Auszug aus dem Veranstaltungskalender. Lustiges und Besinnliches ist immer dabei.

Einen Überblick über die Veranstaltungen gibt die monatlich erscheinende *Badekarre*.

Musik und Tanz

Kurmusik erklingt täglich außer Mo in der Kurhalle; bis 22.30 kann an Musikabenden dazu auch das Tanzbein geschwungen werden. Mitunter geht es dabei ganz schön heiß zu.

●Und wem das alles noch nicht reicht, geht sich halt in der **Disco** amüsieren. Borkum hat zwei davon.

Spielcasino

In der Kurhalle befindet sich ebenfalls das *Borkumer Spielcasino*, offen 11-23 (April bis Oktober) und 14-22 Uhr (in der restlichen Zeit). "Glücksspiele wie in Las Vegas", verheißt die Werbung: Mini-Roulette, einarmige Banditen, Jackpot-Anlagen, Black-Jack-Spiele, und nicht einmal Krawattenzwang herrscht in diesem distinguierten Milieu!

Touren

Schiffsausflüge

Da Borkum an äußersten westlichen Ende des Ostfriesischen Archipels gelegen ist, lassen sich naturgemäß keine Schiffsausflüge bis weit nach den östlichen Inseln durchführen.

●Die einzigen Inseln, die im Zuge von Exkursionen per Schiff angelaufen werden, sind **Juist** und **Norderney**. Die Touren dorthin dauern 1,5 bzw. 2,5 Std. (per Katamaran) und kosten 28 bzw. 30 DM. Von Norderney aus kann man sich u. U. in eine Helgolandfahrt einklinken.

●Ein Schiffsausflug nach **Groningen** (über Eemshaven) dauert ca. 6 Std. und kostet 34 DM.

**Bus-
touren**

Die "große, informationsreiche **Insel-Busrundfahrt**' wird täglich um 14 Uhr (ab Bahnhof) angesetzt. Kostenpunkt: 8,50 DM. Eine Bustour zur Besichtigung des **Seenotkreuzers** *Alfried Krupp* und des Museum-Feuerschiffes *Borkumriff* im Schutzhafen kostet das gleiche. Beide Touren dauern etwa 1,5 Std.

**Watt-
wandern**

Wattwanderungen, selbstverständlich unter "geprüfter Führung", finden in Abhängigkeit vom Tidenstand statt. (Ca. 2,5 Std., 9 DM.)

Auskunft

Organisator der obigen Programme ist die *Borkumer Kleinbahn* (Bahnhof, Tel. 3090). Dort erhält man auch Auskunft über etwaige andere Touren, die mitunter anberaumt werden.

Radtour

Jeden Sonntag um 10 kann man mit *Bucki Begemann* (Tel. 4798) an einer Fahrradtour über die Insel teilnehmen. Man trifft sich beim Verleih *van Gerpen*. Dauer ca. 2,5 Std., Preis 10 DM mit Einschluß des Radls.

**Orts-
führungen**

Di und Fr unternimmt *Bucki Begemann* Ortsführungen. Treffpunkt: Um 10 am Telefonhäuschen bei der Kurverwaltung. Preis 5 DM.

Kinder

Kinder von 4 bis 11 J. zahlen für alle genannten Touren (außer Radtour) die Hälfte.

Flüge

Flüge zu anderen Inseln: s. Flugverbindungen.

Fährverbindungen

Fährverbindungen gibt es ab **Emden** (siehe Anhang) und dem niederländischen **Eemshaven** (siehe im Anhang unter Emden).
●Katamaran-Ausflüge finden in der Saison auch ab **Leer** statt. (jeden Do 9.45 Uhr ab Anleger Rathausbrücke, Info: Tel. 0491-5854). Fahrzeit 2 Std. Außerdem ab **Papenburg** (Fr 9, Sa 8 Uhr, ab Industriehafen Süd, Tel. 04961-82221). Fahrzeit 2,5 Std.

Flugverbindungen

mit Emden

Der "Standardflug" nach Borkum findet ab Emden statt. Der Flugplan der *OLT* sieht täglich je sechs Flüge in beide Richtungen vor.

- Die *Flugzeit* beträgt 15 Minuten.
- *Flugpreis:* 80 DM für eine Strecke. Eine sogenannte *Verbundkarte*, mit der eine Route per Schiff gefahren wird, kostet 105 DM.
- *Flugplatz in Emden:* Siehe unter Emden, Anreise.
- Der *Flugplatz auf Borkum* ist etwa 2 km vom Ort entfernt und hat eine Busverbindung in die Stadt.

Weitere Flüge

Im Sommer bieten *OLT* und *ROA* mehrmals wöchentlich auch Direktflüge nach **Bremen** (230 DM) und **Düsseldorf** (315 DM) an. Verbindungen gibt es auch dreimal wöchentlich nach **Helgoland** (130 DM, Tagesflug 180 DM) und **Norderney** (80 DM, Tagesflug 125 DM) (im Sommer täglich); nur im Sommer dreimal wöchentlich auch nach **Juist** (80 DM).

- Alle *Preise* gelten für den einfachen Flug, Kinder bis acht Jahren in Begleitung eines Erwachsenen zahlen die Hälfte (außer bei Tagesflügen).

Auskunft

- *Ostfriesische Lufttransport* (OLT), (Tel. 04921-89920).
- *Roland Air Bremen* (ROA), (Tel. 0421-558074).

Mit dem eigenen Boot

Erst seit Ende der 80er Jahre hat Borkum einen separaten **Yacht- und Sportboothafen**. Bis dahin mußten Segler sich den großen und recht ungemütlichen Schutzhafen mit der Bundesmarine teilen.

- Der neue Hafen, am **Ostende der Ronden Plate** gelegen, ist auch von stattlichen Dimensionen: 4000 m² groß und 2,30 m tief, mit Platz für etwa 250 Fahrzeuge an Schwimmstegen. Trotzdem kann es im Sommer schon mal voll werden, denn Borkum ist auch ein bevorzugtes Anlaufziel holländischer Boote.
- An Land befinden sich ein Restaurant, ein Kiosk mit Schiffsausrüster sowie Duschen, WCs und Waschmaschinen.
- *Auskünfte:* Yachthafenverwaltung, Hindenburgstr. 18 (Tel. 3880) oder Segelclub Borkum (Tel. 4398).

Juist
– "die Unfruchtbare"

Geschichte

Der Name Über die Bedeutung des Namens Juist – gesprochen Jühst – hat man einiges an Spekulationen angestellt. Sogar das lateinische *ius* (Recht) wurde dafür herangezogen. Mit großer Sicherheit dürfte aber das Küstenwort "güst" zugrundeliegen. Es bedeutet "trocken, unfruchtbar" und wird heute noch im Plattdeutschen verwendet, um eine Kuh zu beschreiben, die keine Milch gibt. Man könnte sogar noch etwas weiter spekulieren, um auf "wüst" und "Wüste" zu kommen – so einfach ist das.

Besied- ***Erstmalig urkundlich erwähnt*** ist Juist in einer Aufzäh-
lung   lung der Besitztümer des ostfriesischen Landesherrn *Witzel tom Brok* im September ***1398***. Es gibt mehrere Anzeichen dafür, daß die Insel zumindest in den folgenden zwei Jahrhunderten noch nicht die extrem langgezogene Form besaß, die sie heute hat. Sie dürfte vielmehr in etwa dem gegenwärtigen Langeoog geähnelt haben, und offenbar gab es auch wesentlich mehr Platz als heute. Denn zu ***Beginn des 17. Jahrhunderts*** befand sich dort das ***größte Gestüt Ostfrieslands***, das auf dem gar nicht so güsten Heller bis zu hundert Pferde weiden ließ. Es

waren die Nachkommen einer eigentümlichen, vielleicht als "Schiffbrüchige" von Kreuzfahrerkoggen angelandeten halbwilden Rasse, die erstmalig in einem Bericht über Juist *1530* erwähnt werden. Damals gab es hier richtiggehende Cowboys, die die Pferde einfingen und zähmten, wofür *Graf Enno III.* gelegentlich "eine Tonne Bier" springen ließ. Noch um *1655* wurde auf Juist außer den Pferden eine erstaunlich große Anzahl von Vieh gehalten, womöglich, weil man Gras und Heu von der nahen ***Insel Bant*** holen konnte, die um 1743 in der See versank. Dürftig dokumentiert ist, wann Juist erstmals ständig besiedelt wurde. Schon um *1430* mag ein ***Holzkirchlein*** auf der Insel gestanden haben, doch ein Nachweis darüber tut sich schwer. Von einem ersten ***Inselvogt*** ist *1516* die Rede. *1590* wird auch bereits die Verbrennung von drei ***Juister Hexen*** erwähnt, was auf etablierte Verhältnisse schließen läßt. Es galt ja, Schuldige zu finden für die Katastrophen, die das Eiland immer wieder heimsuchten.

Sturm-fluten

Dazu gehörten an erster Stelle die Sturmfluten, die auf der Insel wiederholt gewaltige Schäden anrichteten. So entstand als Folge der ***Petriflut von 1651*** im westlichen Drittel der Insel ein tiefer Einschnitt, der Hammrich oder Hammer, der das schmale Hemd Juist fast in zwei Teile zerriß. Die Inselchronik beginnt eigentlich erst nach dieser verheerenden Flut – und immer wieder listet sie erneutes "Landunter" auf.

Die ***Fastnachtsflut von 1715*** zerstört unter anderem die (zweite) Inselkirche. Ganz dick kommt es mit der berüchtigten ***Weihnachtsflut des Jahres 1717***, die wie eine Kette von Tsunamis über Juist hinwegfegte und Tod

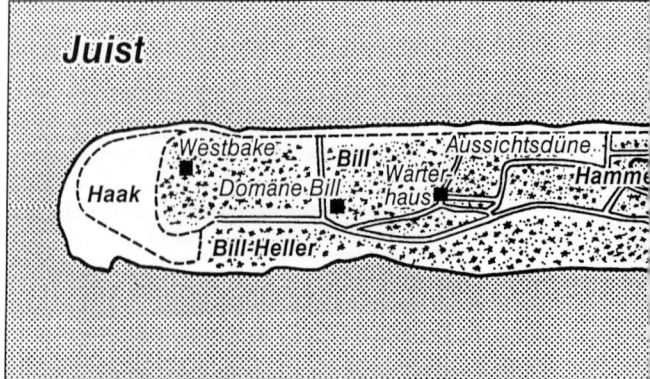

und Verwüstung hinterließ. 1742 geht es schon wieder so knapp ab, daß der Inselvogt klagt, "die miserable Sandbrinke Juist" werde wohl bei der nächsten hohen Flut endgültig untergehen.

**Fort-
schritte**

Doch wenige Jahre später hört man auch Gutes von der Insel. Von keinem Ort Ostfrieslands nämlich "fahren so viele und schwere Schiffe als von Juist, ausgenommen die Stadt Emden", verlautet aus dem Amt Norden, und anno **1793** gibt es sogar schon so etwas wie ein **örtliches Sozialsystem**.

Dieser Fortschritt war vor allem den aufgeschlossenen **Pfarrern** zu verdanken, die sich seit frühester Zeit den Belangen der hartgeprüften Insel angenommen hatten. Einer der tatkräftigsten Vertreter dieses Berufsstandes traf im Jahre **1771** auf Juist ein. Und mit ihm, dem *Pastor Gerhard Otto Christoph Janus*, erhielten die Insulaner ein wahres Goldstück in ihren Besitz. Denn Hochwürden Janus hatte den Ehrgeiz, aus Juist das erste deutsche Seebad zu machen...

**Seebad-
status**

Aber es sollte nicht so sein. Bei Norderney kann man nachlesen, weshalb diese Insel schon längst den Zuschlag erhalten hatte, während Juist immer noch an den Folgen der französischen Besatzung und den Spätschäden der großen Sturmfluten litt. Norderney florierte mit zunehmender Tendenz, als auf Juist weiterhin bittere Not den Inselalltag bestimmte. Erst gegen Ende des 19. Jahrhunderts begann sich so etwas wie ein kleiner Aufschwung abzuzeichnen. **1883** zählte man immerhin 700 Gäste.

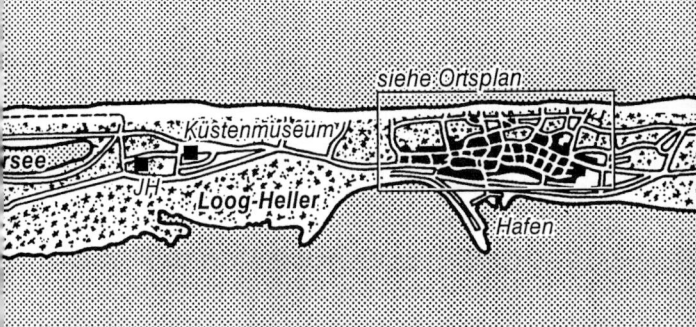

Kühn geworden, entschloß man sich flugs zur Einführung einer **Kurtaxe**, die in den anderen Nordseebädern schon längst zur zähneknirschend akzeptierten Einrichtung geworden war. Hier jedoch, unter erheblich bescheideneren Bedingungen, löste die Maßnahme den Zorn der wenigen Badegäste aus. Überdies stellte sich die Verwaltung recht rabiat auf die Hinterbeine, um das Edikt zu enforcieren, was zusätzlichen bösen Willen schuf. Außerdem wurden auf Juist ganz besonders strenge Maßstäbe für die **Badeordnung** angelegt.

Das Echo aus dem Publikum war freudlos. "Wir wollen nackt baden, der Badeanzug schädigt die Gesundheit!" murrte ein früher FKKler. "Kommt man aus dem Wasser, unterkühlt der Körper im nassen Badezeug und man wird krank." Jemand anders argwöhnte, "daß man im Badeanzug nicht schwimmen kann und leicht ertrinkt."
Trotz dieser kleinen Querelen begann das Badegeschäft zu blühen. Im Rückblick kann man die Zeit um die **Jahrhundertwende** wohl als die "Juister Gründerjahre" bezeichnen. Ein wahrer Bauboom setzte ein, architektonisch nicht besonders glücklich, aber immerhin auf stockwerkträchtige Auswüchse verzichtend – was noch heute gültig ist. 1910 vergnügten sich bereits siebentausend Besucher an Juists weißen Stränden. Dann setzte der **1. Weltkrieg** dem munteren Treiben einstweilen ein Ende.

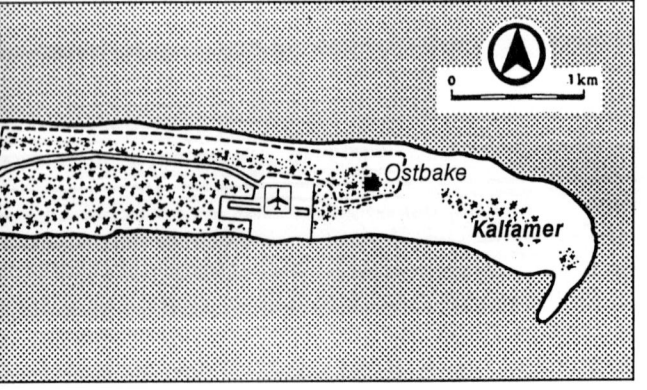

Badeverordnung vom 17. Juli 1882

§1

Der Badeplatz der Herren ist von dem der Damen getrennt; beide Plätze sind durch Tafeln mit "Herrenstrand" bzw. "Damenstrand" bezeichnet. Der Raum zwischen beiden Tafeln darf zum Baden nicht genutzt werden.

§2

Während der Badezeit ist der Aufenthalt auf dem Strande und den überliegenden Dünen von 800 Metern westlich des westlichsten Zeltes bis 800 Meter östlich des östlichsten Zeltes verboten. Innerhalb dieses Raumes dürfen nur die Herren mit ihren Gehilfen bzw. die Damen mit ihren Gehilfinnen auf den ihnen nach §1 angewiesenen Plätzen sich befinden.

§3

Knaben, welche das 8. Lebensjahr zurückgelegt haben, dürfen an den Damenbadestrand nicht mitgenommen werden.

§4

Jeder Badende, welcher die aufgestellten Badezelte benutzt, hat sich durch eine von dem Badekassenführer gehobene Badekarte bei der Badedienerschaft zu legitimieren.

§5

Die Badenden haben den Anordnungen der Badedienerschaft unweigerlich Folge zu leisten, widrigenfalls ein Strafgeld in Höhe von 8 guten Groschen zu Gunsten der Armenkasse Juist erhoben werden kann. Zuwiderhandlungen können auch den Ausschluß vom Wiederbaden nach sich ziehen.

1904 ging es eher noch keuscher zu. Sogar die Farbe des Badeanzuges war jetzt vorgeschrieben. Ein Auszug: "Die zu benutzenden Badekostüme sowohl für Erwachsene als auch für Kinder und etwaige Begleitpersonen müssen hinsichtlich Form und Farbe den im Geschäftszimmer der Badeverwaltung bereitliegenden Modellen entsprechen." Und: "Am Familienstrand müssen alle Badenden einen Badeanzug tragen, der den Rumpf vom Hals bis zum Knie umschließt und aus undurchsichtigem Stoff hergestellt ist."

Badevater Janus

So wie es einen *Turnvater Jahn* gibt – der 1819 wegen seiner "linksradikalen" frisch-frommen Umtriebe verhaftet
wird und sechs Jahre einsitzen muß -, so gibt es auch
einen Badevater Janus, der im *Juli 1783* das folgende
sorgsam aufgesetzte Schriftstück an den Preußenkönig
Friedrich II. richtet:

Allerdurchlauchtigster,
Großmächtiger König!
Allergnädigster König und Herr!

Die landesväterliche Sorgfalt, welche Ewr. Königl. Majestät für die Erhaltung der Gesundheit der Untertanen, und
für Aufnahme des Landes selbst allergnädigst beweisen,
bewegt mich, hierdurch allerunterthänigst bekannt zu machen, was ich durch eigene Erfahrung als Beobachtung an
anderen, von dem großen Nutzen einer Ueberfarth zu
einer Insel, und dem Gebrauch eines Bades von See
waßer, in der bequemsten Jahreszeit, wahrgenommen
habe.
   Es ist bekannt, daß die See Luft immer mit den feinsten
Theilchen angefüllet ist. welche den menschlichen Cörper
so wohl durchs Einhauchen als auch von außen durch-
dringen, und durch die revolvirende Kraft das Unreine aus
demselben wegschaffen können. Ist daher der Magen ver-
dorben und mit überflüssigem Schleim angefület, und sind
andere Hinderniße vorhanden, welche der Verdauung
nachtheilig sind, so befördert die See Luft vermittelst der
Überfahrt ein Erbrechen, oder resolvirt die stockenden
Säfte, daß die circulation hergestellet, und ein guter Appe-
tit erfolget. Hiervon bin ich so wohl durch Erfahrung an mir
selbst als an anderen häufig belehrt worden.
   Was ferner das Baden im See Waßer anbetrift, so lehrt
die Erfahrung, daß es bey vielen Zufällen vortrefliche
Dienste thut. In rheumativmasche Schmerzen ist das
Baden in dem See Waßer und zwar an der Süd Seite auf
der Insul auf dem Hef, bey der Ebbe, ein unvergleichliches
Mittel, selbige zu stellen, und gäntzlich zu vertreiben.
Selbst bey der eigentlichen Gicht erweiset ein solches
Bad vorzügliche Hülfe, davon ein gewißer an gesehener
Mann in Norden, welcher vor 3 Jahren mit dieser Maladie
im Arm geplaget war, und sich auf Anrathen ddh. Dook
hier badete, den erwünschten Erfolg gesehen hat. Die
bloße Hin- und Herfahrt kann, wie die Erfahrung oft geleh-
ret, einen Scorbutischen Patienten auf einmahl durch
einen Ausschlag befreien.

Da nun auf diese weise in der Nähe, und mit weit geringern Unkosten zu erlangen, was man durch große Mühe und Ausgaben durch den Gebrauch des Aakner Bades und Pyrmonter Brunnens zu erreichen sucht: so hoffe ich, daß mein Vorschlag einer näheren Untersuchung wird gewürdiget, und allgemeine bekannt gemacht worden.

Die Insel Juist ist zum Aufenthalt solcher Patienten sehr bequem, nur müßten selbige wohl bedenken, daß die Monate Jun. Julius und August die eintzigen sind, da eine Reise hieher mit Nutzen vorgenommen werden kann, und vom 7.ten Jul. angerechnet, den Fehrmann allezeit nur sicher in Norden antreffen kann.

Ich ersterbe mit tiefster Ehrfurcht
Juist d. 7. Jul. 1783
Ewr. Königl. Majestät
alleruntertänigster Knecht
Gerhard Otto Christoph Janus

Wie wir heute wissen, war der gute Pastor Janus in manchen Punkten – die Seekrankheit bestimmt ausgenommen – schon "auf dem richtigen Dampfer". Doch ob der Alte Fritz den Brief überhaupt erhielt, ist nicht bekannt; zumindest wurde er nicht beantwortet. Vermutlich blieb er bereits im Vorfeld des Collegium Medicum der Königl.-Preußischen Regierung in Aurich hängen, wo man das besserwisserische Inselpfäfflein wohl wenig ernst nahm. Sonst wäre Juist vielleicht das erste "staatlich anerkannte" deutsche Nordseebad geworden.

Juist vor
150 Jahren

Juist heute

Schon in der zweiten Hälfte des vorigen Jahrhunderts hatte man damit begonnen, den gefährlichen *Hammereinschnitt*, der immer noch
nach See hin offen stand und einen höchst ris-
kanten Schwachpunkt im dünnen Rückgrat
der Insel bildete, mit einem Sanddamm zu
schließen. Endgültig versiegelt wurde der *Hammersee* erst nach 1930, und seither hat sich dort
ein einzigartiges Biotop herangebildet. Aufgrund
günstiger Bodenverhältnisse führt der See jetzt
Süßwasser. Teichröhricht steht an seinen Ufern,
stellenweise hat bereits Vermoorung eingesetzt,

und seltene Pflanzen- und Tierarten haben sich in dem sumpfigen Gelände angesiedelt. Der 1,8 mal 0,6 km große See steht selbstverständlich unter strengem Naturschutz.

Aber der See mit seiner eindrucksvollen Öko-diversität ist nicht Juists einziger Hammer. Man darf das 17 km lange und durchschnittlich 500 m breite Eiland wohl mit gutem Recht als die *urwüchsigste der ostfriesischen Inseln* bezeichnen. Das hat unter anderem damit zu tun, daß Juist nur relativ wenige Eingriffe von Menschenhand braucht, um seine gegenwärtige Taille zu wahren. Denn obwohl die großen Sturmfluten immer wieder Substanz abbauten, zeigte sich Mutter Natur im Falle Juist einsichtig und legte auch wieder etwas zu.

Einst zog sich unmittelbar vor der Billdüne im Westen ein *tiefes Fahrwasser* entlang, das selbst die größten Seeschiffe der damaligen Zeit aufnehmen konnte. Doch das tiefe Wasser ließ auch die See ungehindert gegen die Insel antoben; der *25. Dezember 1717* war der Todestag des alten Billdorfes. Die zahllosen, in ständiger Verlagerung befindlichen *Sandbänke* im Nordwesten der Insel begannen indes danach, auf den *Strand* zuzuwandern und schließlich an und auf das Land zu kriechen. Und diese Vorgänge vollziehen sich noch heute. Juist ist – neben Langeoog – die einzige ostfriesische Insel, die auf Uferbefestigungen wie Buhnen und Strandmauern verzichten kann. Juists Sandstrand ist von einem Ende zum anderen jungfräulich.

Nun, relativ gesehen natürlich. Immerhin wurde schon fast die Millionengrenze an Übernachtungen erreicht, was bedeutet, daß sich bereits mancher Entdeckerfuß auf diesen – also doch nicht mehr ganz so unberührten – Strand gesetzt hat. Und wenn schon. Nie hat man auf Juist das Gefühl des Eingeengtwerdens. Auch von touristischem Rummel keine Spur – für Tagestouristen fahren die Fähren einfach zu selten. Juist gilt deshalb unter Kennern als das *Familienbad* der Nordsee. Versteht sich, daß hier keine Autos möffeln. Pferdefuhrwerke und Fahrräder sind Trumpf, einen Radlverleih gibt's an jeder zweiten Straßenecke.

Sehenswertes

Auf Juist braucht nichts unbedingt an den Haaren als "sehenswert" herbeigezogen werden; die schöne Inselnatur erfüllt alle solche Ansprüche.

Leuchtturm
am Hafen

**Juister
Küsten-
museum**

Einen Besuch des Juister Küstenmuseums sollte man sich allerdings nicht entgehen lassen.

Das ursprünglich aus einer Internatsschule
hervorgegangene Haus bietet heute auf über
500 Quadratmetern **umfassende Einblicke** in
Themen wie die Juister Inselgeschichte, die
Geomorphologie (lies Entstehung) der südlichen
Nordsee, friesische Warfenkultur, Deichbau und
Küstenschutz, See- und Wattenfischerei, Strandraub und Piraterie, örtliche Fauna und Flora,
Seenot und Rettungswesen sowie ökologische
Probleme der Küstenregion (z. B. durch Öl- und
Gasbohrtätigkeit). Außerdem werden in der an-
gegliederten **Kunsthalle** in wechselnden Abständen Ausstellungen abgehalten.
●Das Küstenmuseum (Loogster Pad, Tel. 1488)
ist vom 1.5. bis 30.9. Mo-Sa 9-12 und Mo-Fr
14.30-18 Uhr geöffnet. Eintritt: 3 DM, Kinder/Ju-
gendliche 2 DM, Gruppen (Voranmeldung nötig)
1,50 DM pro Kopf.

**Ausstel-
lungen**

Ausstellungen verschiedener Art werden ebenfalls sporadisch im **Haus des Kurgastes**, bei der **Kurverwaltung**
und in einigen Restaurants und Geschäften anberaumt.

Kirche

Mehr als einen kurzen Blick wert ist auch das Altarbild
"Petri Fischzug" in der evangelischen Kirche.

**Tonnen-
hof**

Ein Tip für Fotografen: Der Tonnenhof (gegenüber vom
Anleger) ist ständig voller farbenfroher Motive.

**National-
parkhaus**

Sehenswert ist auch das Nationalparkhaus (siehe Naturschutzgebiete).

Naturschutzgebiete

Das NSG Juist ist dreigeteilt. Es setzt sich zusammen aus dem gesamten westlichen Drittel
der Insel mit Einschluß des Hammersees, weiterhin einem Vogelschutzgebiet zwischen dem
Ort und dem Flugplatz sowie dem sogenannten
Kalfamer im äußersten Osten.

Bill

Das westliche, Bill genannte Gebiet schließt unmittelbar an den Ortsteil Loog an und zieht sich gut 5 km bis zum Haak, der Westspitze der Insel, hin. Schöne **Dünen** in natürlicher Erhaltung grenzen zwischen **Haak** und Hammersee an den Strand. Weiter innen breitet sich im Dünenbereich zunehmend **insulare Vegetation** aus. Vornehmlich die **Dünenrose**, hübsch anzusehen, bildet hier über große Flächen eine geschlossene Decke. Hier und dort haben sich in den Tälern zwischen den Dünen **sumpfige Teiche** entwickelt, um die es grünt und blüht, zum Teil mit menschlicher Hilfe.

Das biotopische Juwel **Hammersee** fand bereits Erwähnung. In den Sommermonaten pfeift, singt, zirpt und quakt es hier von allen Seiten – ein wahrer Ohrenschmaus für Naturfreunde! Liebhaber lokaler Flora werden **Raritäten** wie das Moosglöckchen, den Sumpf- und Großen Händelwurz, das Sumpfherzblatt und den Kammfarn entdecken. Kröten und Frösche vor allem machen die **Uferfauna** aus.

Südlich der Billdünen erstrecken sich, bis zu 500 Meter weit, **Salzwiesen** bis an die Wattkante. Hier gedeiht die Strandnelke und -binse, stellenweise in dichten Fluren, und hier ist auch der zeitweilige **Lebensbereich seltenen Gefieders.** Austernfischer, Sandregenpfeifer, Ringelgans und Spießente sind in diesem Gebiet anzutreffen, und zur Brutzeit gesellen sich ganze Scharen von Lach- und Silbermöwen sowie auch Fluß- und Küstenseeschwalben dazu.

Vogelschutzgebiet

Das Schutzgebiet östlich des Ortes darf man nicht betreten, doch der Weg zum Flugplatz führt unmittelbar nördlich daran entlang. In diesem Bereich sind vor allem Möwen häufig.

Kalfamer

Der Kalfamer ist in etwa der östlichste Kilometer der Insel und gilt als besonders wertvolles **Vogelbrut- und -rastgebiet**. Es handelt sich um ein Areal niedriger, queckebestandener **Primär-**

Das NSG
Kalfamer

dünen, von weiten **Sandflächen** umgeben –
unverfälschte Natur! Hier brütet unter anderem
die vom Aussterben bedrohte Zwergseeschwalbe, und zahlreiche weitere Vogelarten legen im
Kalfamer zumindest einen längeren Zwischen-
aufenthalt ein.

Entsprechend eng sind die **Begehungsrichtlinien**. In
der Zeit vom 1. April bis 31. Oktober ist das Betreten des
NSG Kalfamer nur im Rahmen von **Führungen** unter Leitung von sachkundigen Vogelwarten zulässig. Während
der Hauptsaison finden solche Führungen täglich statt.
Einzelheiten werden im Nationalpark-Haus (s. u.), bei der
Kurverwaltung und am Info-Stand Kalfamer bekanntgegeben. Der Sammelpunkt für Kalfamer-Expeditionen ist am
Flugplatz.

Außerhalb des genannten Zeitraums darf das Gebiet jederzeit betreten werden, jedoch nur entlang eines (nicht
gekennzeichneten) Pfades, der im Süden am Dünenrand
vorbeiführt und im Osten und Norden in etwa dem Spülsaum folgt (siehe Detailkarte). Der Weg sollte nur bei
Niedrigwasser begangen werden.

Memmert   Eine Seemeile südlich von Juists Westende liegt
die *"Vogelinsel"* Memmert, 11,5 km² groß und
zur Gänze NSG. Memmert hatte schon im vorigen Jahrhundert Schutzstatus und hat sich deshalb prächtig gemausert. Das Eiland beherbergt
eine stolze Zahl von Seevögeln, vor allem Silbermöwen. Betreten der Insel ist nicht erlaubt,
doch Rundfahrten um Memmert sind möglich
(s. Touren).

National-
parkhaus

Im Nationalparkhaus Juist wird Grundwissen zum Thema Nordsee und Wattenmeer vermittelt. In *Aquarien* gibt es Seegetier zu betrachten, und durch das Mikroskop kann man bestaunen, was alles so im Watt wimmelt. *Diavorträge* und *Filmvorführungen* sind im Programm, außerdem Touren und Fragestunden. Für Gruppen (z. B. Schulklassen) werden nach vorheriger Absprache Sonderführungen und -vorträge angeboten. Der Service ist kostenlos; er soll den Naturgedanken stärken und das Nationalparkkonzept fördern.

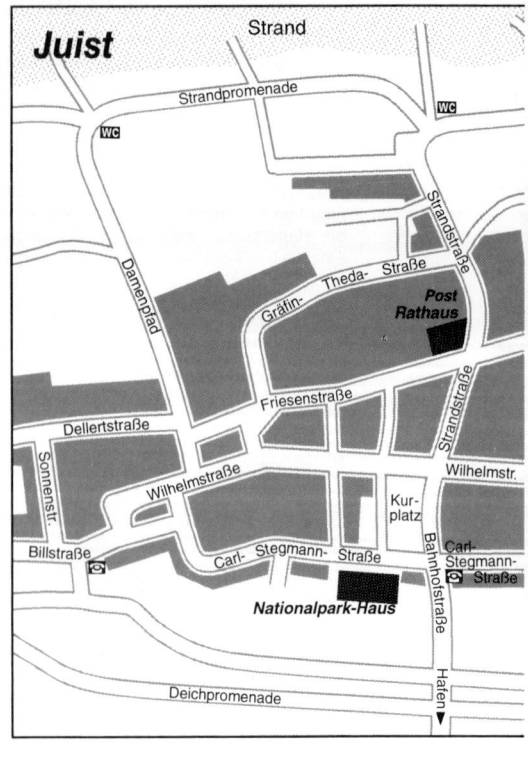

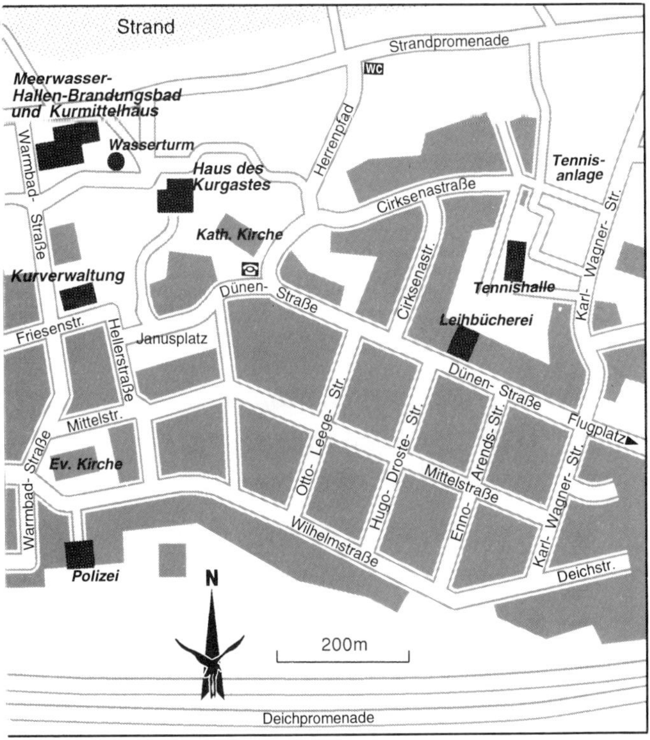

Strand

Strandpromenade

WC

Meerwasser-
Hallen-Brandungsbad
und Kurmittelhaus

Wasserturm

Haus des
Kurgastes

Herrenpfad

Tennis-
anlage

Warmbad-Straße

Cirksenastraße

Kath. Kirche

Karl- Wagner- Str.

Kurverwaltung

Dünen- Straße

Cirksenastr.

Tennishalle

Leihbücherei

Friesenstr.

Janusplatz

Helerstraße

Dünen- Straße

Flugplatz

Mittelstr.

Warmbad- Straße

Ev. Kirche

Otto- Leege- Str.

Hugo- Droste- Str.

Enno- Arends- Str.

Mittelstraße

Karl- Wagner- Str.

Wilhelmstraße

Deichstr.

Polizei

N

200m

Deichpromenade

103

●*Geöffnet* ist das Haus (Carl-Stegmann-Str. 5, 1595) vom 30.3. bis 31.10. Di-Fr 10-12 und 14-18 Uhr, Sa, So und feiertags 14-18 Uhr, Mo Ruhetag.
●*Regelmäßige Veranstaltungen:* Von April bis Oktober jeden Mi 10 Uhr Strandführung (Treffpunkt: *Café Strandkorb*, Strandpromenade); Fr 10 Uhr Führung durch das "Parkhaus". Weitere Veranstaltungen über aktuelle Aushänge.

Insel-Info

PLZ: 26571
Vorwahl: 04935

Auskunft
●*Kurverwaltung* und *Zimmervermittlung:* Altes Warmbad, Friesenstr. 18 (Tel. 809222, Fax 809223).
●*Reiseauskunft: Kurverwaltung* oder *Reisebüro Kiesendahl* (Strandstr. 2, Tel. 1096).
●*Schiffs- und Flugauskunft: Frisia* (Tel. 587).

Ärzte
●*Arzt:* Wilhelmstr. 47, Carl-Stegmann-Str. 23.
●*Zahnarzt:* Gräfin-Theda-Str. 14.

Hauptsaison
1.6. bis 15.9.

Kurtaxe
Siehe Anhang.
●Die *Kurbeitragskasse* ist im *Rathaus* (Strandstr. 5). Eine weitere befindet sich im *Haus des Gastes* (Ortsteil Loog). Beide sind zu normalen Arbeitszeiten geöffnet.

Ständiges Fotomotiv: Der Tonnenhof

Strand

• *Strandkörbe und -zelte* können direkt am Badestrand gemietet werden. Keine Vorbestellung möglich. Strandzelte sind ausreichend vorhanden.

• Die *Preise* für ein *Strandzelt* betragen pro Tag 8 DM, für eine Woche 35 DM, für zwei Wochen 68 DM, für drei Wochen 99 DM, für vier Wochen 130 DM. Die Preise für einen *Strandkorb* betragen 14 DM pro Tag, 70 DM für eine Woche und für vier Wochen schließlich 250 DM. Der *Strandstuhl* kostet 4 DM pro Tag, für eine Woche 12 DM, für vier Wochen 43 DM.

FKK

ist auf Juist offiziell nicht vorgesehen.

Kirche

Je eine *evangelische* (Wilhelmstr. 42) und **katholische** Kirche (Dünenstr. 16) sind auf Juist vertreten. Beide Kirchen sind in der Saison normalerweise tagsüber geöffnet und bieten eine Vielzahl von Veranstaltungen über das übliche Maß hinaus bis hin zu Konzerten, Vorträgen und Fortbildungskursen.

**Ruhe-
zeiten**

Öffentliche Ruhezeiten: Im Sommer von 13 bis 16 und von 21 bis 8 Uhr, im Winter von 22 bis 7 Uhr.

Hunde

Hunde dürfen außerhalb der Badebereiche an den Strand, müssen jedoch auf der ganzen Insel an der *Leine* geführt werden. Hundehalter sollten sich das Merkblatt der Kurverwaltung beschaffen, in dem auf verschiedene "Entsorgungsmöglichkeiten" hingewiesen wird.

Presse

Das kostenlose Info-Journal *De Strandlooper* wird von April bis Oktober unregelmäßig herausgegeben. Es gibt Auskunft über alle laufenden Programme und Veranstaltungen auf der Insel. Erhältlich bei der Kurverwaltung und den meisten Gastgebern.

Kinder

Juist ist eine sehr kinderfreundliche Insel, ohne daß viel Trara darum gemacht wird.

• *Mehrere Spielplätze* sind auf der Insel zu finden. Im Ostdorf, im Loog, in den Dünen (beim Wasserwerk) und in den Strandbädern können sich Kinder an allerlei Gerüsten tummeln. Auch im **Unterhaltungsprogramm** (s. nachstehend) sind sie – zumindest von Mai bis September – mit inbegriffen. Außerdem befinden sich *"Spielräume für jung und alt"* im Haus des Kurgastes und im Haus des Gastes (im Loog).

• Der *Kindergarten Schwalbennest* (Loog, Hammerseestr. 31, Tel. 621) betreut Gästekinder ebenfalls – sofern Platz vorhanden. Zudem wird ein Gesundheitszeugnis verlangt. Der Kindergarten ist der ev.-luth. Kirche angegliedert und verweist bei Anheischung näherer Auskünfte schon mal auf den Inselpfarrer (Tel. 247).

●Das *Seeferienheim Dellerthaus* (Billstr. 35, Tel. 272/1701) wird vom Diakonischen Werk Dortmund betrieben und bietet von März bis Oktober in 140 Betten Platz für Kinder-, Jugend- und Schulgruppen (auch Behinderte). Kriterien sind zu erfragen unter Tel. 0231-8494333.

Fortbewegung

Fahrrad

●Wie erwähnt, regiert das Fahrrad auf Juist das Verkehrsgeschehen. Typisch in etwa für den Inselstandard ist der Verleih *Lüpke* (Wilhelmstr. 38): Ein normales Rad kostet pro Stunde 2 DM, pro Tag 10 DM, pro Woche 40-50 DM. Für ein Mountainbike zahlt man 4 DM pro Stunde, 20 DM pro Tag.

●Ein Rad kann man ebenfalls mieten bei *Germania* (Wilhelmstr. 17), *Schönrock* (Dellertstr. 9), *Heiken* (Siedlung 17), *Haus Meeresrauschen* (Mittelstr. 18), *Frische Brise* (Wilhelmstr.), *Haus Wittdün* (Damenpfad 3), *Kleemann* (Hammerseestr. 19), *Fisser* (Mittelstr.) und bei *Gerhard Schwips* (Loogster Pad 10)

Pferd

Alles was auf Juist das Thema "hoch zu Roß" angeht, wird von drei Firmen gemanagt: Dem *Reisebüro Kiesendahl* (Tel. 1096), dem *Fuhrmannshof Kannegieter* (Tel. 498) und dem *Fuhr- und Reitbetrieb Heyken* (Tel. 664).

●So kann man u. a. im Sattel den *Ostteil* der Insel erkunden: Hin an der Nord-, zurück an der Südküste, etwa 1 Std., 35 DM pro Roß.

●*Ponyreiten für Kinder* kostet um 28 DM pro Stunde. Auch Minikutschen werden für Kinder angeboten.

●*Diverses* wird mit der *Kutsch'* geboten: Sogenannte Billfahrten zur Westspitze der Insel (mit Aufenthalt in der

Die Pferde-
kutsche
ist das
gängigste
Transport-
mittel

Domäne Bill) für 16 DM oder eine Ortsrundfahrt für 10 DM. Zum Hammersee kann man sich 1,5 Std. lang für 15 DM kutschieren lassen. Dies ist auch in etwa der Tarif für die meisten Kurzfahrten mit solch einem Fahrzeug.

●Wer einen **Ponyplanwagen** gerne einmal selbst lenken möchte, muß dafür zwischen 40 und 70 DM pro Stunde anlegen. Teilnehmende Kinder zahlen bei Kutschfahrten jeweils die Hälfte.

Unterkunft

Sonder-service Zimmer-vermitt-lung

Die Kurverwaltung Juist bietet einen kleinen **Extraservice** für Inselbesucher, die nicht auf Anhieb im Zimmernach-weis das Richtige finden. Mit Hilfe einer (dem Zimmer-nachweis beiliegenden) Vermittlungskarte können Interes-senten ihre speziellen Wünsche und Preisvorstellungen deutlich machen. Die Kurverwaltung zirkuliert die Karte dann vor Ort unter den Vermietern, und wer sich ange-sprochen fühlt, wendet sich darauf direkt an den Kunden. Der Service ist kostenlos.

●Man kann sich auch zwecks Informationen über freie Zimmer und Ferienwohnungen direkt an die **Vermieter-vereinigung** wenden (Tel. 222, Mo-Fr 10-13 und 17-20 Uhr)

Preise

Bei der Standortwahl ist angepriesene "Strandnähe" kein relevantes und verteuerndes Kriterium. Juist ist ein solch enger Schlauch, daß der Strand – auf beiden Seiten – stets innerhalb weniger Minuten zu erreichen ist!

Hotels

Elf Hotels gibt es auf Juist.

●Nach äußerster Ruhe Suchende werden sich im *Silence-hotel Achterdiek* (Tel. 8040) bei gleichzeitig größtem Kom-fort gut aufgehoben fühlen. Werbespruch des Hotels: "Ein-fach ein wenig Geborgenheit verschenken, das ist unsere Philosophie." Sehr schön! Das ist aber auch das einzige, was verschenkt wird. Preise beginnen bei 180 DM HP und erreichen in letzter Instanz 270 DM.

●Ein paar Schritte weiter geht es in Juists kleinstem Hotel, dem *Bant Eyland* (Tel. 230), auch kaum lärmiger zu, dafür aber etwas billiger: Ab 85 DM ÜF.

●Am Kurplatz steht das *Bracht* (Tel. 8080), ein wahrer Bracht-Bau mit Preisen ab 110 DM HP, und in nächster Nähe das *Hotel Friesenhof* (Tel. 8060), in manchen Aspek-ten einladend altmodisch wirkend und von ansehnlichen Dimensionen. Nur dieses Hotel bietet auch Zimmer ohne Dusche und WC an, und zwar für 61 DM ÜF.

●Vom *Hultsch* (Tel. 433) blickt man übers Wattenmeer und bezahlt ab 95 DM ÜF dafür. Das Hultsch ist als einziges Hotel ganzjährig offen; die anderen legen eine mehr oder weniger lange Winterpause ein.

●Das *Nordseehotel Freese* (Tel. 1081) ist mit 152 Betten der größte Betrieb am Platze und nimmt deshalb in der Wilhelmstraße auch gleich zwei Hausnummern ein (60/61). Dafür muß man auch mehr zahlen: Ab 130 DM ÜF.

●Das *Pabst* (Tel. 8050) bezeichnet sich in Eigenwerbung als "unschlagbar". Das stimmt zumindest insofern, als es mit einem Maximum von 295 DM (HP allerdings) auf den ostfriesischen Inseln einen einsamen Spitzenplatz belegt.

●Das *Pirola* (Tel. 1035) und das *Westend* (Tel. 208) sind mit 85 bzw. 77 DM ÜF dabei, natürlich auch mit weniger eindrucksvollem Komfort. Diese beiden Hotels bieten im Gegensatz zu allen anderen keine Sonderkonditionen für die NS.

●Das Hotel *Westfalenhof* (Tel. 1009) und das *Worch* (Tel. 1048) schließen mit 116 DM HP bzw. 85 DM ÜF die alphabetische Liste ab.

Hotel – Pensionen

Juists Hotel-Pensionen bewegen sich preislich zwischen 55 und etwa 100 DM ÜF. Spitze in architektonischem Sinn ist die *Villa Charlotte* (Tel. 216), eines der raren Häuser, die wirklich in den Ort passen. Was Wunder: Die Eigentümer heißen mit Familiennamen *Extra*. Ab 75 DM HP.

Pensionen

Mit Frühstück kosten Pensionen im Mittel um 40 DM. Pensionen mit Küchenbenutzung gibt es leider nur wenige (9), und lediglich die Hälfte ist ganzjährig offen. Dafür sind diese Häuser auch etwas billiger: Im Schnitt um 30 DM.

Ferienwohnungen

Die große Masse der Ferienwohnungen und Appartements bietet u. a. den Vorteil, daß viele dieser Herbergen das ganze Jahr lang geöffnet sind und außerdem in der NS anständige *Rabatte* anbieten – z. T. fast die Hälfte des HS-Preises. Umgerechnet beginnen die Raten bei 30 DM und erreichen selten mehr als 50 DM.

Jugendherberge

Die Jugendherberge liegt am Loogster Pad 30 (Tel. 1094, Fax 8294) im Ortsteil Loog, 70 m vom Badestrand. Der Hammersee und das NSG Bill befinden sich unmittelbar daneben.

Mit 360 Betten, 7 Tagesräumen und 4 Familienzimmern ist die JH (Kat. II) eine der größten Deutschlands. Achtung: Nur offen von März bis November; genaue Termine auf Anfrage. Nur VP. Kurtaxpflichtig (JH liegt im "Kurgebiet"); Einzelheiten durch die Herbergsleitung. Preise: siehe "Reise und Preise"

Camping   Zum Campen und Zelten gibt es auf Juist keine Einrichtungen.

Gastronomie

Hotel-Restaurants   Wie auf allen Inseln sind es auch auf Juist die führenden Hotels, die ihre Gäste mit einer vorzüglichen Cuisine verwöhnen – natürlich nicht so ganz billig.

●Im *Achterdiek* lädt *Die gute Stube* zu erlesenen Gaumenfreuden à la carte. Besonders lieb ist man zu Nichtrauchern, die ganz unter sich sein dürfen.

●*A la carte* heißt auch das Restaurant des Hotels *Bracht* mit nobler Küche, in der man nicht zuletzt ein Herz für Vegetarier hat. Angeschlossen ist die *Jagdhütte*, eine gemütliche Bierstube.

●Wohlbekannt für feine Menüs ist auch das zentral gelegene *Hotel Friesenhof*.

●Das *Hultsch* wirbt mit Fisch- und Wildspezialitäten sowie Zutaten aus eigenem Anbau – so ganz güst ist Juist also doch nicht.

●In der zum *Nordsee-Hotel* gehörigen *Hubertus-Klause* darf der Gast auf heißen Steinen selber grillen – nicht ganz Polynesien, aber das, was auf Juist dem Camping-Abenteuer am nächsten kommt. *Butzenstube* und *Meineckes Kate* ergänzen den Komplex. Auch die *Sturmklause* an der Strandpromenade ist ein Ableger des Hotels. Zu durchgehend warmer Küche wird hier ein herrlicher Blick aufs Meer geboten, und das, so die Eigenwerbung, "bei jedem Wetter". Von Nebel hat man offenbar hier noch nichts gehört.

●Der *Freesenkrog* im *Hotel Pabst* wartet ganzjährig unter anderem mit "frühlingsfrischem Gemüse" und "zappelfrischem Nordseefisch" auf. Ist vielleicht auch der Wein gerade erst gekeltert ... ?

●Im *Hotel Worch* letztlich kann man in dessen Restaurant *Graf Luckner* fürstlich speisen.

Weitere Restaurants   ●Mehrere Restaurationsbetriebe scharen sich um den Kurplatz. Das *Atelier Café* ist ein lockerer Treff, täglich ab 10 geöffnet. Auf der Terrasse werden vor allem Eisspezialitäten serviert. In der *Pfeffermühle* gibt's Fast Food von Pizza bis Pommes. Distinguierter ist's im *Café Pirola*, wo man bei einem reichhaltigen Frühstücksbuffet mitmischen kann.

●Der *Kompass* im "Alten Bahnhof" ist Café, Restaurant und Bierlokal in einem und bietet unter anderem eine reichhaltige Speisenkarte mit täglich wechselndem "Stammessen".

●Die *Delfter Stuben* sind im Loog zu Hause und bieten dort bis täglich 22 Uhr eine gutbürgerliche Küche mitsamt einer

Hammersee

reichhaltigen Fischkarte. Wer will, kann sich schon ab 10.59 Uhr in den Frühschoppen einklinken. Es gibt nordisches Frischgezapftes.

●Eine Anzahl von Restaurants hat sich entlang der Strandpromenade angesiedelt. In der *Strandhalle* erhält man vernünftige Sachen auf die Schnelle: Suppen, Eintöpfe, Snacks, Kartoffelgerichte, Nudeln, Backwaren, Eis, Shakes und Getränke täglich von 10 Uhr "bis weit nach Sonnenuntergang". Auf den *Seeterrassen* kann man auch mit sandigem Hintern hocken. Kleinere Betriebe sind die *Kajüte* und die *Kate*. Bei *Werner* wird das Tanzbein geschwungen.

●Zum Italiener geht man ins Restaurant *Al Castello* in der Strandstraße, eines der wenigen halbwegs originellen Gebäude auf Juist. Im zugehörigen *Eissalon Gino Ginelli* hat's Gelati, in der Kellerbar *Juist Inn* stramme Getränke.

●Italienisch ist's auch in der *Pizzeria Mamma Mia* in der Wilhelmstraße. *Schöne Aussichten* hat man gleich gegenüber, denn das dort befindliche Eßlokal nennt sich so.

●Am Hafen gibt's, nun, das *Hafen-Restaurant* mit Fleisch und Fisch und Café-Terrasse, gekrönt durch einen "Blick auf das Wattenmeer".

●Im *Kiebitz-Eck* (Störtebekerstr.) verbirgt sich laut Prospekt "einer der Besten im Westen". Ob das stimmt, sollte man selbst einmal herauszufinden versuchen. Allerdings an keinem Dienstag, denn dann ist der Laden dicht.

●Wer sein Budget ein bißchen auf Taille halten möchte, geht zu *Bäcker Remmers* ("mit dem Stehcafé') in der Billstraße. Oder er deckt sich in der *Fischhandlung Noormann* (Carl-Stegmann-Str.) mit frisch Gebratenem ein – in der Saison tägl. von 16 bis 18 Uhr Fischstand am Rathaus.

Sport

Hallenbad　　Das Meerwasserhallenbrandungsbad im Kurmittelhaus auf der Düne (Tel. 809243) mit Ausblick auf Nordsee und Wattenmeer hat 27° Wasser- und 29° Raumtemperatur. Wärmer wird es in der angeschlossenen Sauna.
●*Öffnungszeiten*: In der HS Mo-Sa 10-13 und 15-18.45 Uhr, So 10-12.45 Uhr. In der sonstigen Zeit täglich 10-13 und 15-18.45 Uhr.
●*Eintritt* (Badezeit zwei Stunden): Erw. 7 DM, Kinder (5-18 J.) 3,50 DM, Geldwertkarte 60 DM (Leistungen für 78 DM), Sauna 16 DM.

Strand-　　Vom 17.5. bis zum 30.9. wird allmorgendlich am Juister
sport　　Badestrand unter fachkundiger Leitung eine bunte *Fit-neßrunde* abgehalten, die Gymnastik, Kinderspiele, "Sport und Spaß für Erwachsene", Yoga und verschiedene "Aktivprogramme" beinhaltet. Das Angebot ist kostenlos.

Angeln　　Angeln – ach, es ist verlorene Zeit. Weil überall entweder Badestrand oder Naturschutzgebiet ist, hat Angeln heute den Stellenwert Null auf Juist – auch wenn es anders in den Prospekten stehen mag. Angelausfahrten mit Kuttern werden wegen Juists eigenwilligen Tidenverhältnissen ebenfalls nicht unternommen.

Reiten　　Siehe Fortbewegung.

Segeln　　Der *Segelclub Juist* (Tel. 377) mit weit über 300 einheimischen Mitgliedern erteilt u. a. unentgeltliche *Lehrgänge für Jugendliche* zum Erwerb des Segelscheins – mal anrufen. Auch der *Sportbootführerschein* wird angeboten, dieser allerdings gegen Gebühr.

Strand-　　Wenn man auf Rädern segelt, so nennt sich das Strand-
segeln　　segeln. Eine entsprechende Vereinigung gibt es auf Juist, die während der Freigabe des Strandes vom 30.9. bis 1.5. dort mit -zig Sachen am Wasser entlangsaust. Wer bei den Seglern auf Rädern Anschluß finden möchte, wende sich an *Wilhelm Eilers* (Tel. 1249).

Tennis　　Tennis ist wie überall auf den Inseln auch auf Juist die bevorzugte Sportart. Inmitten von Dünen liegt die Anlage von *Raimund Laux* (Postfach 1228, Tel. 528) mit 5 kunstberasten Plätzen im Freien. Betrieb von Mai bis Oktober ohne Voranmeldung – "first come, first served". Platzstunde 25 DM; bei Regen gibt's die Hälfte fairerweise zurück (auch bei der Trainerstunde für 58 DM). Die Halle (2 Plätze) ist außer November ganzjährig offen. Hier kostet die Platzstunde 32 DM plus, bei Bedarf, 4 DM für Licht. Voranmeldung erforderlich. Im Mai werden 6tägige Seminare abgehalten: 850 DM. Im Juli jeden Jahres wird um den *Optiform-Cup* gespielt, immer ein großes Sportereignis.

**Wind-
surfing**

Windsurfing findet während der Sommermonate auf der Wattenmeerseite (am Hafen) statt. Das *Nordseehotel Freese* (Tel. 1081) ist für die Organisation zuständig. Ein Board kostet dort 15 DM/Std. und ein Kursus von 3-5 Tagen (mit insgesamt 8 Std. Unterricht) 230 DM für Erwachsene und 206 DM für Jugendliche.

Unterhaltung

**Veranstal-
tungen**

Die Kurverwaltung Juist stellt einiges auf die Beine, um ihre Gäste bei Laune zu halten. Das **Haus des Kurgastes** (im "Town") und das **Haus des Gastes** (im Loog, Hammerseestr. 13) sind beide täglich von 9 bis 22 Uhr geöffnet und haben immer etwas zu bieten.

Die Juister Veranstaltungen werden im Info-Blatt *De Strandlooper* und im Aushang veröffentlicht. Dort erfährt man auch, welches der jeweiligen Programme eintrittspflichtig ist – beileibe nicht alle! Wo beginnen? Da gibt es die beliebten Theateraufführungen des Heimatvereins (meist "up platt"), Kunstausstellungen, Klavier- und Singabende, Film- und Diavorträge, Lesungen der Werke berühmter Autoren, Shanty-Singen, Ballett- und Musikgastspiele und vieles mehr.

●Außerdem werden auch **Sonderprogramme** wie die (kostenlosen) "Juister Bewegungs- und Entspannungswoche" veranstaltet. Auskünfte bei der Kurverwaltung.

Musik

Und dann Konzerte, Konzerte! Vom 1.6. bis 12. 9. schmettert ein **Orchester** jeden Tag (außer Mo) auf dem Kurplatz flotte Weisen, und bei manchen Anlässen (der traditionellen Maifeier am 30.4. und 1.5. zum Beispiel) gehen Musik und Tanz in den Straßen weiter.

Kinder

Für die Kleinen ist auch immer etwas dabei: Puppentheater, Ulkgeschichten und Kinderclowns halten das Jungvolk bei Laune.

Touren

**Schiffs-
ausflüge**

Während großer Teile der Saison unternimmt das Bäderschiff *Wappen von Juist* Ausflugsfahrten zu nahen und ferneren Zielen. Das Programm wird von der Firma *Kiesendahl* (s. Info) gemanagt und jeweils im Vormonat bekanntgegeben.

Eine Übersicht:

	Dauer ca. Std.	Erwachsene DM	Kinder (4-11)
Seehundbänke	1,5	16	9
Norderney	5	22	11
Baltrum	4	24	12
Borkum	9	23	12
Rund um Memmert	2	13	9
Greetsiel	6,5	25	13
Helgoland	13,5	44	29

Rundflüge Die Firma *Kiesendahl* arrangiert Rundflüge über der Insel in viersitzigen Cessnas. Mindestens 2 Personen, besser 3, müssen zur Teilnahme beisammen sein. Kosten für den ca. 10minütigen Rundflug: 40 DM pro Kopf (auch Kinder).

Wattwanderungen Ins Watt geht man mit Heino. Nein, nicht mit *dem*, sondern mit *Heino Behring* (Tel. 1443). Eine naturkundlich gefärbte Exkursion dauert etwa 2,5 Std., wobei ca. 3 km zurückgelegt werden. Kosten: 8 DM pro Nase. Kinder erhalten ein echtes Seepferdchen, ein aus Naturschutzsicht irrelevantes Nebenprodukt der portugiesischen Sardinenfischerei.

Sehr populär und deshalb stark gebucht ist Heinos "Springflutwanderung", die in Abhängigkeit von der Mondphase nur alle 14 Tage stattfindet. Die Tour führt bei tiefster Ebbe ans Juister Fahrwasser, um zu beobachten, wie jeweils ein Flutschwall aus Ost und West in der Rinne aufeinandertreffen und sich dann rasend schnell (100 m/min.) über das Watt ergießen. Die kleine Demo potentieller Gefahren im Watt dauert etwa 2 Std. und kostet, einschließlich Nervenkitzel, 15 DM.

Naturführungen ***Vogelkundliche Exkursionen:*** Siehe NSG. Naturführungen zum **Hammersee** auch an jedem Mi (bei trockenem Wetter) mit Frau *Girrulat* (Tel. 257), Preis: 3 DM, Kinder 2 DM.

Fährverbindungen

Abfahrtshafen für Juist ist **Norddeich** (siehe dort). Wegen des stark gezeitenabhängigen Fahrplans der Fähren sind **Tagesausflüge** oftmals nicht möglich.

Stichwort: Shanty

Zum gemischten Programm der Juister Kurverwaltung gehören unter anderem Beiträge des örtlichen Shantychors. Auch auf anderen Inseln wird nirgendwo auf Darbietungen dieser Art von Gesang verzichtet. Doch was ist das eigentlich genau, ein Shanty?

Dem Wort liegt das französische *chanter* zugrunde, "singen" also. Shanties waren im Ursprung die **Arbeitslieder** der Segelschiffmatrosen. Sie wurden bei gemeinschaftlichem Anpacken gesungen, um der Sache Schwung zu geben, ähnlich wie man auch mit Marschgesängen besser von der Stelle kommt.

Da ist schon etwas dran. *Richard Henry Dana*, der 1840 den Seeklassiker "Two Years before the Mast" schrieb, war der festen Auffassung, daß es ein Ding der Unmöglichkeit sei, den Anker eines großen Seglers aus dem Grund zu hieven, wenn am Gangspill nicht ein Shanty dazu gesungen wurde. Dort vorn, an der Ankerwinsch, war auch das bevorzugte "Einsatzgebiet" dieser Songs. In der Regel gab ein **Vorsänger** den Ton an, und zwar in hohem Tenor oder sogar Falsett, und die **Janmaaten** fielen dann, während sie sich ins Zeug legten, mit rauhen Stimmen in den Refrain ein. Daß dabei auch das "Schifferklavier" (sprich die Ziehharmonika) gequetscht wurde, ist romantischer Unsinn. Solch ein teures Instrument, heute unverzichtbares Utensil bei "seemännischen" Darbietungen, konnte sich ein armer Mann vor dem Mast damals überhaupt nicht leisten. Aber eine Mundharmonika oder Geige, mitunter die selbstgebaute "Teufelsgeige", erklang dann schon mal auf der Back.

Ein guter Shantyman war auch gleichzeitig Komponist, der manchmal **Spottverse** über den "Alten" und die Steuerleute verfaßte oder über schlechtes Essen und andere Mißstände an Bord herzog. Der Skipper, wenn er klug war, kniff aber beide Augen dazu dicht, denn die Songs richteten keinen Schaden an, sondern hielten, im Gegenteil, die Mannschaft bei Laune. Nur ein oller Gniefel auf der Hamburger Bark *Magellan* bewies Humorlosigkeit und Unverständnis, indem er seinen Shantyman *Robert Hildebrandt* mit drei Monaten Heuerabzug strafte, weil dieser den klassischen Shanty "Rolling Home" ins Deutsche übersetzt und die Verhältnisse an Bord nach Ansicht des Alten zu arg satirisiert hatte.

Vielleicht war der Skipper der *Magellan* aber auch ein kunstsinniger Mensch und der Meinung gewesen, dieser wohl schönste aller klassischen Shanties könne in jeder Übersetzung nur verlieren. Hier die englische Originalversion von "Rolling Home":

Call all hands to man the capstan,
See the cable run down clear;
Heave away, and with a will, boys,
for old England we will steer.

And we'll sing in joyful chorus
In the watches of the night,
And we'll sight the shores of England
When the grey dawn brings the light.

Up aloft amid the rigging,
Blows the loud exalting gale;
Like a bird's wide out-stretched pinions,
Spreads on high each swelling sail.

And the wild waves cleft behind us,
Seem to murmur as they flow:
There are loving hearts that wait you
In the land to which you go.

Many thousand miles behind us,
Many thousand miles before,
Ancient oceans have to waft us
To the well-remembered shore.

Cheer up Jack, bright smiles await you
From the fairest of the fair,
And her loving eyes will greet you
With kind welcomes everywhere.

Now farewell, Australia's daughters,
We shall leave your fruitful shore,
We shall soon cross deep blue waters,
To see our homes and friends once more.

We shall sing backsongs and shanties,
Say good-bye to all friends here,
We shall soon trip our anchor,
And for old England we will steer.

Rolling home, rolling home,
Rolling home across the sea,
Rolling home to dear old England,
Rolling home, dear land, to thee.

(Dieser Refrain folgt jeder Doppelstrophe).

Flugverbindungen

mit
Norddeich

●Ein ganzjähriger *Linienflugdienst* besteht von **Norddeich** aus. Je nach Saison werden fünf bis neun Flüge täglich angeboten.

●Die *Flugzeit* beträgt wenige Minuten.

●Der *Flugpreis* beträgt 55 DM, für die *Verbundkarte*, mit der eine Route per Schiff gefahren wird, bezahlt man 53 DM.

●Der *Flugplatz Norddeich* befindet sich ca. 4 km östlich des Ortes, auf *Juist* im Ostteil der Insel etwa 3,5 km vom Ort entfernt. Von dort geht es per Kutschwagen oder zu Fuß weiter.

Weitere
Flüge

●Von *OLT* und *ROA* werden in der Saison mehrmals wöchentlich weitere Flüge angeboten: nach **Borkum** (80 DM), **Norderney** (80 DM), **Bremen** (230 DM), **Düsseldorf** (315 DM). Mit *Helgoland* bestehen dreimal wöchentlich Verbindungen (Tagesflug 180 DM; zzgl. 15 DM Gebühren auf Helgoland).

Auskunft

●*Frisia Luftverkehr Norddeich* (Tel. 04931-4377/3663).

●*Ostfriesische Lufttransport* (OLT), (Tel. 04921-89920).

●*Roland Air Bremen* (ROA), (Tel. 0421-558074).

Mit dem eigenen Boot

Der Juister Hafen ist ziemlich groß, das Bootsbecken jedoch eher bescheiden und nur für *kleinere Yachten* benutzbar, die bei 0,3 m minimalem Wasserstand trockenfallen dürfen. Da der Bootshafen ohnehin meistens besetzt ist, empfiehlt es sich, an der *westlichen Kade* festzumachen, wo man im Sommer gewöhnlich im dichten Päckchen liegt. Der Hafenmeister kommt zum Kassieren.

●Das *Clubhaus* liegt ein Stückchen nördlich vom Bootshafen. Dort befinden sich auch WCs und Duschen.

●Achtung: Keine Ansteuerung *bei Nacht*! Das Wattfahrwasser ist nicht befeuert.

●*Auskünfte: Segelclub Juist*, Tel. 377.

Norderney
– die "Königin der Nordsee"

Geschichte

**Ur-
sprünge**

Die Insel Norderney unterscheidet sich von ihren ostfriesischen Nachbarinnen vor allem durch einen relativ *neuzeitlichen Ursprung*. Als die Namen der anderen Inseln
bereits wichtige Dokumente zierten, existierte Norderney
nämlich überhaupt noch nicht.

Im *13. Jahrhundert* lag zwischen Juist und Baltrum die
Insel Buise. Es dürfte während der Marcellus-Flut von
1362 gewesen sein, daß Buise in zwei Teile gebrochen
wurde, deren östlicher den Namen *Osterende* erhielt.
Buise selbst verlor hiernach ständig an Substanz und ging
in der Petri-Flut von *1651* endgültig unter, während Osterende wuchs und zur "Norder neye Oog" (Nordens neue
Insel) wurde. Gegen *Mitte des 16. Jahrhunderts* war es
eine eigenständige Insel, und um diesen Zeitpunkt herum
ist auch von einer ersten festen Besiedlung die Rede.

Seebad

"Sechzehn Lüde" wohnen anno *1550* auf Norderney.
Genau ein Jahrhundert später werden "80 bis 100 Insulaner" gezählt, doch es herrscht bereits ein reger Verkehr
mit dem Festland, vornehmlich zu Fuß über das Watt. Es
geht auch schon sehr dienstlich zu, was auf Größeres
schließen läßt ...

Und in der Tat. *Ende des 18. Jahrhunderts* besuchte
das Göttinger Universalgenie *Georg Chr. Lichtenberg*
(1742-99) die englischen *Seebäder* Margate und Deal, wo
das tollkühne Wagnis eines Bades im Meer schon lange
keines mehr war. Bei seiner Heimkehr verfaßte er einen
Aufsatz mit dem Titel: "Warum hat Deutschland noch kein
großes öffentliches Seebad?"

Da Lichtenberg nun wirklich kein kleines Licht war, wurden seine Ausführungen ernstgenommen und sogar zur
Staatssache erklärt. Die bedeutendsten Ärzte der Zeit er-
klärten die See zu einem Allheilmittel und Gesundbrunnen
für fast jegliches Gebrechen.

Solchen glänzenden Aussichten konnten sich die damaligen Regenten nicht verschließen. Am schnellsten reagierte das Herzogtum Mecklenburg-Schwerin, dessen offizieller Medicus 1794 in Doberan bei Rostock das erste
deutsche Seebad eröffnete. Wahrscheinlich hatte er seinem Fürsten hinreichend klar gemacht, daß sich damit vor
allem Geld verdienen ließ.

Ob dieses Argument auch bei der *"Unternehmung
einer wohlthätigen Seebadeanstalt auf Norderney*" im
Mai 1797 maßgebend war, überliefert die Geschichte

nicht. Jedenfalls hatte sich der Landesphysikus des Fürstentums Ostfriesland für das Projekt stark gemacht, indem er anführte: "Zur Errichtung einiger Badeanstalten ist vorzüglich die Insel Norderney bequem, theils wegen ihres flachen Strandes, theils wegen ihres festen Zusammenhanges mit dem festen Lande zur Ebbe."

Zwar traf dieses Kriterium mehr oder minder auch auf alle anderen ostfriesischen Inseln zu. Aber Norderney hatte halt, was man heute "den besseren Draht" nennen würde, und das nach ganz oben. Nur wenige Monate später, im **Oktober 1797**, genehmigte *König Friedrich Wilhelm II.* das Projekt und machte sogar eine Beihilfe von fünftausend Talern dafür locker.

Die Stunde Null

Für die Norderneyer beginnt die Entstehung des Universums mit diesem Jahr – wenn es auch ganz zu Anfang noch Rückschläge gab. Der Inselvogt *Johann Feldhausen*, der die Monopole auf Versorgung und Ausschank besaß, hatte seine "Projektstudie", die letzten Endes zum Ausschlag für Norderney führte, ein bißchen zu sehr geschönt. Schon 1798 war kein Geld mehr da, um das ehrgeizige Vorhaben zu realisieren, und man trug sich bereits mit der Absicht, das Bad nach Norden auf dem Festland zu verlagern. Doch der Landesphysikus sprang mit einem Zuschuß ein, und ein Jahr später fiel der endgültige Gründungsentscheid. Im Jahre 1800 wurde die Seebadeanstalt

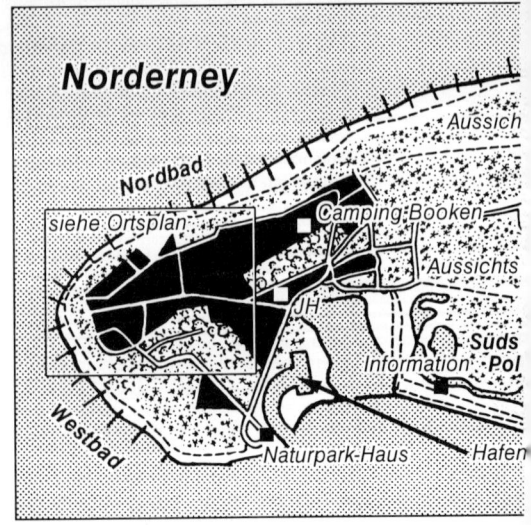

eröffnet, die "Königin der Nordsee", wie Norderney sich in Eigenwerbung nennt, gekrönt.

Allerdings ging das große Ereignis nicht ohne **Störungen** ab. Einigen Eingeborenen paßte die ganze Chose offenbar nicht recht, so daß sie sich "theils aus Muthwillen, theils aus Bosheit an den Gebäuden der Seebade-Anstalt vergriffen, Steine auf die Dächer geworfen, Schlösser ruinirt und alles mit Kreide bemalt haben."

Das "Staatsseebad" wurde schnell "du rigueur" – heute würde man "absolut in" sagen – für die damalige Schickeria. Baltischer Adel reiste an, sozusagen als Vorkoster. *Blücher* erholte sich **1804** auf Norderney von allerlei Strapazen. Dann kam der **napoleonische Krieg** und damit ein gewaltiger Abschwung für die Insel. Erst **1819** war Norderney wieder Staatsbad. Sofort gab es auch eine Art Kurdirektor, der das Eiland mit diesem Endlossatz pries:

Norderneyer
Kurgäste
um 1800

"Als Vergnügungsort wird es demjenigen zusagen, den der erhabene Anblick des Oceans erfreut, der einige Bequemlichkeiten gegen den Genuß der freien Natur und aller derjenigen Vergnügungen auszutauschen Lust fühlt, welche eine insulare Lage, das erquickende, unvergleichliche Seebad, mit allen seinen wohltätigen Folgen für Geist und Körper, die Exkursionen nach den umliegenden Inseln, der Fischfang, die Betrachtung und Untersuchung des Strandes mit seiner Conchylien-Welt und die Beobachtung unverdorbener Naturmenschen darbieten."

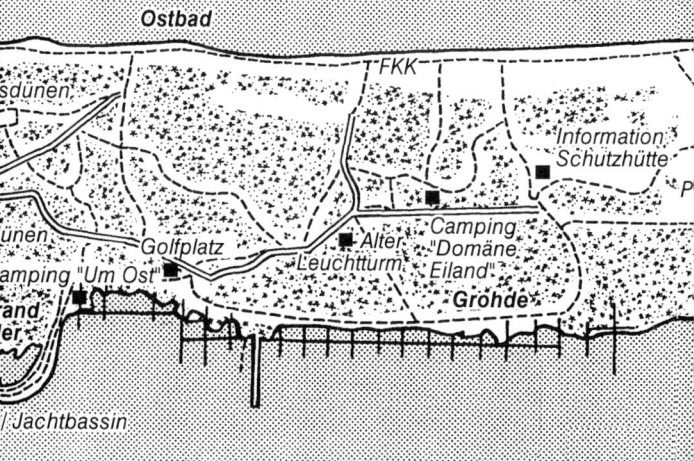

Nicht nur konnte man also schon damals das buchen, was sich heute auf Drittweltreisen "fakultativer Stammes-besuch" nennt, um Eingeborene wie Zoogetier zu bestaunen. Bald darauf, *1822* beginnend und bis heute anhaltend, ließ sich auf Norderney dem *Glücksspiel* frönen, was für viele einen zusätzlichen Anreiz darstellte. Bald war alles, was im deutschsprachigen Raum Rang und Namen hatte, in den Norderneyer Gästebüchern vertreten. Sogar aus dem fernen Rußland, aus Frankreich, Schweden und England kamen Spiel- und Badelustige.

Hoher Besuch

1844 besuchte *Bismarck* Norderney, ein Liebhaber von Sand und See, ein Bonvivant und Schwerenöter, wie wir ihn aus den trockenen Geschichtsbüchern gar nicht kennen. Auf Norderney scheint er sich erste Anregungen geholt zu haben, wenn es ihn später auch wiederholt nach Biarritz an der französischen Biskayaküste zog, um seine an der Nordsee erworbenen Erfahrungen dort in die Praxis umzusetzen. "Hier liege ich," schrieb er nach Hause, "vor aller Welt verborgen; ich blicke auf die schäumende See hinaus – und davor auf eines der hinreißendsten Weibsbilder!" Und während sich der Beachbum wohlig in den Sand streckte, soll er angeblich gemurmelt haben: "Wenn einer aus Berlin ruft, bin ich nur noch Sand und Sonne." Der Ruf kam wenig später und bestellte den

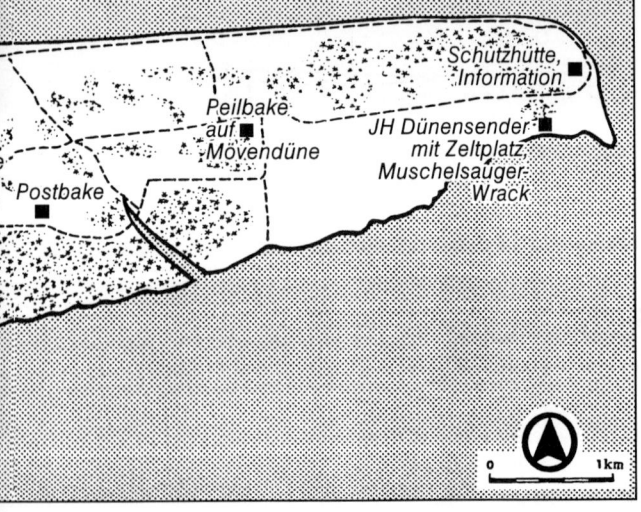

Kurgast zum Lenker des preußischen Staatswagens. Bismarck ging höchst ungern, aber er ging.

Als *König Georg V. von Hannover* **1851** seine Sommerresidenz nach Norderney verlegte, kannte der Jubel keine Grenzen. Plötzlich war man wer. Eindrucksvolle Bauten, darunter das 1840 errichtete neue Kurhaus, gaben dem Ort jetzt ein zunehmend urbanes Gepräge. Und dennoch machte sich die Natur auch weiterhin bemerkbar.

Rapide Entwicklung

Schon die großen Sturmfluten des 18. Jahrhunderts hatten schwere Schäden angerichtet. *1825* war es zu massiven **Dünenabbrüchen** gekommen, und jetzt, *1855*, gab es nochmals empfindliche Substanzverluste. Eine groß angelegte **Küstenbefestigung** wurde darauf in Angriff genommen und *1858* samt steinerner Promenade um den Nordwestkopf der Insel herum fertiggestellt. Und nun ging es Schlag auf Schlag:

1856 – Anbindung (per Raddampfer) an die beiden neuen Bahnterminals in Leer und Emden
1858 – Erste Kommunikation mit dem Festland per Seekabel
1862 – Seenotrettungsstation; Inselmühle
1868 – "Norderneyer Badezeitung", erstes Inseljournal der Nordsee
1872 – Dampferverbindung mit Norddeich, ein Bodenspekulationsboom setzt ein
1882 – Entstehung der heutigen Seefronten an der Kaiser- und Viktoriastraße
1887 – Fernsprechdienst
1889 – Gaswerk, Elektrifizierung
1892 – Fortführung der Eisenbahnlinie bis Norddeich
1893 – Beginn des tidenunabhängigen Schiffsverkehrs
1898 – Bau des Kaiser-Wilhelm-Denkmals aus Steinen deutscher Städte

Norderney heute

Die Entwicklungsgeschichte Norderneys setzt sich von der Jahrhundertwende an stetig mit neuem An- und Aufbau fort. Heute ist Norderney mit Abstand die "städtischste" der ostfriesischen Inselgemeinden. Etwa achttausend Bürger leben ständig im Ort, und es herrscht erheblicher Straßenverkehr, zu dem gleich noch einiges mehr zu sagen sein wird.

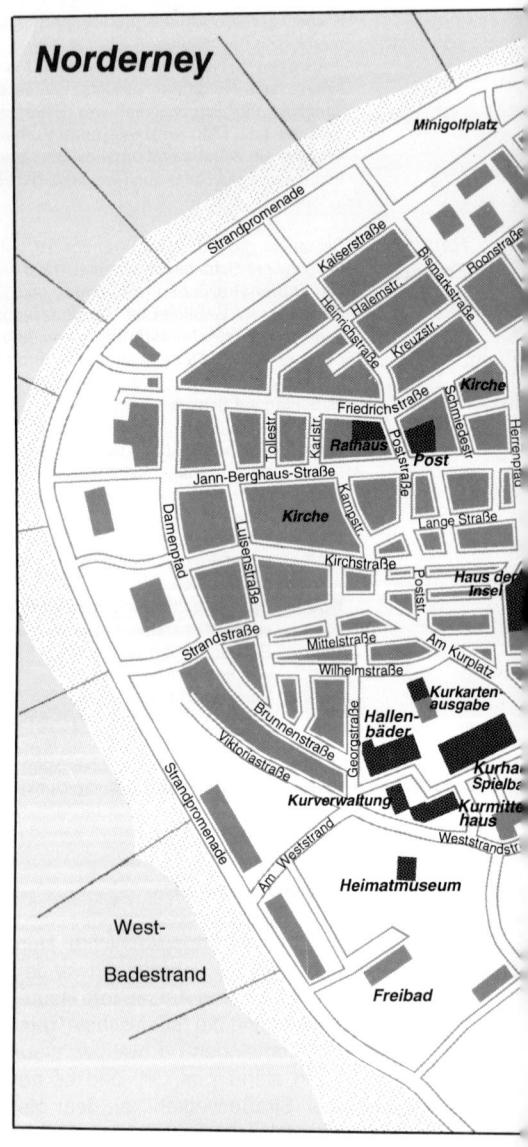

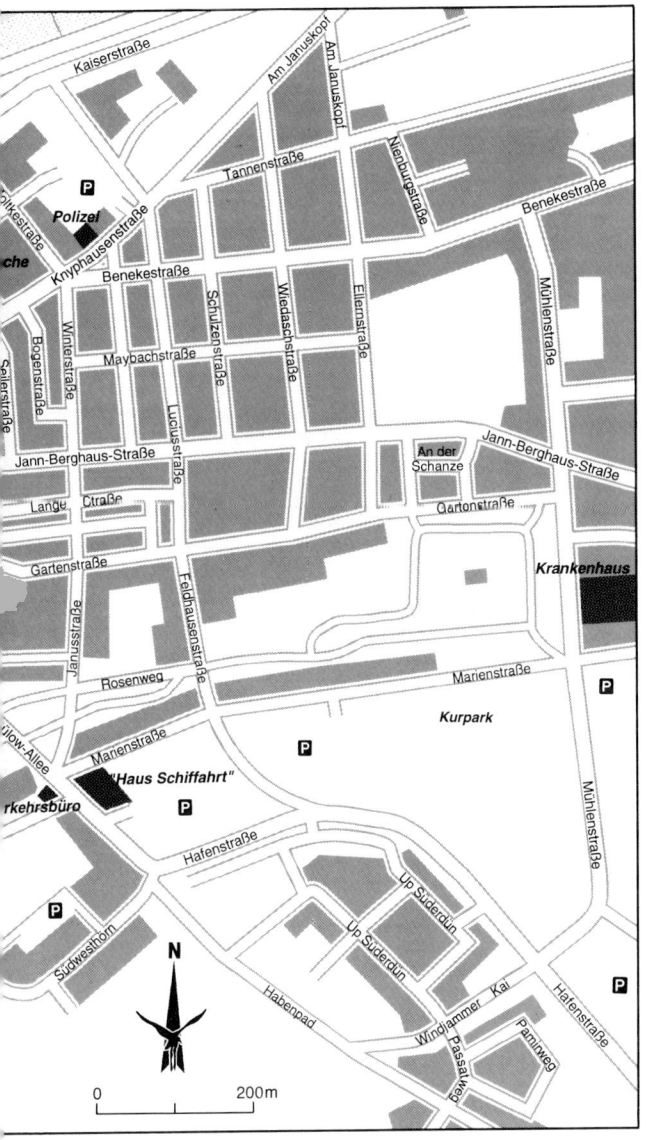

Heinrich Heine über die Insulaner

Die Insulaner waren, siehe die vorstehenden "Exzesse", eigenwillige Typen. Heinrich Heine beschrieb sie als "meistens blutarm und vom Fischfang lebend, der erst im Oktober, bei stürmischem Wetter, seinen Anfang nimmt ... Das Seefahren hat für diese Menschen einen großen Reiz; und dennoch, glaube ich, daheim ist ihnen allen am wohlsten zumute. Sind sie auch auf ihren Schiffen sogar nach jenen südlichen Ländern gekommen, wo die Sonne blühender und der Mond romantischer leuchtet, so können doch alle Blumen dort nicht den Leck ihres Herzens stopfen, und mitten in der duftigen Heimat des Frühlings sehnen sie sich wieder zurück nach ihrer Sandinsel, nach ihren kleinen Hütten, nach dem flackernden Herde, wo die Ihrigen, wohlverwahrt in wollenen Jacken, herumkauern und einen Tee trinken, der sich von gekochtem Seewasser nur durch den Namen unterscheidet, und eine Sprache schwatzen, wovon kaum begreiflich scheint, wie es ihnen selber möglich ist, sie zu verstehen."

Schon zu diesem frühen Zeitpunkt gelangen Heinrich Heine einige Einblicke in die insulare Psyche, um die ihn mancher Analytiker heute beneiden könnte.

"Was diese Menschen so fest und genügsam zusammenhält,", schrieb er, "ist nicht so sehr das innig mystische Gefühl der Liebe als vielmehr die Gewohnheit, das naturgemäße Ineinander-Hinüberleben, die gemeinschaftliche Unmittelbarkeit. Gleiche Geisteshöhe, oder, besser gesagt, Geistesniedrigkeit, daher gleiche Bedürfnisse und gleiches Streben; gleiche Erfahrungen und Gesinnungen, daher leichtes Verständnis untereinander; und sie sitzen verträglich am Feuer in den kleinen Hütten, rücken zusammen, wenn es kalt wird, an den Augen sehen sie sich ab, was sie denken, die Worte lesen sie sich von den Lippen, ehe sie gesprochen worden, alle gemeinsamen Lebensbeziehungen sind ihnen im Gedächtnisse, und durch einen einzigen Laut, eine einzige Miene, eine einzige stumme Bewegung erregen sie untereinander soviel Lachen oder Weinen oder Andacht, wie wir bei unseresgleichen erst durch lange Expeditionen, Expektorationen und Deklamationen hervorbringen können. Denn wir leben im Grunde geistig einsam; durch eine besondere Erziehungsmethode oder zufällig gewählte besondere Lektüre hat jeder von uns eine verschiedene Charakterrichtung empfangen; jeder von uns, geistig verlarvt, denkt, fühlt und strebt anders als die anderen, und des Mißverständnisses wird soviel, und selbst in weiten Häusern wird das Zusammenleben so schwer, und wir sind überall beengt, überall fremd und überall in der Fremde ..."

Bade-
kutschen der
Seebade-
anstalt
um 1815

Hätte man es verstanden, die nostalgie-
schwangere Fin-de-siècle-Atmosphäre zu erhalten, wäre Norderney heute wohl in der Lage,
vom fetten World Heritage Fund der Unesco zu
zehren. Diese goldene Gelegenheit hat man leider verpaßt, indem man das Uferpanorama mit
unschönen, "modern"-kantigen Zweckbauten
arg verschandelte. Auch im Ort selbst kann man
vieles als baulich wenig gelungen bezeichnen.
Trotzdem hat die Grande Dame der Nordsee
mehr von ihrem insularen Charme bewahrt, als
man angesichts der rasanten Gründungs- und
Folgegeschichte anzunehmen versucht sein
mag. Die schlichte *Promenade*, die den gesamten Westteil der Stadt gegen die See umrundet,
entbehrt nicht einer gewissen zeitlosen Eleganz,
und das alte *Kurhaus* von 1881, in dem sich
heute die Spielbank befindet, sieht immer noch
so aus, als ob Kaisers jeden Moment kommen
könnten.

Denn nicht nur hat sich Norderney von Anfang
an das Ziel gesetzt, Kurzentrum der niedersächsischen Nordsee zu werden, sondern auch *kul-
tureller Mittelpunkt*. Nicht als "Vergnügungs-
dampfer" soll die Insel ihren Besuchern nach
den Vorstellungen der heutigen Administration
gelten, sondern als Stätte der Besinnung, der
Tradition und der Erholung.

Daß die Tradition gerade dort wenig Gültigkeit
hat, wo in Festreden am meisten über sie
schwadroniert wird, ist ein weltweit zu beobach-
tendes Phänomen. Vieles natürlich Gewachse-
ne fiel auf Norderney auch dem Autokult zum
Opfer, von dem man jetzt wieder abrückt. Außerdem wollen sich zahlreiche Inselgäste keineswegs mit den hehren Zielen der Kurdirektion
identifizieren, sondern möchten lediglich in mari-

timer Umgebung ihre *Gaudi* haben... Wer im Spielkasino sein Geld verjuxt, tut das, bitte schön, ja auch zu seinem Vergnügen; die Stunde der Besinnung folgt allenfalls, wenn die Kasse leer ist. Ein weiterer, häufiger Besuchertypus reist mit dem solitären Zweck auf Norderney an, dort mal so richtig die Sau rauszulassen. Der sogenannte Clubtourist – Mitglied in Sport-, Kegel-, Kleingarten-, was immer -vereinen – hat Norderney in den letzten Jahren "entdeckt". Die lustigen Sangesbrüder (und -schwestern) denken nicht daran, sich zur Ruhestunde um 22 Uhr ins Bett packen zu lassen, sondern legen dann erst richtig los auf gut deutsche Art: "Warum ist es am Rhein so schön!!!"

Rabatz, Radau, Randale – auch das kann Norderney sein.

Sehenswertes

Altes Fischerhaus

Norderneys *Altes Fischerhaus* sollte – muß – man eigentlich gesehen haben, wenn man die Insel besucht. Das Haus (im "Argonner Wäldchen") ist ein kleines *Heimatmuseum* im Stil alter Zeiten.

Zu sehen ist die ganze *Entwicklung Norderneys* vom Katendorf bis zum hochherrschaftlichen Nordseebad, stilvoll und kunstsinnig dargestellt. Glanzstück unter den zahlreichen interessanten Exponaten ist ein *Bernsteinbrocken* von annähernd Ziegelsteingröße und 420 g Gewicht, der 1992 von einem "Strandjer" am Ufer vor der

Norderneys
"Skyline"

Kaiserwiese gefunden wurde. Keineswegs kommt Bernstein, wie viel geglaubt wird, nur in der Ostsee vor, wenn
auch ein "Kawenzmann" wie der obige eine ausgesprochene Rarität ist. Als besonders bernsteinträchtig auf Norderney gilt der Nordwestkopf, weil dort regelmäßig substantielle Sandaufspülungen vorgenommen werden. Der
dicke Brocken stammt aus ca. 20 m Tiefe von der vorgelagerten Robbenplate und ist viele Millionen Jahre alt.
● *Öffnungszeiten*: 1.4.-30.9. werktags 15-17 und sonn-
/feiertags 10-12 Uhr; vom 1.10. bis 30. 11. Di, Do und Sa
15-17 Uhr und vom 1. bis 31.12. Fr 15-17 Uhr. *Eintritt*
3 DM, Kinder die Hälfte.

Rettungs-
boot-
museum

Einen Besuch wert ist auch das kleine Norderneyer Rettungsbootmuseum am Weststrand.

Wind-
mühle

Die alte Inselmühle, 1862 erbaut, trägt den
Spitznamen *Selden Rüst* – selten Ruhe. Weit über
hundert Jahre hat sie in der Tat geklappert und
manchen Orkan abgewettert – Windmühlen sind
da ganz besonders empfindlich. Anno 1951 war
es allerdings Feuer, das der Ruhelosen fast ein
Ende bereitete. Aber die Versicherung half – damals noch – schnell nach, so daß die Norderneyer Bäckereien bald wieder Roggenmehl erhielten. (Der Grund, weshalb es heute kaum
noch schöne Reethäuser auf den Inseln gibt,
sind die himmelhohen Feuerversicherungsprä-
mien.)
●Die Mühle, längst außer Betrieb, beherbergt
diesertage ein Restaurant.

Kaiser-
Wilhelm-
Denkmal

Kein Vorbeikommen ist in Norderneys Stadtmitte
am Kaiser-Wilhelm-Denkmal. 1898 war es ihm
zu Ehren errichtet worden, und alle deutschen
Städte, die etwas auf sich hielten (insgesamt
sechzig), schickten Steine mit eingemeißelten
Ortsnamen nach Norderney, um zum Sockel des
wilhelminischen Obelisken beizutragen – 100
Tonnen kamen zusammen.

Als im 1. Weltkrieg Metalle knapp wurden,
wanderte der olle Wilhelm schmählich in den
Schmelzofen. Auf den Sockel wurde später eine

geradezu penetrant kitschige weiße Möwe gesetzt, die dort heute zu bewundern ist. Doch wer
weiß: Überall erleben Kaiserdenkmäler eine Renaissance. Warum nicht bald auch auf Norderney – aber nur mit Bart, aber nur mit Bart!

Franzosen- Die im Jahre 1810 während der französischen
schanze Inselbesetzung als militärische **Befestigungs-
anlage** errichtete "Franzosenschanze" dient in
den Sommermonaten als **Waldkirche**. Sonntag-
morgens werden dort im Freien Frühgottesdien-
ste abgehalten.

Leucht- Der alte Norderneyer Leuchtturm, 253 Stufen
turm hoch, wird alljährlich von gut 40.000 Besuchern
erklommen, die den prächtigen Rundblick von
oben genießen wollen (siehe auch Exkurs).

Naturschutzgebiete

Es gehört Optimismus dazu, auf einer umtriebi-
gen Insel wie Norderney ein NSG einzurichten.
Und doch ist das Experiment erfolgreich verlaufen. Das NSG Norderney nimmt fast die Hälfte
der Insel ein und beherbergt tierisches und
pflanzliches Wildleben in eindrucksvoller Dimension. In mancher Beziehung kann man Norderney in bezug auf den Aufwand sogar vorbildlich
nennen.

Südstrand- Das NSG Südstrandpolder erstreckt sich un-
polder mittelbar östlich des Hafens. Zu Kriegszeiten war
dieses Gelände eingedeicht und aufgespült worden; ein **Militärflugplatz** sollte hier entstehen.
Dazu kam es letztlich nicht mehr, und die Fläche
blieb zwei Jahrzehnte lang brach liegen. In dieser Zeit siedelte sich dort viel neue Fauna und
Flora an und zwar in solchem Ausmaß, daß man
das Gelände schon 1961 unter **Naturschutz**
stellte und 1986 prompt dem Nationalpark ein-
verleibte.

Ein Jahr später entschloß man sich, dem Südstrandpolder große Mengen von Sand für die
Verstärkung des Hafendeiches zu entnehmen.
Zwar handelte es sich dabei um einen allum-
fassenden Eingriff in das Gefüge des NSG. Die
Fläche war jedoch bereits so stark verlandet und
mit Busch bewachsen, daß sie kein ideales Revier mehr für Wasservögel darstellte. Durch die
Sandentnahme entstanden *neue Teiche* und
Flachwasserzonen; das Gelände wurde – von
der Warte des Naturschutzes aus höchst be-
grüßenswert – wieder zum Feuchtgebiet. Heute
ist der Südstrandpolder ein wahres *Vogelparadies*, in dem es von wildem Gefieder wimmelt.
Betreten ist ganzjährig verboten, doch kann man
sich einen guten Einblick von der Beobach-
tungshütte im Südwesten des Geländes verschaffen. Auch führt ein Weg (auf dem Deich)
um das gesamte Gebiet herum.

Ostheller   Der Großteil des NSG nimmt annähernd die
ganze *Osthälfte* der Insel ein. Ans Watt grenzen
hier ausgedehnte *Salzwiesen*, in denen seltene
Vogelarten wie der Rotschenkel und die Bekassine zu Hause sind. Nördlich dieses Geländes
erstreckt sich eine weite *Dünenlandschaft*, von
menschlichen Eingriffen fast zur Gänze verschont und deshalb in prächtigem Urzustand erhalten. Aufgrund eigenwilliger topographischer
Verhältnisse haben Windverwirbelungen zwischen den Dünen *tiefe Täler* geschaffen, die
zum Teil bis auf Grundwasserniveau hinabrei-
chen. In diesen Feuchttälern sind *Miniaturmoo-
re* und -salzsümpfe entstanden, kleine Biotope
voll pflanzlichen Lebens. Torfmoose, Sonnen-
tau, Königsfarn und Bärlapp gedeihen hier, und
an den Rändern von Röhrichtteichen finden
Birke, Weide und Holunder ideale Wachstums-
bedingungen. Dieses Gelände ist *Brutgebiet* für
zahlreiche Vogelarten, darunter die Silber- und
Sturmmöwe, Brandgans, der Große Brachvogel
und die Hohltaube. Besonders schön sind die

129

Dünen zur Blütezeit der Glockenheide im Früh-
herbst.

Das östliche NSG wird vom mehreren **Fuß-
pfaden** durchzogen, die teilweise mit Reitwegen
kombiniert sind. Bei der Tünnbak in der Inselmitte und unterhalb der Rattendüne an der
Osthuk befindet sich jeweils eine **Schutzhütte**,
in der von März bis Oktober ein Info-Stand der
Nationalparkverwaltung betrieben wird.

Draußen im **Watt** liegt ein fast versandetes
Wrack. Es handelt sich um das eines großen
Muschelsaugers, der Anfang der siebziger Jahre
hier versucht hatte, einen aufgelaufenen Logger
freizuschleppen. Wie es im Leben so geht: Der
Helfer selber erlitt eine Totalhavarie, der andere
kam schadlos wieder frei.

**National-
parkhaus**
Ausführliche Informationen zum Thema NSG
Norderney (einschließlich etwaiger Änderungen
des Wegenetzes) erhält man auch im Nationalparkhaus am Hafen, das täglich außer Mo von
10 bis 18 Uhr geöffnet ist. Eine **Dauerausstel-
lung** gibt Einblicke in die Lebensräume des Kü-
sten- und Wattenmeeres, und im halbstündigen
Rhythmus läuft eine automatische **Diaschau**.
Führungen durch das Haus sind nach Absprache möglich.

Insel-Info

PLZ: 26548
Vorwahl: 04932

Auskunft
●*Informationszentrum* für Prospekte und Material über die Insel ist das *Staatsbad Norderney*, Postfach 1355 (Tel. 8910).
●Zuständig für **Zimmervermittlung** ist die *Norderneyer Verkehrsbürogesellschaft*, Postfach 1622 (Tel. 502). Über diese Anschrift und die zusätzliche Faxnummer 82494 lassen sich auch Angaben zu **Pauschalangeboten** und allgemeine Auskünfte einholen. Vor Ort befindet sich das **Verkehrsbüro** in der Bülowallee direkt am Ortseingang gegenüber dem *Haus Schiffahrt*.
●*Schiffsauskunft:* *Frisia* (Tel. 89520).
●*Bahnauskunft:* *DB* (Tel. 611).
●*Flugauskunft:* *Frisia* (Tel. 541).
●*Reisebüro:* *TUI*, unter den Kolonnaden am Kurplatz (Tel. 891155).

Ärzte und Kranken- häuser
●Krankheit, scheint's, wird auf Norderney ganz groß geschrieben! Zehn **Ärzte** nehmen sich der verschiedensten Leiden an. Spezialisten harren im *Städtischen Krankenhaus Norderney* (Mühlenstr. 1, Tel. 8970) vorzüglich gerüstet auf schwere Fälle. Vier weitere Hospitäler, darunter ein gesondertes **Kinderkrankenhaus** *(Seehospiz "Kaiserin Friedrich", Tel. 8991)*, stehen Leidenden offen. Vorrangig werden überall Hautkrankheiten und Allergien, die großen Geißeln unserer Zeit, behandelt. Drei weitere Ärzte sind für **Dentales** zuständig, vier **Psychotherapeuten** bieten Balsam für geschundene Seelen, drei **Apotheken** liefern dem Gesundheitswesen zu.

Haupt- saison
15.5.-30.9.

Kurtaxe
Siehe Anhang.
●*Kurkartenausgabe* am Kurplatz, Tel. 891131; sowie im *Café Cornelius* am Nordbadestrand:
●Ein *Vorbestellservice* (Tel. 891122, Fax 891135) erspart Wartezeiten vor Ort.

Strand
●*Strandkorbvermietung:* Nordstrand Tel. 891139; Weststrand Tel. 891125; An der Kaiserwiese Tel. 891174; Liegehalle an der Marienhöhe; FKK-Strand Tel. 474; Oststrand "Weiße Düne" Tel. 475.

●Die *Preise* für einen *Liegekorb* betragen je nach Bauart 9-11 DM, ab drei Tagen wird es 2 DM pro Tag billiger. In der Zeit vom 1. Juni bis 15. September darf man in den ersten drei Tagen 12-14 DM, danach 10-12 DM pro Tag zahlen. Für ein *Strandzelt* werden 7 DM, in der Saison 9 DM pro Tag verlangt – auch hier wird es ab dem dritten bzw. vierten Tag 2 DM günstiger.

●Ein *Vorbestellservice* für Strandkörbe erspart lange Wartezeiten vor Ort (Tel. 891122, Fax 891135).

FKK

Der Nacktstrand liegt im nördlichen Mittelteil der Insel (oberhalb des Leuchtturms). Sanitäre Anlagen, Umkleidekabinen, Strandkörbe, Sauna, Kiosk – alles da. Zu erreichen per Bus oder PKW/Taxi.

**Ruhe-
zeiten**

Von 13 bis 15 Uhr und von 22 bis 8 Uhr. Wie vorstehend vermerkt, steht ihre tatsächliche Einhaltung auf einem ganz anderen Blatt. Exzesse sind aber eher die Ausnahme von der Regel.

Hunde

Hunde sind ebenfalls ein gewisses Reizthema auf Norderney. In der Mehrzahl der Herbergen sind sie nicht willkommen. Das hygienische Ambiente eines Heilbades verbietet Hunden außerdem die Strände. Nur auf einer speziellen Rasenfläche neben der Schutzhalle am Weststrand dürfen sie sich tummeln und auf einer Strandstrecke neben dem Ostbad "Weiße Düne" und dem FKK-Strand. Dort, und nur dort, gibt es auch einen Strandkorb für Hundefreunde.

Selbige werden im schönsten Amtsdeutsch ersucht, "die von der Kurverwaltung in Strandnähe errichteten Hundetoiletten zu benutzen; außerhalb der Hundetoiletten ist für die Beseitigung des Kotes der Tierhalter als auch der Tierführer verantwortlich!"

Da der Hund nicht auf Befehl sein Ei legt, hat der Aufruf beim Publikum offenbar weniger als totalen Widerhall gefunden. Deshalb sah sich die Gemeinde Norderney im Jahre 1992 genötigt, für 75 000 Mark einen "City-Cleaner" zu erwerben, auf dem jetzt ein freudloser Operateur vermittels einer "Sauglanze" pro Tag mindestens 800 Haufen aufzunehmen und zu entsorgen vermag.

●Vielleicht sollte man Harro wirklich woanders unterbringen, um den Mann zu entlasten. Eine Möglichkeit: beim *Schäferhundverein Norderney* (Tel. 81495 oder 2610). Kostet natürlich 'ne Kleinigkeit.

Kirchen

Norderneys *evangelische Kirche* steht in der Kirchstraße im Zentrum, ein Stückchen weiter kommen die *Zeugen Jehovas* zusammen. Die *katholische Kirche* ist in der Friedrichstraße, die *neuapostolische* am Südwesthörn.

Presse   Die *Norderneyer Badezeitung* kommt täglich heraus, der *Badekurier Norderney* monatlich. Beide geben u.a. ausführliche Auskünfte über die jeweils laufenden offiziellen Veranstaltungsprogramme.

Kinder   Kinder sind auf Norderney selbstverständlich gern willkommen. Doch eine ausgesprochene "Kinderinsel" ist Norderney nicht.
●Es gibt lediglich zwei **Kinderspielplätze** (am Weststrand und "Am Kap", Willi-Lührs-Str.) – nicht gerade viel für die große Gemeinde.
●Eine Durchsicht der Herbergen ergibt ebenfalls nur eine Handvoll von **Kinderspielräumen.**
●Der Norderneyer **Kindergarten** nimmt keine Gästekinder auf.
●Spezifisch für Norderney sind indessen medizinische **Mutter-Kind-Kuren** in vereinzelten Heimen und Hospizen, vornehmlich im Winter. Wer hieran interessiert ist, wende sich an seinen Hausarzt oder an die Versicherungsanstalt.

Fortbewegung

Auto   Nach Norderney kann man das Automobil mitnehmen. Doch wie auf Borkum kommt ihm auch hier nur eine sehr **beschränkte** Funktion zu. Der maximale Radius, in dem das Fahrzeug auf Norderney einsetzbar ist, beträgt drei Kilometer – vierzig Minuten zu Fuß. Von der Osterzeit bis zum 30.9. jeden Jahres verringert sich dieser Radius noch. Dann sind nämlich die **Zonen 1 und 2** im Ortsgebiet (siehe Stadtkarte) für Kfz aller Art **gesperrt**. Wenn die gebuchte Unterkunft in einer dieser Zonen liegt, erhält der Automobilist auf der Fähre einen **Passierschein**, der ihn berechtigt, seinen Wagen innerhalb einer Stunde nach Ankunft durch das Sperrgebiet zum Zielhaus zu fahren. Bei Abreise wird nach umgekehrtem Schema verfahren. In der Zwischenzeit steht die Karre völlig unbrauchbar da. **Behinderte** erhalten u. U. von der Stadtverwaltung – Rathaus, Zimmer 101 – eine Ausnahmegenehmigung.
     Die **Zone 3** ist während der genannten Saison von 20 bis 6 Uhr für alle zweirädrigen Motorfahrzeuge gesperrt, außerdem in Teilbereichen von 20 bis 8 Uhr für Kfz aller Art.
●Außerhalb der Sperrmonate gilt in den drei Zonen nur ein **generelles Halteverbot.**
●Man kann den Wagen auch auf den **gebührenpflichtigen Parkplätzen** A oder B (s. Karte) abstellen oder auf dem kostenlosen **Großparkplatz** C – was immer dadurch gewonnen ist.

Omnibus　Motorisierte Erreichbarkeit der meisten Anlaufpunkte auf der Insel wird durch **zwei Busunternehmen** gewährleistet, die ihre Fahrzeuge zwischen Hafen, Weißer Düne und Flugplatz tagsüber im **Halbstundentakt** pendeln lassen.

Taxi　Ein wenig teurer ist es mit dem Taxi, das auf der Insel ebenfalls mehrfach vertreten ist. Ein **Taxistand** befindet sich am Rosengarten.

Fahrrad　Wie überall auf den Inseln sind die Füße und das Fahrrad auch auf Norderney die beste Art der Fortbewegung. Fußgänger und Radler haben ohnehin überall Vorfahrt.
●*Heinz Grönsfeld* (Lange Str. 15) bietet stocksolide Hollandräder und Trecking-Bikes für 2 DM pro Stunde, 5 DM pro halbem Tag (ca. 4,5 Std.) und 8 DM für den ganzen Tag an. "Was soll ich mit Mountain-Bikes?" brummte er, als ich mit ihm sprach. "Mountains gibt's hier doch gar nicht."
●Der gleichen Ansicht ist man auch in *Charly's Freizeitcenter* (Im Gewerbegelände 1). Hollandräder kosten dort 10 DM pro Tag und 42 pro Woche. Die schon bei Borkum erwähnten Go-Carts sind hier als Einer für 4 DM die Stunde zu haben, 6 DM für den Zweier (10 DM für 2 Std.) und 7 DM für den Vierer (12 DM für 2 Std.).
●Zweiräder gibt es auch *am Hafen* (Hafenstr. 1) und gleich viermal in der Jann-Berghaus-Straße: Bei *Dicki Papenfuss* (Nr. 67), bei *Jenssen* (Nr. 72), im Verleih *Molli* (Ecke Luciusstraße) und bei *Heeren* (Nr. 62).

Pferd　Wer vom Stahlroß lieber auf eines aus Fleisch und Blut übersatteln möchte, setzt sich am besten mit dem *Reitstall Junkmann* in Verbindung (Meierei, Lippestraße, Tel. 2294). Dort kosten Ausritte für Fortgeschrittene um 40 DM für 2 Stunden bzw. 30 DM für eine (Anfänger mit Assistenz). Man kann sogar das "Reiterabzeichen" erwerben.
●Auch ohne diese Auszeichnung kann man reiten bei *Tegtmeyer* (Lippestr. 19), bei *Harms* (Domäne Tünnbak) und im *Cap Horn* (Gewerbegelände 35).

Unterkunft

Mehr noch als auf Borkum überwältigt auf Norderney die schiere Fülle von Beherbergungsbetrieben. Hotels (mit Einschluß von garni und Hotel-Pensionen) nehmen im Gastgeberverzeichnis allein vier Seiten ein!

Preise　Wer, dem mondänen Image entsprechend, erwartungsgemäß auch mondäne Preise anzusetzen versucht sein mag, darf sich angenehm enttäuschen lassen: Der Zins ist auf Norderney durchaus nicht himmelhoch.

●Offenbar ist die gesamte Preisstruktur Norderneys sehr gründlich durchkalkuliert und stramm EDV-organisiert. So kühl geschäftlich das erscheinen mag: Dem Kunden gereicht es letztlich zum Vorteil.

●In der Nebensaison werden z.T. kräftige **Preisnachlässe** gegeben. Bei den Hotels sind das im Durchschnitt 25%, bei Ferienwohnungen sogar bis 40-50% Rabatt.

●Für Pensionen, Zimmer und Ferienwohnungen gibt es auch den Service der **Vermittlungskarte**: Kostenlos können Interessenten ihre Wünsche und Preisvorstellungen vermerken, interessierte Vermieter wenden sich dann direkt an ihre zukünftigen Gäste.

Pauschal-angebote

●Norderney bietet auch **Pauschalprogramme** an, die zum Teil die **Bahnfahrkarte** im gesamten Bundesgebiet preislich beinhalten.

●Bei sorgfältiger Durchrechnung mag sich das eine oder andere dieser Angebote – vor allem bei weit entferntem Wohnort – als Schnäppchen herausstellen, zumal die Pakete auch noch jede Menge Nebenleistungen enthalten (u. a. Kurkarte, Sauna, Leihrad).

Hotels

●Mit 45 DM ist die *Hotel-Pension Liewald* (Tel. 2124) am günstigsten.

●Norderneys "erste Adresse", das *Kurhotel Norderney* (Am Kurgarten, Tel. 88300) nimmt sich mit 140 DM ÜF noch einigermaßen akzeptabel aus.

●Auch das *Inselhotel Vier Jahreszeiten* (Herrenpfad, Tel. 8940) berechnet vergleichsweise moderate 128 DM ÜF.

Das Postamt

Pensio-
nen und
Zimmer

Pensionen und Gästehäuser machen z. T. recht akzeptable Angebote. So hat das *Haus Schiemann* (Herrenpfad 19, Tel. 2456) mit 22 DM ÜF im EZ den günstigsten Preis in dieser Kategorie. Privatzimmer sind etwas teurer (um 30 DM ÜF).

Ferien-
wohnun-
gen

● Ferienwohnungen gibt es schon recht preiswert – so vor allem mehrere EZ mit 1-2 Betten für 40-50 DM. Auch in Mehrraumklausen kommt man häufig auf Pro-Kopf-Preise von etwa 30 DM – Endreinigung eingeschlossen.
● Außerhalb der HS gibt es dann noch einmal *Ermäßigungen* von bis zu 40-50 %.

Jugend-
herbergen

● Es gibt auf Norderney zwei Jugendherbergen. Beide haben die Kategorie II, sind der Kurtaxe unterworfen und nur von März bis November geöffnet (genaue Termine auf Anfrage). In beiden auch nur VP. Preise siehe "Reise und Preise".
● Die JH *Dünensender* (Am Dünensender 3, Tel. 2574, Fax 83288) liegt im Ostteil der Inselmitte und ist, wie ihr Name besagt, von Dünen umgeben. Von der JH zum Stadtkern ist es etwa 1 Std. zu Fuß, zum Strand 20 Minuten. Das Haus verfügt über 144 Betten und 4 Tagesräume.
● Die JH *Südstrasse* (Südstr. 1, Tel. 2461) liegt am östlichen Stadtrand in nächster Nähe von Hafen und Watt. 121 Betten, 3 Tagesräume, 3 Familienzimmer. Besonderheit: Die Kurruhezeiten von 13-15 und 22-8 Uhr sind einzuhalten!

Camping

● Der *JH Dünensender* ist ein riesiger *Zeltplatz* angegliedert, der 3 500 Personen aufnimmt. Modern – unlängst hat man schlappe 1,5 Millionen Mark in zeitgemäße sanitäre Anlagen investiert! Betrieb vom 1.5. bis 15.9.; Zelter müssen einen JH-Ausweis besitzen, aber nicht zwingend "jugendlich" sein. Es wird auf Sand gezeltet – spezielle lange Heringe "für die Wüste" mitbringen! Kosten: 9,50 pro Person/Tag plus 0,75 DM Kurtaxe (Sondertarif). Essen kann man in der JH, jedoch nur VP.
● Mit dem *Wohnwagen* anrollen kann man bei *Camping Eiland* (Fam. Harms, Tel. 2184). Der Campingplatz liegt etwas nordöstlich vom Leuchtturm; eine befestigte Straße führt vom Hafen dorthin. Zum Strand (FKK gleich nebenan) sind's ein paar Gehminuten.
"Standgeld" pro Tag: Wohnwagen 8 DM, Zelt ab 5 DM. "Kopfgeld": 8 DM/Tag, Kinder bis 145 DM. Strom: 1 DM/kWh.
● Kampieren kann man außerdem bei *Camping Booken* (Tel. 448) und bei *Um Ost* (Tel. 618).

Gastronomie

Hungrige haben auf Norderney die Qual der Wahl zwischen einer ansehnlichen Zahl von Beköstigungsbetrieben.

Hotel - Restaurants

Wenn das Budget leistungsfähig genug ist, kann man einen Tag perfekt kulinarisch aufbauen, indem man sich am reichhaltigen Frühstücksbuffet eines x-beliebigen Hotels delektiert, im kinderfreundlichen *Seehund* des *Vier Jahreszeiten* einen Lunch und im *Luisengarten* des Hotels *Nordstern* (Luisenstraße) ein Dinner einnimmt, bevor man in der Disco *Broadway* des Inselhotels *König* (Bülowallee) zu den eigentlichen Tagesthemen übergeht.

Meeresfrüchte

Wem der Sinn nach Meeresfrüchten steht, findet in annähernd jedem Norderneyer Restaurant das richtige. *Le Pirate* (Friedrichstraße) scheint die ganze Fauna der Nordsee auf dem Menü zu haben, von Austern bis Zunge (See-). Das *Hafenrestaurant* (natürlich am Hafen) steht mit diversen Fischspezialitäten nicht nach. *Das kleine Restaurant* des Strandhotels Georgshöhe hat ebenfalls reichlich Fisch auf der Abendkarte, dazu Blick aufs Meer und den Sonnenuntergang, diesen vernünftigerweise mit dem Zusatz "ohne Gewähr".

Mittagsmenüs

Auf der Suche nach preiswerten und wechselnden Mittagsmenüs kann man in diversen Häusern einkehren: Im *Kur-Café* (am Kurplatz, Mo Ruhetag), im *Café Cornelius* (Nordstrand), im *Restaurant Lenz* (Benekestraße, Mo geschlossen), im *Lüttje Café* (Gewerbegebiet, Mo Ruhetag), *Am Leuchtturm* (Mo/Di Ruhetag), bei *Pidder Lüng* (J.-Berghaus-Straße, Di Ruhetag) oder *Am Flugplatz* (Mi Ruhetag).

Sonstige Restaurants

●Im Restaurant *La Mirage* (gegenüber der Post) werden erlesene einheimische und internationale Gerichte serviert, und das von 10 bis 23 Uhr, ohne Ruhetag.
●Feine Küche italienischen Einschlags erwartet den Gast im *Veltins-Stübchen* (J.-Berghaus-Straße) täglich außer Di und Mi bis 22.30 Uhr.
●Das Restaurant *Zur Mühle* (Marienstraße) reicht ostfriesische Spezialitäten. Beliebt, besser reservieren: Tel. 2006. Mi Ruhetag.
●Auf Ausflügen fährt man gerne in die *Meierei* am östlichen Stadtrand, um sich dort verwöhnen zu lassen, vornehmlich mit frischem Fisch. Gruppen sollten sich anmelden: Tel. 81824.
●Am Strand warten die *Milch-Bar* mit Eintöpfen und Milchgerichten und die *Giftbude* (Do geschlossen) mit diversen Leckereien auf.

●Außerdem zahlreiche Kneipen, Pinten, Eisbars, Imbisse und dergleichen. Im Winter machen viele Gaststätten Betriebsferien.

Sport

Hallen- und Freibäder

●Das ***Meerwasserwellenbad*** *Die Welle* am Kurplatz (Tel. 891141) ist eine überdachte und beheizte Riesenanlage mit Brandungsbecken (28°), Suhle mit Massagedüsen (32°), Kinderplanschbecken, 60m-Rutschbahn, Spiel- und Strandzone, Sonnenwiese, Kletterberg, Wassersprudel, Unterwasser-Sitzgrotte, Aussichtsplattform, Wintergarten, Cafeteria, Sportmöglichkeiten und Kinderspielraum.

●*Öffnungszeiten*: Mo-Do 9-19.30, Fr 9-21, Sa-So 9-18 Uhr.

●*Eintritt:* Einzeltageskarte für Erw. 17 DM, Kinder und Jugendliche 3-18 J. 12 DM. Daneben gibt es 5er-(75/50 DM) und 10er-Karten (140/85 DM); Familienkarten (Di, Fr und So, 32 DM) und Abendschwimmen (Mo-Do, 9,50 DM).

●Außerdem findet man ein ***Meerwasser-Wellenfreischwimmbad*** am Weststrand (Tel. 891158) mit beheiztem Meerwasser (22°) und Tauchbecken. Eine Sauna ist angeschlossen.

●*Öffnungszeiten*: 1.6.-26.6. täglich 12-17 und 28.6.-28.8. 10.30-17.30 Uhr. So geschlossen.

●*Eintritt*: Erw. 4,50 DM, Kinder 6-16 Jahre 1,50 DM.

●*Saunabaden* am offenen Meer kann man am FKK-Strand (Tel. 474) täglich vom 21.3. bis 9.10. ca. 11-16 Uhr. 3-Stunden-Karte 13 DM.

Auf der Fähre

Gym-
nastik

Strandgymnastik, Sport und Spiele zum Nulltarif gibt's am Westbad vom 18.5. bis 26.9. jeden Werktag von 09.45-12.30 Uhr. Bei Regenwetter wird in der Badehalle am Weststrand geturnt. Ein ähnliches Programm läuft vom 21.6. bis 21.8. am Nordbad, und zwar werktags 10-12.45 und 14-16.30 Uhr.

Angeln

Angeln kann man auf Norderney ohne besondere Auflagen. Den "Bundespersonalausweis" soll man dabei mitführen – wozu immer das gut sein mag.

●Auf ***Fangfahrt*** geht man mit dem Fischkutter "Seepferdchen" (*Visser*, Tel. 83503); ca. 1,5 Std. im Wattenmeer kosten 12 DM. Kinder, denen dieser Trip bestimmt Spaß machen wird, zahlen die Hälfte.

●***Hochseeangeln*** ist nur etwas für Erwachsene; ca. 4 Std. auf See für 30 DM. Angelgeschirr an Bord. Für diese Törns sind Gruppenarrangements notwendig.

Reiten

Siehe Fortbewegung.

Segeln

●In der *Segelschule Norderney* (Am Hafen, Tel. 766) besteht die Möglichkeit, sich zum zünftigen Janmaaten ausbilden zu lassen. "Zünftig" – das ist das Wort. Teilnehmer logieren auf einem 100 Jahre alten Wohnschiff, das unter dem Namen *Deutsch-Sowjetische Freundschaft* vor der Wende in der Ostsee herumkurvte und jetzt teuer renoviert ist. ÜF 40 DM, VP 60 DM (Jungvolk 45). Eigene Bettwäsche mitbringen, sonst kostet's extra (15 DM).

●Ein ***"Schnuppertörn"*** ins Watt unter Segel (3 Std.) kostet 50 DM pro Person, ein ***Tagestörn*** zu den Nachbarinseln (6-8 Std.) 100 DM. Segelkurse für Kinder von 8 bis 13 (6x3 Stunden) kosten 210 DM; Erwachsene zahlen 270 DM. Auch diverse Segelscheine können erworben werden.

Tennis

Tennis ist, versteht sich, ganz große Sache auf Norderney. Im *Tenniscenter Georgshöhe* (Kaiserstr. 24, Tel. 898405), das dem gleichnamigen Hotel angeschlossen ist, fliegt der weiße Ball das ganze Jahr über auf insgesamt sieben Plätzen, zwei in der Halle und fünf im Freien. Drinnen kostet die Stunde 32 DM (26 für Hotelgäste); draußen 22 bzw. 18 DM mit Ausfallgutschrift im Falle von Schlechtwetter. Instruktion kostet drinnen noch einmal 55 DM zusätzlich (60 min.) und 45 DM draußen (50 Min.). Man kann aber auch 390 DM für einen 12stündigen Kursus anlegen. Billigere Kinder- und Jugendprogramme werden ebenfalls angeboten.

●Weniger "exklusiv", aber weitaus preiswerter, kann man (von 7 bis 13 Uhr) am *Sportplatz an der Mühle* (Tel. 2558) spielen.

Golf

Golf ist die nächste ganz große Sportart auf der Insel. Erstmalig gegolft wurde auf Norderney – damals noch im zünftigen Knickerbocker-Look – bereits 1922. Heute ist die allgegenwärtige Ami-Schirmkappe nicht mehr aus dem gepflegten Areal wegzudenken, das sich in der Nähe des alten Leuchtturms (7 km östlich des Ortes) zwischen den Dünen erstreckt. Mit zum Gesamtkomplex gehört das moderne *Golf-Hotel* (Tel. 8960).

● Der Norderneyer **Golfplatz** hat neun Löcher (Par 72) und einen Gesamtparcours von ca. 3 km. Buchen kann man direkt über das *Golf-Büro* (Tel. 680). Tageskarte (Greenfee) 45 DM, Jugendliche bis 18 die Hälfte. Trainerstunde zusätzlich 45 DM.

● Rund ums Jahr wird um einen Monatspreis gegolft; dazwischen gibt es immer wieder größere Treffen und Wettspiele. Achtung: "Als 'Haufen' eines grabenden Tieres im Sinne der Regel 25/1 gilt auch der vom grabenden Tier (hier vornehmlich Kaninchen) eindeutig ausgeworfene Sand." (Aus den Regeln; so streng ist das).

Windsurfen

● Windsurfen kann man an der Weißen Düne (*Surfstation*, Tel. 84124). Dort kostet ein Board bei Vorbuchung 175 DM pro Woche, und diverse Kurse, bei 290 DM beginnend, können hier auch belegt werden.

● Eine weitere Windsurfschule (*Kühl*) befindet sich am Yachthafen.

● Norderney hat sich in den letzten Jahren – in Konkurrenz zu Sylt – zum Austragungsort internationaler **Wettbewerbe** emporschwingen können. Ereignisse dieser Art werden in der allgemeinen Sportpresse jeweils weit im voraus angekündigt.

Unterhaltung

Veranstaltungen

Ihrer Zielsetzung als Kulturzentrum der südlichen Nordsee gemäß bietet die Insel Norderney ein ganzjähriges, weitgehend variierendes **Programm** für ihre Kurgäste. Ein Großteil des Kultur- und Unterhaltungsgeschehens spielt sich im Haus der Insel und im Kurtheater ab.

● Von leichter Kost wie **Skatturnieren** bis zu schwerkalibrigen **Symphoniekonzerten** mit berühmten Orchestern und Solisten ist für jeden Anspruch etwas dabei. Operetten, Musicals, Tanz- und **Theateraufführungen** fehlen ebenfalls nicht, auch oft mit Starbesetzung. Dann wieder wird es mit Darbietungen des Norderneyer Frauenchors und Männergesangvereins, der Feuerwehrkapelle und der Bläsergruppe des Reitclubs eher volkstümlich.

● **Folklore**, überwiegend von der heiteren Seite, wird überhaupt großgeschrieben in der Norderneyer Kulturszene. Entsprechende Darbietungen sind in jedem Jahresprogramm reichlich enthalten.

●Noch häufiger sind **Film- und Diavorführungen** angesetzt, bei denen u. a. *Manfred Temme*, sozusagen Norderneys "Hausornithologe", regelmäßig mit Beiträgen über die insulare Vogelwelt brilliert. Außerdem werden in kürzeren Abständen **Ausstellungen**, von Bildern und Briefmarken bis hin zum Thema Seenotrettungswesen, abgehalten. Als nächster Programmpunkt folgt vielleicht ein Klavier- oder Leseabend. Oder man kann sich über Ernährungsfragen aus medizinischer Sicht kundig machen. Oder an einem Fest teilnehmen. Oder ..., der Möglichkeiten sind viele.

●Die Mehrzahl dieser zum Teil recht aufwendigen Veranstaltungen ist natürlich eintrittspflichtig. **Kartenvorverkauf** im Konzert- und Theaterbüro im *Haus der Insel* nur vor-, im Sommer zusätzlich nachmittags. Programmhinweise über Tel. 874200.

Kur-konzerte
Kurkonzerte, mitunter mit Wunschprogramm, finden täglich außer Mo um 10.30 (So 11.15), 16 und 20 Uhr auf dem Kurplatz unter den Kurgarten statt, bei Regen in den Konzertsaal des Kurhauses oder im Haus der Insel. Hiertür werden regelmäßig Top-Performer wie das *Warschauer Symphonieorchester* unter Vertrag genommen.

●**Orgelkonzerte** werden von Anfang Juni bis Mitte September jeden Fr um 20.15 Uhr in der ev. luth. Kirche angesetzt. Bekannte Solisten aus dem In- und Ausland wirken dabei mit.

Kinder
Ein- bis zweimal um die Wochenmitte herum werden auch die Kleinen im Haus der Insel mit **Kinderdarbietungen** unterhalten.

Spielbank
Die etwas Größeren (ab 18) haben die Möglichkeit, sich in der Spielbank (Kurhaus, Tel. 745) zu vergnügen. Casinobetrieb ist von 14 bis 22 Uhr (1.1.-31.3.) und von 11 bis 1 Uhr (1.4.-10.10.).

●85 *"einarmige Banditen"* laden dann mit "unbegrenzten Gewinnchancen" zum großen Glück. Noch mehr kann man gewinnen – allerdings leider auch verlieren -, wenn man sich mit einem Mindesteinsatz von 5 DM beim **Roulette** versucht. In der Saison kreist das Glücksrad an drei 24er Tischen. Das Spielcasino nimmt dankenswerterweise ein "low profile" ein.

Discos
●Wenn der Abend sich rundet, geht man in die *Disco Broadway*, in den *Beach-Club* (Strandstraße) oder in die *Maritim Dancing Bar* (gegenüber der Post). Die Discos schließen um 4 Uhr.

Veranstal-
tungshin-
weise

Eine Übersicht über die jeweiligen monatlichen Veranstaltungen läßt sich im *Badekurier*, in der Inselzeitung und in zahlreichen Aushängen verschaffen.

Touren

Schiffs-
ausflüge

Von März bis Oktober unternimmt die Reederei *Cassen Eils* zu variierenden Terminen Ausflugfahrten zu verschiedenen Zielen im Umfeld Norderneys.

	Dauer ca. Std.	Erw. DM	Kinder 4-11
Seehundbänke	1,5	12	6
Eemshaven (NL, "Butterfahrt" ohne Landgang)	5,5	10	10
Borkum	11	30	16
Juist	5,5	24	12
Baltrum	4	22	12
Langeoog	7	30	16
Spiekeroog	7,5	30	17
Helgoland	14	37	23
Familienkarte Helgoland ("für Eltern m. Kindern")			98

Auf Langeoog ist die Gebühr für die Inselbahn inbegriffen.
●Die Norderneyer **Agentur** für diese Fahrten ist *G. Wedermann* (Marienstr. 10, Tel. 569 oder 2802).

Rundflüge

Einen Inselrundflug kann man bei der *Frisia* (Tel. 541) buchen. Mindestens 2 Personen sollten mitmachen. Dann kostet's 40 DM pro Kopf.

Insel-
rundfahrt

Eine Inselrundfahrt mit dem **Bus** (*Fischer*, Tel. 2119; Tjaden, 514) kostet 12 DM (Kinder die Hälfte), ebenso eine Kutschfahrt mit dem **Pferdeomnibus** (Tel. 2336). Hängt ein **Planwagen** hinter dem Roß, wird es etwas teurer: 100 DM/Std., bis zu 7 Personen können mitfahren (Tel. 1443).

Stadt-
führung

Eine Stadtführung bietet *Lothar* (Tel. 2159) für 5 DM pro Nase an; die Kleinen dürfen für 3 DM mitstaunen.

Wattwan-
dern

●Für 5 DM (3,50 DM für Kinder) geht's mit *Lothar* (Tel. 2159) auch für ca. 2,5 Stunden ins Watt.
●Wer einen richtigen Kapitän mit weißer Labskausmütze vorzieht, ruft Tel. 2278 an und zahlt dann 6 bzw. 3 DM, zuzüglich einer Busanfahrt für 4 DM (Erw.) bzw. 3 DM für Kinder bis 12 Jahre.

Natur-   Gratis, kaum zu glauben, gibt's aber auch etwas! Und
kundlicher   zwar einen naturkundlichen Rundgang mit einem beamte-
Rundgang   ten **Vogelwärter**. Dazu trifft man sich von Mai bis Septem-
                    ber jeden Mi beim **Info-Stand am Ostheller**. Die Tour
                    dauert etwa 2 ,5 Stunden.

Fährverbindungen

Norderneys Zubringerhafen auf dem Festland ist **Norddeich** (siehe dort).

Flugverbindungen

mit   Von Norddeich aus gibt es täglich Flüge der FLN nach
Norddeich   Norderney.
                    ●Die **Flugzeit** beträgt wenige Minuten.
                    ●Der **Flugpreis** beträgt pro Strecke 55 DM, die Verbund-
                    karte kostet 53 DM.
                    ●Der **Flugplatz** auf Norderney befindet sich ca. 3 km vom
                    Ort entfernt (Busverbindung); in Norddeich liegt er ca. 4
                    km östlich des Ortes.

Weitere   ROA und OLT bieten, z.T. saisonal, weitere Flüge an. Mit
Verbin-   **Borkum** gibt es drei- bzw. viermal wöchentlich Flugver-
dungen   bindungen (80 DM), mit **Emden** (100 DM) und **Helgoland**
                    (130 DM + 15 DM Gebühr auf Helgoland). Mit **Bremen**
                    (230 DM) und **Juist** (80 DM) gibt es in der Saison dreimal
                    wöchentlich eine Verbindung, mit **Düsseldorf** (315 DM)
                    viermal wöchentlich. FLN (Tel. 04464/8011) fliegt im Som-
                    mer täglich nach Baltrum(55 DM), Langeoog (15 DM) und
                    Wangerooge (80 DM), nach Harle (80 DM) und Wilhelms-
                    haven (145 DM). VHM (Tel. 0208/99234-0) fliegt Norder-
                    ney von Essen/Mülheim und Erfurt/Leipzig/ Dresden an.

Auskunft   Siehe Juist, Flugverbindungen.

Mit dem eigenen Boot

"Norderney – es kann einem schon sehr gefallen. Drei
Tage vielleicht. Dann wird man erleichtert die Leinen lösen
und hinausgleiten aus dem Hafen ..." Mit diesen Worten
beschreibt der segelnde Schriftsteller *Jan Werner* seine
Eindrücke dort und vergißt auch nicht hinzuzufügen, "daß
man sich auf die Terrasse des Centralcafés setzen und
bei Kaffee und Sahnekuchen das Flanieren beobachten
kann, das einem **ausnahmsweise** (Hervorhebung d.
Verf.) kostenlos geboten wird." Jan Werner hat offenbar
schon einiges von der Welt gesehen.

●Norderneys Yachthafen erhält indessen gute Noten – was Funktionalität anbelangt. Das *Hafenbecken* ist groß, tief, es gibt jede Menge Organisation und Beton. An Schwimmstegen am Ende des Hafens liegt das Boot perfekt geschützt und kann sich auch bei tiefster Ebbe noch einer Handbreit Wasser unter dem Kiel erfreuen. Der *Hafenmeister* möchte dann aber auch möglichst bald von der Neuankunft hören, um zur Kasse zu bitten.

●Im *Clubhaus* (Tel. 83545) gibt's im Keller Duschen und WCs, weiter oben ein Restaurant. Alles ist makellos durchorganisiert. Morgens bringt sogar ein Bäcker frische Brötchen zum Hafen.

●Aber man erhält tatsächlich etwas sehr Nützliches zum Null- oder besser Ortstarif auf Norderney, nämlich einen aktuellen *Seewetterbericht* unter Tel. 0491-1164.

Der Norderneyer Leuchtturm

Im Jahre 1872 wurde mit dem Bau des Leuchtturms von Norderney begonnen. Auf Borkum, Helgoland und Wangerooge gab es bereits Leuchtfeuer; nun galt es, die empfindliche Lücke zu schließen, die in der Mitte der ostfriesischen Inseln klaffte. Das Deutsche Reich, gerade ein Jahr alt, begann zu erblühen, und die Sicherheit der Seeschiffahrt wurde zu einem hochwichtigen Anliegen.

Am 1. Oktober 1874 nahm der neue Wegweiser, 53,6 m hoch, seinen Betrieb auf. Doch er sollte sich nicht als Freund und Helfer der Seefahrer erweisen, zumindest nicht in den ersten Jahren.

Sei es, daß preußischer Bürokratismus die Sache herauszögerte, sei es, daß deutsches Beamtentum schon damals mit seinem bekannten Geheimhaltungsfimmel infiziert war, sei es, daß so kurz nach dem deutsch-französischen Krieg immer noch fremdenfeindliches Denken die hiesige Psyche beherrschte – jedenfalls wurde die internationale Schiffahrt nicht auf das Vorhandensein dieses neuen Seezeichens aufmerksam gemacht. Daß das Fehlen eines Richtungsweisers dem Seemann einen besseren Dienst erweisen mag als die Existenz eines unbekannten und irreführenden, zeigte sich am 19. September 1878.

Der große britische Segler *Argyra* war mit einer Ladung Häute von Buenos Aires nach Hamburg unterwegs. Kapitän *Luckham* hatte in England seine Frau und Tochter an Bord genommen. Dies sollte seine letzte Fahrt sein; er wollte das Schiff dann seinen (ebenfalls an Bord befindlichen) beiden Söhnen übergeben und sich nach einem Leben auf See zur Ruhe setzen.

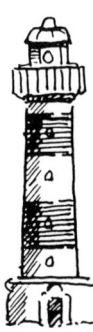

Das Leuchtfeuer, das in der stürmischen Nacht auftauchte, hielt man für das von Helgoland. Die *Argyra* steuerte auf Südostkurs daran vorbei – und saß wenig später am Strand von Juist auf. Beim Versuch, die beiden Frauen zu retten, kam Kapitän *Luckhams* gesamte Familie ums Leben. Das Schiff wurde zum Totalverlust.

Der gramgebeugte Alte begrub seine Familie und seinen Traum vom Landhäuschen. Er fuhr weiter zur See – ein Opfer des Leuchtturms von Norderney ...

●Wer heute den Leuchtturm besteigen will, muß ebenfalls ein Opfer bringen; 2 DM (in der Gruppe). Aber immerhin ist der Turm jetzt in den Seekarten verzeichnet.

Baltrum
– die "Dornröscheninsel"

Geschichte

Der Name
Der Ursprung des Namens Baltrum ist im Dunkel der Zeit verborgen. Wie bei Borkum bereits vermerkt, dürfte die Endung -um "-heim" bedeuten. Ob vielleicht "Baldurs Heim" dahintersteckt, ist ungewiß. Auch der Name "Balteringe", der in alten Schriften auftaucht, ließe den Schluß "Baldurs Reich" zu, der aber genauso fragwürdig ist.

Dorn-röschen-schlaf
Die mit 6,5 km² *kleinste Insel* der sieben Ostfriesinnen findet im *14. Jahrhundert* erstmalige *urkundliche Erwähnung*. Spätestens zu diesem Zeitpunkt war das Eiland auch bereits besiedelt. Zudem war es ein gut Teil *größer als heute*, ungefähr von den Dimensionen des gegenwärtigen Juist. Doch in der Folgezeit ist von Baltrum kaum einmal etwas zu hören. Die maulfaulen Insulaner beschäftigten sich vorwiegend mit der Fischerei, suchten ihre Strände nach Treibgut ab und bemühten sich schon vor zweihundert Jahren verstärkt, ihre Dünen am Davonfliegen und ihre Küste am Hinwegdriften zu hindern.

Dennoch wurde die Insel immer kleiner. Die berüchtigte *Weihnachtsflut von 1717* ging offenbar relativ glimpflich ab, denn sie findet keine besondere Erwähnung in der Inselchronik. Dafür gab es *1825* gewaltig *Landunter*. Am Timmermannsgatt brach die See durch die Dünen, und Baltrum war anschließend kaum viel mehr als eine bessere Sandbank. Der Inselbevölkerung standen *magere Jahre* ins Haus. Über einen längeren Zeitraum hinweg mußte die preußische Regierung mit Unterstützungen die größte Not lindern.

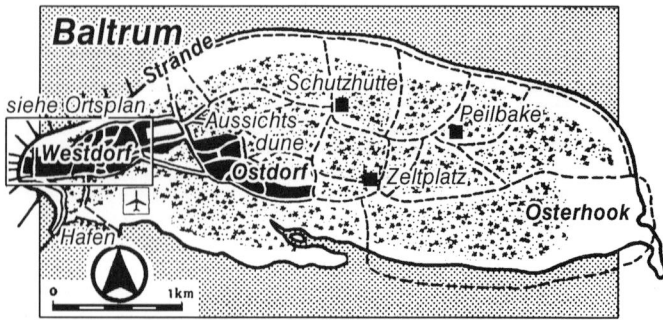

Doch die Baltrumer rappelten sich, ihrer Natur entsprechend, bald wieder auf. Die Insel, obwohl gewaltig geschrumpft, war noch da, und zu fischen gab es ebenfalls immer etwas. Gegen *Ende des 19. Jahrhunderts* begann man in größerem Umfang, im Westen der Insel *Uferbefestigungen* anzulegen, und seither haben sich die Konturen Baltrums nur geringfügig verändert. Auch stellten sich, wie auf den anderen Inseln, aber in wesentlich bescheidenerem Umfang, die ersten *Badegäste* ein.

Baltrum heute

Weil man auf Baltrum nicht mit Hurra auf diesen Zug sprang, sondern ihn sozusagen abfahren ließ, nennt man die Insel heute das *"Dornröschen der Nordsee"*. Doch Herr Gorbatschow läge hier schief mit seinem "Wer zu spät kommt, den bestraft das Leben." Baltrum hat der lange Dornröschenschlaf durchaus gut getan, und wenn es sich heute in den Prospekten "Schatzinsel" nennt, so ist da auch etwas Wahres dran. Zwar sind auf Baltrum keine Schätze vergraben – außer in den Brieftaschen der Besucher –, aber die Insel ist immerhin ein kleines Juwel in der Kette der Nordsee-Eilande.

Man hat auf Baltrum nämlich nicht die "verlorenen Jahre" mit Hauruck aufzuholen versucht, sondern hat in etwa dort eingesetzt, wo "die anderen" einstmals begannen: zu einem Zeitpunkt, als der Tourismus noch sanft war. Auf Baltrum läuft vieles erfreulich der Zeit hinterher, man denkt gar nicht daran, sich partout "modern" zu geben.

Nichts Motorisiertes, klar, nicht einmal Elektrokarren. Weit über das Eiland hinaus bekannt ist die Geschichte vom Inselpolizisten, der seinen Dienst hoch zu Roß verrichtet. Überhaupt spielt das *Pferd* eine wichtige Rolle auf Baltrum – das ganze Transportgeschäft wird per Fuhrwerk abgewickelt. Ansonsten bewegt man sich gemessen *per pedes* voran, was die geringen Abmessungen Baltrums locker ermöglichen. Auch das *Fahrrad* bittet man, zu Hause zu lassen. Zwar dürfen die rund fünfhundert Eingeborenen es maßvoll benutzen. Von den Besuchern wird jedoch zusätzliches Maß erwartet. Es gibt auch keinen Fahrradverleih auf der Insel.

Angesichts der begrenzten Dimensionen hat sich auf Baltrum eine ganz **spezifische Architektur** entwickelt, die bemüht ist, jeden Kubikmeter umbauten Raumes optimal zu nutzen. Fenster in Dachstuhlnähe lassen darauf schließen, daß auch dort oben noch beherbergt wird. Warum nicht: "Unterm Dach, juchhe" ist es oft am gemütlichsten.

Das ist auch das Prädikat, das auf Baltrum am ehesten zutrifft: das urdeutsche Wort **"gemütlich"**. Daran ändern selbst die staatlich anerkannten, für die Insel etwas zu klobig wirkenden **Kurbauten** wenig: Ein Stückchen weiter erhebt sich hübsch das (katholische) **Inselkirchlein St. Nikolaus** und gleicht mit Reetdach und nobler Linienführung alles wieder aus.

Und daran schließt sich die weite **Dünenlandschaft** – doch nein, das sagen lediglich die Werbebroschüren. Nichts auf Baltrum ist "weit". Drei Kilometer hinter dem Ostdorf, an der Rinne nach Langeoog, ist die ganze Herrlichkeit schon wieder zu Ende.

Nette Menschen gibt's übrigens auf Baltrum. Nirgendwo war eine Kurverwaltung kooperativer als auf diesem Mini-Eiland.

Baltrum, der Ort

Baltrum-"Town" besteht aus zwei ineinander übergehenden Ortsteilen, dem **West**- und dem **Ostdorf**. Beide zusammen lassen sich von einem Ende zum anderen in einer guten halben Stunde zu Fuß durchmessen.

Der geringen Dimensionen wegen weist Baltrum eine von anderen Inselorten abweichende Besonderheit auf. Es gibt, von wenigen Ausnahmen abgesehen (Strandpromenade, Höhenweg), **keine Straßenbezeichnungen**. Statt dessen sind die Häuser querbeet durchnumeriert – ohne jegliches System. So kommt es dann,

Badestrand
(KVB)

daß die Post mit der Hausnummer 43 von den
Häusern 11 und 89 flankiert wird, und daß der
Nr. 2 die Häuser 134 und 294 gegenüberliegen.
Da läßt sich eigentlich nur per Ortsplan durchfin-
den – aber wie gesagt: Baltrum ist so klein, daß
man schon nach kurzer Zeit überhaupt keine
Orientierungshilfe mehr braucht.

Sehenswertes

An "Sightseeing" bietet Baltrum denkbar wenig.
Da wäre die berühmte *Inselglocke*, die von
einem holländischen Schiff stammt, das vor langer Zeit vor der Insel zu Bruch ging. Die Glocke
hat Eingang in Baltrums Wappen gefunden und
hängt heute als Inselwahrzeichen an einem
Gerüst im Ortskern.
Und das wär's auch schon. An Sehenswertem
offeriert Baltrum vor allem halt *Inselnatur*. Wer
sich dafür zu begeistern vermag, kann auch gut
und gerne auf menschengemachte Attraktionen
verzichten.

Naturschutzgebiete

Wie alles auf Baltrum, ist auch das NSG ziemlich klein; es umfaßt ein knappes Drittel der Insel. Trotzdem hat das Areal, das dicht an Baltrums Ostdorf grenzt, eine nicht minder wichtige Funktion als andere NSGs im Nationalpark Wattenmeer. Im Gegenteil: Gerade die ruhige Lage des Eilands, auf dem nicht einmal geradelt wird, ist der Entfaltung insbesondere tierischen Lebens ausgesprochen förderlich.

Deshalb können sich auf Baltrums *Salzwiesen* auf der Wattseite der Rotschenkel und die Küsten- und Flußseeschwalbe ihren *Brutgeschäften* hingeben, und deshalb auch weist die Lachmöwe einen Bestand von mehreren tausend Brutpaaren auf. Zählt man alle Tierarten mit Einschluß der Insekten in Baltrums "Heller" zusammen, rundet sich letztlich die eindrucksvolle Zahl 2000 – enorm für so ein Inselchen!

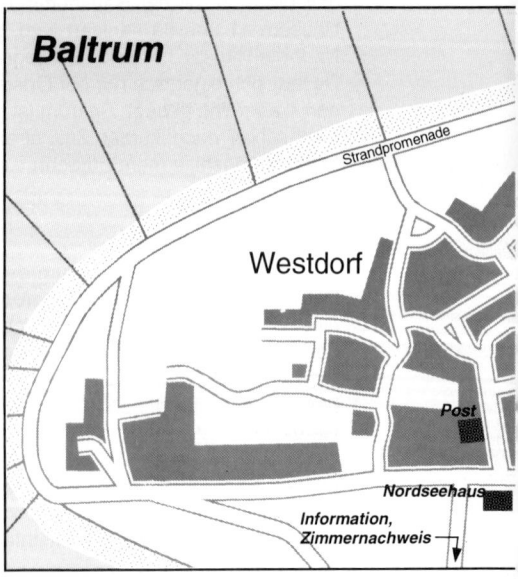

Ein weiterer Grund für diese **außergewöhnliche Artenvielfalt** ist, daß Baltrum vom Festland her über eine Pipeline mit Frischwasser versorgt wird. Die **natürlichen Süßwasservorkommen** der Insel werden dieserart nicht angezapft und kommen der **Vegetation** zugute. Folglich gedeihen auf Baltrum Stranddistel, -flieder und -winde, der Sumpfwurz und das Sumpfherzblatt, die Dünenrose, die Grasnelke, das Tausendgüldenkraut, das Wollgras und der Wintergrün besser als anderswo. Für einige dieser immer seltener werdenden Wildpflanzen mag Baltrum eines Tages vielleicht sogar die letzte Zuflucht sein.

In den **Dünentälern** breiten sich Holunder und Weidenröschen aus und tragen zum grünen Bild der Insel bei. All diese schöne Natur läßt sich auf Baltrum mit bemerkenswert wenigen Restriktionen genießen. Mehrere ganzjährig benutzbare **Reit- und Wanderpfade** durchziehen das NSG

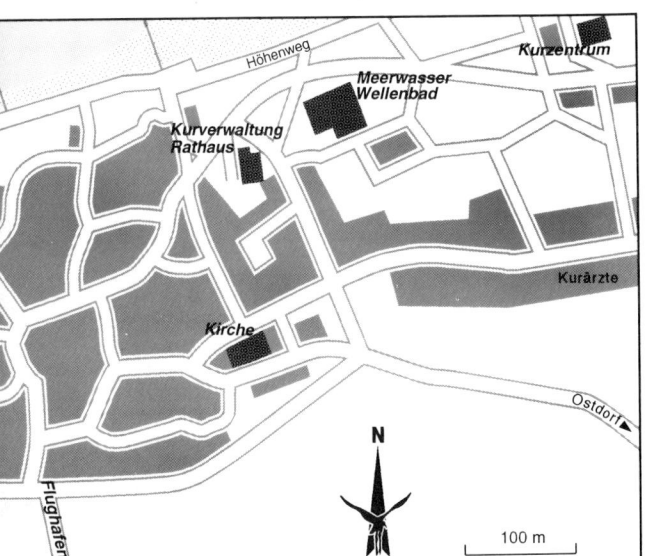

– wofür es natürlich einen guten Grund gibt. Würde das NSG dichtmachen, gäbe es auf Baltrum nicht mehr viel zu erreiten und zu erwandern. So ist die einzige Beschränkung naturgemacht: Die südlich des Gebietes vorbeiführende **Wattroute** darf nur innerhalb einer Stunde vor und nach Niedrigwasser benutzt werden – sonst gibt's eh nasse Hosen.

Nordsee-haus
Im Nordseehaus (Nr. 177, s. Ortsplan) lassen sich zusätzliche **Auskünfte** zu den Themen NSG Baltrum und Wattenmeer einholen. Dort werden auch Diavorträge gehalten und **Videofilme** gezeigt. Für **Exkursionen** ist Herr Unger (Tel. 469) zuständig.

Insel-Info

PLZ: 26579
Vorwahl: 04939

Auskunft
●Info-Büro: Am Hafen (Tel. 8048).
●Die **Kurverwaltung** befindet sich im Rathaus (Tel. 800, Fax 8027). Hier wird auch die **Zimmervermittlung** gehandhabt.
●**Reiseauskünfte** (Schiff): *Baltrum-Linie* Mo-Sa 10-11 Uhr (Tel. 235) oder Info-Büro.
●**Reisebüro:** *Reise-Agentur Baltrum* (Tel. 515).
●**Flugplatz:** Tel. 538.

Arzt
Haus Nr. 204. Kein Zahnarzt.

Saison
HS ist vom 1.6. bis 15.9. und NS vom 1.3. bis 31.5. bzw. vom 16.9. bis 31.10.

Kurtaxe
siehe Anhang.
●Die **Kurkasse** befindet sich im Rathaus.

Strand-körbe
●*Strandkörbe* kosten für drei bis sieben Tage 8,50 DM (HS 11 DM), für 8-14 Tage 7,50 DM (HS 10 DM) und ab 15 Tagen 7 DM (HS 9,50 DM) pro Tag.
●*Strandzelte* kosten 6 DM (HS 7 DM) pro Tag.
●Bei **Vorbestellung** (Bestellkarte im Gastgeberverzeichnis) gibt es eine Ermäßigung von 1 DM pro Tag.

FKK FKK gibt es auf Baltrum nicht.

Kirchen Je eine **evangelische** und **katholische Kirche** (St. Niko-laus) sind auf Baltrum vertreten.

Ruhezeit Ruhezeit ist rund um die Uhr. Jegliche Störungen sind ver-boten.

Hunde Hunde dürfen mit auf die Insel, müssen in der HS jedoch angeleint werden. Es gibt sogar einen gesondert abgeteil-ten **"Hundestrand"**. Die Gastgeber scheinen Fiffi aller-dings weniger zu schätzen. Hunde sind in derart wenigen Klausen zugelassen, daß diese fast die Ausnahme von der Regel darstellen!

Presse Baltrums interne Info-Broschüre *Die Inselglocke* erscheint fünfmal im Jahr und gibt Auskunft über jeweils aktuelle Unterhaltungsprogramme.

Kinder ●Kinder haben allein **vier Spielplätze** und einen **"Spiel-teich"** zur Verfügung, viel für den kleinen Ort. Die Kurver-waltung ist bemüht, gerade den Kleinen viel zu bieten und setzt dafür ständig **Programme** an (Malen, Basteln, Later-nenumzüge, Burgenbauwettbewerbe, Clownvorstellungen usw.)
●Ein mit der Kurverwaltung verbundener **Spielkreis** nimmt sich zudem in der Hauptsaison, soweit Platz vor-handen, der Kinder an (Di, Mi und Fr 15-17 Uhr im kleinen Saal unter der Turnhalle, Kostenbeitrag 5 DM, Mo und Do kostenlos). Die Kinder müssen über 3 Jahre alt sein.
●Di 15-16 Uhr werden im **Wellenbad** auch die Wellen ab-geschaltet, um die Kleinen nicht zu verschrecken, und eine **Spiel- und Spaßstunde** findet statt.
●Dieses Programm ist **Änderungen** unterworfen. Einzel-heiten werden im Kurhaus ausgehängt oder sollten vor der Anreise bei der Kurverwaltung erfragt werden.

Spaß am Kinderstrand (KVB)

●*Mutter-Kind-Kuren* im Müttergenesungsheim des *Deutschen Roten Kreuzes*, Haus Nr. 171, Tel. 296. Anmeldungen beim jeweiligen DRK-Kreisverband oder an das Kurheim direkt.

Fort-
bewegung

Auf Baltrum geht man *zu Fuß*. Die einzige Alternative dazu ist das *Pferd* oder die vom Hafermotor betriebene *Kutsche*. Ponys zum Führen (für Kinder besonders reizvoll) kosten 13 DM, Reitpferde 19, jeweils für eine Dreiviertelstunde. Für eine Kutschtaxifahrt zum Hafen oder Inselexkursion muß man 40 DM anlegen (jeweils max. 5 Personen).

●Kontakt: *Seiffart* (Tel. 347) und *Vogt* (Tel. 316).

Unterkunft

Winter

Ein inselspezifisches Merkmal Baltrums ist, daß das Eiland im Winter wieder in seinen Dornröschenschlaf versinkt. Ein großer Teil der Etablissements ist nur von März bis Oktober geöffnet oder präzisiert anderweitig "von Beginn der Oster- bis Ende der Herbstferien". Wer sich außerhalb dieser Saison auf Baltrum einnisten möchte, tut gut daran, sich anhand des Zimmernachweises genau darüber zu informieren, was dann noch offen steht. Einen ganz entschiedenen Vorteil bietet Baltrum allerdings im Winter: Es ist dort dann herrlich einsam, noch insularer als auf den anderen ostfriesischen Eilanden.

Preise

Alle hier angegebenen Preise beziehen sich auf die HS und einen Mindestaufenthalt von 5 Tagen. Nur bei den Herbergen gibt es substantielle Preisunterschiede zwischen HS und NS, teilweise an die 50 %, während bei allen anderen Kategorien die Abschläge für die NS gerade gegen 10 % ausmachen.

Hotels

●Das *Wietjes* (Nr. 154, Tel. 237/283) liegt als einziges Hotel (fast) direkt an der Strandpromenade mit dem Strand nur einen Hupf vor der Tür. Das ist auf Baltrum zwar nur ein geringer Platzvorteil, weil man es kaum irgendwo länger als zehn Minuten zum Strand hat. Doch wer sich vom Brandungsrauschen gern in den Schlaf wiegen läßt, ist im *Wietjes* gut aufgehoben. Preise ab 90 DM ÜF.

●Dem eben Gesagten entsprechend, rühmt sich auch das mitten im Ort gelegene *Hotel Seehof* (Nr. 86, Tel. 249) einer unmittelbaren Strandnähe und hat durchaus recht damit – in 250 m Entfernung erheben sich die ersten Burgen. Wegen des gewaltigen Anmarschweges werden aber auch gute Preise eingeräumt: Ab 55 DM ÜF.

Heile Natur
(KVB)

●Der *Strandhof* (Nr. 123, Tel. 890) liegt natürlich genausowenig direkt am Strand, sondern ebenfalls 250 m davon entfernt – aber was macht das schon? Ab 67 DM ÜF.

●Gegenüber befindet sich die *Strandburg* (Nr. 130, Tel. 262) in "idealer Lage zum Hauptbadestrand". Vielleicht deswegen ist's auch ein wenig teurer: Ab 75 DM ÜF.

●Das *Hotel zur Post* (Nr. 43, Tel. 216/416) ist bis auf weiteres das einzige, das über die genannte Saison hinaus geöffnet ist (Dez. und erste Hälfte Jan. geschlossen). Versteht sich, daß der Strand auch von hier nur ein paar Gehminuten entfernt ist. Ab 55 DM ÜF.

●Nicht unmittelbar am Strand liegt das *Dünenschlößchen* (Nr. 48, Tel. 8190), sondern im Ostdorf und mithin dem Wattenmeer zugewandt, das ja auch seine Reize hat. Ab 75 DM ÜF.

●Ebenfalls in Richtung Wattenmeer blickt das *Fresena* (Nr. 35, Tel. 231) mit Preisen ab 90 DM HP.

●Außer *Post* und *Fresena* bieten alle Hotels auch günstige Preise für die **Vollpension.**

Pensio-
nen
In Baltrums Pensionen, es gibt deren 45, kommt man preislich etwas günstiger davon als in den Hotels, doch auch hier ist nur eine Handvoll ganzjährig geöffnet. Der Zimmernachweis teilt die Pensionen in HP/VP- und reine ÜF-Häuser ein. Die erste Kategorie bietet jedoch auch ÜF an, aber viel teurer als die zweite, wofür eigentlich kein vernünftiger Grund ersichtlich ist (44-80 DM ÜF gegenüber 25-65 DM ÜF).

Zimmer
Es gibt nur 11 Zimmer mit Küchenbenutzung zur Selbstbewirtschaftung auf Baltrum, und davon sind lediglich sie-

ben ganzjährig offen. Dafür liegt das Preisniveau hier aber merklich niedriger. Es ist sogar ein Angebot von 9 DM (mit ganztägiger Küchenbenutzung) dabei!

**Ferien-
wohnun-
gen**

●Ferienwohnungen, -häuser und Appartements machen den Löwenanteil unter Baltrums Unterkünften aus. Die meisten dieser Herbergen sind das ganze Jahr geöffnet. Die Preise beginnen bei etwa 25 DM pro Bett bis zu einem Maximum um 80.

Zelten

Der Zeltplatz des *Niedersächsischen Turnerbundes* (NTB) befindet sich ca. 2 km außerhalb des Ortes am Rande des NSG. Auch Nichtmitglieder können hier zelten, jedoch nur mit schriftlicher Bestätigung der *Zimmervermittlung Baltrum* oder durch *Carlo Freesemann*, Pestalozzistr. 5, 26131 Oldenburg.

●Der Zeltplatz ist vom 1.5. bis 30.9. geöffnet und bietet Platz für 60 Personen. Es gibt WCs und Duschen, aber kein Küchenhaus und keinen Aufenthaltsraum. Gebühren: Erwachsene 7, Kinder bis 14 J. 4 DM pro Tag.

Gastronomie

Das Restaurationsangebot auf Baltrum entspricht den insularen Dimensionen: Es ist relativ bescheiden. Was natürlich nicht heißt, daß man dort etwa nicht gut äße. Nur: Die bei "Unterkunft" genannten Einschränkungen gelten auch für einen Teil der gastromischen Betriebe. Im Winter ist die Tafel also nicht ganz so reichhaltig gedeckt.

●Wie üblich, bieten die *Hotels* eine exzellente Küche, so das *Wietjes* mit Wild- und Fischspezialitäten. Dem *Dünenschlösschen* (Haus 48) ist ein Café-Restaurant angegliedert, das mit seiner guten Kuchenplatte lockt.

●*Zum Kaap* (24) offeriert feines Fischiges und ein reichhaltiges gutbürgerliches Menü. Eine Etage tiefer, im *Kaap-Keller*, hat's jede Menge Pizza.

●Gleich daneben, im *Dezulian-Café*, gibt's vorzügliches selbstgemachtes Eis ohne Konservierungsstoffe.

●Das *Sturmeck* (Haus 7) ist eine gemütliche Bier- und Weinstube mit Snacks und "Musik zum Tanzen und Tasten".

●In der *Ostfriesischen Teestube* (Haus 149) kann man bei einem "Koppke" relaxen und sich gleichzeitig voll Kuchen stopfen.

●*Zum Seehund* (Haus 178) hat leckere Tellergerichte im Programm und ist für eine "Schlemmerstube" nicht einmal teuer.

●Bei *Charly* (Haus 73) wird mit einer täglich wechselnden Mittagskarte aufgewartet sowie einer großen Auswahl von

Fisch- und Fleischgerichten. Einen gehaltvollen Imbiß gibt's auch in den *Häusern 70 und 160.*

●Wer sich selbst verpflegen möchte, wende sich an die *Inselbäckerei Gaiser* (Haus 63, bei der ev. Kirche) oder decke sich in *Feldmanns Fischecke* (Haus 183) mit frischen Meeresfrüchten ein.

Sport

Hallenbad

Das **Meerwasser-Wellenbad** (Haus 240, Tel. 800) hat ein Becken von 37 x max. 25 m, Wassertemperatur 27 °C und eine Sauna. Außerdem gibt es ein **Schwimmbad** im Kurzentrum (Haus 205, Tel. 800) mit einem Becken von 8 x 12 m, Wassertemperatur 30°C. Es dient aber vornehmlich Kurzwecken.

●*Öffnungszeiten*: Das Wellenbad ist von Beginn der Oster- bis Ende der Herbstferien und vom 26.12 bis Ende der Weihnachtsferien geöffnet. In der Zwischenzeit ist – bis auf notwendige Instandsetzungstermine – die Schwimmhalle im Kurzentrum geöffnet. **Tägliche Betriebszeiten:** Wellenbad: Mo 15-21 Uhr, Di-So 9-12 und 15-18.30 Uhr; Schwimmbad: Mo-Fr 15-17 Uhr.

●*Eintritt* (beide Bäder): Erw. 7 DM, Jugendl. ab 10 Jahre 4 DM, Kinder ab 2 Jahre 3 DM. Die 6er-Karte kostet 36/21/15 DM, die 12er-Karte 69/39/29 DM. Die Familienkarte (einmaliger Besuch nur im Wellenbad) kostet mit einem Kind oder Jugendlichen 15 DM, mit zweien 16 und mit drei Kindern 18 DM. Ein Saunabesuch (incl. Wellenbad) kostet 16 DM.

Gymnastik

Im Sommer kann man jeden Morgen um 10 Uhr am Badestrand unter sachkundiger Anleitung Gymnastik treiben. Bei schlechtem Wetter verlagert sich das Geschehen in die Sporthalle gegenüber dem Strandcafé.

Angeln

Angeln darf man ohne Schein oder Gebühr am Hafen oder an den Buhnen, jedoch nicht im Watt, weil dies ja NSG ist. Angelfahrten werden nicht gemacht.

Jagd

Sollte es auf dem kleinen Eiland etwas zu jagen geben? Scheinbar ja. In Haus Nr. 58 (Tel. 237) gibt es genauere Informationen zum Thema.

Reiten

Siehe "Fortbewegung".

Tennis

Vor allem Tennis wird im kleinen Baltrum großgeschrieben. Auf drei Plätzen mit Kunstrasenbelag (alle im Freien) können Tennisfreaks für 20 DM (NS) bzw. 23 DM (HS) pro Stunde Dampf ablassen. Unterricht kostet 37 DM/Std. plus Platzmiete. Wer keinen eigenen Schläger hat, zahlt dafür noch einmal 5 DM pro Stunde drauf. Kontakt: *Edith Bock*, Haus 136, Tel. 288/699.

●Gegen Ende Juli (wechselnde Termine) finden alljährlich die Baltrumer **Gästeturniere** statt, an denen jeder teilnehmen kann, der mindestens zehn Übernachtungen (im Stück) auf der Insel nachweisen kann.

Boccia, Minigolf

Eine Boccia- und Kleingolfanlage mit 18 Bahnen schließt sich dem Tennisgelände an.

Windsurfen

Windsurfen kann man bei *Mammen* (Tel. 433). Ein Board kostet dort 20 DM pro Stunde oder 60 pro Tag. Ein Kursus von 4-5 Tagen mit insgesamt 12 Stunden auf dem Brett schlägt für Erwachsene mit 220 und für Jugendliche mit 190 DM zu Buch.

Unterhaltung

Die kleine Insel macht große Anstrengungen, ihre Besucher zu unterhalten. Während der HS läuft jeden Tag etwas Neues, teils auf Kosten des Hauses, teils mit einem Eintrittspreis verbunden. Das reicht von Konzerten über Puppenspiele und Clowns für die Kinder bis zu Theater- und Kinovorstellungen.

Veranstaltungskalender

Das jeweilige Monatsprogramm wird in der *Inselglocke* oder im Aushang bekanntgegeben.

Touren

Schiffsausflüge

Die Reederei *Baltrum-Linie* (Tel. 235) veranstaltet während der Saison ständig Sonderfahrten ab Baltrum. Das Programm variiert in Abhängigkeit von mehreren Faktoren (u. a. Gezeiten) und wird relativ kurzfristig angesetzt. Man mache sich vor Ort kundig; die Abfahrtzeiten werden per Plakataushang und Handzettel publik gemacht.

	Dauer ca. Std.	Erw. DM	Kinder 4-12
Rundfahrt im Wattenmeer	1,5	9	5
Seehundbänke	1,5	9	5
Norderney	6,5	20	10
Juist	6,5	24	12
Langeoog (einschl. Bahn)	8,5	24	12
Spiekeroog	7	24	12
Helgoland	14	44	29

Karten nach Helgoland nur im Vorverkauf, sonst an Bord.

Rundflüge Wer Baltrum aus der Luft betrachten möchte, nehme Kontakt mit der *Baltrum-Flug* auf (Tel. 538). Ein **Rundflug** kostet für 2 Personen (Minimum) 90 DM und 120 DM für 3 (Max.). Für eine Flugtour nach **Helgoland** müssen 3 Passagiere zusammen sein, und 165 DM sind pro Person für den Hin- und Rückflug anzulegen. Kein Kinderrabatt.

Wattwandern und Exkursionen Für Wattwanderungen trifft man sich am Info-Gebäude am Hafen. Termine laut Plakataushang. Preis für eine ca. dreistündige Tour: 7 DM, Kinder die Hälfte. Kontakt: *Rieken* (Tel. 04941-8260).
●Naturkundliche Exkursionen: siehe Naturschutzgebiete.

Fährverbindungen

Baltrums Abfahrtshafen auf dem Festland ist **Neßmersiel** – siehe Anhang. Wegen des stark gezeitenabhängigen Fahrplans der Fähren sind **Tagesausflüge** oftmals nicht möglich.

Flugverbindungen

Regelmäßige Flüge nach Baltrum gibt es im Sommer mit FLN (Tel. 04464/8011) von Harle (70 DM), Wilhelmshaven (140 DM), Wangerooge (70 DM), Langeoog (55 DM) und Norderney (55 DM). **Charterflüge** können mit der FLN in Norddeich arrangiert werden (Tel. 04931-4377 oder 3663); der Flugpreis für eine Strecke beträgt 53 DM. Verschiedene Kombinationen sind auch mit der *Baltrum-Flug* möglich (Tel. 04939-538), jedoch alle nur auf Charterbasis. Siehe auch Touren.

Mit dem eigenen Boot

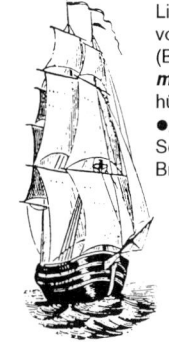

Baltrums **Bootshafen** ist klein, aber recht fein mit gut 60 Liegeplätzen an Schwimmstegen. Deshalb ist er auch oft voll belegt. Besser vorher mal beim *Baltrumer Bootsclub* (BBC) anrufen (c/o *Spedition Strenge*, Tel. 272). Der **Hafenmeister** erledigt das Kassieren selbst. In der nahen Clubhütte gibt's WCs und Duschen.
●Achtung: Eine Ansteuerung des Baltrumer Hafens von See (durch die Wichter Ee) ist wegen Untiefen und starker Brandung nicht möglich!

"Ein Boot? Unmöglich bei der hohen See..."

Der Ortsausschuß zu Baltrum berichtet: "Am 20. März 1875 morgens 6,5 Uhr wurde dem Vormann *Oltmann* durch den Vogt *Küper* die Anzeige gemacht, daß in dem Norderneier Riff ein Schiff in Gefahr sei. Wir eilten schnell nach dem Strande und sahen, daß das Schiff schon am Grund saß und die Seen hoch über das Schiff schlugen. Mit dem Fernrohr konnte man bemerken, daß 3 Mann in die Masten stiegen. Es wurde sogleich Anstalt gemacht, das Rettungsboot zu Wasser zu bringen. Bei dem Bootsschuppen langte die Nachricht an, beide Masten seien über Bord geschlagen, unsere Hülfe käme also zu spät. 10 Minuten später traf ein zweiter Bote mit der Nachricht ein, es treibe ein Wrack, worauf sich 3 Menschen befänden. Nun wurde alles mit doppeltem Eifer betrieben, um Hülfe zu bringen, was der Mannschaft auch bei Sturm und hoher See gelang. Dieselbe hatte die Freude, um 9 Uhr vormittags 5 Mann lebend auf Baltrum zu landen. Der Steuermann war sehr schwach, erholte sich jedoch bald. Der Sohn des Rheders und der Schiffszimmermann waren beim Niederstürzen der Masten umgekommen. Der Kapitän *Wiekmann* morgens 4 Uhr durch eine Sturzsee über Bord geschlagen."

Dazu folgende Einzelheiten nach dem Bericht des geretteten Steuermanns: "Der russische Schooner 'Charlotte' war mit Steinkohlen beladen von Shields nach Brunshausen bestimmt. Den 20. März, bei starkem Nordweststurm und heftigem Schneegestöber, trieb derselbe mit dichtgerefften Segeln auf die Telloplatte bei Baltrum und wurde in kurzer Zeit total wrack. Um 4 Uhr morgens nahm das Schiff, welches sich zwar noch auf flottem Wasser, jedoch wohl schon im Bereich der sogenannten Grundseen befand, eine Sturzsee über, die alles an Bord unter Wasser setzte. Nachdem sich das Wasser etwas verlaufen hatte und man nach dem angerichteten Schaden sehen konnte, fand man, daß die Böte zertrümmert und der Kapitän über Bord geschlagen sei. Derselbe blieb verschwunden. Niemand hat wieder etwas von ihm gesehen noch gehört. Um 6 Uhr morgens stieß der Schooner zum erstenmal auf Grund. Vor der Gewalt der 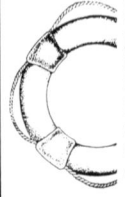 jetzt unununterbrochen über das Schiff hinrollenden Wellen flüchtete sich die Mannschaft in die Wanten, aber die Masten brechen nicht lange nachher und reißen die Leute mit sich über Bord. 5 Mann gelingt es, sich wieder an den noch am Schiff festhängenden Lee-Wanten an Bord zu ziehen; 2 ihrer Kameraden, der Zimmermann und der Junge, ein Sohn des Rheders, sind verschwunden. Wahrscheinlich haben sie schon beim Sturz der Masten Beschädigungen erlitten und dann nicht mehr die Kraft gehabt, gegen die See anzukämpfen. Das Schiff, durch die über Bord gefallenen Masten erleichtert, wurde nun von der See noch weiter auf den Strand geworfen und nahm, in dem flacheren Wasser, nicht mehr so schwere Seen über wie vorher, so daß es den Leuten mit Aufbietung all ihrer Kräfte noch möglich war, sich auf Deck zu halten. Aber vor Kälte erstarrt und alle Augenblicke wieder aufs neue durchnäßt, fangen die Kräfte an sie zu verlassen. Man frägt sich schon, ob es nicht besser sei, diesem qualvollen Dasein ein Ende zu machen. Da erblickt der Steuermann auf der Spitze einer hohen

"Der Schiffbruch" (*Hans Burgmair*)

Welle in Lee einen schwarzen Punkt. Was kann das sein? Wrackstücke oder ein Boot? Ein Boot – unmöglich, bei der hohen See kann sich kein Boot halten. Aber es war doch ein Boot, und zwar das Baltrumer Rettungsboot mit seiner braven Mannschaft, die sich mit unsäglicher Mühe nach dem Wrack hinarbeitet, um ihre in Lebensgefahr befindlichen Brüder zu retten. Um 9 Uhr morgens gelang es der Bootsbesatzung, die Schiffbrüchigen abzunehmen. Der Steuermann erzählte, als sie die Gewißheit erlangt hätten, daß es wirklich ein Boot sei, das ihnen zu Hülfe käme, hätten sie alle geweint wie die Kinder. Wie er an Land gekommen, darauf könne er sich nur dunkel besinnen. Er wisse nur, daß man ihn aus dem Boot gehoben und nach dem Hause des Vogts getragen, welcher ihn mit trockener Kleidung versehen und mit Speise und Trank erfrischt hätte."

(Aus den Annalen der Deutschen Gesellschaft zur Rettung Schiffbrüchiger).

Langeoog
– die schwer Heimgesuchte

Geschichte

Anfänge

Erstmals wird die "lange Insel" im Jahre *1289* erwähnt. Der afrikanisch klingende Name "Achumhe" fällt; es handelt sich dabei um die heute als Accumer Ee bekannte Seebalje unmittelbar westlich der Insel, in der man 1994, von heftigen Protesten begleitet, eine Pipeline für Nordseegas zu verlegen begann. Inzwischen haben sich alle Parteien geeinigt, und die "Europipe" liegt an Ort und Stelle. Immerhin wird ein sehr sauberer Rohstoff in ihr befördert. Hier, ganz in der Nähe des gegenwärtigen Ortes Langeoog, existierte seinerzeit vermutlich eine *kleine Anlegestelle*. Das *späte 13. Jahrhundert* dürfte auch der Zeitpunkt der *ersten Besiedlung* gewesen sein.

Weitere Ge-schichte

In den *Urkunden* taucht Langeoog erstmals anno *1398* auf. Doch es sollte noch über zweihundert Jahre dauern, bis von festen Niederlassungen die Rede ist. Im Jahre *1625* gab es *sieben Haushaltungen* auf Langeoog, und ein *Inselvogt* wachte über das *Strandrecht*, das schon damals sehr streng und ausführlich geregelt war. So durfte zum Beispiel niemand allein den Strand absuchen; selbst der Vogt – Vertrauen ist gut, Kontrolle ist besser – mußte sich von Aufpassern begleiten lassen. Der ostfriesische *Graf Ulrich*, der diese Ordonnanz erlassen hatte, sorgte sich auch um den *Strandschutz*, indem er *(1636)* anordnete, die Dünen nicht zu zertrampeln, keine Hunde zu halten und "Katzen die Ohren abzuschneiden", um sie am Wildern von Kaninchen zu hindern.

1700 begann man mit planmäßiger *Dünenpflege*, zunächst mit holländischer Fachhilfe. Wenig später folgte der Kirchbau und die Errichtung eines *Dörfchens* im Ostteil. Jetzt ging es mit dem unwirtlichen Eiland ein wenig bergauf – doch da kam die große *Weihnachtsflut des Jahres 1717* und machte alles wieder zunichte. Die Insel zerriß in *drei Teile,* die neue Kirche und ihr Pfarrhaus wurden zerstört, die wenigen Gebäude durch Wanderdünen verwüstet. *1721* verließen die letzten noch auf Langeoog Verbliebenen die so schwer heimgesuchte Insel.

Neube-siedlung

Doch schon zwei Jahre später setzte erneut die Besiedlung ein. Jetzt ließen sich mit höchstgnädiger Genehmigung des *Fürsten von Ostfriesland* **Helgoländer Fischer** auf Langeoog nieder, denen es auf ihrer kleinen Insel wohl zu eng geworden war. Auch diesen neuen Siedlern wurde ein stattlicher ökologischer Maßnahmenkatalog

Altarbild
in der
Langeooger
Kirche

vorgelegt, der sich mit einem heutigen durchaus messen
könnte. Sei es, daß diese Auflagen den Helgoländern ihre
dortige Präsenz vergraulten, sei es, daß sie das Leben auf
dem kargen Düneneiland noch öder empfanden als auf
ihrem desolaten Felsen – jedenfalls kehrten sie *1736* wieder auf ihre Heimatinsel zurück und kamen nie wieder.

Jetzt siedelten sich nach und nach **Ostfriesen** auf Langeoog an. Man lebte – mehr schlecht als recht – vom
Fischfang, der Kaninchenjagd (dem bedeutendsten, doch
genau reglementierten Erwerbszweig), einiger Viehwirtschaft und von dem, womit Gott den Strand segnete. In
den alten Chroniken kann man zurückverfolgen, daß man
sich bei der Verteilung der **Strandbeute** schon mal kräftig
in die Haare geriet – so in einem besonders detailliert
dokumentierten Fall über "eine Wüppe Torf".

Die **napoleonischen Kriegsjahre** brachten den Lange-
oogern kaum Neues außer den gewohnten Nöten, zu
denen sich als eine weitere die annähernd totale Aus-

rottung der für die Inselökonomie wichtigen Karnickel durch die hungrigen französischen Besatzer gesellte. Noch nicht lange war der böse Krieg vorbei, als *1825* die gewaltige *Februarflut* erneut die Narben aufriß, die seit 1717 kaum verheilt waren. Wieder verfiel die Insel in tiefe Depression.

Seebad-status

In den folgenden Jahren wurden die Langeooger zunehmend auf den immer lebhafteren Fremdenverkehr im nahegelegenen Norderney aufmerksam. Eine glänzende Erwerbsquelle war da am Sprudeln. Aber warum brummte dort das Geschäft und nicht hier?

Vielleicht hatte das etwas mit den Verhältnissen zu tun, die der Langeooger *Inselpastor Hoffmann* *1862* dem ihm vorgesetzten Amt Esens wie folgt beschrieb:

"Ich muß Klage vor Ihnen führen um das Elend der tiefen Verkommenheit, der frühen Eingriffe in göttl. und menschliche Rechte, die überall hier und fast täglich sich hier in unerhörender Weise kund thun und deren traurige Folgen mit dem unabwehrbaren Fluche der Noth und des

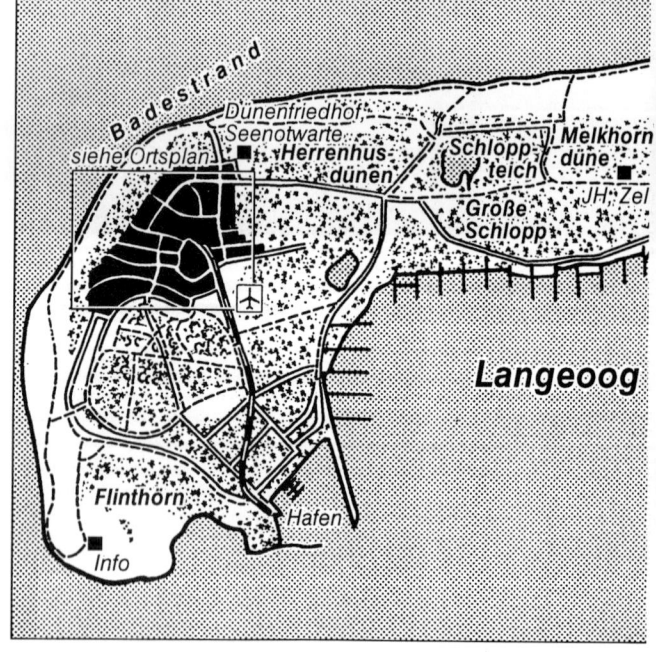

Unfriedens so schwer auf dem hiesigen Geschlechte lasten..." Denn: "Der Hauptcharakterzug der Langeooger ist rohe Sinnlichkeit, die sich kund thut in allgemeiner, starcker Trunksucht unter Männern und Weibern, Gemeinheit, Putzsucht und Hang zum Wohlleben. Folgen davon: bodenloser Leichtsinn und Nachläßigkeit, Trägheit, Noth und Armuth, Unfriede und Schlechtigkeit."

Dieser elegischen Anklage, die sich noch in weitere triste Einzelheiten verliert und die man eher für die Schilderung der Gegebenheiten in einer fernen Kolonie halten könnte, setzte der *Baurat Taaks,* der die Insel **1880** für eine Art Fremdenverkehrsstudie besuchte, noch eins drauf. Er bezichtigte die Insulaner der "Indolenz", die "zu Armut und Unreinlichkeit führte und verhinderte, daß dem Badegast auch der geringste Komfort geboten werden könnte". Auch war von kleinlichem Gezänk untereinander, von Mißgunst und Zwietracht die Rede.

Ganz anders dagegen liest sich ein "Führer durch die Insel Langeoog", der erste seiner Art aus dem Jahre **1893**. Darin werden die Nordseeinseln bewohnt "von den Frie-

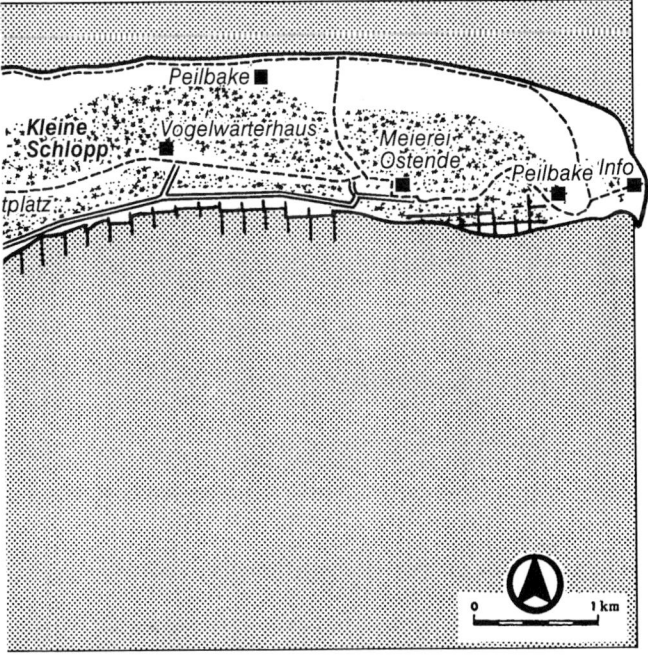

An die Badegäste.

Damit es vermieden werden kann, zur Aufrecht-
erhaltung der guten und geschmackvollen Form des Badelebens auf unserer als solides Familienbad geschätzten
Insel Vorschriften zu erlassen, bitten wir die Badegäste,
folgende Regeln zu beachten:

I. Der Verkehr im Badeanzuge auf den Orts-
straßen und Badepfaden sowie am neutralen Strande
erfolgt nur mit umgelegtem Mantel.

II. Für Gymnastik und Spiele im Badeanzuge
wolle man die Strandfläche außerhalb des neutralen
Strandes und des Badestrandes sowie die Dünentäler
benutzen. Im dezenten Luftanzuge kann Spiel und
Gymnastik auch am neutralen Strande getrieben werden.

III. Wir bitten die Erwachsenen, außerhalb des
Herrenbades nicht in Badehose zu erscheinen und die
Schulterklappen des Badeanzuges — auch im Familien-
bade — nicht herabzulassen.

Langeoog, den 16. Juli 1927.

Der Gemeindevorstand.   Die Badeverwaltung.

sen, kräftigen wetterharten Menschenkindern mit hellen
blauen Augen und blondem Haar. Gastfreundlich und bieder, zuerst etwas zurückhaltend und beobachtend, dann
aber... von fester Treue." Wie immer klaffte hier auch
schon damals die übliche Lücke zwischen der Prospekt-
herrlichkeit und der herben Realität.

Langeoog heute

Nun muß man es Langeoog aber lassen, daß
diese Lücke in den hundert Jahren, die seither
verflossen sind, erheblich kleiner geworden ist.
Auch für die inselspezifische Indolenz hat sich
inzwischen offenbar ein Heilmittel gefunden.
Nicht mehr "verlegt der Fährmann seinen Fähr-
tag nach seinem Gutdünken", wie sich Pastor
Hoffmann bitter beschwerte (und was mich erhei-
ternd an gegenwärtige Verhältnisse in manchem

Tropenland erinnert), sondern *Langeoog III* und
IV legen zur Zufriedenheit ihrer je 750 Passagiere auf die Sekunde genau ab. Sie bringen ihre
Fahrgäste mehrmals am Tag durch eine gezei-
tenfrei gespülte Rinne sicher nach dem 10 km
langen und maximal 2 km breiten Eiland, wo
man sie in ein herziges ***Inselbähnchen*** umlädt,
das in ein paar Minuten im Ort ist. Achtung –
Langeoog ist ***autofrei***, und nicht nur das! Im
Ortskern gibt es sogar ***fahrradfreie Zonen,*** die
man schuf, als Fußgänger und Radler im Zeichen verstärkten Andrangs immer häufiger kolli-
dierten.

Denn der ***Badegäste*** sind einige mehr geworden als zu Baurat *Taaks* Zeiten. Anfang der achtziger Jahre wurde die Millionengrenze der In-
selübernachtungen erreicht, und viele tausend
Tagesgäste besuchen im Lauf des Jahres die
etwa 2 100 Insulaner. Es wird ja auch etwas geboten: Ein ausgesprochen freundlich wirkender
Ort, 14 km buhnenfreier Sandstrand und – Al-
penländler, horcht auf! – die höchste Erhebung
der Ostfriesischen Inseln, die ***Melkhorndüne***,
präzise in der Inselmitte gelegen und von 21 Metern schwindelnder Höhe.

Sehenswertes

***Großer
Schlopp***
Kühne Bezwinger der Melkhorndüne können
von der hohen Warte gut den Großen Schlopp
einsehen, ein Überbleibsel des Dünendurch-
bruchs von 1717 und weiterhin eine gefährliche
Schwachstelle im Landgefüge, über deren Behandlung sich Inselschützer und, so diese im
O-Ton, "die aufgeblähte Verweigerungsinstitu-
tion Nationalpark" im Dauerclinch befinden. Die
einen sind, verständlich genug, um die Sicherheit ihrer Insel besorgt, die anderen, nicht minder einzusehen, um die Erhaltung der Natur.
Diese hat sich in den ***Feuchtgebieten*** des
Schlopps zu besonderer Vielfalt entwickelt. Teile
des Großen Schlopps gehören zu dem ausge-

dehnten NSG, das fast die ganze Osthälfte Langeoogs einnimmt und in dem es außer seltenen Vogelarten sogar Orchideen gibt.

Alter Wasserturm
Für Strandläufer in weitem Umkreis des Ortes bleibt ständig der alte Wasserturm im Blickfeld, ein an und für sich recht triviales Bauwerk, das jedoch ganz gut in die karge Dünenlandschaft paßt. Er ist der Öffentlichkeit zwar nicht zugänglich, aber einen Rundblick aus relativ luftiger Höhe kann man eine halbe Wanderstunde weiter östlich tun.

Seenotbeobachtungsstelle
Dort, am aus der Herrenhus-Straße mündenden Wanderweg, steht auf hohem Dünenkamm die sogenannte Seenotbeobachtungsstelle. Was genau von dort besser beobachtet werden kann als anderswo, bleibt unerfindlich, aber man sieht immerhin ein paar Meter mehr im Umkreis als aus der Froschperspektive. Die Station ist nicht immer geöffnet; die drei Meter bis zur Beobachtungsplattform fallen aber wenig ins Gewicht.

Dünenfriedhof
In unmittelbarer Nähe liegt der Dünenfriedhof, hübsch angelegt und ein Hort des Friedens. Im Krieg gefallene Balten und Russen sind hier unter anderem begraben; ein Kapellchen lädt zur Andacht. Zentraler Anlaufpunkt auf dem Gelände ist das **Grab von Lale Andersen**. Die populäre Sängerin, 1972 in Wien verstorben, lebte lange Jahre auf der Insel und wurde, ihrem Wunsch gemäß, dort auch beigesetzt.

Lale Andersen war vor allem für das Lied von der "Lili Marleen" berühmt gewesen. Auf dieses, versteht sich, kann heute keine Langeooger Musikdarbietung mehr verzichten. Wer Gelegenheit hat, den eingeborenen Witzbold *Els Sanders,* Langeoogs angegrautes Gegenstück zum Emdener Lachsack *Otto*, vor Ort einmal live zu sehen, wird an dem nostalgischen Song nicht vorbeikommen – dann aber auch einiges zum Schmunzeln finden.

**Insel-
kirche**

Ernsthafter geht es zu in der evangelischen Inselkirche. Faszinierend ist hier vor allem das ungewöhnliche **Altarbild**, das eine dramatische Schiffsstrandung zeigt, wobei allerdings weniger Langeoog als ein Szenario aus der Dritten Welt scheinbar Pate gestanden hat. Mancher Betrachter mag finden, daß das Bild dort fehl am Platze ist. Doch der jetzige Inselpfarrer hat, im Gegensatz zu dem verbiesterten Pastor Hoffmann, keinen Hader mit Unkonventionellem und ist um intelligente Interpretierungen nicht verlegen. Auch der 1993 erstmals entzündete **Friedensleuchter**, ein Werk von *Claus Walther,* ist beachtenswert.

**Schiff-
fahrts-
museum**

Wer die See und die Seefahrt liebt, sollte auf keinen Fall auf einen Besuch des Langeooger Schiffahrtsmuseums verzichten. Das im *"Haus der Insel"* untergebrachte Museum ist vor einiger Zeit um die prächtige Privatsammlung eines Bielefelder Dauergastes beeindruckend erweitert worden und stellt eine große Zahl ungewöhnlicher **historischer Exponate** zur Schau.

Das
"Knochen-
schiff"

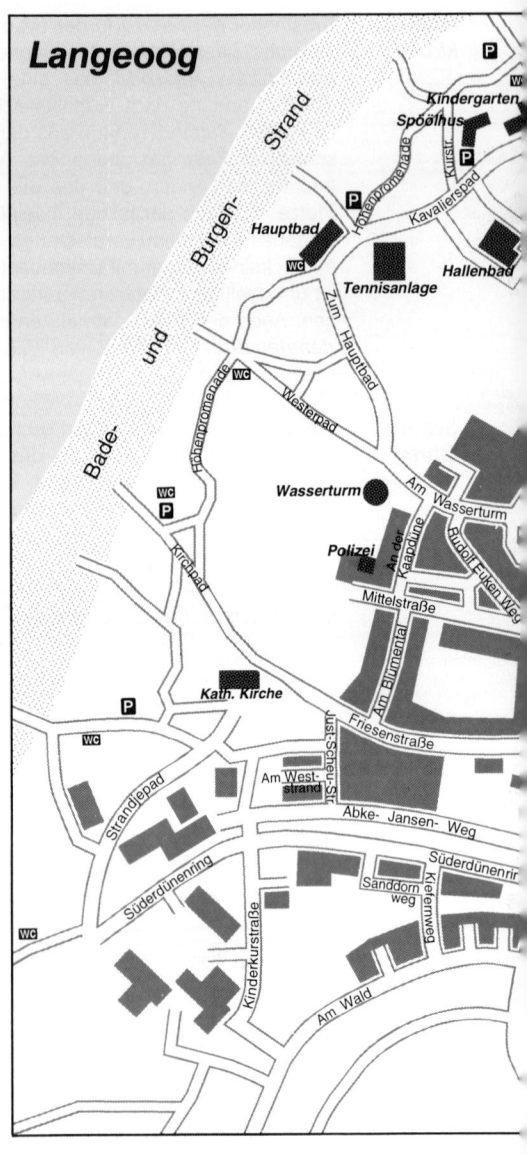

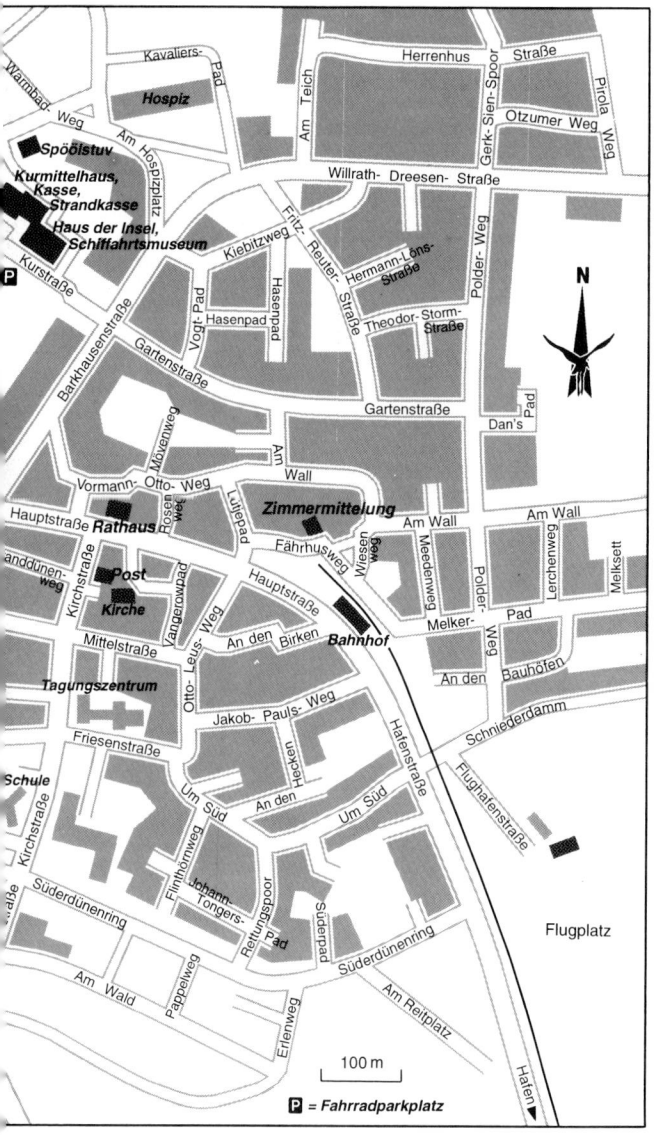

100 m

🅿 = Fahrradparkplatz

Der Querschnitt geht von den Anfängen des kommerziell betriebenen Walfangs durch die Ära der Großsegler bis hin zur Kaiserlichen Marine und den Kriegsschiffen des 2. Weltkriegs. Ein echter Höhepunkt ist das **Knochenschiff.** Es handelt sich um das Modell einer Fregatte von 46 Kanonen (vermutlich *La Mystère*), das französische Seeleute in englischer Kriegsgefangenschaft irgendwann zwischen 1795 und 1815 ausschließlich aus Knochen fertigten – Tierknochen, wohlgemerkt. Das Museum ist ohne einen Anflug von Kitsch stil- und geschmackvoll angelegt.
●Öffnungszeiten: Vom 15. März bis Oktober sowie in den Weihnachtsferien Mo-Fr 10-12 und 14-17 Uhr, Sa nur morgens. So Ruhetag. Eintritt 2 DM, Kinder 1 DM.

Rettungsboot Langeoog
Interessant zu sehen ist auch das Museums-Rettungsboot *Langeoog* unweit des Eingangs. Das Boot kann in der HS Mo-Sa auch von innen besichtigt werden.

Seemannshus
Der Museumstreff *Seemannshus* des Heimatvereins Langeoog (Kaspar-Döring-Pad/Mittelstraße) gibt Einblick in die **Inselgeschichte**.
●Öffnungszeiten: Mi-Fr von 15.30 bis 17.30 Uhr sowie So von 10 bis 12 Uhr. Auskünfte durch Frau *Rathmann* (Tel. 291).

Naturschutzgebiete

Flinthörn
Große Teile der Insel Langeoog und des umgebenden Watts gehören zum Nationalpark Wattenmeer. Das westliche NSG beginnt unmittelbar links vom Hafen. Es ist das Flinthörn, ein von zahlreichen Prielen durchzogenes **Salzwiesenareal**, das landwärts in **Dünen** übergeht und einer großen Anzahl von Pflanzen- und Tierarten Lebensraum bietet. So ist hier vor allem die Strandnelke häufig, und zahlreiche Vögel, wie etwa Rotschenkel und Säbelschnäbler, brüten hier. Besonders in den Wintermonaten sind hier viele Watvogelarten zu finden.

Ein **Wander-** und ein **Reitweg** führen durch das westliche Flinthörn. Die Ausschilderung ist strikt zu beachten! Nahe der Südwesthuk steht eine **Schutzhütte**, die von März bis Oktober einen Info-Stand beherbergt. Das Flinthörn kann auch am südlichen Spülsaum umgangen werden. Dies ist jedoch nur innerhalb einer Stunde vor und nach Niedrigwasser zulässig.

Südosten der Insel Die zweite Schutzzone nimmt den gesamten Südosten der Insel ein. Hier gedeiht ebenfalls die Strandnelke, daneben der Strandbeifuß und -flieder, und hier ist auch die Vogelwelt sehr artenreich vertreten. Ein sogenannter **Sommerdeich** schützt die landein gelegenen **Salzwiesen**, auf denen Vieh der Meierei Ostende weidet, offenbar ohne daß es zu Konflikten mit dem Naturschutz käme. Die menschlichen Bewegungen sind hingegen eingeschränkt, und zwar auf einen kombinierten **Wander- und Reitpfad,** der mitten durch das Schutzgebiet führt. Ein Abstecher zum **Vogelwärterhaus** ist möglich, aber nur als Lehrwanderung unter offizieller Führung (s. Touren).

Auch im äußersten Osten des Gebietes befindet sich eine **Schutzhütte** mit saisonal geöffnetem Info-Stand.

Insel-Info

PLZ: 26465
Vorwahl: 04972

Auskunft
● **Kurverwaltung Langeoog**, im Rathaus (Tel. 6930, Fax 6588).
● **Zimmervermittlung:** Tel. 69392, Fax 6528.
● **Reiseauskunft Schiff/Bahn:** Bahnhof (Tel. 1687).
● **Flugauskunft:** Tel. 69364.

Ärzte
Arzt: Strandje Pad 7, Hauptstr. 24, Fährhusweg 7.
Zahnarzt: Mittelstr. 21.

Saison
HS ist vom 1.6. bis 15.9.,
NS ist vom 1.3. bis 31.5. bzw. 16.9. bis 31.10.

Kurtaxe
siehe Anhang.
● Die Kurkasse befindet sich im Kurzentrum.

Blick von der
Melkhorn-
düne

**Strand-
körbe**

Strandkörbe kosten in der HS 14 DM pro Tag, bei mehr
als vier Tagen Mietdauer 9 DM pro Tag. In der NS sind 11
bzw. 8 DM zu zahlen.
●Es ist dringend zu empfehlen, Strandkörbe bis zum jeweils 15.5. d. J. bei der Kurverwaltung (Postfach 1263)
vorzubestellen, um Schlangestehen in der HS zu vermeiden oder um nicht leer auszugehen.

Kirchen

Es gibt eine evangelische (Hauptstr. 13) und eine katholische Kirche (Strandje Pad 1).

**Ruhe-
zeiten**

Ruhezeiten sind von 13 bis 15 und von 20 bis 8 Uhr. Dies
gilt, was die Gastronomie angeht, für "konzessionierte
Außenflächen" wie Terrassencafés, deren Sperrstunde jedoch routinemäßig auf 22 Uhr verlängert wird. Noch bis
1988 lag "Time, please" bei 2 Uhr, wurde aber immer
mehr herabgesetzt, als Beschwerden zunahmen. Da
Ruhe auf Langeoog oberstes Gebot ist, dürfte es dabei
bleiben.

FKK

FKK ist auf Langeoog nicht vorgesehen.

Hunde

Hunde sind auf der Strandpromenade, in Grünanlagen
und im Ort an der Leine zu führen. An den Badestränden
hat Waldi ganz außen vor zu bleiben, darf sich jedoch am
speziellen Hundestrand "Hu" (erster Strand im Südwesten, links vom Wasserturm) im Wasser tollen. Würsteent-
sorgung ist Sache des Hundehalters.

Presse

Die ausführliche und umfangreiche "Informationsbroschur
für das Nordseeheilbad Langeoog" mit dem Titel *de Utkieker* erscheint siebenmal im Jahr und zwar jeweils am 1.
des Monats von April bis September und am 15. Dezem-

ber. Sie gibt Auskunft über die jeweiligen Veranstaltungen und aktuelle Neuigkeiten innerhalb der Inselgemeinde. Erhältlich bei der Kurverwaltung und den meisten Gastgebern.

Kinder

●Kinder sind auf Langeoog gern gesehen, wie sich am Vorhandensein mehrerer *Spielplätze* zeigt. Sehr gute Noten erhält auch Langeoogs "Spiel- und Begegnungsstätte für die ganze Familie" am Kavalierspad 3. Zwei Häuser liegen sich dort gegenüber: Das Spöölhus und die Spöölstuv, Spielhaus und Spielstube also.

●Im *Spöölhus* (Tel. 69330), auch mit viel Berechtigung "das laute Haus" genannt, darf krakeelt und dem Spieltrieb freier Lauf gelassen werden. Robustes Spielzeug und diverse Gerätschaften, mit denen die Wichtel sich vergnügen können, sind vorhanden, aber elterliche Aufsicht ist erforderlich oder wird vom Personal zumindest dringend erwünscht. Das Spöölhus ist Mo-Fr 10-18 Uhr, Sa 14-18 Uhr geöffnet. Keine Gebühren.

●In der *Spöölstuv* (Tel. 69353), geöffnet Mo-Sa 8-20 und So 10-18 Uhr, geht es etwas gesitteter zu. In der Kinderstube mit Fachbetreuung können Kinder bis 6 Jahre Mo-Fr 8-13 Uhr, Sa eine Stunde weniger, untergebracht werden. Kostenpunkt: 2,50 DM/Std.; kostenlos, wenn die Eltern in der Zeit nachweislich an Kuranwendungen teilnehmen. Regelmäßig werden auch Kurse verschiedener Art, so etwa Basteleien, anberaumt. Gebühren liegen typischerweise bei 5 DM für Kinder von 8 bis 12.

●Die beiden Häuser sind ganzjährig mit einer einmonatigen Pause im Winter geöffnet; genaue Termine erfragen.

●Im *Haus der Insel* (Gymnastiksaal) gibt's jeden Di und Do um 14 Uhr "Sport, Spiel und Spaß" für Jungvolk von 9-14 Jahren. Keine Gebühr.

●*Babysitter* vermittelt das Rathaus (Zimmer 4, Tel. 69310).

Fortbewegung

Fahrrad

Wie an früherer Stelle vermerkt, ist das Fahrrad Trumpf auf Langeoog. So sehr gar, daß der Drahtesel aufgrund des hohen Verkehrsaufkommens im *Ortskern* vom 15.3. bis 31.10. geschoben werden muß, und zwar täglich 10-12.30 und 16-18 Uhr. Das Gebiet ist entsprechend ausgeschildert.

●Ansonsten darf man auf der Insel nach Herzenslust radeln. Die meisten *Wanderwege* sind auch für Radler zugelassen (und markiert). Es ist dieserart durchaus möglich, einen ganzen Ferienaufenthalt hoch zu Stahlroß zu verbringen und immer wieder Neues zu erleben.

●Demgemäß zahlreich sind *Fahrradverleihgeschäfte*. Gleich am Bahnhof kann man sich bei *Thea Gümbel* ein Radl mieten, um auf große Inselfahrt zu gehen. Das vielfältigste Typenangebot hat wohl das *Dirks-Team* (Lütje Pad 5a), dessen Preise auch ungefähr den Inseldurchschnitt darstellen:

	DM pro Tag	pro Woche
Einfachrad	9	35
mit Gangschaltung	10-16	40-70
Kleinkinderrad	7-9	28-35
Radanhänger für 2 Kinder	14	58
Bollerwagen	7	28
Kofferkarre	5-10	40
Tandem	35	130
Kindersitz	3	13

●Besten Service darf man auch vom Fachgeschäft *Bollenberg* (Gartenstr. 2) erwarten, ist dieses doch seit 1949 in Familienhand!

●*Kiek rin bi Kati* (Melkerpad 8) ist eine ernst gemeinte Aufforderung, denn Kati ist gut gerüstet.

●"Mode-Räder" lassen sich unter anderem im Verleih *Schapöhler* finden (Um Süd 6).

Kutsche Kutschfahrten kosten im Ortsbereich zwischen 12 und 18 DM, darüber hinaus Tarife nach Vereinbarung. Die Unternehmen *Eser* (Tel. 6285), *Janssen* (Tel. 263), *Kuper* (Tel. 6269) und *Vogel* (Tel. 477) bieten entsprechende Programme an.

Reiten Reiten kann man bei *Kuper*, im *Reiterhof am Schniederdamm* (Tel. 725) und bei *Voss* (Tel. 272). Die Gebühren für Reitunterricht und Ausritte liegen um 22 DM pro Stunde.

Unterkunft

Man hat auf Langeoog zwischen dem Strand und den ersten angrenzenden Gebäuden vernünftigerweise einen *cordon sanitaire* von etwa 250 Metern gelassen. Das bedeutet, daß man vom Ufersaum aus fast überall (mit Ausnahme des Wasserturms) nur Strand und Dünen sieht – sehr angenehm!

Hotels Eigentlich hat man es von allen Klausen nicht weit zum Strand. Einen maximalen Kilometer Anmarsch kann man in den Ferien, vor allem mit dem Fahrrad, wohl schon mal in Kauf nehmen.

●Wer die Distanzen penibel vermißt, wird das *Silencehotel Strandeck* (Tel. 6880) unter den größeren Etablissements am nächsten zum Strand finden. Wie sein Name sagt, ist das Hotel sehr ruhig (zwischen den Dünen gelegen). Preise beginnen bei 96 DM ÜF.

●Ebenfalls relativ dicht am Strand liegt das *Appartement-Hotel Aquantis* (Tel. 6990), ein großer und eckiger Komplex mit 200 Betten. Ab 70 DM ÜF.

●Zentral gelegen ist das ziemlich neue *Hotel Lamberti* (Tel. 6677) mit Raten ab 95 DM ÜF.

●Nur Nichtraucher akzeptiert das *Appartement-Hotel Deutsches Haus* (Tel. 257/ 6251/2) zu Preisen ab 85 DM ÜF.

●Einen Kinderspielraum verzeichnet (als einziger Betrieb) das *Appartement-Hotel Fährschiff* (Tel. 6970). Dafür beginnen die Preise für ÜF aber auch bei 130 DM.

●Das *Hotel Flörke* (Tel. 6097) ist ein "gutbürgerliches" Haus mit Preisen ab 90 DM ÜF.

●Mit nur 21 Betten ist das *Hotel La Villa* (Tel. 777) klein, aber fein. Es kostet auch etwas mehr: ab 110 DM ÜF.

●Etwas ortseinwärts vom alten Wasserturm liegt das *Hotel Upstalsboom* (Tel. 6066) mit Preisen ab 105 DM ÜF, doch attraktiven periodischen Sonderpauschalen.

Hotel-Pensionen

Acht Hotel-Pensionen bieten ihre Dienste an. Die beiden billigsten (*Neptun*, Süderdünenring 8, Tel. 593, und *Orion*, Mittelstr. 14, Tel. 783) kosten 47 bzw. 50 DM ÜF, recht preisgünstig, wenn man bedenkt, daß beide die beste Zimmerklasse offerieren. Andere vergleichbare Häuser sind in der Regel bis zu doppelt so teuer.

Pensionen

Die Pensionen bieten überwiegend Zimmer mit fließend Warmwasser, wie überall zu den niedrigsten Preisen unter den Herbergen. Es gibt sogar ein einsames Angebot von 18 DM (*Seelust*, Tel. 883 und 512). Allerdings sind Hunde hier nicht willkommen (was aber auch für die meisten anderen Häuser gilt). Ansonsten liegt der preisliche Durchschnitt für Pensionen auf Langeoog bei 35-40 DM.

Ferien-wohnun-gen

Die große Schar der Ferienwohnungen, Appartements und Bungalows schließt sich an. Im allgemeinen beginnen die Preise in diesem Komplex bei 30 DM und bewegen sich in wenigen Fällen über 50 DM – pro Nase natürlich. Hier und dort läßt sich ein Schnäppchen machen, so im *Haus Barbara* (Tel. 04462-5401), wo z.B. sechs Betten für 70 DM im Angebot sind.

Preise

Hotels und Hotel-Pensionen sind in der NS etwa 10 % billiger, Pensionen geringfügig oder gar nicht. Die anderen Unterkünfte geben z. T. kräftige Nachlässe: bis zu 50 %!

**Jugend-
herberge,
Zeltplatz**

Die *Jugendherberge Langeoog* liegt in der Domäne Melk-
hörn (Tel. 276). Es handelt sich um ein geräumiges Haus
mit großem angeschlossenem Zeltplatz – der einzige auf
der Insel, direkt neben der JH gelegen und auch von dieser verwaltet. Zelten ist dort nur JH-Mitgliedern erlaubt
("Nur Jugendlichen" nach offizieller Version, aber der Begriff ist natürlich dehnbar).

Die JH hat die Kategorie II und verfügt über 126 Betten
und 2 Tagesräume. Zum Strand sind es nur ein paar Minuten. Vom Hafen muß man auf direktem Wege allerdings
eine Stunde laufen, sofern man sich nicht schon an der
Pier oder im Ort ein Radl mietet, ggf. mit Anhänger fürs
Gepäck. Vom Dorf sind es über einen Plattenweg 20 Minuten mit dem Rad. Eigene Fahrräder dürfen auch mitgebracht werden.

●Achtung: Nur VP. Der Aufenthalt in der JH und auf dem
Zeltplatz ist kurtaxpflichtig; Auskunft durch die JH. Im Win-
ter ist die Herberge vorübergehend geschlossen; genaue
Termine auf Anfrage.

Gastronomie

●Zum Après Beach findet man sich ein in der *Düne 13,*
einer urigen Musik-Kneipe im Seekrug. Dort wird zum
Nordseeblick Hefeweizen kredenzt! Offen von 19.30 bis
21 Uhr, der *Seekrug* (Gaststätte) von 11 bis 23 Uhr. Mo Ruhetag.

●Ihre besonders gute Küche empfehlen auch das *Hotel
Flörke* und das *Silencehotel Strandeck*.

●In der *Strandhalle* auf der Höhenpromenade mit dem
"schönsten Ausblick Langeoogs" (Eigenwerbung) kann
man internationale Fischspezialitäten, Ostfriesentee, frische Waffeln und Eiskrem genießen und gleichzeitig die
– was sonst? – große Eulensammlung bewundern. Di geschlossen. Nebenan liegt die *Golfstube*, ein gemütliches
Café. Mo geschl.

●Im *Landhaus am Schniederdamm* herrscht nicht zuletzt
wegen der leckeren Fischplatte meistens Betrieb. Eine
Tischbestellung kann deshalb ratsam sein (Tel. 527). Sonnenterrasse, Billard. Offen von 11.30 bis 1 Uhr.

●Zwei Häuser weiter bietet das *Reitercafé Ponystuben*
außer Kutschfahrten und Ausritten eine kleine Speisen-
und Getränkepalette an.

●Im *Café Leiss* (Barkhausenstraße) wird aus eigener Konditorei verwöhnt. Hier kann man kommod frühstücken.
Offen ab 8.30 Uhr.

●Im *Windfang-Bistro* (Hospizplatz) gibt's einen kräftigen
Imbiß, Eis und Schleckereien.

●Das *Kur-Hotel Alpha* wartet mit zwei Gaststätten auf:

dem Café-Restaurant Klöneck und dem Abendlokal Lili Marleen. Im letzteren gibt es zu den Getränken Snacks. Gepflegt.

●Das *Kur-Restaurant (Haus der Insel)* bietet einen abwechslungsreichen Mittagstisch, "die große Abendkarte" mit viel Fischigem, sowie Salate vom Buffet.

●Groß geschrieben wird Fisch auch im Grill-Restaurant *Takelage* im Hotel *Aquarius* am Strand. Grillfisch in der Folie krönt das Menü.

●Am Hauptbad nimmt das *Backbord* mit Pizzen, Baguetten, Eis und Getränken eine Strandversorgerrolle ein.

●Snacks am Strand gibt's auch *Bei Uschi* (nahe der kath. Kirche).

●In der *Ostfriesischen Teestube* am Hafen wird was wohl gereicht? Stimmt. Dazu gibt es Selbstgebackenes. Offen ab 13 Uhr. Do Ruhetag.

●Gepflegte Biere vom Faß zu zivilen Preisen serviert der *Dwarslooper* (Barkhausenstraße). Täglich "Happy hour" von 17 bis 19 Uhr.

●Im *Friesengrill* (Gartenstraße) wird typisch Friesisches geboten: Gyros, Tsatsiki, Pommes, Pizzen, Hamburger und Hotdogs. *Pommes-Ernst* ist Manager

●Heimatnäher geht's im *Fischkantje* zu (Am Kurzentrum): Jede Menge Seafood, auch zum Mitnehmen.

●Die Tee- und Weinstube *Sonnenhof* befindet sich im ehemaligen Wohnhaus Lale Andersens (Gerk-Sin-Spoor). Offen ab 11 Uhr.

●Im *Stövchen* (Süderdorf) ist nomen nicht omen: Das Ehepaar Hunger offeriert täglich frische Kuchen und Torten.

●Ein "Erlebnis-Restaurant" bietet das *Hotel Upstalsboom* mit seiner *Friesenstube*: "Spezialitäten von Fisch und Fleisch etc." Auf das etc. darf man gespannt sein. Terrassen-Café, Hausbar.

●*Zum Lotsen* (Otto-Leuß-Weg 4) wartet vor allem mit feinem Meeresgetier auf. Spezialität des Hauses ist die große Fischplatte für 2 Personen, in der sich – man staune – sogar Calamares befinden. Di geschlossen.

Sport

Langeoog ist eine richtige "Sportinsel". Für sportlich Engagierte wird einiges geboten. Im Haus der Insel kann man sich organisiert unters Reck führen lassen oder am Strand an zwanglosen Spielen und Übungen teilnehmen. **Sportfeste**, Wettbewerbe, Turniere und Lehrgänge (z. B. für Volleyball) finden vor allem in der Sommersaison täglich statt. Einzelheiten werden im Vormonat bekanntgegeben oder sind bei der Kurverwaltung zu erfragen.

Hallenbad   Das Meerwasserhallenbrandungsbad im Kurviertel (Tel. 89360) ist eine große Anlage mit u.a. vier 25m-Sportbahnen, Kinderplanschbecken und Sauna. Wassertemperatur 28 °C, Badezeit 2 Stunden.

● *Öffnungszeiten*: Außer von Anfang November bis Mitte Dezember, wenn die Anlagen wegen Renovierungsarbeiten geschlossen sind, ist das Bad zu folgenden Zeiten in Betrieb: Mo 15-20 Uhr (bis 18 Uhr ist Spielzeit für die Kleinen - keine Wellen!), Di-Fr 9-12 und 15-20 Uhr, Sa-So 9-12 und 15-18 Uhr.

● *Eintritt*: Erw. 8,50 DM, Jugendliche von 12 bis 17 J. 5,50, Kinder unter 12 J. 4 DM. 6er-Karten kosten 42, 50/27, 50/20 DM, Familienkarten für Eltern mit einem Kind 18 DM, mit zwei Kindern 19, mit dreien 20 DM. Sauna einschl. Saunatuch und Badbenutzung kostet 17 DM.

Angeln   ● Angeln *im Meer* ist auflagenfrei erlaubt, aber natürlich nicht im NSG-Teil.

● *Kutterfahrten* arrangiert das Fischgeschäft *Klette* (Polderweg, 6416). Zwei (in Accumersiel stationierte) Kutter gehen im Sommer auf folgende Fahrten:

● "Seestern- und Granatfischen" im Wattenmeer. 2 Std. Dauer. Gefangene Granat werden gleich an Bord gekocht. 17 DM, Kinder (für die besonders interessant) die Hälfte.

● "Hochsee-Angeln": 4 Std. auf See, 48 DM. Angelruten können mitgebracht oder für 10 DM geliehen werden. Zubehör (z. B. Blinker und Gewichte für das Makrelenfischen) wird zum Selbstkostenpreis abgegeben. Nichts für Kinder.

● Für das Angeln im *Großen Schlopp* erteilt die Kurverwaltung (Rathaus, Zimmer 1) spezielle Erlaubnisscheine.

Bensersiel:
Der
Yachthafen

Minigolf Eine Minigolfanlage gibt es Ecke Hafenstraße/ Bahndamm (Tel. 1362). Golf war schon mal geplant auf Langeoog, erschien den Insulanern dann aber doch zu suspekt für ihr konservatives Eiland.

Reiten Siehe "Fortbewegung".

Segeln Siehe "Mit dem eigenen Boot".

Surfen Surfern steht ein **reservierter Surfstrand** zur Verfügung (rechts vom Ostbad), der im Sommer markiert ist. Bei *Windsurfing Langeoog* (Tel. 1413) gibt's ein Board für 20 DM die Stunde. Ein kompletter Kursus mit 12 Std. (gestaffelt) "auf See" kostet 175 DM, 165 für Kinder unter 14.

Tennis Im *Tenniscenter am Kavalierspad* (Tel. 6051) steht dem Inselgast in Strandnähe eine gepflegte Anlage zur Verfügung. Zusätzlich hat er die Wahl zwischen insularem Kunstrasen und einer Innenhalle mit zwei Plätzen. Preise: Ab 15 DM pro Stunde (zahlreiche Abstufungen). Ein gemütliches Café schließt sich an. Bescheideneren Ansprüchen genügen ein paar **Tischtennisplatten** beim Restaurant *Seekrug* (hinter dem Hospiz). "Schlagzeug" bitte selbst mitbringen.

Unterhaltung

Veranstaltungen verschiedener Art finden hauptsächlich in Langeoogs "Haus der Insel" statt. Ein **ganzjähriges** Programm läuft, doch in der Saison ist am meisten los.

Da gibt es in bunter Reihenfolge musikalische Abende, Tänze, Disco-Feten, Filmvorführungen, Diavorträge, kabarettistische Darbietungen, Konzerte (u. a. mit dem lokalen Shanty-Chor *de Flinthörners*), Gymnastikstunden (kostenpflichtig), Kinderprogramme mit Clowns, Kaspertheater für die Kleinen, Informationsabende und vieles andere mehr. Die jeweilige monatliche Programmübersicht ist am Haus der Insel ausgehängt und im *Utkieker* veröffentlicht.

Touren

Schiffs- Die *Schiffahrt der Inselgemeinde Langeoog* veranstaltet über
ausflug einen großen Teil des Jahres hinweg Tages- und Ausflugsfahrten zu verschiedenen Zielen in der Umgebung. Diese Fahrten werden in der Regel ziemlich kurzfristig angesetzt, und man informiert sich am besten vor Ort über das Angebot. Fahrpläne im monatlichen Aushang und im *Utkieker*.

● Programmübersicht:

	Dauer ca. Std.	Erw. DM	Kinder 4-11
Rundfahrt im Wattenmeer	1,5	12	6
Seehundbänke	1,5	12	6
Baltrum/Spiekeroog	6,5	25	12,50
Norderney	7	28	14
Wangerooge/Juist	7	30	15
Helgoland (via Cuxhaven)	14	42	24

● **Karten** im Bahnhof Langeoog, ebenso weitere Informationen (Tel. 226/69325).
● Von Mai bis September unternimmt die Reederei *Cassen Eils* wöchentliche Fahrten nach Helgoland, deren Termine im Aushang und *Utkieker* bekanntgemacht werden.

Rundflüge Bei 2 Personen 45 DM (Erw.), 35 DM (Kinder unter 10); ca 13 Min. Dauer. Info: LFH (Tel. 400).

Wattwan-derungen Wattwanderungen mit *Aribert Peters* (Tel. 312): 5 DM für eine ca. 3,5 stündige Tour, Kinder die Hälfte.

Natur-ausflüge *Meinhard Schuirmann* (Tel. 474): ca. 2,5 Std. für 5 DM, Kinder 4 DM.

Flugverbindungen

OFD, LFH und ROA fliegen Langeoog täglich ab **Bremen** an (95 DM, LFH: Hin- und Rückflug 195 DM, nur in der Saison). Zweimal täglich gibt es Flüge ab **Wilhelmshaven**-Mariensiel (130 DM), im Sommer mindestens einmal täglich von Harle (65 DM), Wangerooge (65 DM), Baltrum (55 DM) und Norderney (75 DM).
● Der Langeooger **Flugplatz** liegt dicht beim Ort.
● **Auskunft:** *Luftverkehr Friesland Harle* (LFH, Tel. 04464-8011); OFD (Tel. 04921-89920); ROA (Tel. 0421-555590).

Fährverbindungen

Langeoogs Zubringerhafen auf dem Festland ist **Bensersiel** (siehe dort).

Kata-maran Von Juli bis August verkehrt alle 14 Tage der Katamaran *Nordblitz* der *Niekamp Seetouristik GmbH* (Tel. 0471-76734) ab Bremerhaven.
● **Preise**: Erwachsene 52 DM, Kinder 39 DM; Gepäck bis 30 kg 8 DM, bis 50 kg (Höchstgewicht) 15 DM. Sperrige Gegenstände wie z.B. Fahrräder werden nicht befördert.

Mit dem eigenen Boot

Der ***Fähr- und Yachthafen*** von Langeoog ist riesengroß,
fällt allerdings zur Hälfte trocken. Jede Menge Schwimmstege (150 Liegeplätze)! Das ***Clubhaus*** (Tel. 552) mit Re-
stauration *In't Sailerheim* liegt genau davor. Nach Bezahlung des Hafengeldes wird ein Liegeplatz zugewiesen.
●Am Clubhaus gibt es WCs und Duschen, einen Kinderspielplatz und praktischerweise, da der Weg ins Dorf
ziemlich weit ist, einen Fahrradverleih.

Leben ohne Auto

Vor einer Anzahl von Jahren gab ein namhafter deutscher Automobilkonzern in seiner Werbung einmal zu bedenken, was der Menschheit ins Haus gestanden hätte, wäre es nicht zu den segensreichen Erfindungen des Benzin- und Dieselmotors gekommen: Pferdemist bis ans zweite Stockwerk, unerträglicher Lärm durch eisenbereifte Räder.

Daß sich das Ingenieurgewerbe mit dieser Vision ein eklatantes Armutszeugnis ausstellte, wird auf den ersten Blick offensichtlich. Denn wer nicht einmal mit Pferdeäpfeln fertig wird, Wagenräder nicht zu entklappern vermag, der packt, scheint's, auch nicht die Probleme, die das Automobil der Gesellschaft aufgesackt hat und die

Es geht auch ohne Auto

sich ständig verschlimmern. Immer mehr Menschen ver-
fluchen den Tag, an dem die Herren Benz und Diesel
ihre stinkigen Erfindungen erstmalig aufknattern ließen.

Auf den mehrheitlich autofreien Nordseeinseln wird
effektiv vorexerziert, wie man auch ohne den motorisierten Großrollstuhl leben kann. Betuliche Inselbähnchen
befördern hier und da Passagiere und Fracht, Elektrokarren geringer Zahl – und deshalb "aus der Steckdose
betreibbar" – handhaben schweres Gepäck. Pferdewa-
gen bewältigen die gleichen Aufgaben wie vor tausend
Jahren, und der Kurgast, der sich durch das klomp-
klomp der Pferdehufe lärmgeschädigt fühlt, muß erst
noch gefunden werden. Auch die Äpfel reichen beiwei-
tem nicht an die zweite Etage heran. Viele Menschen mit
Einschluß verwöhnter Rollenkoffertouristen haben zudem staunend entdeckt, welch ansehnliche Lasten sich
mit der "Wupp" (Wüppe = zweirädrige Karre) befördern
lassen, und das über beträchtliche Distanzen. Statt im
Heimtrainer zu hecheln, spannen sich vernunftbegabte
Kurgäste vor solch ein Gefährt und schlagen zwei Fliegen mit einer Klappe: Frachtbeförderung und gleichzei-
tige Körperertüchtigung im Freien.

Und dann das Fahrrad, Radl, Velo! Wie praktisch, sauber und billig sind diese zwei Reifen, die man sich auf die
meisten Inseln mitnehmen oder dort preisgünstig auslei-
hen kann! (Auf einigen Eilanden werden selbst diese elementaren Drahtesel als belästigend empfunden, wie
etwa auf Baltrum.)

Bleibt Schusters Rappen. Bar seines Gepäcks, das
ihm hilfreiche und umweltverträgliche Vehikel abgenom-
men haben, steht es dem Inselbesucher frei, die Nord-
seegestade von einem Ende zum anderen zu Fuß zu
durchmessen. Dabei wird sich schon nach einiger Eingewöhnung die beglückende Erkenntnis einstellen, daß
man viele Kilometer schlanken Fußes zurückzulegen
vermag – sofern nur die umgebende Welt eine Anregung
dazu gibt. Am Strand – hier die Brandung, dort der Sand
– legt man beeindruckende Entfernungen zurück, kaum
daß man es merkt.

Warum, wird sich mancher Inselbesucher im Anschluß
an seine Nordlandfahrt vielleicht nachdenklich fragen
– warum geht das dort und nicht hier?

Ja, warum eigentlich nicht?

Spiekeroog
– die Leise

Geschichte

Der Name   Über die Herkunft des Inselnamens gibt es zwei Versionen. Nach der einen liegt ein Spieker (= "Speicher" auf plattdeutsch) zugrunde, den frühe Seeräuber dort vielleicht errichteten. Eine andere hält es für möglich, daß sich Siedler aus einem (noch existierenden) Küstenort namens Spieka dort niederließen. Beides macht Sinn.

Ur-
sprünge   Wie andere ostfriesische Inseln taucht Spiekeroog erstmalig in *Witzel tom Broks* Urkunden aus dem Jahre *1398* auf. Es geht dabei um Lehensverhandlungen mit dem Herzog von Bayern. (Ja, mei: Spiekeroog – bayerisch? Man stelle sich die Ostfriesen in Sepplhosen vor.)

   *Archäologische Funde* lassen den Schluß zu, daß bereits um die *Zeitenwende* Menschen auf der Insel lebten. Sicher ist, daß Spiekeroog damals ein ganzes Stück weiter westlich gelegen haben muß als heute, denn die Insel hat sich im Lauf der Jahrhunderte ständig von West nach Ost verlagert.

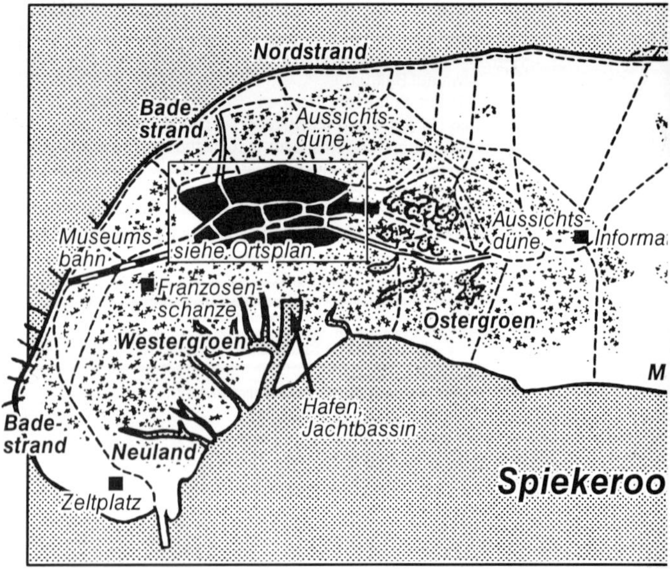

Nordstrand

Bade-
strand

Aussichts-
düne

Museums-
bahn   siehe Ortsplan

Aussichts-
düne   Informa

Franzosen-
schanze

Westergroen

Ostergroen

M

Bade-
strand   Neuland

Hafen,
Jachtbassin

Spiekeroo

Zeltplatz

Das brachte indessen auch Vorteile mit sich. In der Zeit von *1650 bis 1780* verschmolzen zwei kleinere Eilande mit der wandernden Mutterinsel: *Lütjeoog* im Westen und *Oldeoog* im Osten. Mehr kam noch hinzu. 1860 war Spiekeroog lediglich sechs Kilometer lang, heute mißt es zehn. Der *Anlandungsprozeß* im Osten ist noch längst nicht abgeschlossen. Die gesamte Ostplate Spiekeroogs – annähernd zur Gänze Vogelschutzgebiet – ist Neuland, knapp hundert Jahre alt.

Seit dem Mittelalter ist der eigentliche Inselsockel Spiekeroogs während all dieser Erdbewegungen *relativ stabil* geblieben, als wenn sich alles um ihn drehte. Deshalb erhebt sich das heutige Inseldorf immer noch auf dem alten Ortskern – mit Einschluß der Kirche aus dem Jahre 1696, der ältesten überlebenden der deutschen Nordseeinseln.

Sturm-
fluten
Die großen Sturmfluten setzten auch Spiekeroog mächtig zu. Die *Allerheiligenflut* vom 1. und 2. November 1570 ließ das Eiland bös zerrupft zurück, und die *Flut von 1717* verschonte es ebensowenig wie alle anderen. Am 25. November *1736* gab es noch einmal gewaltig Dresche vom Blanken Hans und auch im Februar des Jahres *1825*. Anno *1873* wurden im Westen der Insel erstmalig Buhnen angelegt, um den bröckelnden Strandsaum zu schützen.

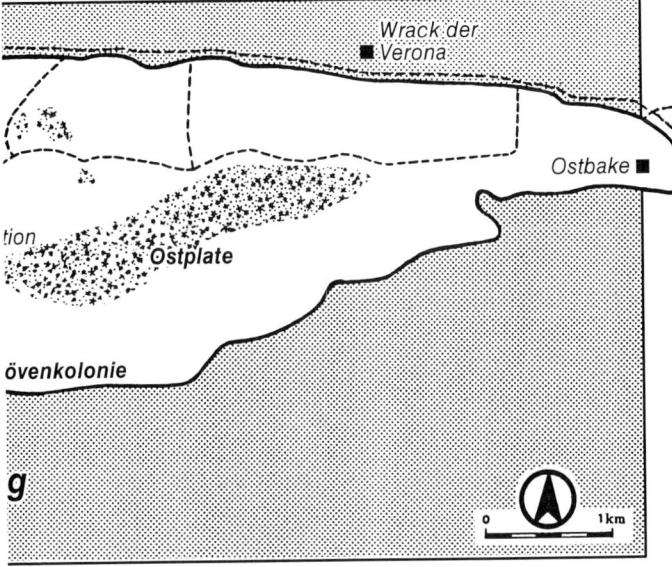

**Unruhige
Zeiten**

Doch wir greifen den Geschehnissen vor. Spiekeroogs Geschicke waren nämlich im Gegensatz zu anderen Nordseeinseln weniger von den Sturmfluten als von menschengemachten Erschwernissen geprägt. *1448*, das erste Dorf bestand bereits fünfzig Jahre, fielen ostfriesische *Räuberbanden* auf dem Eiland ein und machten sich mit einer Beute von unter anderem "100 Schafen" davon. *Graf Edzard von Aurich* plünderte um *1525* die heiligen Sakramente aus der Inselkirche. Im Jahre *1570* statteten die *Wassergeusen*, einen Kaperbrief des *Prinzen von Oranien* sehr großzügig auslegend, Spiekeroog einen Besuch ab und nahmen alles nicht Niet- und Nagelfeste mit, weil die Insel (als Lehen) ja "dem spanischen Feind zugehörig war".

Ein solcher Grund ließ sich jederzeit vorschieben, denn Spiekeroog war ständig die Schachfigur irgendwelcher *fremder Fürsten.* Noch ab *Mitte des 18. Jahrhunderts* gehörte es mal zu Preußen, dann zu Holland, Frankreich, Hannover-England und letzten Endes wieder zu Preußen.

**Seefahrer-
Ära**

Es nimmt nicht wunder, daß die freiheitsliebenden Insulaner vor dieser Fremdherrschaft, die sie zu Knechten und frühen Kofferträgern machte, alsbald das Weite suchten. Sie bewältigten das Problem auf inselspezifische Art, indem sie sich weltweit als *Seefahrer und Walfänger* verdingten und auf diese Weise zu einigem bescheidenen Wohlstand gelangten. Die daheim Verbliebenen verdienten sich ein Zubrot mit dem, was der Strand bot.

Das war auf Spiekeroog offenbar nicht wenig. Schon *1588* ging in der Brandung der Nordküste eine *Galeone* der spanischen Armada verloren, deren Wrackteile unter anderem für den Bau der alten Inselkirche verwendet wurden. Allerdings ist die legendäre Galeone in allen Schrif-

Dünen ohne
Trittschäden

188

ten mit dem vorsichtigen Zusatz "angeblich" versehen worden; auch kein Name oder andere historische Indizien tauchen auf. Gewiß wird sich der Vorfall zugetragen haben, doch um was für ein spezifisches Schiff es sich dabei gehandelt hat, bleibt im Dunkeln.

Das **Wrack** des Auswandererschiffes *Johanne* konnte indes **1854** eine Zeitlang von den ersten Badegästen bewundert werden, denn der Bäderverkehr hatte bereits vor zehn Jahren eingesetzt. **1846** findet die Insel auch erste Erwähnung als **Seebad**.

Einige **Schiffstrümmer** sind immer noch erhalten von dem englischen Dampfer *Varona*, der im Dezember **1883** auf Spiekeroog strandete. Das "Strandjen" hatte man sich schon seit längerer Zeit abzivilisiert, doch als am **5. Oktober 1890** die finnische Bark *Neptun* mit einer Holzladung hilflos am Strand antrieb, gab es einen vorübergehenden Rückfall: Das Holz wurde – vernünftigerweise – für den Bau der ersten Landungsbrücke Spiekeroogs verwendet.

Badeinsel   Spiekeroogs Anfänge als Seebad waren ein wenig holprig. Die preußische Verwaltung überzog alle Aspekte des Insellebens und des Badeverkehrs mit einem klebrigen Wust von **Paragraphen**, der den an relative insulare Unabhängigkeit gewohnten Spiekeroogern so recht geschmeckt haben dürfte.

Siebzehn Bestimmungen allein regelten den bescheidenen **Fährdienst**, darunter diese:

1. "Der Fährmann hat jeden, der mit ihm überfährt, mit Höflichkeit zu behandeln.

2. Er muß jede Woche zweimal, am Montage und am Freitage in einer Tide hin- und zurückfahren, und zwar vom 1. März bis sich Eis im Fahrwasser befindet und nicht mehr gefahren werden kann.

3. Er muß in Neuharlingersiel sein Schiff so anlegen, daß Reisende bequem einsteigen und ihre Sachen leicht einladen können.

4. Sind Passagiere auf dem Schiff, die eine Wüppe zum Dorf benötigen, so ist er verpflichtet, so rechtzeitig ein Flaggenzeichen zum Abholen zu geben, daß bei Ankunft des Schiffes die Wüppe am Wasser sein kann.

5. Eine Stunde vor Abgang von Spiekeroog hat er durch Blasen ein Zeichen zu geben. Eine Viertelstunde vor seiner Abfahrt von Neuharlingersiel hat er die Flagge zu hissen."

Der **Kutschverkehr** wurde sogar durch 21 Verordnungen gezügelt. So mußte der Kutscher mindestens 18 Jahre alt und "nicht weiblich" sein, "durch Wohlverhalten sich ausweisen, anständig und reinlich gekleidet sein, höflich und bescheiden sich aufführen". Die Pferde mußten gesund, das Geschirr reinlich sein. Und so weiter und so fort. Ein Wunder ist es eigentlich, daß die Spiekerooger nicht das Handtuch warfen und den Zirkus mitmachten. Doch letztlich setzte sich auch hier die Erkenntnis durch, daß mit den Badegästen mehr und leichter Geld zu verdienen war als mit mühsamer Fischerei und Landwirtschaft, auch wenn man "höflich und bescheiden sich aufführen" mußte.

Spiekeroog heute

Heute wird Spiekeroog von allen Besuchern übereinstimmend als die *rustikalste* aller ostfriesischen Inseln beschrieben. Denn nicht nur haben es die Spiekerooger verstanden, in ihrem Ort eine ausgesprochen *dörfliche Atmosphäre* zu bewahren. Es ist ihnen ebenfalls gelungen, die ruhige Nachbarinsel Langeoog um mehrere Dezibel zu unterbieten. Auf keiner Badeinsel der Nordsee geht es auch unbeeilter zu. (Wie sich besonders prägnant bei schriftlichen Anfragen des Autors erwies.)

Spiekeroog wartet mit nichts Großartigem auf. Doch gerade dieses bewußt bescheiden gehal-

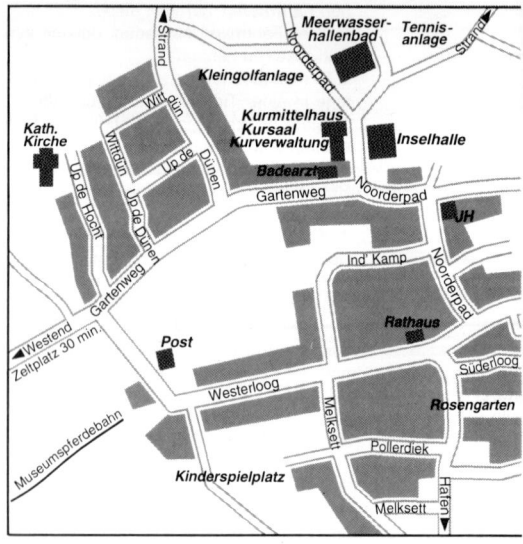

tene Ambiente gereicht der Insel zu höherer
Zierde als alle grandiosen Baudenkmäler. Hier
wird weder geklotzt noch gekleckert, alles geht
seinen bewährten ruhigen Gang. Geschützt von
"Friesenwällen" aus trocken geschichteten Stei-
nen kauern die schönen alten Inselhäuser im
Schatten mächtiger Linden und vermitteln dem
Betrachter ein Gefühl der *Geborgenheit*.

Diese Wirkung auf den Inselbesucher ist seitens der Maßgeblichen auf Spiekeroog nicht un-
erkannt geblieben. Man hat hier begriffen, daß
die modernen Kur- und Amüsieranlagen nirgendwo wahre kulturelle Errungenschaften darstellen und hat sie deshalb, obschon präsent,
diskret in Dünentälern verschwinden lassen, wo
der Flugsand sie eines fernen Tages vielleicht
gnädig zuwehen wird. Der Vollständigkeit halber
hat man sogar dem Rathaus mit seinem wilden
Bewuchs ein natürliches Aussehen gelassen.
Nur die meisten Besucher sehen in ihren bunt-
gestreiften Freizeit-Uniformen genauso aus wie
anderswo.

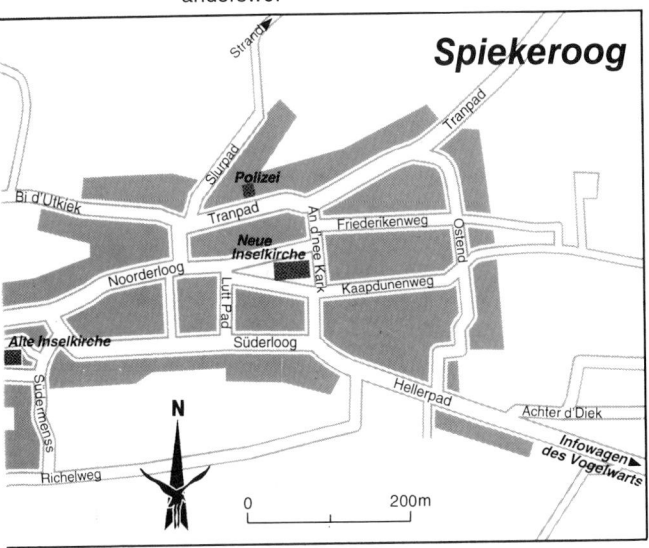

Die *Ruhe!* Einen Flugplatz gibt es auf Spiekeroog schon mal gar nicht. Früher wurde die Morgenzeitung noch von einem Flieger abgeworfen, doch selbst das war den Insulanern noch zu lärmig. Heute wird die Anlieferung von einem Motorboot erledigt.

Selbstverständlich verpestet auch *kein Kraftfahrzeug* Spiekeroogs klare Nordseelüfte. *Fahrräder* sind auf der Insel ebenfalls nicht zu haben, und Besucher werden höflich gebeten, gefälligst auch keine mitzubringen – obwohl dies nicht ausdrücklich untersagt ist.

Vor allem aber hat sich Spiekeroog ganz groß – und in vieler Beziehung beispielhaft – dem *Umweltschutz* verschrieben. Seinen Ruf als "grüne Insel" verdankt Spiekeroog der intakten und vielfältigen Vegetation im Dünenbereich, darunter einigen ganz beachtlichen Kiefernwäldchen, die zum Teil schon im vorigen Jahrhundert angelegt wurden. Auch ist in Spiekeroogs Dünen ein Minimum an "Trittschäden" zu beobachten, was wohl zum einen daran liegen mag, daß die Insel zu mehr als ihrer Hälfte Naturschutzgebiet ist und zum anderen scheinbar einen besonders disziplinierten Besuchertypus anzieht, der sich die Belange des Eilands zu eigen macht.

Auch auf den anderen Nordseeinseln wird das Thema Umwelt, wie wir gelesen haben, durchaus groß geschrieben. Doch auf Spiekeroog geht man insofern am konsequentesten vor. Klar, daß man allen Plastik- und Einwegmüll weitgehend abgeschafft hat, Energie und Wasser an allen Ecken und Enden spart. Beispielhaft ist auch – unter Androhung empfindlicher Strafen – ein *generelles Rauchverbot im gesamten Dünenbereich*. Auf Spiekeroog wird ökologisches Verantwortungsbewußtsein lebendig vorexerziert – mit allen nötigen Reglementierungen, ohne die es leider dabei nicht geht.

Sehenswertes

Kirche

Die spielzeugkleine *Kark to Spiekeroog* mitten im Ort ist zweifellos, was Sehenswürdigkeiten angeht, das Filetstück der Insel. "Allerhand Wundergrausliches binnen," beschreibt ein Besucher das Innere der Kirche mit der angeschwemmten **spanischen Pieta** und anderen altersdunklen Dekorationsstücken maritimer Natur. Stimmt — ein wenig sieht es darin aus wie in einer byzantinischen Krypta. Gottesdienste werden (außer zu ganz speziellen Anlässen) nicht mehr in der Kirche abgehalten, nicht zuletzt, weil nur eine Handvoll Menschen hineinpaßt.
●Der wertvollen Einrichtung wegen sind auch Besichtigungen nur unter Aufsicht machbar, und diese sind zudem sehr eng angesetzt: Mo 16-17, Mi 11-12 und Fr 17-18 Uhr. Leider ist aus der nunmehr rund 300jährigen Geschichte der alten Kirche nur ziemlich wenig bekannt.

Pfarrhaus

Ein Stückchen weiter ostwärts liegt das alte Pfarrhaus, wo man ein **Walskelett** aus Spiekeroogs Moby-Dick-Ära bewundern kann.

Dünenfriedhof

Über den Ortsausgang hinaus liegt der Dünenfriedhof, wo u. a. die Ertrunkenen der *Johanne* (s. nachstehend) begraben sind.

Franzosenschanze

Aus relativ alter Zeit (1810) stammen auch die Ruinen einer **Geschützbatterie** westlich des Ortes. Die sogenannte Franzosenschanze wurde seinerzeit von napoleonischen Besatzungstruppen angelegt. Die Reste der "Dünen-Batterie" liegen jedoch, wie gleich noch vermerkt wird, in der Ruhezone des NSG und sind deshalb nicht betretbar.

Inselmuseum

Das Inselmuseum am Noorderpad 1 ist leider geschlossen worden. Bei Drucklegung dieses Buches bestanden Pläne, es im Nebenhaus neu einzurichten, doch zu einem endgültigen Konsens war man Anfang 1995 nicht gekommen.

Hermann-Lietz-Schule
Bei längerem Inselaufenthalt sollte man sich nicht einen Besuch der *Hermann-Lietz-Schule* (Hellepad 2, Tel. 413) entgehen lassen. Es handelt sich hier prinzipiell um ein Internat, das jedoch auch bedeutsamen Anteil am kulturellen Geschehen auf Spiekeroog hat und insofern sehenswert ist, als es mit einem kleinen **Naturkunde- und Inselmuseum** sowie auch einem gepflegten **Seewasseraquarium** aufwartet.

●Diese Einrichtungen sind ab 15.3. bis zum Herbst Mo, Mi und Sa 15-17 Uhr geöffnet, jeden Mo um 14.30 Uhr findet auch eine kostenlose *Führung* über das Gelände mit einem Vogelwart als Ansprechpartner statt. Gruppenbesuche und Sonderführungen sind möglich, müssen aber telefonisch vereinbart werden.

Muschelmuseum
Das Muschelmuseum (Tel. 428) in der Strandhalle am Badestrand zeigt einiges aus der Wunderwelt der Conchylien. Allerdings wird kein direkter Bezug auf die Nordsee genommen, denn die hiesigen Sandklaff- und (eingeschleppten) Messerscheidenmuscheln sind für echte Liebhaber nicht so heiß. Die Mehrzahl der Exponate stammt deshalb aus tropischen Gewässern und kann auch käuflich erstanden werden.

Plattmuschel

●Das Muschelmuseum ist im Sommer Mo-Sa 10-12 und 13.30-16.30 Uhr geöffnet. Eintritt: 2 DM, Kinder eine DM. "Familienkarte" (mit Oma und Opa): 4 DM. Für den Gegenwert des Eintrittspreises darf man sich Muscheln aussuchen. Die Goldene Kauri (entsprechend der Blauen Mauritius der Philatelisten) ist allerdings nicht dabei.

Rosengarten
Der Rosengarten (am Wüppspoor) ist täglich geöffnet. Interessanterweise wurde die prächtige Anlage nicht von der Inselverwaltung, sondern von einem Kurgast ins Leben gerufen.

Wrack der Varona
Als insulare Sehenswürdigkeit gilt ebenfalls das "Wrack" des britischen Dampfers *Varona*, der im Dezember 1883 an der Nordostküste strandete. Die Position der spärlichen Reste ist in den meisten Inselkarten noch getreulich mit dem nebenstehenden Zeichen eingetragen, doch die paar noch existierenden rostigen Rippen der *Varona*

sind im Mahlsand verschwunden. Ab und zu tauchen sie allerdings wieder einmal kurz auf – so
1993 – um dann als Kuriosum bestaunt zu werden.

Naturschutzgebiete

Das NSG Spiekeroog ist dreigeteilt, der Platzbe-
darf bis zum äußersten ausgereizt. Nicht zuletzt
deshalb wird Spiekeroog "die grüne Insel" genannt.

Zwei kleinere Areale, der Wester- und der
Ostergroen, liegen unmittelbar links und rechts
des Hafens. Die große Osterplate nimmt die gesamte östliche Hälfte der Insel ein.

**Wester-
und
Oster-
groen**

Die beiden Gebiete sind vornehmlich *Salzwie-
sengürtel*, von Wasserläufen durchzogen und
teils im Verlanden begriffen, teils schon in
Dünengrasfluren übergehend, so vor allem im
Ostergroen. Der Westergroen beherbergt eine
große *Brutkolonie* der rotfüßigen Fluß- und Kü-
stenseeschwalbe, einem kleinen, quicklebendi-
gen Vogel mit halbschwarzem Kopf, weißem Gefieder und, wie anders, tiefroten Füßen. Nicht zuletzt wegen dieses Vogels ist das Gebiet
ganzjährig gesperrt. Auch die Reste der berühmten Franzosenschanze kann man nur vom
Deich aus einsehen – mit dem Trost allerdings,
daß es dort ohnehin nicht viel zu sehen gibt.

Wander- und Reitwege führen dicht am Westergroen vorbei, so daß sich dort viel Vogelwelt
beobachten läßt. Der Ostergroen wird sogar von
zwei Pfaden durchzogen, deren Wegführung jedoch strengstens einzuhalten ist, denn sie
führen dicht an Vogelkolonien vorbei.

Ostplate

Die Ostplate ist relativ jungen Ursprungs und
aufgrund ihrer Ausdehnung und zahlreicher günstiger Konstellationen eines der wichtigsten Biotope der Nordsee. Da sich hier die Entstehung
einer Insel mitsamt ihrer natürlichen Tier- und

Alles geht
geruhsam

Pflanzenwelt auf engem Raum und sozusagen im Zeitraffertempo beobachten läßt, ist dieses Gebiet für Geologen, Botaniker, Ornithologen und andere Wissenschaftler von größtem Interesse.

Der Bedeutung der Ostplate entsprechend ist das *Betreten* auch hier *streng geregelt* und auf einige wenige Pfade beschränkt. In einigen Fällen ist die Begehung zudem zeitlich begrenzt, so bei dem schönen "Langwanderweg", der mitten durch das NSG bis zur Ostspitze führt. Dieser Pfad darf zur Vermeidung von Störungen nur außerhalb der Vogelbrut- und -aufzuchtzeit vom 1.8. bis 31.3. jedes Jahres benutzt werden. Das Begehen eines weiteren Pfades im Westteil der Ostplate (s. Inselkarte) ist nur mit offizieller *Führung* zulässig. Manche Wege können auch zeitweise ganz gesperrt werden, wenn sich neue ökologische Situationen ergeben.

Doch Spiekeroogs Vogelwelt läßt sich auch aus relativer Ferne betrachten. Die große Möwenkolonie, vorwiegend aus Silbermöwen zusammengesetzt, kann man auch vom Hafen oder jeder etwas höher gelegenen Warte von der Inselmitte aus einsehen. Das Fernglas enthüllt Eiderenten und Austernfischer. Weiter im Dünenbereich brüten der seltene See- und

Sandregenpfeifer und die vom Aussterben bedrohte Zwergseeschwalbe. Im Watt tummeln sich unter anderem der Große Brachvogel, die Pfeifente und der etwas mißbenannte Alpenstrandläufer. Eine heile Welt. Voller Ge- und Verbote, gewiß. Aber nur so bleibt sie – einigermaßen – heil.

Insel-Info

PLZ: 26474
Vorwahl: 04976

Auskunft
- ***Kurverwaltung***, Noorderpad 25 (Tel. 9193-0).
- ***Zimmervermittlung*** (Tel. 9193-25) im gleichen Haus; Sa nur morgens geöffnet.
- ***Reiseauskunft*** Schiff/Bahn: Tel. 9193-33.

Ärzte
Direkt neben der Kurverwaltung. Ein Kusen (schmerzender Zahn auf Platt) muß allerdings bis zum Festland warten.

Saison
HS ist vom 1.6. bis 15.9., die NS geht vom 1.3. bis 31.5. bzw. vom 16.9. bis 31.10.

Strandkörbe
- Strandkörbe sollten tunlichst bis zum 15.4. des Jahres vorausbestellt sein, sonst wird es etwas eng mit dem Angebot. Ein Liegekorb kostet in der HS 11 DM pro Tag und 9 DM in der NS, ein sog. Stehkorb 9 bzw. 8 DM. Die Preise staffeln sich je nach Benutzungsdauer. In der HS können beide Arten von Körben bis zu 42 Tage reserviert werden und kosten dann 345 bzw. 263 DM. In der NS kann bis zu 21 Tagen reserviert werden; die Taxe beträgt dann 137 bzw. 97 DM. Bezahlt werden kann im Gebäude der Kurverwaltung.

Kurtaxe
Siehe Anhang.
- Die ***Kurkasse*** befindet sich im Gebäude der Kurverwaltung. Öffnungszeiten: Mo-Sa 8-12 Uhr, Mo zusätzlich 14-16 Uhr.

FKK
Keine FKK auf Spiekeroog.

Kirche
Auf Spiekeroog gibt es eine evangelische und eine katholische Kirche. Die Ökumene bietet besonders in der Sommersaison ein lebhaftes Programm.

Ruhe-
zeiten

Ruhezeiten sind vom 1.6. bis 15.9. 21-8 (sonst 22-8) und 13-15 Uhr. Sie werden sehr ernst genommen! Spiekeroog ist eine stille Insel und will es auch bleiben.

Hunde

Hunde sollte man nach Spiekeroog nicht mitnehmen – sie sind nirgendwo warm willkommen. Die Aversion reflektiert sich schon im Fahrpreis: Flocki kostet 16,50 DM (EF), fast genausoviel wie Herrchen oder Frauchen.

Presse

Der *Inselbote*, mit viel Informativem zur Spiekerooger "Szene", erscheint zweimal im Jahr (Juli und August; kleine Schutzgebühr). Das Faltblatt "*Spiekeroog im ...* (jeweiligen Monat)" ist der insulare Veranstaltungskalender (gratis).

Kinder

●Spiekeroog ist kinderlieb. Einen **Spielplatz** gibt es am Westdeich (dicht am Hafen), einen weiteren, mit Teich, ein Stückchen weiter am Kurgarten.

●Im Kurmittelhaus kann man die Kleinen in einem **Kinderhort** auch "abstellen". Dieser Service ist für in Kurbehandlung befindliche Eltern kostenlos; ansonsten wird eine nominelle Gebühr erhoben. Der Hort ist allerdings nur von März bis Oktober in Betrieb.

Öffnungszeiten: Mo-Do 7.45-11.45 und 12.45 -16 Uhr, Do nachmittags eine Stunde weniger. Tel. 9193-26

●Die Kurverwaltung setzt auch häufig **Kinderprogramme** an, um die Zwerge in Stimmung zu halten: siehe Unterhaltung.

Fortbewegung

Reiten

Zwei Veranstalter bieten Vergnügen zu Pferde an. Der *Islandhof* (Up de Höcht 5, Tel. 219) hat sich auf kräftige Islandpferde spezialisiert, mit denen ausgedehnte Ausritte unternommen werden können. Für eine Stunde kostet das z.B. 25 DM, für eine Exkursion zur Inselostspitze zahlt man 70 DM.

●Die *Reithalle Petschat* (Achter d'Diek, Tel. 1401) hat ebenfalls Ausritte im Programm und bietet darüber hinaus Dressur-, Spring- und Geländereitunterricht sowie Kutschfahrten an.

Pferde-
bahn

Ein weiteres roßbetriebenes Fortbewegungsmittel auf Spiekeroog ist ein Relikt aus alten Zeiten: die "Pferdebahn". Anno 1885 fuhr erstmals das 1-PS-Bähnle zwischen dem Dorf und dem damaligen "Herrenbadestrand" im Westen der Insel hin und her. Heute hat man das Gefährt wieder in Betrieb gesetzt. Es verkehrt im Sommer (ab Ende Mai bis – witterungsbedingt – Mitte Oktober) zwischen dem Inselbahnhof und dem Westend. Die letzte und älteste noch von einem Pferd gezogene Straßenbahn Deutschlands hat heute zwar musealen Charakter, fährt aber dennoch täglich (außer Mi und So) ab Bahnhof um 14, 15 und 16 Uhr, ab Westend 20 (der letzte Trip 30) Minuten später. (Bei Andrang zusätzliche Fahrten lt. Aushang.) Die Tour kostet 4 DM pro Strecke, 5 hin und zurück.

Unterkunft

Wie man erwarten darf, erheben sich auf Spiekeroog keine Bettenburgen. Auch die größeren Etablissements, ohnehin nur fünf an der Zahl, passen sich harmonisch dem Inselbild an. Wenn das schon erfreulich klingt – hier kommt noch mehr: Die Preise für alle Spiekerooger Klausen liegen gut im Mittelfeld des allgemeinen Nordseeniveaus und zum Teil noch weit darunter. Spiekeroog ist – relativ – billig.

Preise

Bei den Ferienwohnungen wird außerhalb der HS die Miete in den meisten Fällen drastisch (bis zur Hälfte) reduziert. Bei den anderen Herbergen gibt es kaum nennenswerte Abschläge.

Hotels

●Ein behagliches Feriendomizil ist das *Hotel Inselfriede* (Tel. 9192-0) unmittelbar gegenüber der alten Inselkirche und, wie der Name verrät, trotz zentraler Lage ein Hort der Ruhe. Preise ab 98 DM ÜF.

●Jenseits der kleinen Kapelle liegt das *Hotel zur alten Inselkirche* (Tel. 251). Gemütlich und gediegen. Ab 65 DM ÜF.

●Mit zum alten Kirchdistrikt darf sich das *Hotel zur Linde* zählen (Tel. 234), ein traditionelles Haus, das solide Gemütlichkeit ausstrahlt. Auch die Linde ist da (was bei Namensgebungen keineswegs immer so selbstverständlich ist). Ab 65 DM ÜF.

●Das *Süder-Mens* ist ebenfalls ein gutbürgerlicher Betrieb. Der Name mag etwas befremdlich klingen, doch das Haus liegt am Südermens 1 (Tel. 226), und die Wirte werden ihren Gästen sicherlich eine Erklärung liefern können. Das Hotel erfreut sich, wie anders, einer ruhigen Lage und kostet ab 70 DM ÜF.

●Spiekeroogs größtes Hotel, das *Upstalsboom* (Tel. 364), ist ein ziemlich großer Komplex, immerhin aber in freundlicher Spitzgiebelbauweise aufgezogen. 94 DM werden für Übernachtung und Frühstück verlangt.

Hotel-
Pensionen
65 DM pro Nase muß man im Durchschnitt für ÜF in einer von Spiekeroogs vier Hotel-Pensionen anlegen. Nur in die *Seelust* (Tel. 225) darf man Haustiere mitbringen.

Pensionen
●Häuser *mit Küchenbenutzung* sind auf Spiekeroog nicht teuer. Mit 14 DM pro Bett liegt das Haus *Janssen* (Tel. 286) auf einem einsamen Preistiefpunkt; allerdings werden den mindestens vier Tage Aufenthalt vorausgesetzt. Auch die anderen Häuser dieser Kategorie sind mit überwiegend 15-20 DM ausgesprochen preisgünstig; leider gibt es nur knappe zwei Dutzend von ihnen.
●Häuser *mit Frühstück* sind im Mittel etwa doppelt so teuer. Weniger die Morgenbrötchen als der Servieraufwand schlägt hier zu Buche. Auch in dieser Kategorie gibt es etwa zwei Dutzend Herbergen. Die billigsten zu je 26 DM ÜF sind *Weerts* (Tel. 396) und *Weyland* (Tel. 343).

Ferien-
wohnun-
gen
Den großen Rest machen "Abgeschlossene Wohnungen zum Selbstbewirtschaften" aus, insgesamt mehr als 150 Einheiten. Die meisten dieser Häuser haben 2-6 Betten. Je nach Ausstattung kommt man bei Umrechnung der Tagesmiete auf Pro-Kopf-Preise zwischen 30 und etwa 50 DM.

Jugend-
herbergen
Die *Jugendherberge Spiekeroog* (Bid Utkiek 1, Tel. 329) liegt dicht am Ortskern; in zehn Minuten ist man entweder am Hafen oder am Strand. Das Haus hat die Kategorie II und weist 64 Betten und 2 Tagesräume auf, dazu 11 Familienzimmer, was die Herberge ideal für Eltern mit Anhang macht. Geöffnet vom 16.3. bis 30.10.
●Achtung: Nur VP. Kurtaxpflichtig; Einzelheiten durch die JH. Vermerk bei "Reise und Preise" beachten!

Zelten
Man darf auf Spiekeroog zelten, allerdings nur auf dem dafür ausgewiesenen Platz am westlichsten Ende der Insel nahe des NSG Westergroen (ca. 3 km vom Ort, siehe Karte). Dort gibt es auch Duschen und WCs. Ohne einen sogenannten *Benutzungsschein* der Kurverwaltung (Tel. 9193-24) läuft aber gar nichts. Nur über diesen oder den Platzwart (Tel. 288) kann auch vorgebucht werden, was zu jeder Jahreszeit empfehlenswert ist. Bei voller Belegung des Zeltplatzes – wegen vieler "Wiederholungstäter" oft der Fall – wird bereits in Neuharlingersiel am Fahrkartenschalter ein entsprechendes Hinweisschild ausgehängt. Gebühren (jeweils pro Tag): Erw. 4,50, Jugendliche von 12 bis 18 2,50, Kinder von 6 bis 11 eine DM, unter 6 frei. Plus Kurtaxe und Zeltgebühren: 4 DM pro Zelt bis 10 m², 6 DM bis 20 m², 9 DM ab 20 m².

Am Siel

Gastronomie

Der offizielle Inselprospekt warnt, daß "im Winter mit einem stark eingeschränkten gastronomischen Angebot zu rechnen ist". Doch verhungern wird man auf Spiekeroog wohl auch dann nicht ...

●Wie üblich, kann man auch ohne Hausgaststatus bei den meisten **Hotels** mit unterschlüpfen und deren gute Küche genießen, so in der *Friesenstube* des *Upstalsboom* oder im gemütlichen *Café Klönstuv* des Hotels zur alten Inselkirche. Auch die Hotels *Inselfriede* und *Zur Linde* heißen Restaurantgäste willkommen; im letzteren hat man unter anderem ein Herz für Vegetarier.

●In der *Loogschänke* mitten im Ort kann man unter Bäumen auf der Terrasse bei Kaffee und Kuchen sitzen oder drinnen Frühstück/Mittag/Abendessen einnehmen. Offen von 9 bis 23 Uhr.

●Gleich daneben liegen das *Insel-* und das *Eiscafé* mit Kuchen, Torten und täglich frischem Eis aus der Konditorei. Hübsches Ambiente.

●Der *Bahnhof*, am Terminal zur Pferdebahn, ist "Spiekeroogs Italiener". In diesem "Zentrum internationaler Begegnung" gibt's täglich von 15 bis 0.30 Uhr jede Menge Spezialitäten aus Pizzaland.

●In der *Spiekerooger Teestube* (Noorderpad 1) beschränkt man sich dankenswerterweise nicht auf Tee, sondern legt eine täglich wechselnde Speisekarte vor, die viel "Regionales", vor allem natürlich Fisch, aufweist. Mo Ruhetag.

●Fisch, klar, gibt's auch in der *Fischerstube* am Süderloog.

●Auch im *Imbiß Klabautermann* (Dorfmitte) gibt es Fisch, und zwar in stattlicher Auswahl. Dazu reicht man Pommes, Vollkorn und – auf Spiekeroog! – Tofu.

●In der *Strandhalle* vor dem Oststrand kann man nach dem Bad die verbrauchten Kalorien wieder nachfüllen. Der Komplex umfaßt ein Restaurant mit Café sowie eine Cafeteria mit Selbstbedienung und Kinderspielecke; dazu gesellen sich Konditorei, Terrasse und Kiosk.

●Ebenfalls einem Bad angeschlossen ist das Restaurant *Wattwurm* (Noorderpad 12), "mit Blick auf das Meerwasserbecken" – für Nixenliebhaber, darf man annehmen – "und herrlicher Aussicht von der Sonnenterrasse auf die Dünenlandschaft". Wattwurm ist gottlob nicht im Menü, sondern eher leckere Sachen.

●Am Westend (auf dem Weg zum Zeltplatz) reicht man, zur Adresse passend, im *Old Laramie* Western Food, wobei Pommes natürlich auch nicht fehlen.

●Spiekeroog hat sogar eine richtige Kneipe: Der *Blanke Hans* (gegenüber vom Rosengarten) läßt es bereits ab Nachmittag kräftig schäumen!

●Und last not least muß der ambulante *Würstchenstand* erwähnt werden, in dem zwei resolute ältere Damen am Hafen Besucher empfangen. Hungern auf Spiekeroog? Unmöglich!

Sport

Hallenbad   Das Meereswasser-Hallenbad am Noorderpad (Tel. 1728) hat ein 25 x 10 m großes Becken mit einer Tiefe von 1,20 bis 2 m und eine Wassertemperatur von 30 °C.
●*Öffnungszeiten*: Während der Saison täglich, Öffnungszeiten auf Anfrage.
●*Eintritt*: Kinder bis 17 J. 3 DM, Erw. 5 DM.

Gymnastik   Von März bis Oktober können Inselbesucher täglich außer So zum Nulltarif an organisierter **Strandgymnastik** teilnehmen. Man trifft sich um 10 Uhr am Strandkorb mit dem Schild "Sport"; außerdem ist dort ein buntes Fähnchen aufgezogen. Auch für Kinder ist immer ein gesondertes Programm dabei. Bei schlechtem Wetter wird in der Strandsporthalle geturnt.
●Mo-Sa nachmittags laufen separate **gemischte Programme**, teils am Strand, teils, vom Wetter abhängig, in der Sporthalle. Von Aerobics und Jazz-Dance bis zur Wirbelsäulengymnastik ist an alles gedacht. Auch dieser Service ist kostenlos.

Tennis   22 DM pro Platz und Stunde zahlt man in der *Tennisschule Huth* (beim Kurzentrum, Tel. 414/1474). Auf drei Kunstrasenplätzen kann man dem weißen Ball nachstellen, in der dritten Juliwoche jeden Jahres sogar unter Turnierbedingungen. Dann beträgt das "Nenngeld" aber auch 35 DM.

Reiten   Siehe Fortbewegung.

Segeln   Segeln unter Küstenrevierbedingungen kann man in der Spiekerooger *Segelschule Klasing* lernen (Westend 10, Tel. 230). Geboten werden Anfängerkurse (35 Std. über 10-14 Tage verteilt, 450 DM), Sportbootführerschein-Binnen (14 Tage, 600 DM plus ca. 120 DM Prüfungsgebühr) und BR-Schein-Praxis (16-20 DM pro Person und Stunde je nach Teilnehmerzahl). Ferner im Programm sind Halbtagestörns und zwanglose Exkursionen in kleinen Gruppen von maximal 4 Teilnehmern auf dem Watt und vor der Insel. Die Klasing-Schule ist bewußt klein gehalten; dadurch ergibt sich eine freundschaftliche, persönliche Atmosphäre, in der es nicht nur um Geld geht.

Wind-surfen   Windsurfen ist außerhalb des Bade- und Burgenstrandes (und des NSG Wattenmeer) erlaubt; man muß jedoch das eigene Board mitbringen.

Unterhaltung

Die Kurverwaltung Spiekeroog hält in der Hauptsaison ein buntes Unterhaltungsprogramm ab, das entweder im **Kursaal** oder in der **Inselhalle** stattfindet und in der Regel um 20 Uhr beginnt. Ausgenommen ist Kinderunterhaltung, die natürlich früher angesetzt ist (verschiedene Termine). Geboten werden Filmvorführungen, Diavorträge, Kunstausstellungen, Konzerte, Schwänke der lokalen Kabarettgruppe "Die Insel(s)catchers", Kino und Theater. Die lieben Kleinen versucht man mit Märchen und Kichergeschichten bei Laune zu halten, oder das Puppentheater führt etwas Lustiges vor. Die meisten Darbietungen sind eintrittspflichtig.
●Die jeweilige Programmübersicht wird in den beiden Inselbroschüren und durch Aushänge bekanntgegeben.

Auch die
Titanic fehlt
nicht

Die Strandung der Johanne

Der tragische Verlust des Auswandererschiffes *Johanne* ist ein ebenso dunkles wie auch rühmliches Kapitel in der Geschichte Spiekeroogs.

Am 2. November 1854 geht die Dreimastbark in der Wesermündung ankerauf. Ziel ist Baltimore an der Ostküste der USA. An Bord befinden sich 13 Besatzungsmitglieder und 218 Auswanderer aus dem Süden Deutschlands, die unter großen Strapazen die Küste erreicht und einen miserablen Zwischendecksplatz an Bord ergattert haben. Sie sind fast alle bitterarm und wollen in Amerika eine neue Heimat finden.

Nur ein paar Stunden Ruhe sind den Seeungewohnten vergönnt. Am Nachmittag des 3. November laviert die Bark unter gerefften Segeln in schwerem Nordwest bei Norderney. Der Wind dreht jedoch, und der 4. sieht das Schiff unter vollen Segeln vor günstigem Südost.

Schon glaubt man, das Schlimmste sei überstanden, als in der Nacht auf den 5. der Wind erneut auf Nordwest springt und Sturmstärke annimmt. Trotz verzweifelter Anstrengungen wird die *Johanne* von ihrer Position westlich von Helgoland unerbittlich nach Süden vertrieben. In der Nacht auf den 6. wächst der Sturm zum Orkan. Von Hagel- und Schneeböen gepeitscht, driftet die Bark, fast schon ein Wrack, auf die Untiefen vor Spiekeroog und kommt in der haushohen Brandung fest.

Am Morgen des 6. November 1854 sehen die 134 vollzählig am Strand versammelten Spiekerooger einen Trümmerhaufen an ihrer Küste, auf dem zahllose Menschen um ihr Leben ringen. Masten und Takelage sind "von oben gekommen", teils bewußt gekappt, um ein Kentern zu verhindern. Dabei hat es die ersten Toten und Schwerverletzten gegeben. Weitere werden von der See über Bord geschlagen und ertrinken im eisigen Wasser der Nordsee.

Von Land aus ist keine Hilfe möglich. Es ist kein Boot da – es wäre auch zu nichts nütze – und außerdem ist Hochwasser und das Wrack unerreichbar. Erst die Ebbe gibt es allmählich frei, und die Überlebenden können den Strand gewinnen. Unter ihnen sind dreizehn Passagiere, die sich unter Deck verrammelt hatten und ihr Glück zunächst gar nicht glauben mögen.

Doch der Zoll ist hoch: 77 Menschen sterben mit der *Johanne:* 34 Frauen, 18 Männer, 18 Kinder und 7 Säuglinge.

Schon in der Frühphase der Strandung hatte die Tragödie unter den Insulanern blankes Entsetzen statt der üblichen Euphorie anläßlich einer "Strandsegnung" ausgelöst. Entsprechend war die Anteilnahme und Hilfestellung, die den Überlebenden zuteil wurde. Die selber ärmlichen Spiekerooger nahmen die Schiffbrüchigen geradezu liebevoll auf, und bald kam auch Proviantnachschub und ein Arzt vom Festland, nachdem die Botschaft von der Katastrophe die Reeder in Bremen erreicht hatte.

Am 14. November reisen die Überlebenden der *Johanne* ab, bunt gekleidet in Geborgenem und Geborgtem. Vier Tage später sind sie wieder in Bremerhaven. Doch nur die wenigsten wagen sich auf eine erneute Seefahrt. Der Großteil kehrt mutlos und ärmer denn je in die süddeutsche Heimat zurück, wenn auch viele nach Abklingen des Schocks später einen neuen Anlauf nehmen. Einige schreiben auch den Spiekeroogern, um sich für die noble Behandlung zu bedanken.

Die Toten der Johanne werden auf dem "Drinkeldodenkarkhof", dem Kirchhof der Ertrunkenen, am Ostrand des Dorfes beigesetzt. Viele Angetriebene, vor allem nach den Seegefechten der beiden Weltkriege, sollten sich noch zu ihnen gesellen.

Das Wrack der *Johanne* versackte allmählich im Mahlsand. Schon nach zwei Wochen wurde der Restrumpf von der Versicherung verkauft, im Frühjahr 1855 die geborgene Ausrüstung. Nichts fehlte.

Heute gibt es keine Spur mehr vom Wrack der *Johanne*. Doch die Tragödie sollte auch ein Gutes haben. Sie hatte zu neuem Denken an der Nordseeküste geführt und war dieserart unter anderem ursächlich für die Gründung der Deutschen Gesellschaft zur Rettung Schiffbrüchiger.

"Schiffbruch und Rettung" (1867)

Touren

Schiffs-
touren

●Die Reederei *Cassen Eils* unternimmt sporadisch Tagestouren von Spiekeroog nach **Helgoland**. Der Ausflug dauert insgesamt ca. 9 Stunden und kostet 37 DM für Erwachsene, 26 DM für Jugendliche von 12-17 und 22 DM
für Kinder von 4-11. Kontaktadresse ist die Agentur Eiben
(Up de Dünen 4, Tel. 324).

●Die Kurverwaltung beraumt in der Hauptsaison zu wechselnden Daten mit ihrem MS *Spiekeroog III* die folgenden
Ausflugsfahrten an:

	Dauer ca. Std.	Erw. DM	Kinder 4-11
Seehundbänke	1,5	10	5
Langeoog	6	20	10
Norderney	8	30	15

Inselbahnbenutzung auf Langeoog ist im Preis inbegriffen.
Die jeweiligen Abfahrtsdaten werden per Aushang bekanntgegeben.

Watt-
wandern

Wattwanderungen "unter ökologischen Gesichtspunkten"
unternimmt man mit *Bernhard* (Tel. 298), *Bernard* (Tel.
531), *Carsten* (Tel. 651), *Heio* (Tel. 422) oder *Ulrich* (Tel.
264), alle fünf, versteht sich, "staatlich geprüft". Gebühren:
7 DM für eine ca. 2,5stündige Tour. "Gruppen" (keine
Kopfzahl genannt) kosten 200 DM.

Fährverbindungen

Spiekeroogs **Fährhafen** ist **Neuharlingersiel** (siehe Anhang). Der Hafen ist stark tidenabhängig mit ständig
wechselnden Abfahrtzeiten, daher sind **Tagesfahrten**
manchmal nicht möglich.

Mit dem eigenen Boot

Der **Yachthafen** Spiekeroog ist gut geschützt gelegen
und bietet mehr als 100 Booten an Schwimmstegen Platz.
Zum landnahen Ende wird es allerdings ziemlich flach.
Wenn die Stege, wie im Sommer häufig, besetzt sind,
legen sich die Boote (meist im Päckchen) an die Kade.
Auf dem Kai ist auch das Abfertigungsgebäude mit
Duschen und WCs. Zum Ort sind es nur ein paar Minuten.

●**Auskunft:** *Spiekerooger Segelclub:* Tel. 230.

Wangerooge
- die Wanderlustige

Geschichte

Der Name   *Wanga* bedeutete im Altgermanischen soviel wie "Wiege" oder "Ebene"; sicherlich hat auch die bartbestandene Wange dort ihren Ursprung. Oog, das hatten wir schon ein paarmal, heißt natürlich Insel. Ungefähr in diesem Sinne bietet sich das zweitkleinste der ostfriesischen Eilande immer noch dar.

Ur-
sprünge   Vermutlich existierte die Insel Wangerooge bereits zur Zeitenwende, wenn auch in völlig anderer Form. Viel, viel weiter im Westen muß die dem Wangerland vorgelagerte Insel, die "beweglichste" der sieben Ostfriesinnen, damals gelegen haben.

Ob das Eiland zu jener Zeit schon besiedelt war, ist fraglich. Doch im ***frühen 14. Jahrhundert*** tauchen die paar Dünen erstmalig in den Annalen der Küste auf. ***1327*** hat Wangerooge-"Town" sogar schon ***Stadtstatus***, denn es handelte sich um einen günstig und für Ostfriesen, Helgoländer, Bremer und Hamburger gleichermaßen zentral gelegenen ***Handelsplatz***. Allerdings hatte dabei immer noch die Nordsee ein Wörtchen mitzureden. Denn damals noch floß die Harle, ein gewaltiges Wasserloch, zwischen Spiekeroog und Wangerooge hindurch und nagte ständig am Kopf dieser letzten ostfriesischen Kaulquappe.

Die ***Harlebucht***, heute längst eingedeicht, war durch einen Einbruch der See im 13./14. Jahrhundert entstanden und bildete ein Seegatt von sechs Kilometer Breite. Hier konnte der Blanke Hans sich ungehindert austoben. Das ***Inseldorf*** jener Tage lag nordwestlich des heutigen Weststrandes und wurde noch vor ***Ende des 16. Jahrhunderts*** von der See verschlungen. 1595 stürzte der letzte Zeuge dieser Ära ein, der Turm der St. Nikolaus, dem Schutzpatron der Seeleute, geweihten Kirche.

Strandleben
(KVW)

Neue Ära Auf Drängen der Bremer Kaufmannschaft ließ *Graf Johann VII. von Oldenburg* einen **neuen Turm** auf Wangerooge errichten, um für die gefährlichen Ansteuerungen der Außenweser mit ihrem fast gänzlichen Fehlen von Landmarken ein verläßliches **Seezeichen** zu schaffen. Immer wieder waren Schiffe in diesem Revier verlorengegangen, weil sie ihren Standort nicht bestimmen konnten. Der Bau des neuen Wangerooger Turms wurde *1597* begonnen und dauerte fünf Jahre. Dieses Mal war man auf Nummer Sicher gegangen und zog das Gemäuer aus zwei Meter dick gesetzten Quadern in der Mitte der Insel auf. *1624* wurde auf ihm auch ein **Leuchtfeuer** angezündet, das erste an der deutschen Nordseeküste.

Der **Dreißigjährige Krieg** kam und ging und hinterließ kurioserweise einen Hauch von wirtschaftlicher Blüte. Die Wirren des schrecklichen Konflikts waren an Wangerooge vorbeigegangen, und man hatte sogar ein wenig daran verdienen können. Um so erbarmungsloser schlug die Natur jedoch danach zu. Flugsand vernichtete die fruchtbaren Weiden, die zuvor eine blühende Viehwirtschaft erlaubt hatten. Zur gleichen Zeit erfolgte auch ein immer stärkerer **Landabbruch im Westen**, der die Insulaner ständig zum Umziehen zwang. Die meisten Wangerooger Männer verdienten ein hartes Brot in der Frachtschiffahrt und mit einiger Fischerei.

Badeinsel Im Zuge des großen Aufbruchs an der Nordseeküste landeten **gegen 1800** auch die ersten Badegäste auf Wangerooge an. *1804* stiftete die Landesherrin von

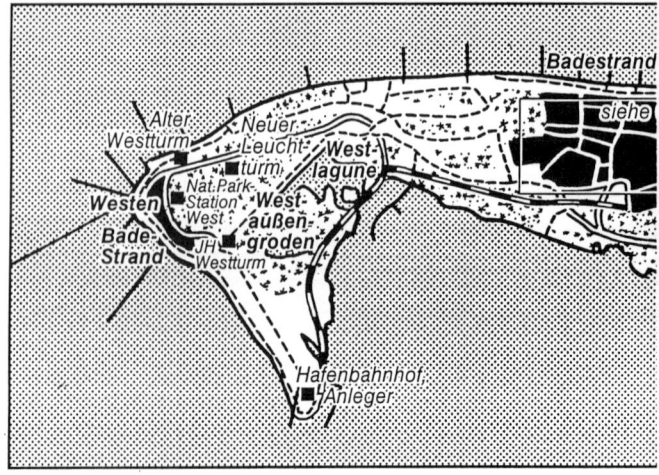

Anhalt-Zerbst eine Badekarre und ein Zelt. Mit diesem symbolischen Akt wurde Wangerooge *offiziell Seebad.*

Damals war die Insel *russisch* – jawohl, russisch –, denn sie gehörte über Seitenlinien der großherzoglichen Herrscherhäuser in Oldenburg und Braunschweig *zum Zarenreich.* Die verzweigte Verwandtschaft dieser Großfamilie fand sich denn auch zu Besuchen auf Wangerooge ein, um dort eine Zehe in das kühle Heilnaß zu tauchen. Viel mehr nicht, denn das wäre damals nicht schicklich gewesen. So vergnügte man sich halt in Logier- und "Conversationshäusern", und nur die ganz Mutigen ließen sich allenfalls mal in einer "Badeschaluppe" ein Stückchen hinausfahren, um dort in einem Holzkasten den "schnellen Reiz des Wassers auf der Haut zu verspüren". Ein paar Jahre später badete man dann schon mal, kühner geworden, vom Ufer aus auf Badekarren oder hinter Sichtblenden und Markisen, damit auch um Himmels Willen niemand etwa ein Stück nacktes Bein zu Gesicht zu bekam. Nicht ganz ohne Symbolik wurde auch "die rothe Flagge bei dem Badeschalter geheiszt", sowie die Damen am Wasser waren, worauf die Herren gebührlichen Abstand zu halten hatten. Selbst Boote durften sich dann dem Ufer nicht mehr nähern.

Harte Zeiten

Der *Franzosenkrieg* machte diesen unschuldigen Vergnügungen ein jähes Ende. 1818 fiel die Insel endgültig an das selbständige *Oldenburg*. Ostfriesisch war Wangerooge ohnehin nur der Geographie nach gewesen. Noch heute ärgern sich die Insulaner, wenn man sie Ost-

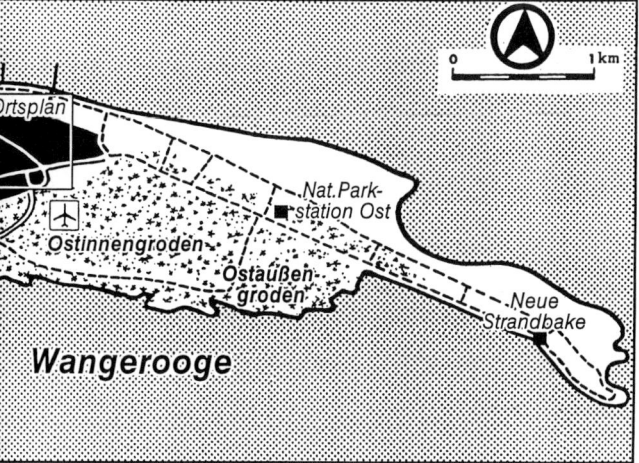

friesen nennt. ("Friesen" nimmt man gegebenenfalls hin, denn die Insel gehört jetzt zum Landkreis Friesland, aber am liebsten ist man Oldenburger.)

Unter Oldenburger Regie nahm das Seebad ab *1819* zunächst einen stetigen Aufschwung. Doch der Blanke Hans ruhte nicht. *1854* zerriß die Insel bei einer *mörderischen Sturmflut* in zwei Teile. Das Dorf ging unter, und die meisten der ungefähr *350 Insulaner flüchteten* von dem verwüsteten Eiland.

Die nachfolgenen Jahre brachten wenig Besserung. Neue Sturmfluten zerwühlten die Inselreste weiter, spülten Häuser und Dünen fort, und Flugsand bedeckte alles, was vorher bewohnbar gewesen war.

Dennoch zog es die Inselfamilien allmählich wieder zu ihrem Eiland zurück. *1859* wurde in der Mitte der Insel ein *neuer Leuchtturm* errichtet, und um diesen scharten sich die Bauten des neuen Dorfes wie Küken um die Henne. *1874* begann man auch damit, den weiterhin abbröckelnden Westsaum der Insel mit *Buhnen und anderen Befestigungen* zu sichern, denn in 300 Jahren hatte sich Wangerooge 2,5 km von Westen nach Osten verlagert, und der Wandertrieb hielt weiterhin an. Der alte Leuchtturm von 1597, der einst auch in der Inselmitte gebaut worden war, stand nunmehr weit im Westen; die Insel war sozusagen unter ihm hinweggewandert. Jetzt spülte die Nordsee bereits an seinem Fuß. Doch nicht sie sollte es sein, die das starke Gemäuer letztlich zu Fall brachte.

Zweimal Krieg

Um die Mitte des vorigen Jahrhunderts hatte Preußen gegen den Widerstand des Königreichs Hannover und des Großherzogtums Oldenburg mit dem Ausbau des späteren Wilhelmshaven zum Flottenstützpunkt begonnen, der nach seiner Fertigstellung die Kaiserliche Marine beheimatete. Die "Kleinen" hatten schon die richtige Witterung gehabt; die Zeichen standen auf Krieg. *1912*, der Ausbruch stand kurz bevor, wurde Wangerooge in eine *Seefestung* verwandelt, galt es doch, die Jademündung vor dem Feind zu schützen, den man im perfiden Albion ausgemacht hatte. *Bunker und Seebatterien* wurden errichtet und der *Westhafen* erbaut, um das ganze schwere Zeug anlanden zu können. Dann, als der Krieg losbrach, hatte irgendein Kommißkopp einen besonders blendenden Gedanken. Der alte Westturm, räsonierte er, müsse die Engländer doch geradezu magisch anziehen und ihnen den Weg in die Jade weisen. Da man gerade zu Kriegszeiten scheinbar niemals etwas zweimal überlegt, wurde der wackere Turm, der Jahrhunderte tapfer überstanden hatte, kurzerhand gesprengt. Die Wangerooger klatschten keinen Beifall dazu. Der Engländer kam übrigens nicht.

Auch im **2. Weltkrieg** glaubte man, die strategische Wichtigkeit Wangerooges erkannt zu haben. **Flugabwehr-, Funkmeß- und Jagdfliegereinheiten** waren auf der Insel stationiert, und die zeigten dem Engländer nun wirklich den Weg. Am **25. April 1945**, nur wenige Tage vor Kriegsende und sozusagen um fünf vor zwölf, griffen **480 englische Bomber** Wangerooge an und verwandelten die Insel in ein Trümmerfeld. 311 Menschen starben.

Wangerooge heute

1932-33 hatte man den **Westturm** ein gutes Stück südlich der alten Sprengstätte – wo heute noch bei Buhne B der Schutthaufen zu bewundern ist – in etwas modifizierter Form wieder aufgebaut. Der neue Turm wurde im Gegensatz zum alten mit Fenstern versehen und nahm jetzt eine **Jugendherberge** auf, die heute noch in Betrieb ist, denn den zweiten Krieg überstand dieser Turm glücklicherweise. Nach wie vor ist er heute das **Wahrzeichen der Insel.**

Der **Leuchtturm von 1859** steht auch weiterhin, hat aber keine Funktion mehr. Seine Aufgaben wurden von dem hohen Radarturm im Nordwesten übernommen, der auch schon fast so etwas wie ein Inselwahrzeichen ist.

Wangerooges Hauptschlagader ist heute die **Zedeliusstraße**, in der während der Saison ein buntes Leben pulsiert, die aber selbst mitten im Winter nie ganz vereinsamt ist. Hier liegt auch der gepflegte **Rosengarten**, in dem nicht minder gepflegte musikalische Darbietungen stattfinden, und nicht weit davon befindet sich der **Dorfplatz** mit einigen der ältesten Häuser Wangerooges. Nicht sehr alt im Vergleich zu anderen Inseln, sei einschränkend gesagt: Das **Hus up de Warf**, Inselveteran, stammt aus dem Jahre 1863.

Schon immer seit seiner Existenz als Seebad ist Wangerooge **Ziel für Familien** gewesen. "Dagewesene" zieht es immer wieder dorthin zurück; die Wangerooger Klientel setzt sich zum überwiegenden Teil – bis auf weiteres – aus

Stammgästen zusammen. Gemütlich ist es dort und ein bißchen altmodisch auf Oldenburger Art. Zar, Zimmermann und Großherzog würden sich bestimmt wohlfühlen, könnten sie im "Pudding", dem kreisrunden Café oben an der Promenade, noch einmal einen Liqueur zu sich nehmen.

Naturschutzgebiete

Groden

Das NSG Wangerooge ist dreigeteilt. Es setzt sich aus dem *West- und Ostgroden* sowie dem *Ostende* zusammen, wobei die beiden erstgenannten Zonen, je nachdem ob sie vor oder hinter dem Deich liegen, begrifflich weiterhin in West- bzw. Ostaußen- und -innengroden aufgeteilt werden. Diese Gebiete nehmen einen ansehnlichen Teil der Inselfläche ein; dem Ostende, einem winzigen Zipfel, kommt eigentlich nur mehr Vorzeigefunktion zu.

Was sich, von Westen her, hier erstmalig Groden nennt, ist auf den übrigen ostfriesischen Inseln der "Heller": *Salz- und Strandwiesen.* Hinter den Deichen werden die Groden heute "für den Naturschutz extensiv bewirtschaftet", sogar Orchideen gedeihen hier. Im Gebiet der Außengroden haben sich relativ *seltene Pflanzenarten* wie Strandflieder, Salzaster und Grasnelke in großen Beständen ansiedeln können. Die bunten Flächen des Westaußengrodens, durch die das gemütliche *Inselbähnle* vom einsam gelegenen Hafen in den Ort fährt, geben dem Eiland im Frühling und Sommer einen ganz besonderen Reiz. Aussteigen und Blumenpflücken ist aber nicht drin. Lediglich am Westrand des Gebietes führt ein Pfad entlang. Der Ostaußengroden darf ganzjährig nicht betreten werden.

Gefährdung

Schon existieren Schubladenpläne, der Idylle ein Ende zu bereiten. Weshalb gerade immer *Ölgesellschaften* mit solchen bizarren Konzepten jonglieren, bleibt auch im Fall Wangerooge unsichtbar. Die Firma *Statoil* will sozusagen

NSG
Westgroden
(KVW)

als "Wiedergutmachung" für eine quer durch den Niedersächsischen Nationalpark Wattenmeer geführte Pipeline den bukolischen Wangerooger Westhafen zu einer schnieken Marina ausbauen und eine Straße durch den Westgroden führen.

Was soll das, fragt man sich unwillkürlich. Die Wangerooger werden sich diese Frage hoffentlich auch stellen, bevor ihnen Liebhaber einer natürlichen Inselatmosphäre durch Fortbleiben langfristig eine höhere Rechnung präsentieren, als das Ölgewerbe je zu zahlen gewillt wäre. Da die Insel im Westen aber ohnehin Substanz abbaut, dürften die schönen Pläne dort bleiben, wo sie hingehören: in den Schubladen.

Biotope im Bombentrichter

Daß menschengemachte Scheußlichkeiten auf diversen Umwegen indes auch ihr Gutes haben können, zeigt sich in den **Dünen** westlich des Ortes. Hier sind noch zahlreiche Bombentrichter des großen Luftangriffs vom April 1945 erhalten geblieben. In ihnen sammelt sich Regen- und Grundwasser, und lebendige kleine **Feuchtbiotope** sind im Lauf der Zeit entstanden, in denen jetzt rege Fauna und Flora ein Zuhause findet.

Ostspitze An der Ostspitze sind Land und Dünen noch am Wachsen. Weite *Sandflächen* erstrecken sich hier, Heim und Brutstätte des *Sandregenpfeifers*. Obwohl in diesem Bereich ein Fußweg am Ufersaum vorbeiführt, sind Wanderer gehalten, die Ostspitze möglichst weiträumig (d. h. nur bei Niedrigwasser) zu umrunden. Das abgesperrte *Brutgebiet* darf nicht betreten werden.

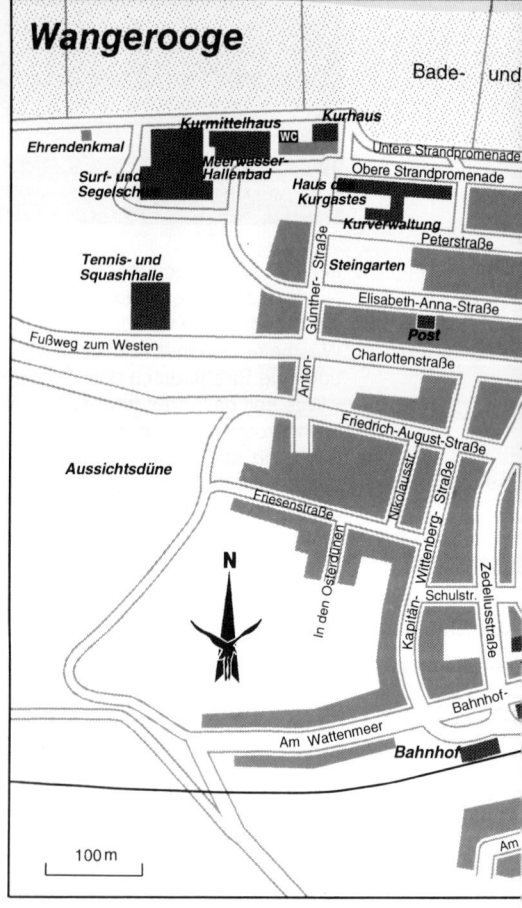

**National-
park-
einrich-
tungen**
Je eine **Nationalpark-Station** befindet sich in der Nähe des Westturms und am Ostgroden. Detaillierte Informationen und Anschauungsmaterial zum Thema NSG gibt's im **Nationalpark-Haus** am Rosengarten ("Rosenhaus").

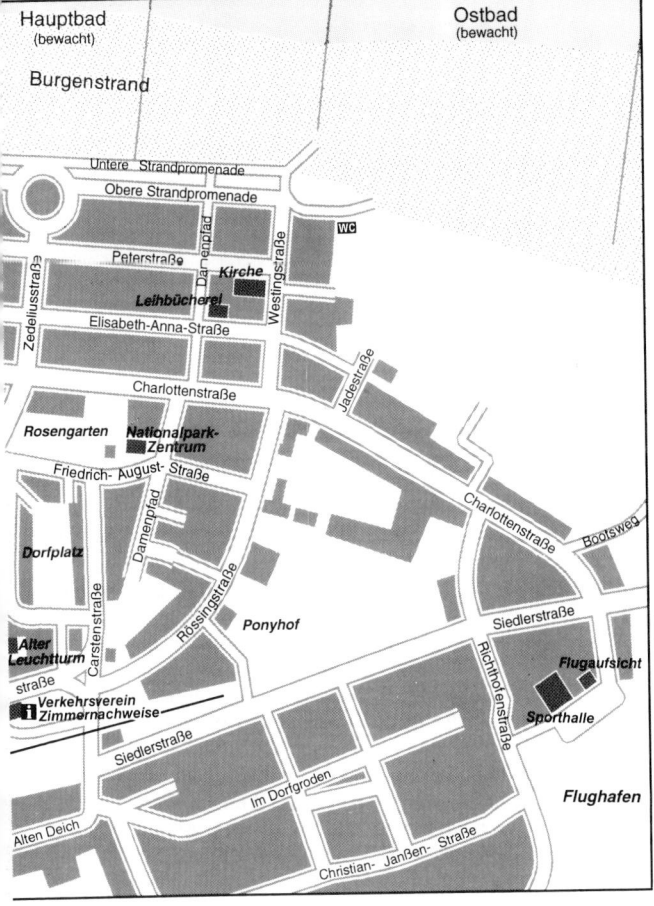

Der Leucht-
turm von
Wangerroge

Sehenswertes

Die Inselgeschichte schließt interessante Baulichkeiten aus alter Zeit von vornherein aus. Wer
wollte noch die Trümmer des ersten Westturms
besichtigen? Zum Heulen eher ist einem dort zumute.

Kriegsbeton-Nostalgiker können im vorerwähnten Café Pudding, dem Nabel Wangerooges, ein wenig auf ihre Kosten kommen. Dort
stand im schlimmen Jahr 1944 ein *Bunker* mit
Funkmeßgerät, letzteres längst nicht mehr vorhanden, aber ersterer – z. T. "geschliffen", wie es
offiziell heißt – noch erhalten.

Nahe dem Bahnhof aus dem Jahre 1905 steht
der *alte Leuchtturm* und in dessen Vorgarten
die verwitternde *Dampflok*, die bis 1957 noch
zwischen Hafen und Dorf hin- und herschnaufte.
Im unteren Geschoß des Leuchtturms befindet
sich ein *kleines Museum,* das einen ganz guten
Einblick in die Inselhistorie und die alte christ-
liche Seefahrt gibt. Die 3 Mark Eintritt berechti-

Sehenswertes

Die Inselgeschichte schließt interessante Baulichkeiten aus alter Zeit von vornherein aus. Wer
wollte noch die Trümmer des ersten Westturms
besichtigen? Zum Heulen eher ist einem dort zumute.

Kriegsbeton-Nostalgiker können im vorerwähnten Café Pudding, dem Nabel Wangerooges, ein wenig auf ihre Kosten kommen. Dort
stand im schlimmen Jahr 1944 ein *Bunker* mit
Funkmeßgerät, letzteres längst nicht mehr vorhanden, aber ersterer – z. T. "geschliffen", wie es
offiziell heißt – noch erhalten.

Nahe dem Bahnhof aus dem Jahre 1905 steht
der *alte Leuchtturm* und in dessen Vorgarten
die verwitternde *Dampflok*, die bis 1957 noch
zwischen Hafen und Dorf hin- und herschnaufte.
Im unteren Geschoß des Leuchtturms befindet
sich ein *kleines Museum,* das einen ganz guten
Einblick in die Inselhistorie und die alte christ-
liche Seefahrt gibt. Die 3 Mark Eintritt berechti-
gen auch zum Erklimmen der 160 Stufen des
Turms, von dessen hoher Warte man einen
prächtigen Ausblick bis zum fernen Helgoland
hat, etwas klare Sicht natürlich vorausgesetzt.

Insel-Info

(KVW)

Kirchen   Ev.-luth.: Dorfplatz 34; kath. (St. Willehad): Damenpfad 20; neuapostolisch: Peterstr. 17.

Ruhezeit   Vom 1.5. bis 30.9. jeden Jahres ist 22-8 und 13-15 Uhr offizielle Kurruhezeit, in der Störungen jeglicher Art untersagt sind.

Hunde   Hunde sind am Bade- und Burgenstrand sowie an der Unteren Strandpromenade nicht zugelassen. Überall sonst sind sie an der Leine zu führen. "Entsorgungstüten" gibt es unentgeltlich bei der Kurverwaltung. Am Ende des *Oststrandes* stehen für Hundehalter und ihre Lieben Strandkörbe bereit. Die Verwaltung bittet dringend darum, weder Strand noch Körbe "vollzumachen".

Kinder   ●*Spielplätze* befinden sich am Badestrand, ein "Abenteuerspielplatz" nördlich der Tennisanlage.
●Im *Haus des kleinen Gastes* an der oberen Strandpromenade können Kinder von Kurgästen zeitweise betreut werden, wenn die Eltern "mal kurz unterwegs sind". Altersbegrenzung: 3-6 Jahre. Der Kindergarten ist von Beginn der Osterferien bis Ende September geöffnet, und zwar Mo-Fr 8.30-11.30 und 14-16 Uhr, Tel. 890.

Fortbewegung

Fahrrad   Ein sattes Sortiment gängiger Typen gibt's bei *Edith Beier* (Kpt.-Wittenberg-Str. 11 und – nur vom 1.4. bis 30.10. – am Kiosk Im Westen). Ein Durchschnittsradl kostet dort 3 DM/Std., 7 DM/ Tag, mit Gangschaltung 8 DM. Wochenpreis: ab 35 DM. In der NS kosten alle Räder 6 DM/Tag. Bei *Beier* kann man auch Go-Carts mieten, und zwar je nach Größe für 6-12 DM/Std., die letzteren für 4 Personen.

Spaß für
Kinder (KVW)

●Fahrräder gibt's auch im *Insel-Fahrrad-Laden* (F.-August-Str. 15) und bei *von Ahn* (Zedeliusstr. 37). Manche Hausvermieter bieten ebenfalls Räder an.
●Auf Wangerooge hat man Maßnahmen getroffen, etwaigen Unfug, sprich Spaß, mit **Go-Carts** (das sind vierrädrige überdachte "Tretkutschen") zu unterbinden. So sind z. B. die wenigen Straßen mit etwas Gefälle (auf denen man mit einem "Affenzahn" hinuntersausen kann) für die Vehikel gesperrt. Jedes Tret-Team erhält vom Vermieter überdies eine Liste mit Verhaltensmaßregeln. Wer dagegen verstößt, wird selbst gesperrt.

Pferd: Siehe Sport.

Unterkunft

Hotel-   ●Das *Hotel-Restaurant Am Flugplatz* (Tel. 94840) gewährt
Pensionen ganzjährig einen Ausblick auf das Flugfeld, was manchem dem insularen Action-Mangel Überdrüssigen ganz gut gefallen mag. 60-100 DM ÜF.
●Das *Hanken* (Tel. 8770), "nur eine Gehminute vom Strand entfernt", bietet "Wangerooger Gastlichkeit seit 3 Generationen" was die Sache allerdings verteuert. Mit 80-120 DM ÜF steht der eckige Hotelkomplex preislich mit in der ersten Reihe.
●Architektonisch unterscheidet sich der *Kaiserhof* (Strandpromenade, Tel. 8150) kaum vom Hanken, und auch die "wirklich guten Betten" sind bestimmt nicht wesentlich komfortabler als dort. Aber die Preise sind niedriger (ab 80 DM ÜF), und der Strand wirklich unmittelbar vor der Tür.
●Mit 63 DM ÜF geht's los im Hotel *Haus Luginsmeer* (Tel. 880), das bauartlich leider einer Kaserne etwas ähnlicher sieht als einer gemütlichen Herberge. Deshalb wohl ist es auch primär dem *Deutschen Beamtenbund* vorbehalten, dessen Reisedienst unter der Nummer 0511-363462 weitere Einzelheiten zu geben weiß.
●Das *Parkhotel* (Tel. 87080) erfreut sich ruhiger, umgrünter Lage und kostet ab 55 DM ÜF.
●Das Strandhotel *Upstalsbom* (Strandpromenade, Tel. 8760) ist das größte Haus am Platze und bietet "friesische Gastlichkeit" zwischen 80 und 180 DM ÜF bis zum einem Maximum von 238 DM VP an. Auch günstige Pauschalangebote. Zentrale Buchung über 04921-89970.
●Eine Handvoll kleinerer Hotels und Pensionen ergänzt diese Sparte mit Preisen ab 35 DM ÜF.

Pensionen Die Wangerooger Pensionen kosten, wenn man auf die Kellersauna verzichten kann, ab 26 (bis etwa 35) DM ÜF. Diese Preise beziehen sich auf "fl.w.u.k.W." im Zimmer. Mit Dusche ist's teurer: Ab 35 DM ÜF.

**Ferien-
wohnun-
gen**

Ferien- und Gästewohnungen gibt's jede Menge. Nur bei diesem Beherbergungskomplex wird im Gegensatz zu den anderen eine preisliche Differenz zwischen HS und übrigen Zeiten gemacht, die in allen Fällen substantiell ist, wodurch mitunter weniger als die Hälfte des HS-Preises erreicht wird. Dieser schließt allerdings auch "Ferienzeiten" ein, und man sollte vorher unbedingt abklären, was der jeweilige Vermieter unter diesem Begriff versteht.

●Generell liegt die Pro-Kopf-Miete in diesen Herbergen zwischen 20 und 40 DM für die einfacheren Einheiten; bei Mehrraumwohnungen wird es dann schnell teurer. Frühstück gibt's nur in den seltensten Fällen. Fast alle diese Häuser sind ganzjährig offen.

**Jugend-
herbergen**

Die *JH Wangerooge* befindet sich im Westturm (das ist auch die Anschrift, Tel. 439). Vorbeilaufen ist unmöglich, denn der markante Turm ist überall auf der Insel zu sehen. 20 Gehminuten sind's zum Anleger, 45 in den Ort. Gleich daneben liegt ein Vogelschutzgebiet.

●Die JH hat die Kategorie II und verfügt über 136 Betten und 3 Tagesräume. Offen von Mai bis September (keine Heizung; wurde für lederzähes Jungvolk gebaut!). Genaue Termine sind zu erfragen.

●Achtung: Nur VP. Kurtaxpflichtig (die JH erteilt Auskunft). Vermerk bei "Reise und Preise" beachten!

Gastronomie

●Im bereits erwähnten *Café* (auch Restaurant) *Pudding* an der Strandpromenade trifft man einander, um etwas zu sich und gleichzeitig von dort oben Peilungen zu nehmen, wo man sonst hingehen kann.

●Wie wär's mit dem *Radieschen* (Zedeliusstr.), einem echten "Alternativlokal" auf rein vegetarischer Basis (Spezialität: Gemüseaufläufe)? Auch im Winter durchgehend geöffnet.

●Gut fürs Budget mit kleinen, einfachen Speisen ist die "Insulaner-Kneipe" *Zur Börse* (Am alten Leuchtturm).

●Fisch und nur Fisch gibt's – in "gutbürgerlicher" Gestaltung – bei *Kruse* (E.-Anna-Str.). Beliebt; Gruppen sollten sich anmelden (Tel. 644).

●Schräg gegenüber liegt das Restaurant *W'ooge*. Spezialität: Speisen zum Selbstzusammenstellen, ohne daß ein "Chef" ins Handwerk pfuscht!

●Wangerooges "Szenetreff" ist die Bar *Treibsand* (Zedeliusstr.), im Winter allerdings nur an Wochenenden. Sonst muß man in die *Kogge* gehen: drei Häuser weiter gegenüber.

●Anspruchsvolle Esser werden ihre Erwartungen im Re-

staurant *Gerken* (Strandpromenade) erfüllt finden, aber es
kostet auch ein wenig mehr.

●Das *Towerstübchen* liegt am Flugplatz und serviert Gutbürgerliches für einschwebende hungrige Fluggäste und
Ausflügler von Wangerooge-Town.

●Beliebte Ausflugslokale sind auch das *Jan Seedorf,* auf
halbem Wege zum Westturm gelegen, und das *Café Neu-
deich* ("Im Osten") mit kleiner Speisekarte und Cafébetrieb
nur zur Saison.

●Im *Ahoi* (Strandpromenade) gönnt man sich zuletzt noch
einen zur Nacht, oder aber in *Peos Kugelbake* (Im Dorfgro-
den), wo man zudem kegeln kann. Beides sind beliebte
Wangerooger Kneipen.

●Außerdem erstklassige Restaurants in den führenden
Hotels plus zahlreiche Imbisse, Teestuben usw.

Sport

**Hallen-
und
Freibäder**

Das Meerwasserhallen- und -freibad (Tel. 8947) findet
man beim Kurmittelhaus. Das **Hallenbad** ist 25 m lang,
das Wasser 28 °C warm. Whirlpools, Gegenstromanlage,
Kinderplanschbecken, Wasserrutsche und -kanone,
Sauna – alles da. Angegliedert ist auch ein Meerwasser-
bewegungsbecken mit 30 °C Wassertemperatur.

Das **Freiluftbad** ist 28 °C warm. Es ist über einen Aus-
schwimmkanal mit dem Hallenbad verbunden und hat
Brodel-, Plansch- und Springerbecken, Liegemulden und
Unterwasser-Sitznischen mit Massagedüsen.

●*Öffnungszeiten*: Das Bad ist bis auf eine Instand-
setzungspause im November/Anfang Dezember ganzjährig geöffnet. Tägliche Öffnungszeiten: Mo 11-21, Di-Do
8.30-19, Fr. 8.30-21, Sa und So 8.30-18 Uhr.

●*Eintritt:* Einzelkarten (4 Stunden): Erw. 12 DM, Kinder
5-14 J. 6 DM, Tageskarte Erw. 15 DM, Kinder 8 DM. Angeboten werden auch besondere Tarife z.B. für Wasser-
gymnastik (Mo-Fr 16.15-17.15 Uhr, 5 DM) oder Baby-
schwimmen (Sa 11-12 Uhr, 5 DM). Bei häufiger Benut-
zung der Bäder lohnt sich eine Geldwertkarte (100 DM,
Wert 120 DM oder 140 DM, Wert 180 DM).

**Gym-
nastik**

Im Sommer ist fast täglich zu verschiedenen Terminen
Gymnastik am Strand angesagt. Auch Kinder werden voll
in das Programm eingebunden.

Insellauf

Populär ist Jogging und der "Insel-Lauf" (einmal "umzu",
jeden Do um 18.30 Uhr).

**Strand-
sport**

Mehrmals im Monat finden am Strand Tennis- und Volley-
ballspiele statt, und kosten tut's auch nichts. Einzelheiten
im Veranstaltungskalender.

Oldtimer in
Carolinensiel

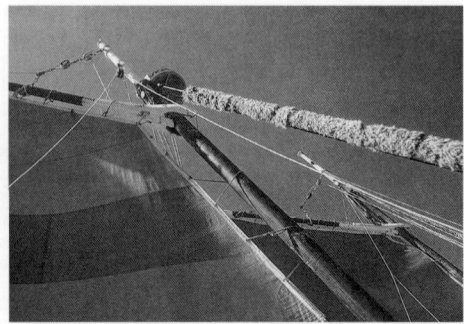

**Tennis
und
Squash**

Tennis gegen Cash gibt es im Sportzentrum der Kurverwaltung (Tel. 1396), und zwar auf 2 Hallen- und 3 Frei-
plätzen. Preise: drinnen 28 DM/Std., draußen 20 DM,
Squash 16 DM. Jedes Jahr finden auf Wangerooge
Bädertennisturniere statt, an denen jedermann teilnehmen kann.

Reiten

Beim *Reitstall Wangerooge* (Tel. 362) und bei *Janssen* (Tel.
650); um 35 DM für einen Strandausritt, die Dreiviertelstunde Abteilungsreiten in der Halle kostet für Kinder 25,
für Erwachsene 30 DM.

Surfen

Der *Tschako* (Imbiß auf der Strandpromenade) ist die rich-
tige Adresse, ggf. auch die Surfschule selbst: Tel. 369. 10-
Stunden-Kurs 220 DM, Kinder 150 DM. Board 15-18
DM/Std.

Unterhaltung

Programm

In der Saison läuft ganz schön was auf Wangerooge.
Außer Mo werden täglich **Kurkonzerte** gegeben (im Rosengarten, bei Regen im kleinen Kursaal). Die beiden Kur-
säle (es gibt auch einen großen) sind die Stätte eines gemischten **Programms**, das manchmal schon nachmittags
mit Kinderunterhaltung beginnt und sich ab 20 Uhr mit Fil-
men, Diavorträgen, Shantysingen des Wangerooger
Yachtclubs, plattdeutschen Lustspielen und dergleichen
fortsetzt. Die meisten dieser Darbietungen sind kostenpflichtig. Ein Mozart-Abend kann schon mal mit 14 DM zu
Buche schlagen, und selbst die Kleinen sind mit 4 Mark
dabei, wenn der Zauberer kommt.

Schach

Beliebt sind auch **Schachturniere**, z. T. internationalen
Zuschnitts, die jedes Jahr gegen Ende Juli stattfinden.

Veranstaltungshinweise	Das jeweilige Programm läßt sich dem von Ostern bis September monatlich erscheinenden ***Veranstaltungskalender*** der Kurverwaltung entnehmen.

Touren

Wattwandern	Wattwanderungen werden in der Saison fast täglich unternommen. Man trifft sich zu verschiedenen Zeiten (von der Tide abhängig) am Bahnhofsvorplatz und geht für etwa 2,5 Std. auf Tour. Preis: 8 DM, Kinder die Hälfte. Info: *Siemens* (Tel. 1693) und *Stratmann* (Tel. 601).
Vogelkundliche Exkursionen	Kostenlose vogelkundliche Exkursionen unter sachkundiger Führung finden im Sommer je einmal wöchentlich ab ***Vogelwarte*** West bzw. Ost statt. ***Fahrräder*** mitbringen!
Kutschfahrten	Der *Reitstall Wangerooge* (Tel. 362) bietet für 100 DM/Std. Kutschfahrten an, und zwar für bis zu 5 bzw. 9 Personen.
Schiffstouren	Für Kutter- und Angelfahrten muß eine Adresse in Harlesiel mobilisiert werden. *Albrecht* (Tel. 04404-1300). In der Saison kann man sich auch an den *Fahrradverleih Beier* wenden (Tel. 486).
Rundflüge	LFH (Tel. 1755): Preis bei 2 Personen 45 DM (Erw.), 35 DM (Kinder bis 10); ca. 13 Min. Dauer.

Fährverbindungen

Hafen	Wangerooges Zubringerhafen auf dem Festland ist ***Harlesiel*** (siehe dort).
Katamaran	Von Juli bis August verkehrt ca. zweimal wöchentlich der Katamaran *Nordblitz* der *Niekamp Seetouristik GmbH* (Tel. 0471-76734) ab Bremerhaven (Erw. 43 DM, Kinder 30 DM) bzw. Bremen-Vegesack (Erw. 54 DM, Kinder 40 DM). Gepäck bis 30 kg kostet 8 DM, bis 50 kg (Höchstgewicht) 15 DM. Sperrige Gegenstände wie z.B. Fahrräder werden nicht befördert.

Flugverbindungen

Mit Harle	Der *Luftverkehr Friesland Harle* (LFH, Tel. 04464-8011) fliegt täglich jede volle Stunde 8-18 (außer 13 und 14) Uhr ab ***Harle*** und jeweils 30 Min. später von Wangerooge zurück. Preise: 49 DM einfach, 93 DM hin und zurück. Kinder unter 10 zahlen die Hälfte.

Im Anflug auf
Wangerooge
(KVW)

Weitere Verbindungen

Weitere Verbindungen mit LFH, OFD und ROA bestehen mit Wilhelmshaven (5mal täglich, 65 DM), je 1mal täglich mit Bremen (95 DM), Bremerhaven (100 DM) und Helgoland (100 DM zuzügl. 15 DM Gebühr auf Helgoland), nach Baltrum (70 DM), Langeoog (65 DM) und Norderney (80 DM).

Flugplätze

Die Flugplätze Harle und Wangerooge befinden sich jeweils etwa 1 km östlich des Ortes.

Mit dem eigenen Boot

Der schöne, einsam gelegene Hafen im Westen der Insel ist allein eine Reise wert. Mit einer minimalen Wassertiefe von 1,5 m nimmt er auch größere Boote auf. Es existiert nur ein (allerdings großer) zentraler Schwimmsteg, der oft belegt ist; Gäste müssen dann auf die festen Stege ausweichen. Ein vorheriger Check mit dem *Hafenmeister* (Tel. 630) ist bei jeder Anreise empfehlenswert.
●Duschen und WCs gibt's auf dem Fähranleger.

Geheimnisvolle Eilande

Östlich von Wangerooge liegen zwei Inseln, die ein mysteriöser Schleier umgibt. Die eine, Minsener Oog, ist ein riesiger Sandhaufen, die andere, Mellum, ist platt wie ein Pfannkuchen. Für beide gilt: "Betreten verboten!"

Minsener Oog ist künstlich angelegt und besteht im wesentlichen aus einem Netzwerk von Leitdämmen, die verhindern sollen, daß Wangerooge und die restlichen Ostfriesinnen nach und nach in das tiefe Loch der Jademündung rutschen. Deshalb wird auf der Insel ständig gearbeitet, aufgespült und umgeschichtet, und deshalb darf man sie (außer in Notlagen) auch nicht betreten.

Oldoog, ein Stückchen südlich davon, ist nur noch eine Sandbank und Vogelschutzgebiet.

Die Insel *Mellum*, jenseits der Jade gelegen, ist eigentlich auch nur eine bessere Sandbank, doch durch umliegende Watten vor der See geschützt. Dadurch hat sich ein "grüner Strand" herangebildet, ein aus dem Niederländischen übernommener Begriff, der eine dynamische, dem Küstengroden ähnliche Vegetationsansiedlung bezeichnet.

Mellum, 6,3 km² groß, ist zur Gänze NSG und zum Teil *Vogelschutzgebiet*; ein Vogelwart ist ständig anwesend. Neben Memmert bei Juist beherbergt Mellum heute die größte *Silbermöwenkolonie* an der deutschen Nordseeküste, ist jedoch so streng geschützt, daß selbst Wissenschaftler Probleme haben, dort einen Fuß an Land zu setzen.

Helgoland, Neuwerk und Scharhörn

Helgoland
- roter Fels im Meer

Dieses – auch heute noch gültige – Gedicht schrieb der Verfasser des Deutschlandliedes im August 1842 auf Helgoland. Die *Hoffmann von Fallersleben Gesellschaft e. V.* in Wolfsburg stellte das lange als verschollen geltende Gedicht in jüngster Zeit der Öffentlichkeit zur Verfügung.

Freunde, geht ins Seebad!
Jedes Leid und Weh
lindert und beschwichtigt
scheucht und heilt die See.

Jedem wird Genesung
in der See zuteil,
jedem Rang und Stande
bringt das Seebad Heil.

Wer auf festem Lande
nirgend Heilung fand,
wird sie wahrlich finden
dort in Helgoland. -

Vetter Michel höret
dieses frohe Wort,
macht sich auf und eilet
nach der See sofort.

Und er badet täglich
in des Weltmeers Flut,
denn er weiß, das Seebad
machet alles gut.

Geschichte

Der Name Gegen **700 n.Chr.** landete der *Heilige Willibrord* auf einer Missionsreise im damaligen "Forsetisland" an und versuchte – erfolglos – dessen Bewohner zum Christentum zu bekehren. 87 Jahre später nahm *Liudger von Münster* einen neuen Anlauf. Ihm gelang die Konversion, und er war es, der die erste Kirche auf der Insel baute. ***Ab 800*** taucht der Name **Heiligland** auf, unter dem die Insel fortan bekannt blieb.

Frühe Ge- An früherer Stelle wird in diesem Buch bereits Bezug auf
schichte die erdgeschichtliche Entstehung der Nordseeinseln genommen. Der Faden sei hier ungefähr zu einem Zeitpunkt weitergesponnen, als *St. Willibrord* dort seinen Fuß an Land setzte. Zwar war Helgoland damals, vor 1200 Jahren, schon lange vom Festland getrennt, doch es war immer noch ein großes Territorium. Bereits in der **Jungsteinzeit** (3000-1800 v.Chr.) hatte es hier Menschen gegeben, und in den folgenden tausend bronzezeitlichen Jahren muß es sogar, Ausgrabungen zufolge, zu einer gewissen Blüte gekommen sein. Noch in diesem Jahrhundert gingen manche Gelehrte so weit, in den untergegangenen Landesteilen das sagenhafte Atlantis zu vermuten.

Auch der Husumer Kartograph *J. Meier* hatte im 17. Jahrhundert versucht, die Konturen des alten Heiliglandes **um 800** zu rekonstruieren. Ob die dabei entstandene Karte aber nur entfernt der Realität entspricht, ist fraglich. Sicher ist, daß Helgoland, wie alle Nordseeinseln, durch den steigenden Meeresspiegel ständig an Substanz verlor. Die erste relativ wahrheitsgetreue Karte wurde *1325* von einem Genuesen verfertigt und zeigt ein erheblich geschrumpftes Eiland, und als Herr Meier anno 1649 die aktuellen Verhältnisse aufzeichnete, entstand ein Inselbild, das dem heutigen sehr ähnlich sieht.

Westklippen
um 1800

Mittelalter Zwar war Helgoland zu jenem Zeitpunkt noch etwa *viermal so groß* wie heute. West- und Ostteil waren über eine
Landbrücke verbunden; auf der heutigen Düne erhob sich
das *Witte Kliff*, ein mächtiger Kreidefelsen. In vielen
Aspekten mag es damals wie auf Rügen ausgesehen
haben. Doch der Abbau setzte sich pausenlos fort. Nicht
nur durch das Nagen der See, auch der Mensch half nach.

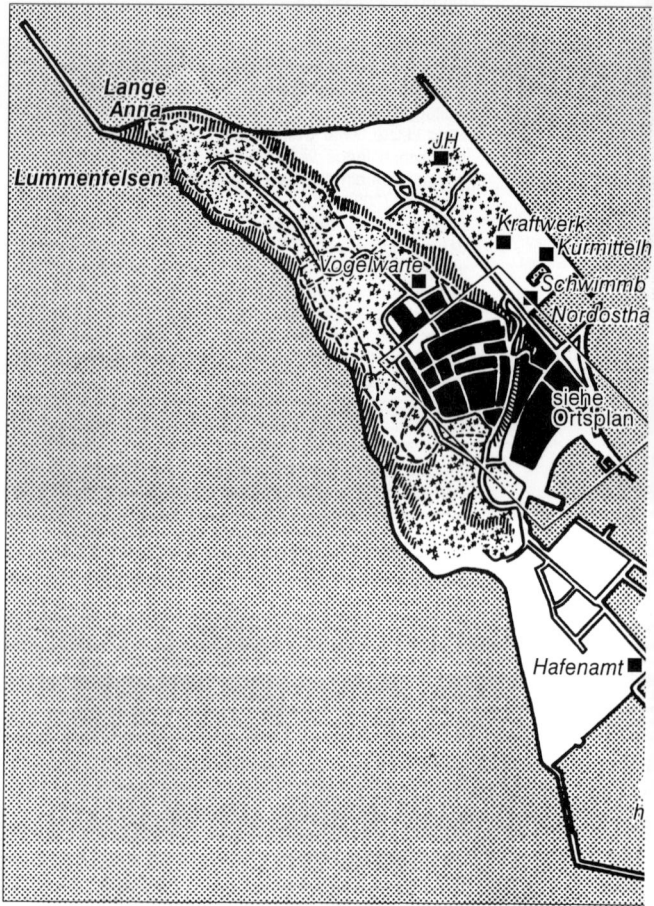

Große Mengen von **Muschelkalk**, wichtige Teile des Inselfundaments, wurden abgegraben und als **Baustoff** zum Festland verschifft. *1711* versank das Witte Kliff, doppelt unterhöhlt, während einer gewaltigen Sturmflut in der See. Die dünne Landbrücke wurde ein paar Jahre später ebenfalls endgültig hinweggespült. Helgoland war jetzt *zweigeteilt*.

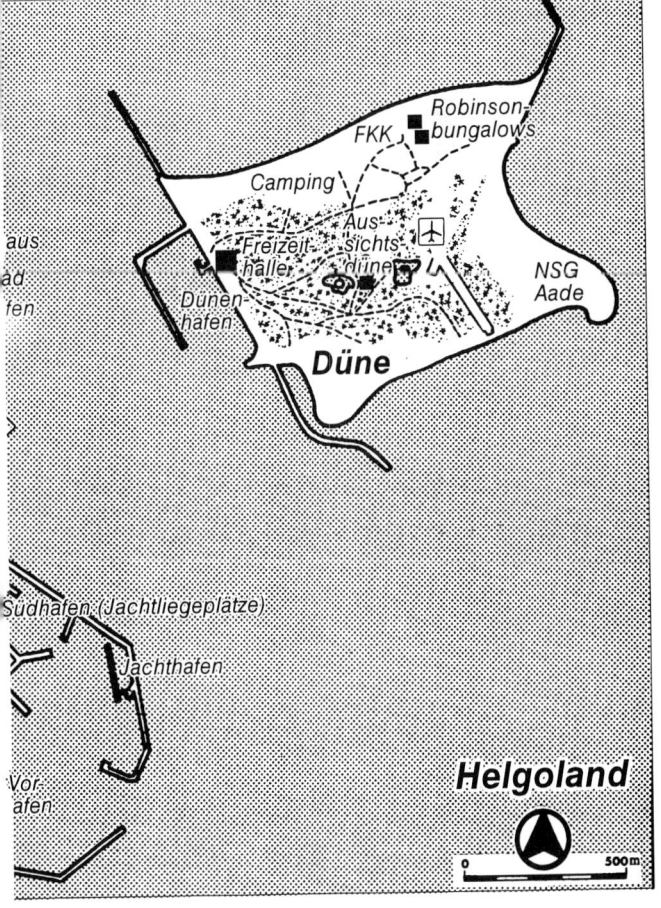

Helgoland um 1854

Dänen und Piraten

Um die *Mitte des 14. Jahrhunderts* nennt eine Hamburger Urkunde Helgoland einen *Zufluchtshafen* bei stürmischer See und beschwert sich gleichzeitig über einen dänischen Ritter, der die Insel in ein *Seeräubernest* verwandelt hatte. Dänen und Piraten: Dieses Duo macht in den Helgoländer Annalen immer wieder von sich reden. *1231* bereits weist das "Erdbuch" *König Waldemars II.* auf eine frühe dänische Bindung hin. In der *zweiten Hälfte des 14. Jahrhunderts* nisten sich die *Vitalienbrüder* dort ein, bis sie 1402 von den Hamburgern vertrieben und geschlagen werden. *1684* sind die *Dänen* wieder am Zuge, zwar nur fünf Jahre lang, aber *1714* sind sie erneut da, diesmal *bis 1807*. Jetzt wird Helgoland *englisch. 1849* kabbeln sich Dänen und Deutsche wieder einmal vor Helgoland.

Wer immer gerade seine Fahne auf der Insel flattern ließ: Den *Halunnern* – so der friesische Name der Eingeborenen – machte es wenig aus. Bestimmt hatten sie hier und dort ein bißchen mitpiratisiert. Doch ansonsten gingen sie dem *Heringsfang* nach, der besonders im 16. Jahrhundert sehr ergiebig war, später wurde der *Schellfisch* zur Haupteinnahmequelle. Auch waren die Insulaner sehr tüchtige *Lotsen* und als solche an der ganzen deutschen Nordseeküste begehrt.

Neue Ära

Für die Dauer der napoleonischen *Kontinentalsperre* gedieh das britische Helgoland zum bedeutendsten *Warenumschlagplatz* Nordeuropas. Es wurde *geschmuggelt* auf Deubel komm raus; auf der Insel begannen sich die ersten Anzeichen von Neureichtum bemerkbar zu machen. Doch dies war eine Scheinblüte, wie sich bald herausstellen sollte. Mit der Niederlage *Napoleons* im Jahre **1814** ging es mit Helgoland wieder **wirtschaftlich bergab**, unter anderem auch, weil die Seehäfen an Ems, Weser und Elbe nach dem Abzug der Franzosen ihr eigenes Lotsenwesen aufzubauen begannen. Die Helgoländer Lotsen waren nicht mehr gefragt. Außerdem war die Insel ja englisch, also Ausland. Selbst die Helgoländer Fischer hatten jetzt Schwierigkeiten, ihre Fänge auf dem Festland abzusetzen.

In dieser Situation, man schrieb das Jahr 1826, kam ein Insulaner namens *Jacob Andresen Siemens* auf die kühne Idee, ein **Seebad** zu gründen, um die Kassen wieder klingeln zu lassen. Der Gedanke faßte Fuß, die ersten "Kurgäste" traten in Erscheinung. Maler und Dichter begannen, die Schönheit der Insel zu preisen. *Heinrich Hoffmann von Fallersleben* dachte sich **1841** dort das **Deutschlandlied** aus, das 1922 zur Nationalhymne wurde. Auch *Friedrich Hebbel* und *Heinrich Heine* machten sich für das Eiland dichterisch stark. Der letztere, von daheim offenbar nicht sehr verwöhnt, empfand, "das Meer rieche wie Kuchen". **1905** mußten sich bereits **27000 Badegäste** diesen Kuchen teilen.

Krieg

Da war Helgoland auch schon deutsch. Am **10. August 1890** hatte Kaiser Wilhelm II. die Insel feierlich **in Besitz für das Deutsche Reich** genommen. Dafür wurden den Briten Kolonialrechte in Afrika sowie die Schutzherrschaft über **Sansibar** eingeräumt. Helgoland wurde dem preußischen Staat einverleibt und der Provinz Schleswig-Holstein zugeteilt, zu der – provinziell ist es dort ja eh geblieben – die Insel heute noch gehört.

Schon vierundzwanzig Jahre nach der Einverleibung mußten die Halunner die Insel wieder räumen – der **1. Weltkrieg** hatte begonnen. Kriegsbelange gingen vor. Helgoland war ja mit der alleinigen Absicht erworben worden, den Felsen zu einer **Seefestung** auszubauen, die die deutsche Nordseeküste schützen sollte. In den Jahren **1908 bis 1916** schusterte das Reich über 40 Millionen Mark in das maritime Fort. Der Helgoländer **Hafen** wurde massiv ausgebaut und die ersten wirksamen Schutzmaßnahmen gegen den Ansturm der See getroffen. Der Krieg zerschmiß alles wieder in Trümmer. Bei ihrer Rückkehr nach Kriegsende fanden die Insulaner eine Wüste vor.

Neu-beginn

Doch bald kam der Fremdenverkehr erneut in Schwung. Bäderdampfer nahmen wieder Kurs auf die rote Hochseeinsel. Und bald, **1934** bereits, wurde unverzagt von neuem **aufgerüstet**. Die kaiserlichen Kasematten, wegen lascher

233

Durchsetzung der Versailler Vertragsbedingungen teilweise heil geblieben, wurden zu weiträumigen **Bunker-und Tunnelsystemen** ausgebaut, die Hafenanlagen zur Aufnahme von größeren Kriegsschiffen und U-Booten vorbereitet. Das Oberkommando der Kriegsmarine entwarf **1937** ein großangelegtes **Hafenkonzept** für die Insel, die sogenannte Hummerschere. Danach sollte der alte Felssockel rund um Helgoland und Düne als Fundament für Molen und Uferbefestigungen genutzt werden; die beträchtlichen Zwischenräume wollte man aufspülen.

Die Arbeiten begannen ohne Verzug. Allein 440.000 Kubikmeter Beton wurden auf das unschuldige Eiland gegossen, 32.000 Tonnen Stahl verbaut. Kurz vor dem 2. Weltkrieg glich die Insel einer einzigen **Großbaustelle**.

Der lärmende Betrieb, die militärische Präsenz, nicht zuletzt auch die antisemitischen Verbotsschilder, die der damalige Bürgermeister in Aufbruchstimmung am Anleger aufstellen ließ, das alles verleidete den Liebhabern Helgolands die Insel. Dafür kamen massenweise **KdF-Touristen**. Gut hundert Jahre nach ihrer Gründung als Seebad erlebte die Insel ihre erste Tagesgastinvasion.

Wieder Krieg

Mit **Kriegsbeginn** erlosch jäh jedes Strand- und Badeleben. Bis auf die wehrfähigen Männer verblieb die Bevölkerung vorerst auf der Insel, auch Fisch- und Hummerfang wurden weiter ausgeübt. Da Helgoland fernab der umkämpften Fronten lag, war der Felsen strategisch nicht von großer Bedeutung und für die Alliierten zunächst kein Angriffsziel. Im **Frühjahr 1943** nahmen amerikanische Bomber jedoch erstmals Kurs auf die Insel. Weitere **Luftangriffe** folgten. Helgolands Bevölkerung, die in den verzweigten Stollen die Bombardements überlebt hatte, mußte wieder einmal **evakuiert** werden. Auf 150 Ortschaften auf dem Festland verteilt, waren die Halunner diesmal dazu verdammt, sieben lange Jahre auf ihre Heimkehr zu warten. Während der letzten Kriegsjahre hatte sich auf der Insel eine **Widerstandsbewegung** gebildet. Die Gruppe wollte Helgoland am **18. April 1945** kampflos an die Engländer übergeben. Die geplante Aktion flog indes durch Verrat auf, die Mitglieder der Bewegung wurden erschossen. Am Mittag des gleichen Tages unternahmen nahezu 1000 alliierte Flugzeuge **drei Großangriffe** auf die Insel. Nach knapp zwei Stunden lag Helgoland ausgebombt in Schutt und Asche. Wenige Tage nach der deutschen Kapitulation wurde der **Trümmerhaufen** an die englischen Streitkräfte ausgeliefert.

Big Bang

In der Folgezeit setzten die Engländer alles daran, die Insel endgültig von der Seekarte zu tilgen. Die vorgesehene Radikalkur tauften sie "Operation Big Bang". **1947**

– wiederum an einem 18. April – lösten sie die bislang **größte nichtnukleare Sprengung der Geschichte** per Fernzündung aus. Fast **7000 Tonnen Sprengstoff** flogen mit einem Schlag in die Luft. Doch die Insel blieb bestehen, wenn auch schwer angeschlagen. Der über 200 Millionen Jahre alte Buntsandsteindeckel des Oberlandes wurde durch den Urknall unmerklich angehoben, während der gewaltige Explosionsdruck durch das Schichtgestein zur Seite hin weitgehend entweichen konnte. Zusätzlich federte ein unterhalb des Inselmassivs gelegener Salzstock die Sprengwirkung ab.

Wieder Neu-beginn

Trotz des verpufften Big Bang hatten sich große Teile Helgolands in eine bizarre **Kraterlandschaft** verwandelt. Auch gab es jetzt nicht mehr nur ein Ober- und Unterland, sondern durch den Gesteinsschutt auch ein "Mittelland". Eine **weitere Großsprengung** gab den Trümmern den Rest. Danach bestimmte England die Insel zum **Bombenabwurfziel** für die britische Luftwaffe.

Die Sprengungen hatten bereits heftige **Proteste** ausgelöst, insbesondere seitens der Halunner. Die Bombardements ließen die Einsprüche zur Lawine anschwellen, welche die englische Regierung zunehmend unter Druck setzte. Nach einer spektakulären **Besetzungsaktion** durch zwei Heidelberger (nicht Helgoländer!) Studenten **im Dezember 1950** und diplomatische Verhandlungen der Adenauer-Regierung wehte ab **März 1952** die **Bundesflagge** über der Insel. Im gleichen Jahr lag auch schon der erste Bäderdampfer wieder vor Helgoland. Der **Neuaufbau** lief auf vollen Touren. Mitte der sechziger Jahre war das modernste Seebad der Deutschen Bucht zu hundert Prozent im Geschäft.

Helgoland heute

Tagestourismus

Es dauerte nicht lange, bis die Halunner erste Früchte ernten konnten: Im Tagestourismus erlebte das Eiland zu Beginn der **siebziger Jahre** einen wahren Boom. Über **820.000 Tagesgäste** landeten 1973 auf Helgoland, mehr als 2000 pro Tag. Fast alle kamen mit dem Schiff, nur wenige mit dem Flugzeug. Gleichzeitig registrierte die Kurverwaltung weniger als 415.000 Übernachtungen von Dauergästen. Seit diesen fetten Jahren hat sich am äußeren Erscheinungsbild der Insel wenig geändert. Investiert wurde wenig; die Gäste kamen auch so.

Einbußen   Eine erste Quittung für das perspektivlose "Streben nach der schnellen Mark" – O-Text der Kurverwaltung – folgte auf dem Fuße. Die Vermieter
mußten immer stärkere Einbußen hinnehmen.
Gegenüber dem Boomjahr 1973 sank die Zahl
der Übernachtungen bis 1987 um 40, die der
Tagesgäste um 44 Prozent.

Aufgeschreckt durch diese dramatische Fehl-
entwicklung hatte die SPD-Opposition im Kieler
Landtag wenig später eine ***Untersuchung*** be-
antragt, deren Ergebnisse im Herbst 1988 vorla-
gen. Sie besagten unter dem Strich, daß Helgo-

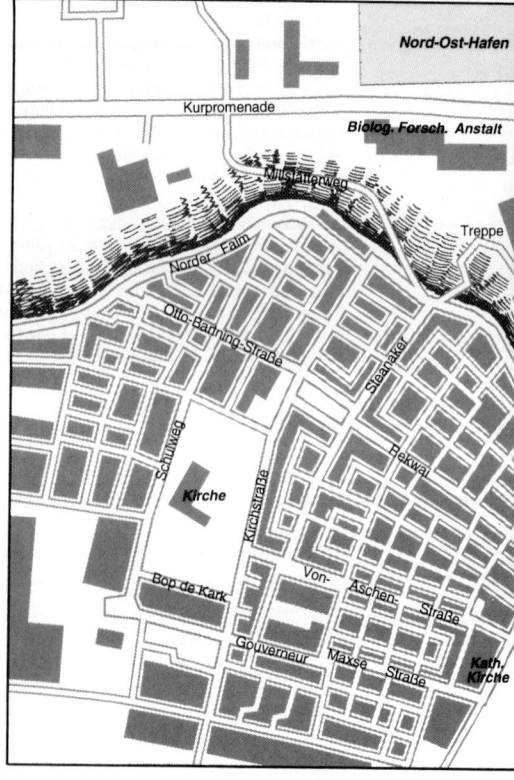

land einem schon lange nicht mehr anspruchslos dahinkonsumierenden Reisepublikum für zuviel Geld zu wenig böte und im Begriff stand,
sich auf dem gleichen Kurs ins touristische Abseits zu manövrieren.

*Kurs-
wechsel*

Dieser zweite Big Bang zeigte mehr Wirkung als
der erste. Der Kurs ist seither radikal geändert
worden. Man hat sich neue Ziele gesteckt, bei
deren Realisierung, so die Kurdirektion im Januar 1993, "Helgoland sich nun sicherlich bald mit
Sylt und Amrum vergleichen lassen kann." Dem

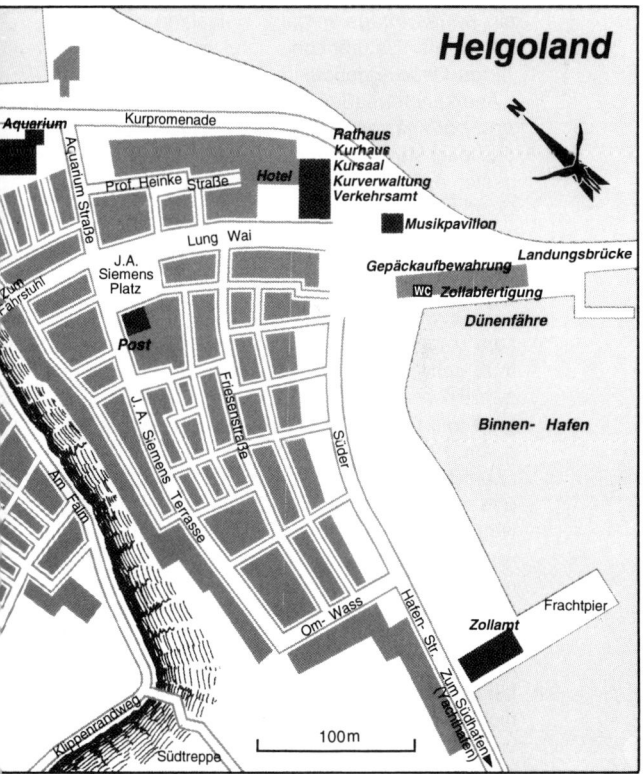

Rat der Expertise folgend, wurde der Insel auch ein *neues Image* verpaßt. Helgoland wird jetzt primär als "Naturerlebnis" und *maritime Erholungs-Oase* angeboten.

Anerkanntermaßen gilt Helgoland als *staub- und pollenärmster Ort der Republik*. 70 km ist das nächste Land entfernt, kein Kraftfahrzeug pestet auf der Insel. Das spärliche Gras des Oberlandes wird von Schafen kurz gehalten, um auch das letzte Pollenpartikel zu vernichten. *Allergiker* finden hier Befreiung, Naturfreunde ihr kleines Paradies.

Da kommt nun allerdings dieses Wörtchen zum Tragen: *klein*. Das Naturerlebnis Helgoland muß schon aufgrund räumlicher Beschränkungen ein kleines bleiben. Die Insel ist 0,95 km² groß (die Düne 0,7), in einer halben Stunde bequem zu umwandern. Die von riesigen Besucherscharen betrampelte einstige Großbaustelle und Bomberzielscheibe bietet allenfalls ein Natürchen. Kein Platz auch für Liebhaber insularer Einsamkeit; ein Robinson muß das Eiland mit vielen Freitagen teilen.

Dennoch werden Helgoland-Fans die felsigen Gestade auch weiterhin gegen die lieblichsten Palmenstrände zu verteidigen wissen. Helgoland hat ein gewisses Flair, das Sylt und Amrum nicht besitzen und das schwer einzuordnen ist: vielleicht die nie ganz verlorengegangene Aura einer uralten Sakralstätte.

Zollfreier   Zum Reiz des kleinen Abenteuers trägt auch
Status   Helgolands zollfreier Status bei, ein Relikt aus
dem glorreichen Zeitalter der Libertinage. Die
Insel ist **Zollfreigebiet**, was heißt, daß man sich
selbst bei kurzem Aufenthalt ohne lästige Abga-
ben mit allerlei Konsumgütern günstig eindecken kam. Allerdings in gewissen Grenzen.
Raucher- und Trinkerherzen schlagen auf Helgoland höher, denn die respektiven Suchtstoffe
sind einigermaßen billig. Günstig angeboten
werden auch Schmuck und Uhren. Bei anderen
Waren darf man sich aber auch im Kaufrausch
den Blick nicht trüben lassen. Vieles in der Ru-
brik "Duty-free" ist erheblich teurer als auf dem
Festland. Nur allzu verständlich, denn von dort
wurde es ja höchst aufwendig auf die Insel ge-
karrt. Und wer schleppt schon "5 kg Butter,
1 Tierkörper Geflügelfleisch", ein Kilo "Pflaumen
in Armagnac" oder einen Doppelliter Met mit
nach Haus – Artikel, die säuberlich in der Zollbe-
stimmung verzeichnet sind? Das eine oder andere Schnäppchen läßt sich auf Helgoland
schon machen, aber nicht das ganz große Geschäft. Denn bei der Abfahrt vom Eiligen Land
steht immer der Mann von der Zollstelle an der
Pier. Er sieht zwar nie besonders scharf hin –
aber daß er auf einem Auge blind wäre wie wei-
land Nelson vor Kopenhagen, darauf ist kein
Verlaß. Wer ganz sicher gehen will: das Zollamt
Helgoland hat die Telefonnummer 340.

Die Helgoländer Farben

"Grön is dat Land,
Rot is die Kant,
Witt is de Sand -
Dat sind die Farben von Helgoland."

Entsprechend sieht die Helgoländer Flagge aus:
(Waagerecht) grün, rot und weiß gestreift.

Sehenswertes

Es macht keinen Sinn, aus dem Komplex Helgoland Einzelstücke herauszuschälen und diese als besonders spektakulär zu preisen. Man muß die Insel *als Ganzes* gesehen und erlebt haben, um sie solcher Würdigung teilhaftig werden zu lassen.

Gleichwohl hat Helgoland viel von dem *Charme verloren*, der der Insel noch vor dem 2. Weltkrieg anhing. Damals, noch gar nicht lange her, gehörten die Westklippen Helgolands zu den schönsten *wildromantischen Steilküsten* Nordeuropas. Grotten, Höhlen, Brandungstore und Einzelfelsen markierten eine *Felsenpromenade*, die von 1792 an alljährlich von einer immer größer werdenden Zahl von Naturfreunden und Forschern besucht wurde. Die Namen der Einzelfelsen, die den Klippensaum schmückten, waren weltberühmt: Mönch, Hoyshörn, Predigerstuhl, Ingelskark, Paterken en sin Fru, Mörmers Stack, de Letje Kark, Kasteal Hörn und das Nathum Stack, das unter dem Namen *Lange Anna* als *letzter Einzelfelsen* zum Naturdenkmal helgoländischer Entwicklungsgeschichte geworden ist. Nur dieser einsame Pfeiler steht heute noch, Mahnmal für menschlichen Wahnwitz, der Helgoland ganz besonders zugesetzt hat.

Unter britischer Herrschaft erlebte Helgoland von 1807 bis 1890 *glückliche Jahre*. Die englischen Gouverneure zeigten Verständnis für die Eigenheiten der Kronkolonie in der Deutschen Bucht; sie und die Insulaner kamen prächtig miteinander aus. Um so schändlicher – und unbegreiflicher – ist, was die Engländer der Insel später antaten. Daß Helgoland im letzten Kriegsjahr bombardiert wurde, kann man notfalls akzeptieren; schließlich saß dort ja "der Feind". Die anschließenden Sprengungen und Bombardements waren jedoch völlig sinnlos und richteten sich ausschließlich gegen die Natur. Ein einzigartiges Naturdenkmal wurde zerstört, um ein Haar ganz.

Gleichzeitig wurde ein und für allemal die **Beschaulichkeit zerstört**, die den Ort Helgoland einmal ausgezeichnet hatte. Spuren eines mediterranen Ambientes – verwinkelte Gäßchen, dicht aneinandergeschmiegte kleine Häuser – waren noch bis ins 20. Jahrhundert hinübergerettet worden; auch sie wurden hinweggebombt. Dennoch kann man von Glück sagen, daß der **Wiederaufbau mit** einigem **Sachverstand** vollzogen wurde. Zwar wirken die Häuserzeilen der Appartementhotels recht monoton, zum Teil sogar steril, wie so oft auf den Inseln. Doch der Ortskern im Unterland empfindet immer noch ein wenig die **alte Friesenkultur** nach, mit moderat gehaltener Bebauung und Baumgrün. Klugerweise hat man auch die Düne vor architektonischem Wildwuchs bewahrt.

Eine kleine Vorstellung des alten Helgoland geben noch die **Hummerbuden am Binnenhafen**, bunte Holzhäuschen, in denen die Fischer ihre Gerätschaften aufbewahren.

Ganz besonders sehens- und besuchenswert ist das **Aquarium der Biologischen Anstalt** an der Kurpromenade. Hier findet sich die gesamte Fauna und Flora der Nordsee, von der gemeinen Klaffmuschel bis hin zur Seehundfamilie.

•Geöffnet (außer vom 10.11. bis 20.12.) Mo-Sa 10-17, So und feiertags 13-16 Uhr. Eintritt: 2 DM, Kinder 1 DM.

Wer jetzt noch etwas Zeit hat, sollte auf alle Fälle der **Helgoländer Vogelwarte** auf dem Oberland eine Visite abstatten. Dort werden Vögel gefangen, untersucht und nach behutsamer Beringung wieder freigelassen. Vom 15.3. bis 15.10. (sonst nach Vereinbarung, Tel. 306) kann man jeweils Di und Fr um 16.30 Uhr Einblick in diese Aktivitäten nehmen oder sich auch einer gelegentlichen Expedition in die Vogelwelt anschließen. Gesehen haben sollte man den **Lummenfelsen.**

Betrieb am
Lummen-
felsen

Die Düne

Auf der Hauptinsel gibt es keine nennenswerten
Badestrände. Gebadet wird deshalb auf der
"Düne", die insofern etwas irreführend benannt
ist, als es dort mit Ausnahme einiger Bodenwel-
len kaum Erhebungen gibt. Die Westseite ist
eine einzige lange *Mole,* dort befindet sich auch
die *Anlegestelle der Börteboote*. Der Ostteil
wird großenteils vom *Flugfeld* eingenommen.
Daneben, an das Bungalowdorf grenzend, kann
man sich im *Flughafen-Restaurant* stärken; zur
Abwechslung auch im *Dünenrestaurant* am Südstrand.

Der *Badebetrieb* findet am Nordstrand statt. In
der linken Ecke wird *gesurft*, in der Mitte läuft
man *textilfrei* umher. Es gibt sogar ein (kleines)
Naturschutzgebiet auf der Düne: Die *Aade* im
Südosten!

Die Helgoländer Lumme

An der Westseite Helgolands, in der Nähe der Inselnordspitze, befindet sich **Deutschlands einziger Seevogelfelsen.** Hier brüten **Lummen** neben zahlreichen Dreizehenmöwen auf den Galerien des Buntsandsteinfelsens. Der sogenannte Lummenfelsen steht unter Naturschutz. Er ist die alleinige Brutstätte dieses zu den Alken gehörenden Vogels in unseren Breiten. Die Lumme brütet sonst nur an den nordeuropäischen Meeresküsten, wo sie zu den typischen Bewohnern der nordischen "Vogelfelsen" gehört.

Auf den schmalen Felssimsen der Helgoländer Westklippe finden sich alljährlich rund **1000 Paare** dieser Vögel ein, die fast das ganze Jahr hindurch auf See leben und nur in der Brutzeit das Land aufsuchen. Die Ankunft der Lummen, die mit ihrem schwarzweißen Gefieder und ihrer aufrechten Körperhaltung kleinen Pinguinen gleichen, erfolgt im März bis Anfang April. Dicht an dicht werden dann die schmalen Vorsprünge der Felsen besetzt, und ein tausendstimmiges "Arr-arr" schallt weit vernehmbar von der Felswand.

Etwa Anfang Mai legt die Lumme auf den nackten Felsen ein **einziges Ei.** Nester kennen diese eigenartigen Seevögel nicht. Lummeneier sind in ihrer Grundfarbe und Fleckenzeichnung sehr unterschiedlich. Die fast birnenförmige Gestalt verhindert, daß das Ei vom Felsen herunterrollt, wenn es im Gedränge der Vögel angestoßen wird. Bedingt durch die Form dreht sich das Ei um seine Spitze. In einem Monat haben beide Elternvögel das Ei abwechselnd ausgebrütet und füttern ihr Junges ausschließlich mit Fischen.

Das ständige An- und Abfliegen der Lummen macht diesen Vogelfelsen zu einem faszinierenden **Beobachtungsplatz.** Die Lummen sind vorzügliche **Taucher.** Mit ihren Flügeln rudern sie und haschen mit ihrem spitzen Schnabel nach Fischbeute.

Anfang Juli locken die Alttiere vom Wasser aus ihre noch nicht flugfähigen Jungen zum sogenannten **Lummensprung.** Dieser Sprung der Jungen vom hohen Felsen ins nasse Element ist zugleich der Sprung ins Leben. Nun erlernen sie von den Alten das Tauchen und Fischen, und bald darauf ziehen die Lummen familienweise nach den nordischen fischreichen Gewässern. Erst auf diesem Zug nach Norden werden die Jungen flügge.

Insel-Info

PLZ: 27498
Vorwahl: 04725

Auskunft
● ***Kurverwaltung*** und ***Zimmernachweis:*** Lung Wai (Tel. 80862, Fax 426).
● ***Fremdenverkehrsverein:*** Büro Landungsbrücke (Tel. 355). Hilft bei der Zimmersuche.
● ***Flugauskunft*** und -buchung, allgemeine ***Reiseinformation:*** DER (Verkehrsamt, Tel. 80865); *Reisebüro Mailänder* (Oberland, Tel. 566).

Medizinische Versorgung
● ***Ärzte:*** G.-Maxse-Str. 638 (0), Aquariumstr. 182 (U), Am Falm (U).
● ***Zahnarzt:*** Oberland.
● ***Paracelsus Nordseeklinik:*** Invasorenpfad (U).
● ***Krankenwagen:*** Tel. 7723.
● ***DRK-Station:*** auf der Landungsbrücke.
● ***Apotheke:*** auf dem Oberland.

Saison
HS: 1.5. bis 30.9., NS: 1.10. bis 30.10. und 1.3. bis 30.4.

Kurtaxe
Siehe Anhang.

Strandkörbe
Strandkörbe (Düne), Preise:
Tageskarte vom 1.6. bis 31.8. 12 DM; Mai, Sept., Okt. 8 DM; Wochenkarte (1.6.-31.8.) 65 DM; Halb-Tageskarte für die Zeit vom 1.6. bis 31.8. ab 14 Uhr DM 8. Ohne Kurkarte kein Strandkorb.

Helgoländer
Gasse
um 1900

FKK   Am Nordstrand der Düne.

Ruhe-   12-14 und 22-8 Uhr.
zeiten

Hunde   Hunde sind überall auf der Insel anzuleinen. Die Düne ist
                   (außer bei An- und Abreise mit dem Flugzeug) für sie ge-
                   sperrt!

Kirchen   St. Nicolai (ev.), St. Michael (k.), beide Oberland.

Fortbewegung

Nur ein paar Fahrzeuge auf der Insel sind motorisiert, z. T.
elektrisch, und dienen ausschließlich der Versorgung. Auf
Helgoland geht man zu Fuß, auch Fahrräder dürfen nicht
benutzt werden. Der geringen Distanzen wegen besteht
auch keine Veranlassung dazu.

Fahrstuhl   Wer die Treppen zum (30 m hohen) Oberland scheut,
zum   kann einen Fahrstuhl benutzen. Betriebszeiten täglich
Oberland   7-21 Uhr (So und feiertags ab 9 Uhr). Preis 1 DM pro
                   Fahrt. Nicht empfehlenswert sind eigenmächtige Abkür-
                   zungen über die brüchigen Hänge, wie ein Zeitungsbericht
                   vom Sommer '93 zeigt:

---

20 Meter abgestürzt: Lebensgefahr

Auf Helgoland ist am Sonnabend ein 32 Jahre alter
Mann von einem 20 Meter hohen Steilhang gestürzt und
lebensgefährlich verletzt worden. Der Mann hatte sich
zusammen mit einem Freund nach einem Disco-Besuch
verirrt. Auf der Suche nach dem Heimweg verlor er das
Gleichgewicht.

Dünen-   Zur Düne gelangt man mittels der sogenannten Dünenfäh-
fähre   re, offene Börteboote, die von 8 bis etwa 17 Uhr zwischen
                   Insel und Düne pendeln. Genaue Zeiten im Aushang auf
                   der Landungsbrücke. Preise (Hin- und Rückfahrt):
                   Tagesbesucher ohne Kurkarte 24 DM; Kinder bis 18 ohne
                   Kurkarte 12 DM; Erw. mit Kurkarte 12 DM; Kinder 6-18 mit
                   Kurkarte 6 DM.

Unterkunft

Achtung: HS-Preise für alle Herbergen gelten vom 1.5. bis 15.10.

Hotels, Hotel-Pensionen und Fremdenheime

● Die feinste Adresse der Insel, das *Hotel Helgoland Karree* gleich vorn am Anleger, befand sich bei Drucklegung noch im Bau. Über 80 Zimmer, 10 Appartements, sowie Tagungs- und Konferenzzimmer wird der Palast bei Fertigstellung verfügen.

● Die bestehenden Hotels, Hotel-Pensionen und Fremdenheime sind wesentlich bescheideneren Zuschnitts. ÜF-Preise beginnen in diesem Komplex bei 31 DM (*Kumm Weer*, Tel. 378); der Durchschnitt liegt bei etwa 40 DM. In der NS werden um 20% Rabatt gewährt, viele Klausen machen jedoch im Winter dicht.

Zimmer

● Privatquartiere sind (auf dem Oberland) schon ab 25-27 DM zu haben (*Bufe*, Tel. 332; *Koralle*); der Schnitt liegt hier bei 35 DM. In manchen Fällen werden 10-25 % Nachlaß für die NS gegeben. Gut die Hälfte der insgesamt 60 Privatquartiere ist im Winter geschlossen.

Ferienwohnungen

Appartements machen auch auf Helgoland den größten Teil des Beherbergungsangebots aus. Es gibt da einiges an Kleindruck; z. B. werden Strom, Wasser und Heizung in vielen Fällen (über separate Zähler) extra berechnet.

● Auch die Praxis, den ersten Belegungstag erheblich zu verteuern, um die "Endreinigungskosten" aufzufangen, hat sich hier breit gemacht. Gute Angebote (für 2 Personen): *Monika* (80 DM, Tel. 441) und *Nautilus* (80 DM, Tel. 345). Dies ist allerdings ungefähr das niedrigste Preisniveau; die meisten Ferienwohnungen liegen über 100 DM. Fast alle sind ganzjährig geöffnet; substantielle Rabatte in der NS.

Robinson-Bungalows

Auf der Düne stehen vom 1.5. bis 15.10. kleine individuelle Bungalows für zwei bis vier Personen, insgesamt über 60 Einheiten, zur Vermietung bereit. Ein gutes Konzept: Unterkünfte dieser Art sollte es an der Nordsee statt klotziger Appartements eigentlich viel mehr geben. Die Holzhäuschen haben einen Schlaf- und Wohnraum, Kühlschrank und Kochplatte (jedoch keine Küchenutensilien) und sind elektrisch beheizbar.

Preisbeispiel für 2 Personen: 1 Übernachtung HS 120 DM, jede weitere 80 DM, in der NS 110 bzw. 70 DM; Wochenpauschale für zwei Wochen in der NS 650 DM. Für vier Personen wären es täglich 150 bzw. 110 DM in der HS, in der NS 140 bzw. 100 DM, für zwei Wochen in der NS 850 DM.

Preise jeweils pro Einheit inkl. Erstausstattung mit Bettwäsche (Wechsel 15 DM pro Garnitur), Strom, Heizung und "Endreinigung".

Jugend-herbergen
Die *JH Haus der Jugend* (Tel. 341, Fax 7467) befindet sich auf dem Nord-Ost-Gelände (15 Min. vom Anleger). Das Haus hat die Kategorie III und verfügt über 146 Betten, 5 Tagesräume und 14 Familienzimmer. Offen 1.4.-31.10. Belegungsstatus checken! Kurtaxe: 1 DM/Tag für Gäste unter 20, darüber der volle Betrag.

Camping
Der Campingplatz (Tel. 80840) liegt neben dem Bungalowdorf auf der Düne und hat ca. 100 Stellplätze für Zelte. Im nahen Flugplatzrestaurant mit Einkaufskiosk kann Inselsurvival trainiert werden. Fernsehraum, Minigolf- und Kinderspielplatz: alles da. Preis pro Übernachtung: Zelt bis 10 m² 4,50 DM, darüber 5,50 DM, plus 6 DM pro Person, plus Kurtaxe.

Gastronomie

●Die größte kulinarische Action Helgolands findet auf der **Düne** statt. Sowohl das *Flughafen-* als auch das *Dünenrestaurant* nehmen sich der Verköstigung alles sich auf der Düne Bewegenden an, und das ist im Sommer ganz schön viel. Deshalb veranstaltet das Dünenrestaurant regelmäßige Massenfütterungen. Jeden Di gibt es "Eintopf satt", jeden Do eine "Beach-Party mit Grill", Sa "Köstlichkeiten aus der Riesenpfanne" und So eine "Barbecue-Party". Offen täglich 10-23 Uhr.
●Auf der Insel selbst geht es gemäßigter zu. In der "historischen Gaststätte" *Störtebeker* werden leckere Fischgerichte gereicht, und natürlich ist auch der berühmte **Helgoländer Hummer** dabei, der lebend einem speziellen Becken entnommen wird.
●Versteht sich, daß gerade auf Helgoland jedes Restaurant **frischen Fisch** auf der Karte hat. Hier findet man, anders als auf manchen Autofähren, keinen holländischen Truck mit palettierten "bratfertigen Schollen", die dann als "eben gefangen" vermarktet werden.
●Die meisten Restaurants sind täglich geöffnet, bieten einen **Mittagstisch** – so die *Westfalenschänke*, das *Deutsche Haus*, die *Fischer-Stuben*, der *Bremer Schlüßel*, der *Bielefelder Hof*, die *Helgoländer Schlemmerkate* und die *Althelgoländer Moccastuben* – und sind bis gegen 22 Uhr in Betrieb. Selbst "der Chinese" fehlt nicht – in den *Jade-Stuben* ist er zu finden. Auch die Hotels – *Helgolandia, Schwan* – haben separate Restaurants, in denen jedermann willkommen ist.

Der Binnen-
hafen (KVH)

●*Tagesgäste* haben zumeist gar keine Zeit für ein gemütliches Mittagessen. Sie werden, falls die Seekrankheit sie
nicht noch beutelt, im *Kochlöffel*, *Römer*, *Mensendiek* oder
Rickmer Trapp einkehren, wo es etwas auf die Schnelle
gibt, oder eines der fünf Helgoländer *Cafés* aufsuchen.
Viele bleiben indes bereits in einer der rund ein Dutzend
zählenden *Kneipen* hängen, denn die Getränke sind auf
Helgoland – relativ – billig und, sofern es sich um einen
heißen Eiergrog handelt, wärmen sie ja auch.

Sport

Freibad Das Helgoländer Freiluftschwimmbad (Tel. 808-43) liegt
auf dem Nord-Ost-Gelände, Das große Meerwasserbas-
sin hat eine Wassertemperatur von mindestens 25 °C. Angegliedert ist eine Sauna.
●*Öffnungszeiten*: Außer von etwa Mitte November bis
Mitte Dezember ständig tagsüber.
●*Eintritt*: In der Zeit vom 1.5. bis 30.9. für Erw. mit Kurkarte 10 DM, für Erw. ohne Kurkarte, die nicht Tagesgäste
sind, 20 DM. Günstiger werden Dreitageskarten (9 DM pro

Tag) oder Vier- bis Siebentageskarten (8 DM pro Tag).
Kinder und Jugendliche von 6-18 Jahren erhalten 50 %
Ermäßigung.

Gymna-
stik

Gymnastik wird an den Stränden der Düne und im
Schwimmbad von Mitte Juni bis Mitte September angebo-
ten. Die Teilnahme ist kostenlos. Im allgemeinen findet die
Action um 9.30 Uhr im Schwimmbad statt und um 11 Uhr
am Nordstrand der Düne. Anschließend folgen dann
Übungen und Spiele für Kinder.

Sport-
anlage

Auf dem Nordost-Gelände befindet sich eine Freizeit-,
Spiel- und Sportanlage, die allen Gästen offensteht.

Angeln

Angeln ist ganz große Sache auf Helgoland. Zwar sind
große Seegebiete um die Insel und Düne NSG und damit
für Angler gesperrt. Doch ein generelles Fangverbot rund
um die Insel gibt es nicht. Selbst von der **Südmole** der
Insel und der **Außenmole** der Düne darf geangelt werden
– oft mit glänzendem Erfolg. **Makrelen** beißen von Mitte
Juni bis Ende September an, "wie wild" mitunter. Etwas
später machen sich **Herings- und Grundhai** bomerkbar.
(Es gibt übrigens keine dem Menschen gefährlichen Hai-
arten in der Nordsee.) **Dorsch und Plattfisch** gehen von
April bis September an den Haken, andere Fischarten das

Scholle

ganze Jahr über. Vom Hafen aus kann man auch **Angel-**
ausflüge per Boot machen, zu welchem Zwecke man
sich mit den Fischern ins Einvernehmen setze. Wenn
genügend Teilnehmer zusammenkommen, ist schon eine
Mitfahrt für 10 DM pro Kopf drin.

Hochsee-
segeln

Wer Hochseesegeln lernen möchte, wende sich an *Georg*
Oestereich (Tel. 7200). Dort lernt er/sie es garantiert. Der
Skipper ist Jahrgang 1918 und hat 55 Jahre Seefahrt auf
dem Buckel. Ein 14tägiger BR-Kurs kostet 800 DM (plus
125 DM DSV-Prüfungsgebühren). Auch alle anderen
Kurse sind im Programm.

Surfen

Surfen ist nicht ganz so groß geschrieben auf Helgoland.
Zwar existiert eine (nur im Sommer betriebene) **Surf-**
schule am Nordstrand der Düne. Doch weil sie unmittelbar ans NSG grenzt, hat der Sport längst nicht den Stellenwert, den er auf anderen Inseln besitzt. Die Preise sind
dieselbe wie anderswo: Ab etwa 200 DM für einen
Grundkurs. Achtung: Wer sein eigenes Board mit nach
Helgoland nimmt, zahlt den Erwachsenentarif dafür –
teuer!

Tennis

Es gibt zwei Hartplätze auf dem Nordost-Gelände. Gebühr
pro Stunde: 15 DM.

Unterhaltung

Auf einem kleinen Flecken wie Helgoland kann schnell Langeweile aufkommen, der gefürchtete "Inselkoller" gar, vor allem wenn das Wetter nicht mitmacht. Die Kurdirektion bemüht sich deshalb um einige Animation. Viel hat sie allerdings nicht zu bieten.

**Kur-
konzert,
Veranstal-
tungen**

Im Sommer gibt's täglich außer Mo 15-17.30 Uhr Kurkonzerte im Pavillon an der Landungsbrücke. Dort finden auch sporadisch Auftritte von Trachtengruppen und Volkstänze statt. In der Nordseehalle kann man sich ab und zu einen Kulturfilm oder Diavortrag ansehen.

●Weitaus mehr engagieren sich die beiden Kirchen, die täglich etwas Neues im Programm haben, und auch der private Sektor. Im *Café Krebs* gibt's jeden Abend um 21 Uhr einen (kostenlosen) Helgoländer Videofilm; das *Dünenrestaurant* setzt alle paar Tage eine Party oder einen Grillabend an. Das *Krebs* ist übrigens auch eine Disco (auf dem Oberland); das Gegenstück "unten" ist das *Akki*. An satt Unterhaltung fehlt's in beiden nicht.

Inselfest

Die ganz große Fete findet alljährlich am *12. Juli* und in der Nacht auf den 13. statt: Das Helgoländer Inselfest und **Tag des Seebäderdienstes**. Dann herrscht Narrenfreiheit auf der Insel, die sich in einen einzigen Flohmarkt verwandelt: Jeder, der ein Geschäftchen machen möchte, kann es an diesem Tage auch ohne Gewerbeerlaubnis tun. Mindestens ein Dutzend Bands, darunter einige von weither geladene, wumpfen permanent gegeneinander an – der Bär ist los.

Eine Ruhepause tritt ein, nachdem die mindestens 5000 Tagesgäste, viele stark schwankend, die Insel verlassen haben. Doch schon um 22 Uhr rollt der nächste Schub an, der sich zollfrei amüsieren möchte: Ganze zwei Stunden lang. Dann wird dieses – noch etwas stärker schwankende – Kontingent wieder eingebootet, um sich an Bord noch einen kleinen zu gönnen und um 24 Uhr einem prachtvollen Feuerwerk beizuwohnen, das auf dem Oberland abgebrannt wird. Gegen 3 kommt man dann heiter, aber ziemlich geschafft wieder auf dem Festland an. Die Reedereien (siehe "Anreise") erteilen Auskunft über Teilnahmemöglichkeiten.

Touren

**Bunker-
führungen**

Viel Auslauf gibt es auf dem winzigen Eiland nicht. In der HS finden täglich einstündige "Bunkerführungen" in einige intakt gebliebene Stollen im Felsmassiv statt. Zeiten im Aushang. Preis 5 DM.

Exkur-sionen   Bezahlte Inselführungen und "Hafenbummel" kann man sich ganz bestimmt sparen und diese kleinen Abenteuer auf eigene Faust unternehmen. Lohnend sind Exkursionen mit dem *Verein Jordsand* (bei den Hummerbuden) und Mitarbeitern der *Vogelwarte* (Oberland), sowohl auf der Insel als auch auf der Düne. Eine Spende für den guten Zweck (Naturschutz) wird in diesen Fällen erbeten. Einzelheiten im Veranstaltungskalender.

Ausflug mit dem Segler   Auf dem (im Nordost-Hafen stationierten) Oldtimer *Ra-Ra* finden periodisch Gruppenfahrten (bis zu 12 Personen) statt, zwar mehr unter Motor als unter Segel, aber unter lustiger Regie von *Knoten-Fiete*. 35 DM für eine 1,5-2stündige Seereise. Info: Tel. 348.

Hoch-seetörns   Ernsthafte Hochseetörns bietet die *Yachtschule Oestereich* an (siehe "Sport"), nach den Nordfriesischen Inseln zum Beispiel. Dafür muß man aber schon einen Tausender pro Woche (VP) anlegen.

Bootstour   Die Helgoländer Fischer sind da etwas preiswerter. Wenn das "Börteboot" halbwegs voll wird, kostet eine Minitour schlappe 10 Mark pro Passagier.

Rundflug   Ein Inselrundflug ist möglich, falls eine Maschine gerade einmal leersteht. Mal die Flugleitung anrufen: Tel. 311.

Fährverbindungen

Häfen   Helgoland wird von mehreren Häfen aus angelaufen.
- Tagesfahrten von anderen Inseln: Siehe dort.
- Bremen-Vegesack (Strandstraße), *Helgoland*, Reederei *Warrings* (Tel. 04464-8021), Sonderfahrten im Sommer, 7.30-21.30 Uhr.
- Bremerhaven (Seebäderkaje), *Helgoland*, Reederei *Warrings* (s. o.), 29.4.-1.10. täglich 9.45-19 Uhr.
- Büsum (Fischerkai), *First Lady*, Reederei *Eils/Rahder* (Tel. 04834-3612), Ostern, und 29.4.-1.10. täglich, zusätzliche Abfahrten mit *Lady von Büsum*. Ca. 8.30-18.30 Uhr. Kinderpreis bis 15 Jahre.
- Cuxhaven (Fährhafen), *Funny Girl*, Reederei *Eils* (Tel. 04721-35082), Frühjahr, Herbst, Winter täglich 10.30-18.30 Uhr.
- Cuxhaven (Fährhafen), *Wappen von Hamburg*, Reederei *Seetouristik* (Tel. 0461-86417), 1.5.-30.9. täglich 10.30-18.30 Uhr. Außerdem von Mai bis August mehrmals Nachtfahrten (ab 21, an 1 Uhr) mit Highlife an Bord. Preis: 15 DM.

Ausgebootet

●Dagebüll, *Pidder Lyng*, Reederei *WDR* (Tel. 04681-8047), von Ende März bis Ende Oktober mehrmals pro Woche, morgens nach 7 bis ca. 20 Uhr.

●Eider-Sperrwerk, *Pidder Lyng*, Reederei WDR (s. o.); Von Anfang April bis Ende Oktober mehrmals pro Woche zu verschiedenen morgendlichen Abfahrtzeiten, Rückkehr gegen 18-20 Uhr.

●Hamburg (St. Pauli Landungsbrücken, Br. 6/7), *Wappen von Hamburg*, Reederei *Seetouristik* (s. o.); jeden Sa im Mai, Juni und September; jeden Fr im Juli und August, ab Cuxhaven zurück per Sonderzug. Ab Hamburg 7 Uhr, ab Cuxhaven ca. 19 Uhr.

●Hooksiel (Außenhafen), *Harle-Expreß*, Reederei *Warrings* (s. o.); Sonderfahrten von Mai bis September, 10-20 Uhr.

●Husum (Außenhafen), *Pidder Lyng*, Reederei WDR *(s. o.)*, 26.6., 10.7., 24.7., 7.8., 28.8. 8.30-19.30 Uhr.

●Norddeich (Mole), *Funny Girl/Frisia III*, Reederei *Eils/Frisia* (Tel. 04932-89520), Sonderfahrten von April bis September, 1-2mal wöchentlich, 8-20.45 Uhr.

●Wilhelmshaven (Helgolandkai), *Wilhelmshaven*, Reederei *Warrings* (s.o. oder Tel. 04421-43443); 1.4.-1.10. täglich 9-19.20 Uhr (HS-Preise vom 29.4. bis 10.9.; in der NS 30 % billiger).

Preise　　Ein Überblick über die Preise sei hier nach folgendem Schema gegeben: A) Tagesrückfahrt – B) Kinder 4-11 C) Jugendl. 12-18 – D/E/F) Zweimonatskarte für diese Kategorien – G/H/I) Einfache Fahrt für diese Kategorien – J) Familienkarte für Eltern(teile) mit Kindern unter 12. Preise sind auf volle DM aufgerundet.

Ort	A	B	C	D	E	F	G	H	I	J
Bremen-V.	60	30	40	68	34	38	41	21	25	130
Bremerhaven	55	28	36	68	34	38	41	21	25	126
Büsum	44	30	—	50	30	—	35	22	—	105
Cuxhaven	55	28	—	68	34	—	41	21	—	128
Dagebüll	42	20	30	46	20	30	—	—	—	93
Eider-Sperrwerk	42	20	30	46	20	30	—	—	—	93
Hamburg	66	33	—	—	—	—	72	36	—	163
Hooksiel	54	27	35	66	33	38	41	21	25	115
Husum	46	23	33	50	23	33	—	—	—	99
Norddeich	43	27	—	—	—	—	—	—	—	120
Wilhelmshaven	55	28	36	68	34	38	41	21	25	126

●Außerdem gibt es zahlreiche *Gruppentarife* und *Sonderkonditionen*, Mischmöglichkeiten Flug/Schiff, verbilligte Chartertouren usw. Weitere Auskünfte zu Bahn/Bus-Transfers, Parkmöglichkeiten etc. durch die Reedereien.

Ausbooten　　Im jeweiligen Preis inbegriffen ist der Boots-Transfer in Helgoland. Die Schiffe gehen (außer bei Mitführen von Ladung) auf der *Reede* vor Anker, und die Passagiere werden von sogenannten *Börtebooten* an Land und an Bord verfrachtet. Die Boote sind offen, und es kann schon mal ungemütlich werden, wenn der Regen rauscht und die See überdampft. Der Schutz von Kameras und anderen empfindlichen Gegenständen ist dann notwendig.

Das Ausbooten ist ein *Relikt aus der Vergangenheit*. Denn Helgolands Hafen ist zu klein und zu seicht, um die Seebäderschiffe aufzunehmen. Jedenfalls nach offizieller Lesart. So ganz stimmt das nämlich nicht. Daß deutsche Hafenbaukunst nicht in der Lage wäre, hier eine vernünftige Anlegestelle zu schaffen, ist wenig glaubhaft. Vielmehr sind solche Vorhaben an der zähen Lobby der Börteschiffer gescheitert, die, etwa 50 an der Zahl, ihr lukratives Gewerbe (3,50 DM pro Passagier, bis zu 5 000 pro Tag im Sommer) erhalten sehen wollen. Verständlich ist das, und wahr ist auch, daß der Ausbootvorgang den einzigen halbwegs abenteuerlichen Aspekt einer Helgolandfahrt darstellt, den die meisten Passagiere in angenehmer Erinnerung behalten. Und "passiert" ist dabei auch noch nie etwas.

Lotsenzeichen

Flugverbindungen

Fluglinien und Info

Helgoland wird regelmäßig von fünf Fluglinien angeflogen: *OFD/ROA* (Bremen, Tel. 0421-558074), *Atlas Air* (Tel. 04741-1047) und *Helgoland Airlines* (Tel. 04741-913030), beide in Nordholz bei Cuxhaven, *LFH* (Harle, Tel. 04464-8011) und *FLN* (Norden, Tel. 04931-4377).

●Tägliche Flugverbindungen der OFD und ROA gibt es mit **Bremerhaven** (Tagesflug 170 DM, Verbund Schiff/Flug 140 DM), **Heide/Büsum** (Tagesflug 170 DM, Verbund Schiff/Flug 130 DM) und **Wangerooge** (100 DM). Weiterhin gibt es mehrfach wöchentlich Flüge von **Emden** (Tagesflug 220 DM), **Borkum, Juist** und **Norderney** (Tagesflug 180 DM) sowie von **Hamburg** (Hin- und Rückflug 440 DM).

●*Helgoland Airlines* fliegt ab **Bremerhaven, Nordholz, St. Peter Ording, Wangerooge und Wilhelmshaven**.

●Von der FLN werden Bedarfsflüge ab **Norddeich** (Tagesflug 210 DM) angeboten, die LFH fliegt ab **Harle** über **Wangerooge** (im Sommer täglich 105 DM).

Flugplatz

Der Helgoländer Flugplatz, nur ein Runway mit kleinem Terminal, befindet sich auf der Düne. **Bootstransfer** nach der Insel (15 DM, Kinder bis 18 die Hälfte) ist nicht im Flugpreis enthalten.

Mit dem eigenen Boot

Helgoland ist wohl der populärste Sportboothafen der Deutschen Bucht, obwohl er offiziell einen solchen Status überhaupt nicht besitzt, sondern die Funktion eines **Bundesschutzhafens** ausübt.

●Mindestens zehntausend Yachten laufen jährlich die Insel an. Sie alle unterzubringen ist ein Problem. Im **Südhafen** ist Platz für 320 Gastboote im enggedrängten Päckchen, im **Vorhafen** (nur bei gutem Wetter) für 100. Weitere drei Häfen haben für den Segler kaum Bedeutung: Der **Dünenhafen** ist für Sportboote gesperrt, der **Binnenhafen** zumeist von Fischern und Bundesfahrzeugen belegt, der **Nordosthafen** eine Domäne der Einheimischen. Im Südhafen wird der Platz im Sommer oft verzweifelt knapp, zumal die Westkaje für die Berufsschiffahrt reserviert ist. Häufig genug zeigen dann zwei senkrechte rote Lichter an der Einfahrt, daß das Loch voll ist. Wenn es draußen stramm weht, darf allerdings niemandem die Aufnahme verwehrt werden, denn Helgolands Rolle als Schutzhafen kommt ja dann erst richtig zum Tragen.

●Die **Hafenmeisterei** (Tel. 504) befindet sich an der südwestlichen Ecke des Beckens; hier ist auch das **Hafen-**

geld abzuliefern. Liegeplätze werden bei **Funkanmeldung** zugewiesen (Helgoland Port Radio, UKW-Kanal 67). Toiletten und Duschen an der Nordkaje; Schiffshändler, Ausrüstung und Proviant am Binnenhafen.
●Achtung: Die NSGs rund um Helgoland dürfen ganzjährig nicht befahren werden!

Der Helgoländer Hummer

Man hat es schon einmal totgesagt, dieses kuriose Schalentier, das zoologisch der Spinne näher verwandt ist als etwa einem Fisch. Er ist schon ein Unikum, der Hummer. Er hört mit den Beinen, schmeckt mit den Füßen, kaut mit dem Magen, ist hoffnungslos kurzsichtig. Wen sollte es da noch wundern, daß die Nieren dieses Urviechs hinter seiner Stirn stecken und das winzige Gehirn sich in Schlundnähe befindet?

Des Hummers Pech ist, daß er bei aller äußerlichen Häßlichkeit himmlisch gut schmeckt. So kam es, daß man ihm auf den steinigen Böden um Helgoland, die er als Lebensraum schätzt, schon immer intensiv nachstellte. Die Hummerfischerei war auf Helgoland eine regelrechte Industrie, bis der letzte Krieg ihr ein vorübergehendes Ende setzte.

Das, was sie einmal war, ist sie nie mehr geworden. Der Hummer machte sich rar nach dem Krieg, teils wohl, weil die Steilküsten weggebombt waren, teils, wie Meeresbiologen annehmen, weil das Wasser nicht mehr so sauber ist wie einst. Ob das aber auch alles so seine Richtigkeit hat? Die schlitzohrigen Helgoländer Fischer, gehalten, jedes gefangene Exemplar für Statistik und Steuer zu melden, haben mit Bürokratie wenig am Hut. Deshalb ziert Hummer, obwohl vermeintlich im Aussterben begriffen, auch weiterhin Helgolands Speisekarten, und ein Unternehmen, das die Schalentiere in Verkennung der Tatsachen direkt von den Orkneys einfliegen wollte, ging pleite.

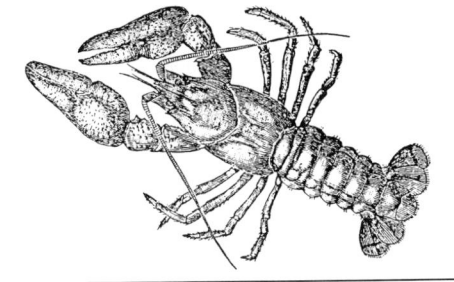

Neuwerk
– Hamburgs Vorposten im Watt

Geschichte

Das Inselchen Neuwerk, 3 km² groß, liegt im Watt der Elbmündung etwa 10 km außerhalb von Cuxhaven. Bereits
anno 900 wird das Eiland unter dem Namen *Nige Ooge*
(Neue Insel) in Urkunden erwähnt, und zu einem frühen
Zeitpunkt sicherte die damals schon mächtige *Stadt Hamburg* sich diesen Vorposten, um den Schiffsverkehr auf
der Elbe zu kontrollieren.

Der Name

Von *1299 bis 1310* errichteten die Hamburger auf der
Insel einen 45 m hohen *Turm* mit fast 3 m dicken Mauern,
der zunächst als Fort, später (ab 1644) auch als Leuchtfeuer diente. Nach diesem Bau, das *nige Wark* (neue
Werk) genannt, erhielt das Eiland dann seinen endgültigen Namen.

Neuwerk heute

Die Insel Neuwerk gehört immer noch zu Hamburg, und der etwas düstere Turm ist auch erhalten geblieben. Er ist das *Wahrzeichen der
Insel*, das älteste noch voll erhaltene Bauwerk
an der Küste und weltweit der Veteran aller noch
in Betrieb befindlichen Leuchttürme. Daß man
ihm deshalb ein weihevolles Andenken bewahrt
hat, kann man aber nicht gerade sagen. In ihm
befindet sich jetzt eine Schenke, ein "idealer
Treffpunkt für Familienfeiern, Vereins- und Ke-
gelfahrten", und "Tanz im Turm" gibt's auch, immerhin nach Oldies. Spezialitäten des Hauses:
"Turmpfanne, Turmfeuer und Eiergrog".
   In den siebziger Jahren wollte die Stadt Hamburg hier einen gigantischen *Tiefwasserhafen*
bauen, die gesamte südliche Elbmündung mit
Beton verkleistern. Aus diesem grandiosen Vorhaben ist gottlob nichts geworden. Statt dessen
hat man die Inseln Neuwerk und Scharhörn
sowie das umgebende Watt sozusagen in Ab-

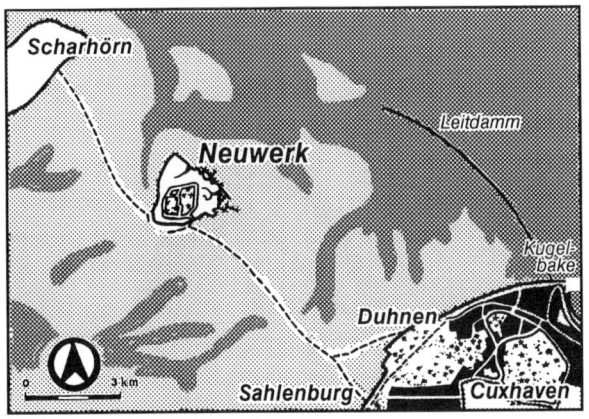

bitte in einen separaten *hamburgischen Nationalpark* verwandelt und ein immer noch recht
urwüchsiges Naturgebiet damit der Nachwelt erhalten.

Auf Neuwerk leben permanent etwa *35 Menschen*. Es gibt sogar eine Schule mit drei Kindern, außerdem ein paar Herbergen und Gaststätten. Trotz erheblichen Ansturms im Sommer
ist das Eiland still und ruhig, sobald sich die Tagesgäste wieder zum Festland verkrümelt
haben. Es erscheint in der Tat irreal, daß sich
hier solch ein Hort des Friedens befindet,
während von Duhnen die Lichter einer boomenden Tourismusindustrie hinüberscheinen und
fast auf Steinwurfweite die dicken Pötte auf der
Elbe vorüberziehen.

Sehenswertes

Die 138 uralten Stufen zum *Leuchtfeuer* sollte
man einmal emporsteigen, einen Rundgang um
die Insel machen (1 Stunde), den *Friedhof der
Namenlosen* besuchen. Am Turm befindet sich
auch ein *naturkundliches Info-Zentrum* des

Die
Kugelbake

Vereins Jordsand, das einen längeren Halt wert
ist. In der Schule ist eine **Bernsteinsammlung**
zu bestaunen.

Insel-Info

PLZ: 27499.
Vorwahl: 04721.

Unterkunft und Gastronomie

Drei **Pensionen** gibt es auf Neuwerk: Das Haus Bernstein
(Tel. 28708) ist mit 30-40 DM ÜF die billigste. Die beiden
anderen – *Altes Fischerhaus* (Tel. 29043) und *Haus Seeblick*
(Tel. 29447) verlangen für ÜF jeweils 55 DM.

Die beiden letztgenannten Häuser bieten auch **Ferienwohnungen** an, und zwar zu 110 bzw. 74-145 DM. Sie
sind über einen Teil des Winters hinweg geschlossen.
Übernachtungen sind auch möglich bei *Fischer* (Tel.
29161), *Griebel* (Tel. 28277) und bei *Rose* (Tel. 29276).
●Auf Neuwerk befinden sich auch ein kleiner **Campingplatz** und zwei **Schullandheime**. Info: Tel. 36046.
●*Haus Seeblick* und *Altes Fischerhaus* sind **Restaurants** angegliedert. Außerdem kann man sich in der vorerwähnten
Turmschenke, im *Restaurant zum Anker* (kl. Kinderspielplatz
anbei) und bei *Otto Frers* ernähren.

Fährverbindungen

Fahrten gibt es fast täglich ab Cuxhaven (siehe dort).

Anreise übers Watt

**Watten-
weg**

Ein mit **Pricken** gekennzeichneter und von keinen größeren Prielen unterbrochener Wattenweg führt von **Cuxha-
ven-Sahlenburg** nach Neuwerk. Dies ist mit 9 km die kür-
zeste Verbindung. Wer sich streng an diesen Weg hält
und die Gezeiten minuziös einkalkuliert, dem kann auch
bei ungünstiger Witterung hier eigentlich kaum etwas
passieren.

**Watt-
führer**

Besser ist es aber immer, wenn man sich einem Wattführer anvertraut und in der Gruppe loszieht, zumal diese
Tour mit 3 DM (Kinder 2) nicht teuer ist. Sammelpunkte
sind in **Duhnen** an der Lesehalle, in **Sahlenburg** an der
Wattwagenauffahrt. Auskünfte erteilt die *Reederei Eils* oder
der Wattführer *Osterhof* (Tel. 21447).

**Watt-
wagen**

Bequemer geht's mit dem Wattwagen, einer klassischen
lokalen Institution. Kontakte in Cuxhaven: *Brütt* (Tel.
400200/48139), *Henn* (Tel. 29700), *Zabel* (Tel. 48335).
Neuwerk: *Fischer* (Tel. 29161), *Fock* (Tel. 29043), *Griebel*
(Tel. 28277). Preis pro Strecke: 24 DM, Kinder bis 9 Jahre
12 DM, Hund 15 DM.

**Eigenes
Boot**

Wer mit dem eigenen Boot nach Neuwerk fahren möchte,
wird unweigerlich auf Schiet landen: Das gesamte Watt
um die Insel fällt trocken, auch am Fähranleger und im
winzigen Hafen im Südteil der Insel.

Scharhörn

Die Insel Scharhörn ist vor allem als ein von allen Seefahrern gefürchteter **Schiffsfriedhof** bekannt. Hunderte von
Fahrzeugen haben dort ihr Ende gefunden und verschwanden binnen kurzer Dauer auf Nimmerwiedersehen
im Mahlsand.

In der Tat ist Scharhörn kaum mehr als eine **Sandbank**,
wenn auch ungefähr so groß wie Neuwerk, doch ohne
Baum und Strauch. Ein **Vogelwart** lebt auf der Insel und
betreut das streng geschützte **Reservat**, das u. a. die
größte Seeschwalbenkolonie der Nordsee beherbergt.
Über eine **geführte Wattwanderung** ab Neuwerk kann
man Scharhörn legal besuchen. Die Tour findet nur etwa
alle 14 Tage statt und kostet 3 DM, Kinder die Hälfte. Der
Vogelwart nimmt die Besucher am Strand in Empfang
(weiter ist nicht drin) und hält einen kleinen Vortrag über
seine Arbeit. Von Touren auf eigene Faust in diesem Bereich ist dringend abzuraten; man befindet sich hier schon
fast auf hoher See.

Die Nordfriesischen Inseln und Halligen

Ein insulares Varietätenkabinett

Schon von ihrem Ursprung her sind die Nordfriesischen Inseln ganz anderer Art als die Schwestern vor Niedersachsens Küste. Sie sehen auch alle verschieden voneinander aus. Schon was ihre Größe anbetrifft, nehmen sie das ganze Spektrum ein: Von der winzigen Hallig mit einem einzigen Haus darauf bis zur insularen Gigantin Sylt, zumindest der Dimension nach Königin der deutschen Nordsee.

Es darf nicht ungesagt bleiben, daß einige dieser Eilande trotz vieler reizvoller Aspekte *keine Badeparadiese* im klassischen Sinne sind. Nordstrand, Pellworm und die Halligen sind Marscheninseln, die außer verschämten Sandeckchen, zumeist künstlich aufgespült, keinerlei Strände aufzuweisen haben. Mitunter ist euphemistisch von "Grünstränden" die Rede, wobei es sich um grasbestandenes Deichvorland handelt, das an der Wasserkante in Wattenschlick übergeht. Zu weiterer Attraktivitätsminderung trägt auf allen diesen Eilanden ein inselumspannender Gürtel aus Gestein und Asphalt bei, den es zu überqueren gilt, bevor man – ohnehin nur bei Flut – ein Bad genießen kann, das mit einem "strandgestützten" wenig gemein hat. Manche erwartungsvollen Badegäste sind auf diesen Inseln angereist, um am gleichen Tag wieder wutentbrannt das Weite zu suchen. Die Marscheninseln und Halligen haben ihre Qualitäten, aber Sandstrände haben sie halt nicht.

Man kann mit einigem Abenteuergeist ein *Island hopping* veranstalten, also von Insel zu Insel "springen". Das gelang auch meiner Frau und mir, als wir die Nordfriesinnen bereisten.

Diese Art der Fortbewegung kann allerdings höchst mühsam sein; in der Hauptsaison ist sie überhaupt nicht realisierbar. Kurzfristige Unterkunft ist dann das Problem, aber auch die sichere Verbindung. Denn die Beherberger lassen sich ungern auf Gäste ein, die nur ein paar Tage

Einsiedler-
krebs

bleiben möchten, und die Inseln sind keineswegs – außer im Bereich Föhr-Amrum-Halligen
– miteinander vernetzt. Oft besteht aber die
Möglichkeit, mittels einer halben Tagestour auf
eine benachbarte Insel weiterzureisen. Man
muß ein guter Jongleur sein, um die Inseln dieserart "abzuklappern", aber Spaß macht es
schon.

Ein weiterer grundlegender Unterschied zu
den ostfriesischen Inseln ist die Einteilung des
Nationalparks Wattenmeer. Während die niedersächsischen Inseln zum größten Teil in das
Konzept einbezogen sind, wird keine Nordfriesin
– mit Ausnahme der Winzlinge Norderoog und
Süderoog und diverser Sände – von dem Territorium berührt. Wenn die Natur auf diesen Inseln
hier und da dem Standard des Parks entspre-

chend geschützt ist, so handelt es sich dabei um selbstauferlegte Richtlinien.

Auch die drei *Geestinseln* im Norden unterscheiden sich erheblich voneinander. Amrum, zweifellos das lieblichste aller Nordsee-Eilande, hat am meisten Ähnlichkeit mit den Ostfriesinnen – nun, der viele Sand. Sylt hat noch mehr davon, aber in anderer, ungünstigerer Verteilung, und muß aufpassen, daß der wertvolle Stoff nicht wegschwimmt. Hinter diesen beiden natürlichen Wellenbrechern kauert Föhr und frohlockt, symbolisch zumindest, über die dieserart bescherte Stabilität der eigenen Küsten – des einen Tod, des anderen Brot.

Die ganz große Action findet alljährlich auf diesen drei Strandinseln statt. In den Abfahrtshäfen und Ankunftsorten geht es dann mitunter zu wie in einem Ameisenhaufen. Und trotzdem lassen sich auch hier immer wieder einsame, ruhige Eckchen finden. Wie auf den ostfriesischen Inseln wird die Schmerzgrenze schon deshalb nicht erreicht, weil das Beherbergungsangebot bewußt limitiert ist.

Ganz klar ist erkannt worden, selbst seitens des Fremdenverkehrsgewerbes, daß der *Tagestourismus* die schädlichsten Auswirkungen auf Umwelt und soziale Strukturen der Inseln hat. Die Menschenscharen, die sich tagtäglich über die wehrlosen Landbrocken im Meer ergießen, sind destruktiver als der Blanke Hans. In Schleswig-Holstein versucht man auf vorbildliche Weise, diese Völkerwanderungen in neue, "sanftere" Bahnen zu lenken. Die Inselbevölkerungen machen dabei überwiegend engagiert mit. Das wird – hoffentlich – "dazu führen, daß für die Bundesrepublik Beispiele geschaffen werden, wie Freizeit und Erholung zum Partner für Natur und Umwelt werden können." So ein offizieller Text. Zu wünschen bleibt, daß zumindest der heutige Status quo erhalten bleibt und keine weiteren Ausuferungen zugelassen werden.

Nordstrand
– vielgeprüftes Land

Geschichte

Vor der Flut

Wie genau es *vor der großen Flut* von 1362 im Bereich der heutigen Insel Nordstrand ausgesehen haben mag, läßt sich nur noch schwerlich nachvollziehen. Die heute noch so genannten *Uthlande* ("Außenlande") waren ein undurchdringlicher Moor- und Bruchwalddschungel, durchzogen von Wasserläufen und zur See hin von einer Dünenlinie begrenzt. Hier gingen See und Land ineinander über, und alte Karten gleiten im Bemühen einer Rekonstruktion des damaligen Nordfrieslands deshalb nachweisbar ins Reich der Fantasie ab. Die Küste des "Cimbrischen Meeres" war ständig im Umbruch. Schon anno 1216 und 1230 hatten sich verheerende Sturmfluten ereignet, die Zehntausenden von Menschen das Leben kosteten.

Todesstoß

In den drei grauenvollen Tagen 15.-17. Januar 1362 wurde der Region der Todesstoß versetzt. Weite Landstriche um die heutigen Inseln Nordstrand und Pellworm, darunter die sagenumwobene Hafenstadt **Rungholt**, verschwanden in der See. Einhunderttausend Menschen sollen damals ertrunken sein. Die große, gekrümmte Insel "Strand" blieb zurück, "ein Land von wunderbarer Fruchtbarkeit," wie es in alten Annalen heißt. Unter der wechselnden Oberhoheit dänischer Könige und schleswigscher Herrscher erlebte **Alt-Nordstrand** über 250 Jahre hinweg eine auf Ackerbau und Viehzucht basierende wirtschaftliche Blüte.

Erneutes Unheil

In der Nacht vom *11. zum 12. Oktober 1634* brach erneut das Unheil herein.

Die gewaltige Flut kam nach Aussage damaliger Chronisten völlig überraschend:

"Die finstere Nacht hat vielen die große Gefahr verborgen ... einige sind in ihren Betten im festen Schlafe weggetrieben ... andere haben sich, ihre Weiber und Kinder mit Stricken aneinander gebunden, daß sie in Liebe vereint, durch die grausamen Wellen nicht getrennt werden möchten. Viele haben sich auf die Dächer begeben und sind mit denselben als auf einem Schiff herumgeführt worden, welches aber bald in den Wellen zerbrach ..."

Und: "Als dann der Morgen graute, bot sich den Überlebenden ein unbeschreibliches Bild der **Verwüstung**. Die Deiche der Insel waren an 44 Stellen durchbrochen ... 30 Mühlen und nahezu alle Häuser, nämlich über 1300, lagen in Trümmern, nur die festen Kirchtürme ragten noch unversehrt wie kolossale Grabsteine über dem wilden Chaos empor." Das offizielle "Verzeichnis der Menschen, so den 11. Oktober 1634 in der Nacht im Nordtstrande in der hogen Wasserfluth jämmerlich ertrunken und umgekomen," führt 6123 Opfer und zudem 30.000 Stück totes Vieh auf. Das Inventar der stehengebliebenen Kirchen konnte gerettet werden. Sie standen – 19 von 22 – später im Watt und zerfielen allmählich – Ende alles Menschengemachten. Heute dehnt sich an diesen Stellen der platte Meeresboden.

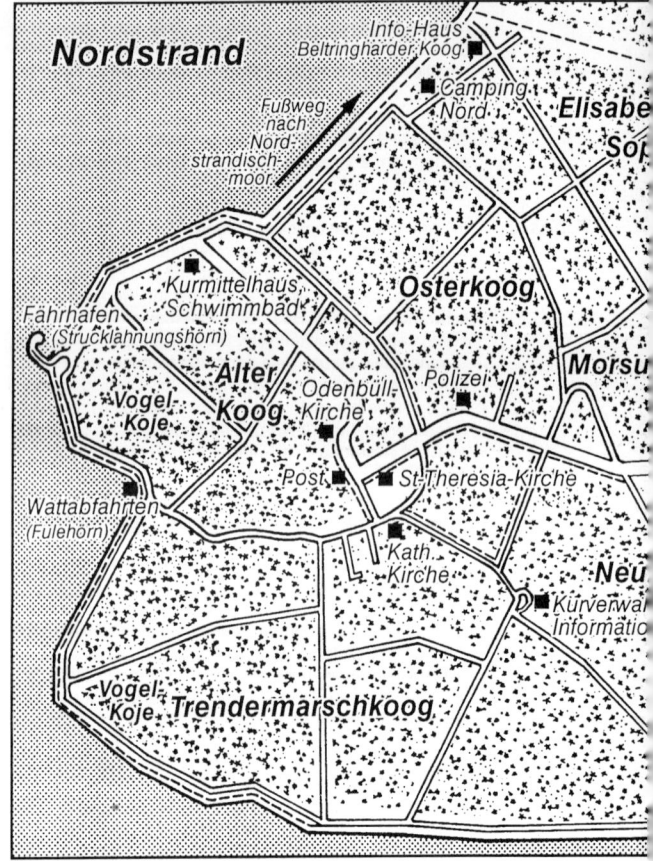

Neu-
beginn

Der Schock dieses Geschehnisses ließ die Nordstrander wie betäubt zurück. Erst 1654 machte man sich wieder daran, **neue Köge** mit Hilfe von größtenteils katholischen Holländern einzudeichen. Außer ihrer Sachkenntnis im Deichbau brachten die Gäste eine neue religiöse Variante mit nach Nordstrand. Die sogenannten **Janseniten** waren von Rom abtrünnig geworden und praktizierten ihren eigenen altkatholischen Glauben. 1662 bauten sie sich ihre eigene Kirche auf Nordstrand. Eine entsprechende Kirchengemeinde, St. Theresia, existiert noch heute, Zentrum für diese Glaubensrichtung in ganz Norddeutschland.

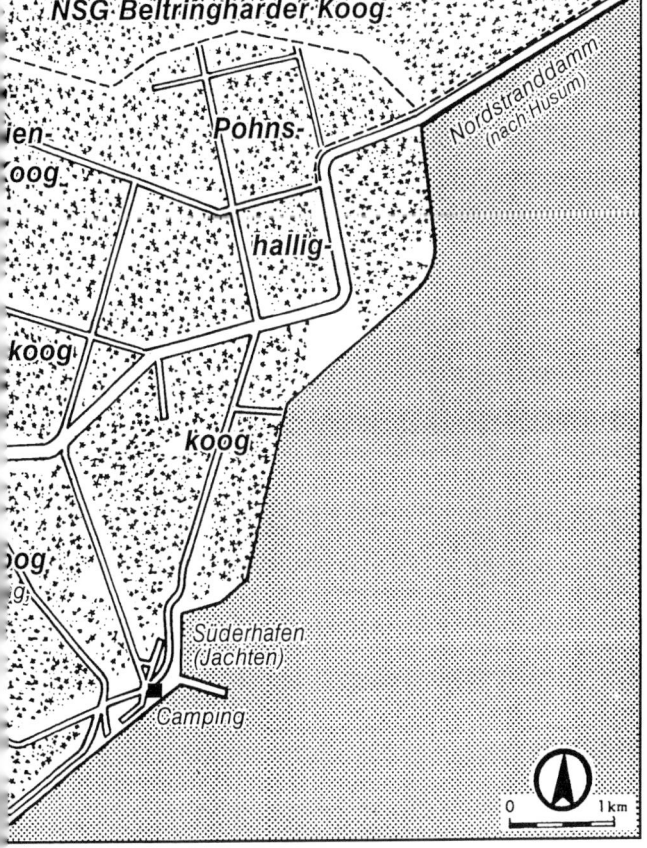

Eine **Neubedeichung** der Insel gestaltete sich auch weiterhin mühsam; besonders zu Beginn des 18. Jahrhunderts gab es schwere Rückschläge. Der dem Festland am nächsten gelegene Pohnshalligkoog wurde erst 1923 eingedeicht, eine Dammverbindung zur Küste 1935 geschaffen. 1962 gab es noch einmal schwere Schäden; die Außendeiche konnten nur mit Mühe gehalten werden.

Nordstrand heute

Durch den **Straßendamm** und weitere ausgedehnte **Landgewinnung** im Nordwesten davon hat Nordstrand seinen insularen Charakter eigentlich weitgehend verloren; die Insel ist zur **Halbinsel** geworden. Davon wollen die Nordstrander aber so recht nichts wissen: Eine halbe Insel taugt nur für ein halbes Geschäft.

Die Insel – wir wollen dabei bleiben – ist 49 km² groß, und etwa 2500 Menschen leben auf ihr, fast ausnahmslos von der **Landwirtschaft** und dem **Fremdenverkehr**. Nette Leute gibt's da: Nicht überall in Touristenzentren stellt man Kartons mit Obst an den Straßenrand und fordert auf: Bedienen Sie sich – gratis! Spielt vielleicht auch ein gewisser Fatalismus dabei eine Rolle? Nordstrand liegt 60 cm unter dem Meeresspiegel. Doch man vertraut auf die klobigen Außendeiche und baut frisch-fröhlich ins flache Land hinein. Ältere Gebäude stehen noch großenteils auf Warften, glückhafterweise von touristischen Bauvorschriften unberührt und deshalb durchweg hübsch anzuschauen.

Nordstrands Herz schlägt im Bereich der drei dicht zusammenliegenden Kirchen, nur dort auch hebt sich das Gelände vorteilhaft von der kahlen Marsch ab und setzt sich schön baumbestanden über den Herrendeich zur Kurverwaltung fort. Die üblichen Kureinrichtungen befinden sich hingegen am Norderhafen, wo es ein bißchen wie in einem Industriegelände aussieht. Von dort ist's ein Kilometer zur Fähre, wenn man mal eine Insel weiter möchte.

Sehenswertes

Schön ist die ***Inselnatur*** Nordstrands während der "grünen" Monate. Blühende Rapsfelder wechseln dann mit satten Weiden, und dazwischen wachsen Silberahorn, Holunder, Weißdorn und stattliche Ulmen entlang der Straßen.

St. Vinzenz-Kirche

Sehenswert sind außerdem die alten Kirchen, besonders die St. Vinzenz-Kirche von Odenbüll. Im westlichen Mittelteil gelegen, dominiert das Bauwerk aus dem 13. Jahrhundert das flache Land und lädt zu einem Besuch. Leider sind die neuzeitlichen Renovierungen der Kirche mit wenig Kunst- und Sachverstand ausgeführt worden; die bauliche Substanz, vor allem außen, ist enttäuschend. Um so beeindruckender bieten sich Objekte aus alter Zeit im Innern dar, insbesondere der ***spätgotische Schnitzaltar*** (um 1480) mit einer figurenreichen Darstellung der Kreuzigung. Prächtig auch ist die rot ausgemalte Nische im Altaruntersatz mit detaillierten biblischen Themen und der ***Pastorenstuhl*** mit reizvoller Aussägearbeit aus dem 18. Jahrhundert. Der ***Taufstein*** aus Namurer Marmor wurde im 15. Jahrhundert, als es den Nordstrandern sehr gut ging, aus Belgien importiert; die ***Kanzel*** mit komplexen Ornamenten stammt aus dem Jahre 1605. Sehr alt (um 1400) ist ***das spätgotische***

Nordstrand ist die Insel der Schafe

Kruzifix an der Südwand der Kirche. Die Orgel stammt aus jüngerer Zeit.

Sehenswert ist auch der alte **Friedhof**. Ein Gedenkstein erinnert an den Nordstrander Missionar *Ingwer Ludwig Nommensen*, der im letzten Jahrhundert das Naturvolk der Batak auf Sumatra unters Kreuz zu führen wußte (was ihnen heute im überwiegend islamischen Indonesien manches Problem einbringt).

Pfarrkirche St. Theresia Die altkatholische Pfarrkirche St. Theresia erhebt sich nahebei in einem der hübschesten Winkel der Insel. Diese Kirche entstand 1662 und wurde zuletzt 1987 renoviert, wiederum wenig stilvoll. Das Innere fällt gegenüber der Odenbüller Kirche stark ab, aber Nüchternheit und Frugalität waren wohl stets die Devise der Janseniten, einer Art katholischer Puritaner.

Die neukatholische Kirche in der Nähe weist nichts Sehenswertes auf.

Naturschutzgebiete

Watt

Das Nordstrand umgebende Watt gehört zur Pufferzone des Nationalparks und kann deshalb betreten werden. Auf der **Hallig Südfall**, Ziel vieler Wattexkursionen, beginnt indes bereits die Zone 1.

Beltringharder Koog Durch Eindeichung des Beltringharder Kooges zwischen dem Festland und dem Nordteil der Insel ist ein einzigartiges **Lagunengebiet** ansehnlicher Größe (3300 ha) entstanden, das in Europa kaum seinesgleichen hat. Hier gibt es ausgedehnte Salz- und Süßwasserlebensräume, Überschwemmungsgebiete und Sumpfflächen sowie auch Feuchtwiesenbiotope, die reges pflanzliches und tierisches Leben enthalten. Das Areal steht unter **strengem Schutz** und darf nicht betreten werden. Man kann jedoch den 9 km langen **Seedeich** entlangwandern oder -radeln und prächtige Einblicke in das

Inselhaus

Gelände gewinnen. Ursprünglich war eine intensive landwirtschaftliche Nutzung des Koogs geplant. Dann gewannen kühlere Köpfe die Oberhand, die sich gegen eine weitere Erhöhung des EG-Butterberges aussprachen und den Belangen der gequälten Natur den Vorrang gaben – bravo!

Vogel-kojen

Die beiden "Vogelkojen" Nordstrands – im Trendermarschkoog und nahe des Fulehörns – sind Kleinschutzgebiete für Vögel, vor allem Enten. Zerzauste Minidschungel sind's, schon als solche einer interessierten Betrachtung wert, und man wünscht sich, daß es viel mehr von ihnen gäbe ...

Auskunft

Das *Infozentrum des Nationalparks Wattenmeer* befindet sich beim Kurhaus (Tel. 8009) und ist von März bis Oktober täglich geöffnet, außerhalb der Saison begrenzt. Eintritt frei. Gruppen sind (nach Anmeldung) willkommen.
●Das *Aktionszentrum der Schutzstation Wattenmeer* (Tel. 519) liegt nebenan und ist vom 4.4. bis 31.10. offen. Naturkundliche Führungen.
●Die *Info-Halle Beltringharder Koog* (Tel. 8258) ist im Sommer offen und unternimmt ebenfalls Führungen.

Insel-Info

PLZ: 25845
Vorwahl: 04842

Auskunft
- *Kurverwaltung und Zimmervermittlung:* Schulweg 4 (Tel. 454, Fax 8102). Nach Dienstschluß gibt (vor Ort) ein Computer Auskunft.
- *Schiffsauskunft:* NPDG Pellworm (Tel. 04844-755 und -753).
- *Busauskunft:* Service-Telefon 0130-845300.

Ärzte
Arzt: Osterkoogstr. 43. **Zahnarzt:** Süden 22. **Tierarzt:** Schaapsdrift 2.

Kurtaxe
Siehe Anhang.

Strandkörbe
Strandkörbe werden privat verliehen. Die zuständigen Telefonnummern sind 8120 und 8607. Standort der Körbe: Fulehörn und Norderhafen. Preis: 10 DM pro Tag.

Hunde
Hunde sind nicht bei allen Vermietern gleich gern gesehen. Am Deich besteht der allgegenwärtigen Schafe wegen Leinenzwang. Ein "Hundestrand" befindet sich am Fulehörn.

Kirchen
Siehe "Sehenswertes".

Presse
Der **Veranstaltungskalender** *Was ist los auf Nordstrand* wird in der Saison von der Kurverwaltung gratis herausgegeben und liefert einen detaillierten Überblick über das jeweilige monatliche Programm. Besorgen sollte man sich auch die jährliche **Informationsbroschüre** *Nordstrand* des Handels- und Gewerbevereins.

Kinder
- Auf Nordstrand ist jede Menge Platz für Kinder. Kurende Eltern können ihre Kleinen zudem in der **Spielstube im Kurmittelhaus** gratis unterbringen, das aber natürlich nur während der normalen Büroöffnungszeiten (Norderhafen, Tel. 8260).
- Auf *Heinke Kloevekorns* **Bauernhof** (Tel. 905) ist der Zeitrahmen weniger eng. Hier können Zwerge ab 4 tagsüber "untergestellt" und mit allerlei Getier vom Meerschweinchen bis zum Pony beschäftigt werden, allerdings auch für kleine 5 DM pro Stunde.
- Die Schutzstation Wattenmeer unternimmt **Kinderwattexkursionen**, jedoch jeweils nur für eine Stunde.
- Siehe auch **Jugendheim** bei "Unterkunft".

Fortbewegung

Autos, Bus, Taxi, Mietwagen

Die Anbindung ans Festland hat für die totale verkehrstechnische Erschließung Nordstrands gesorgt. Man kann sich mit dem eigenen Wagen fortbewegen oder auch vom *Linienbus* Gebrauch machen, der mehrmals am Tage die Insel durchfährt (Tel. siehe Anreise). Eilige haben die Möglichkeit, ein *Taxi* zu rufen (Tel. 222). Dort gibt's auch *Mietwagen*.

Fahrrad

Idealer ist das Fahrrad. Die *Radwege* sind gut ausgebaut, und *Verleihe* gibt es mindestens acht, die zum Teil sehr preisgünstig sind. Sehr zum Leidwesen von Freunden der schnellen Mark haben ein paar rüstige Nordstrander Rentner Spaß am Managerspielen gefunden und bieten ihre Räder – die Rente läuft eh – für 2 Mark pro Tag an. Der freie Markt muß mitziehen: Ab 2 DM gib's fast überall was. Für ein besseres Bike muß man allerdings etwas mehr hinlegen: um 6 DM.

Unterkunft

Hotels und Pensionen

Bettenburgen gibt es auf Nordstrand nicht. Eine Anzahl von Hotelchen und Pensionen offeriert ÜF von 30 DM (*Haus Deichblick*, Tel. 624) bis 65 DM (*Appartementhotel Garni Christiansen*, Tel. 8212).

Privatquartiere

Privatquartiere bieten ÜF zum Teil schon für 18 DM an (*Ingwersen*, Tel. 8158), doch der Durchschnitt liegt zwischen 20 und 25 DM.

Bauernhöfe

Ungefähr ein Dutzend Bauernhöfe, großenteils in sehr ruhiger Lage, sind mit Preisen ab 20 DM ÜF dabei.

Ferienhäuser

Umgerechnet liegen die Pro-Kopf-Preise für diese Häuser zwischen 20 und 40 DM. Auf NS-Rabatte achten, die in einigen Fällen bis zu 50% ausmachen!

Jugendheim

Die *Krabbenkate* (Kiefhuck 14, Tel. 040-618577 oder 04841-4471) bietet Jugendgruppen bis zu fünfzehn Personen zum pauschalen Übernachtungspreis von 225 DM (jede weitere Person 10 DM) ein Heim mit 20 Betten auf 8 Zimmern. Spielwiese und Grillplatz. Selbstversorgung.

Camping

Zwei Campingplätze gibt es auf Nordstrand. Der Platz *Elisabeth-Sophien-Koog* (Tel. 8534) liegt im Norden (nahe des NSG) und hat Stellmöglichkeiten für insgesamt 114

Mobile. *Margarethenruh* (Tel. 8552) befindet sich beim Süderhafen und bietet 20 Einheiten Aufnahme. Beide Plätze sind vom 1.4. bis 31.10. in Betrieb. Einrichtungen für Kinder vorhanden, Hunde willkommen. Preis pro Stellplatz/ Zelt einschl. Übernachtung für 2 Erwachsene und 1 Kind unter 20 DM.

Gastronomie

Weil Nordstrand nicht nur ein Ziel für den Fremdenverkehr ist, sondern auch Festlandsbewohner für Spritztouren anlockt, ist das gastronomische Angebot recht gut ausgeprägt.

Herren-deich

Im *Landsgasthof Kelting* gibt's täglich die drei Hauptmahlzeiten nebst Kuchen, Eis und dem unvermeidlichen Pharisäer. Kegeln kann man hier auch.

England

Fischspezialitäten offeriert das *Restaurant England*, nach einem alten Ortsteil benannt. Auch Lamm steht auf der Speisekarte, gottlob ohne Pfefferminzsauce, was schon auf mangelnde Assoziation mit Großbritannien hindeutet.
Gutbürgerliche Küche findet man im *Engländer Krug* ein paar Häuser weiter (Do geschl.).

Norder-hafen

Am Norderhafen drängt sich einiges an Gastronomie zusammen. Da haben wir das Restaurant *Halligblick* (Mo Ruhetag) mit Lammspezialitäten, den ähnlich ausgerichteten *Gasthof Kiefhuck* (im Oktober geschl.), in dem auch Diät gegessen werden kann, und *Silkes un Udos Isdeel*, wo man den "Küstennebel-" und "Norderhafen-Cup" neben anderen Eissorten zur Auswahl hat. Wärmeres, nämlich eine Mittags- und Abendküche, reicht man gleich nebenan im *Restaurant-Café Zur Nordsee* (Mi geschl.). Der Pharisäer fehlt hier, versteht sich, auch nicht. Im *Uthlande* (am Kurhaus) gibt's wiederum vornehmlich Lamm (Do Ruhetag).

Süden

Ein anderes Ballungsgebiet von Speiselokalen ist der sogenannte Süden in der Inselmitte. Im *Klöndeel* kann man "die etwas andere Küche" erleben, und zwar von 12-22 Uhr. Mi geschlossen. Ein Stückchen weiter gibt's im *Süden 7* täglich frische Fisch-, Fleisch- und Lammgerichte. In der Nummer 42 kredenzt die *Nordstrander Teestuv* heiße Getränke, Eis und Kuchen und in der Saison auch mittags warme Küche (Di geschl.).

Elisabeth-Sophien-Koog

Im *Pharisäer-Hof* genießt man ebenfalls friesische Getränke, darunter – klar. Im Winter nur an Wochenenden offen.

**Süder-
hafen**

In der nicht zu verfehlenden *Mühle* gibt es Frühstück und
Mittag, zudem Konditorwaren und Eisspezialitäten. Mo
geschlossen. Die Gaststätte *Süderhafen* serviert neben Imbissen auch Mittag und Abendessen.

**Imbisse
und
Snacks**

Imbisse und Snacks gibt's an allen Engpässen: Am Kai
von **Strucklahnungshörn**, während man auf die Fähre
wartet, und am **Holler Siel** (beim NSG).

Gut essen und trinken auf Nordstrand

Was ist ein Pharisäer, was eine Tote Tante? Es handelt
sich um zwei Getränke, die im gesamten nordfriesischen Raum
bekannt und geschätzt sind, das erstere vor allem auf
Nordstrand, denn da stammt es – angeblich – her.

Ein **Pharisäer** ist eine Tasse Kaffee mit Zucker, einem
kräftigen Schuß Rum und einer Sahnehaube. Bei Kind-
taufen auf Nordstrand wurde dieses Getränk gereicht,
wobei man stets Sorge trug, dem geistlichen Herrn die
alkoholische Beimischung vorzuenthalten. Eines Tages
geriet er dann doch an die falsche Tasse und soll geseufzt
haben: "Oh, ihr Pharisäer!" Seither hat das Getränk seinen
Namen weg.

Die **Tote Tante** ersetzt den Kaffee mit Kakao. Vielleicht
lag einmal ein ähnliches Ereignis anläßlich einer Beerdi-
gung zugrunde. Heute hat der kuriose Name eher den
Sinn, den Gast in eine humorige Stimmung zu versetzen.
Denn die hat er nötig, wenn die Rechnung kommt. Er wird
sich dann flugs eine Tote Tante, Erbtante nämlich, wünschen. Die phantasievollen Getränke schlagen auf den
Inseln mit durchschnittlich 7 DM zu Buch.

Ende Mai finden alljährlich **die Nordstrander Salzwie-
senlammtage** statt. Dann wird auf dem "Großen Lämmer-
ball" die Nordstrander Lammkönigin gekürt und ein "Läm-
merfrühschoppen" abgehalten. Alles vielleicht ein wenig
peinlich, aber über die "rosa gebratenen Lammnüßchen"
vergißt man das bestimmt schnell. Lamm wird in vielen
– vorzüglichen – Variationen das ganze Jahr über in Nordstrander Gaststätten serviert.

Eine weitere gastronomische Spezialität der Insel ist das
"Söben-Kööge-Eten", so genannt nach den sieben
Kögen Nordstrands. Neun Wirte haben sich hier zusam-
mengetan, um dem Publikum eine Palette preiswerter
(à 16 DM) und trotzdem raffinierter Gerichte anzubieten –
von jedem "Kröger" ein anderes. Dem Inselbesucher eröffnet sich dadurch der angenehme Aspekt eines kulinarischen Rundgangs, ohne immer wieder auf dasselbe
Angebot zu stoßen.

Marktplatz
mit Marien-
kirche

Sport

Hallenbad Das Schwimm- und Sprudelbad (Tel. 466) befindet sich im
Kurzentrum am Nordhafen. Es besteht aus einem Hallen-
bad (Wassertemperatur 27 °C), einem Sprudelbad (34 °C)
und einem Kaltwasserbecken.
●*Öffnungszeiten:* In der HS tägl. 9.30.-11 und 15.30-18
Uhr, in der NS nur nachmittags und Mo geschl. Von Mitte
Januar bis Mitte Februar in der Regel wegen Überho-
lungsarbeiten geschlossen.
●*Preise* (mit Kurkarte): Erw. 5 DM, Kinder und Jugend-
liche 2,50 DM.

Tennis Im *Gasthof Süden* 7 (Tel. 8013) kann man auf einem
Außen- und zwei Innenplätzen Tennis spielen, und zwar
für 20 DM pro Std. (Kinder 10). Zehnerkarte 150 DM.

Reiten Das Glück der Erde findet man bei *Hans-Otto Petersen*
(Moordeich 38, Tel. 8513) und im *Reiterhof Nordstrand*
(Osterkoogstr. 46, Tel. 8447). Beide Unternehmen sind
auf Kinder spezialisiert (Petersen unternimmt ständig Touren), haben aber auch diverse andere Programme im Angebot, so Ausritte ins Wattenmeer. Der *Reiterhof Nordstrand* betreibt eine Haflingerzucht mit allein 15 Pferden
dieser Rasse auf dem Gestüt.

Unterhaltung

"Was ist los auf Nordstrand" heißt der *Veranstaltungskalender* der Gemeinde. Viel nicht. Viermal in der Woche an
einem "Hardanger-Stickkursus" teilzunehmen, dürfte die
geduldigste Seele schließlich erschöpfen, und auch die
Töpferei bei der Mühle ist irgendwann mal déjà vu. Mit-

unter gibt es **Diavorträge** im Kurhaus (Thema: Nordstrand und Umgebung) – kleine Lichtblicke. Auf Nordstrand geht es halt bescheiden zu; man darf keine Kurkonzerte erwarten.

Touren

Schiffs-ausflüge

Außer in den Wintermonaten unternehmen die sogenannten *Adler-Schiffe* fast täglich Schnellfahrten durch die Insel- und Halligwelt Nordfrieslands. Abfahrtshafen ist Strucklahnungshörn. Ein Querschnitt:

	Dauer ca. Std.	Erw. DM	Kinder DM
Seehundbänke	3	16	9
plus Hallig Gröde	5,5	20	11
Hallig Nordstrandischmoor	5	16	9
Hallig Hooge	7,5	25	15
Amrum	9	28	18
Amrum und Hooge	7	28	20
Sylt	9	40	25

●Auskunft: *Reederei Paulsen*, 25845 Nordstrand (Tel. 268/8268).
●Die *NPDG* (Tel. 04844-222/430) fährt in der Saison jeden Di um 10 Uhr nach **Hooge** (insgesamt 7,5 Std., 25 bzw. 15 DM).

Wattfahr-ten nach Südfall

Wattfahrten mit Pferd und Wagen bietet *Werner Andresen* (Tel. 300) und zwar bis zur Halligkante Südfall für 12 bzw. 7 DM und bis zur Halligmitte für 16 bzw. 8 DM. Abfahrt von Fulehörn zu tidenabhängigen Zeiten.

Watt-wandern

●Zu Fuß nach **Südfall** geht's ebenfalls ab Fulehörn. Die Tour dauert ca. 5 Std., 15 km werden zurückgelegt. Etwas Kondition ist also schon erforderlich. Auskunft: Tel. 8529.
●Eine kombinierte Rad- und Wattentour zur **Hallig Nordstrandischmoor** dauert ebenfalls ca. 5 Std.; Distanz 20 km, davon 7 zu Fuß im Watt. Beide Touren kosten 6 DM (2 für Kinder). Auskunft: 289.
●Auch die *Schutzstation Wattenmeer* unternimmt häufig **Exkursionen** ins Watt und Radtouren, die man mit einer Spende unterstützen sollte. Auskunft: Tel. 519.
●Weitere Einzelheiten zu diesen Touren im monatlichen Veranstaltungskalender.

Bustour

Wer Nordstrand auf einer Bustour unter Führung erkunden möchte, rufe die Nummer 344 an.

An- und Weiterreise

Anreise   Über den *Festlandsdamm* kann man bequem im *eigenen Auto* nach Nordstrand fahren. Oder aber man nimmt den *Bus*, der mehrere Male am Tag ab *Husum-Bahnhof/ZOB* nach *Strucklahnungshörn* verkehrt und an mehreren Stellen auf der Insel haltmacht. Di und Do fährt auch ein *Fahrradbus*, der das Rad mittransportiert.
● *Gratis-Info:* Service-Telefon 0130-845300.

Nach Pellworm   Weiterfahrt von Strucklahnungshörn nach Pellworm: siehe Anhang.

Mit dem eigenen Boot

Geringer Tiefgang ist hier, wie überall auf Nordstrand, das A und 0. Zwar ist Nordstrands *Süderhafen* in mühsamer Eigeninitiative zu einem ansehnlichen *Yachtbassin* ausgebaut worden. Aber anreisende Segler sind wenig begeistert davon und noch weniger vom Schlickloch *Strucklahnungshörn*. *Jan Werner*, ein alter Hase in diesen Revieren, empfiehlt deshalb auch, lieber im Bus anzureisen.

Krabbennetze

Pellworm
– wo der Wind immer von vorn weht

Geschichte

Der Name

Mit einem Wurm hat der Name nichts gemein, das scheint gesichert. Die genaue Bedeutung liegt allerdings im Dunkeln. *Pill* oder *Pyll* mag im damaligen Friesischen "Riedgras" bedeutet haben, *werum*, und hier klingt das -um wieder nach, das "Heim der Wehr". Andere Interpreten sehen in der Vorsilbe Pell- einen kirchlichen Bezug, der sich auf das Glockenläuten (englisch: *to peal*) zurückführen läßt.

Der Blanke Hans

Die Geschichte Pellworms geht unmittelbar mit der eben geschilderten Nordstrands einher. Da Pellworm jedoch der offenen See ein beachtliches Stück näher gelegen ist, hatte diese Insel auch stets mehr einzustecken.

Das Jahr *1362* änderte die gesamte Küstenlinie von Grund auf, und Pellworm fand sich jetzt an **vorderster Front** dem Blanken Hans ausgesetzt. "Gewiß kein Ort der ganzen schleswigschen Westküste ist durch Gottes unerforschliche Ratschlüsse so schwer heimgesucht worden wie die Insel Pellworm", heißt es in einer zeitgenössischen Schrift. Fatal erinnert auch die Totenkopfform der (von Norden gesehenen) Inselkontur an diese Prüfungen, deren schwerste der gewaltigen Flut des Jahres *1634* erfolgte. Die Verbindung mit Nordstrand, reiches, blühendes Bauernland, versank in der See, und Pellworm hätte um ein Haar dieses Schicksal geteilt. Heute tauchen im Watt um die Insel immer wieder **Artefakte** aus dem Katastrophenjahr auf und haben zum Teil Eingang in die originellen kleinen Museen gefunden.

Deichbau

Im Gegensatz zu den Nordstrandern, die sich nie ganz von diesem Schlag erholten, begannen die Pellwormer ohne Verzug und unter schwierigsten Bedingungen, das Verbliebene mittels neuer Deiche zu retten. Sie erhielten dabei Hilfe aus *Holland*, wo man im Deichbau sachkundiger war als anderswo, und sie schaufelten dreiundfünfzig Jahre lang drauflos, bevor sie sich eine erste Ruhepause gönnten. Ein Jahrhundert später ging das Graben weiter, und es hat seither nie so ganz aufgehört. Der jüngste Teil Pellworms, der Buphever-Koog, wurde erst *1938* eingedeicht, und die ständige **Verstärkung und Sicherung** der bestehenden Deiche hält bis heute an. Riesige **Neukonstruktionen**, zum Teil von reinem Experimentalstatus und verzweifelt unabsehbaren Ausgangs, sind in der Planung. Es steht zu hoffen, daß technische Gigantomanie nicht das gesamte Gesicht der Insel ändern wird.

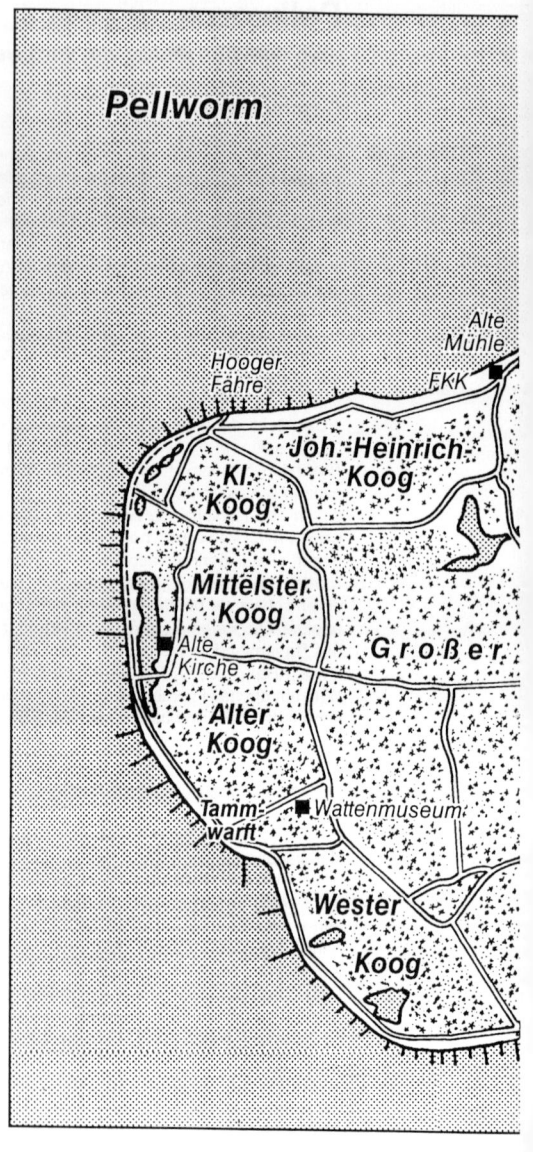

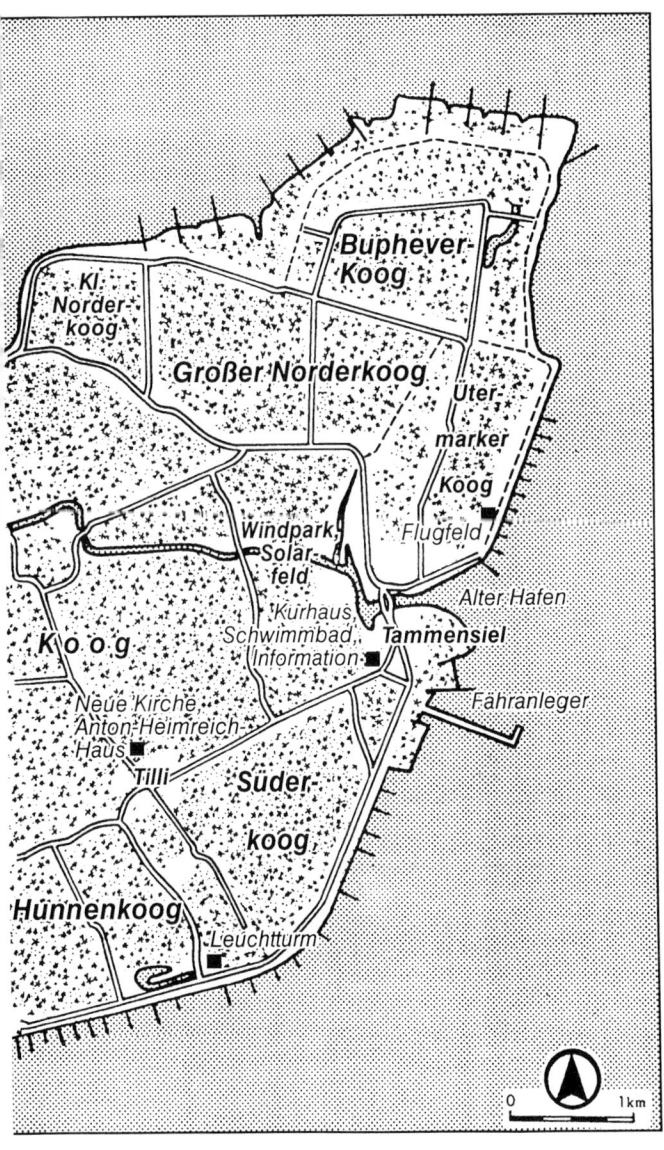

Trutz, Blanke Hans

Höhepunkte gab es in der Geschichte Pellworms nie so recht, eher nur Tiefpunkte, verursacht durch den Blanken Hans. Die Kultur war bäuerlich, aber ohne Fron und Lehen, denn man saß auf selbsterrungenem Land. Äußere Einflüsse fanden folglich wenig Eingang in diese enge Kultur. Da war es dann schon etwas Besonderes, als ein schneidiger Offiziersveteran aus dem deutsch-französischen Krieg auf der Insel aufkreuzte, um (1882-83) das Amt des Vogtes auszuüben. *Detlev von Liliencron*, einem Bonvivant von altem Schrot und Korn, muß es unter den Schafen und Kühen jedoch bald sehr fad geworden sein, denn er verlegte sich vom Verwalten lieber aufs Dichten und versuchte auch schon mal, den Pellwormer Jungfrauen unter die Röcke zu greifen. Übel genommen hat man ihm das aber nicht, denn im **Liliencron-Hof** (nahe der Neuen Kirche) wird ihm ein ehrendes Andenken bewahrt. Außerdem konnte er auch wirklich schön dichten, wie sein bekanntestes Werk aus der Pellwormer Zeit unter Beweis stellt – "Trutz, Blanke Hans":

"Heut bin ich über Rungholt gefahren,
die Stadt ging unter vor fünfhundert Jahren.
Noch schlagen die Wellen da wild und empört,
wie damals, als sie die Marschen zerstört.
Die Maschine des Dampfers erzitterte, stöhnte,
aus den Wassern rief es unheimlich und höhnte:
Trutz, Blanke Hans.
Von der Nordsee, der Mordsee, vom Festland geschieden
liegen die friesischen Inseln in Frieden.
Und Zeugen weltenvernichtender Wut,
taucht Hallig auf Hallig aus fliehender Flut."

Pellworm heute

Laut offizieller Broschüre ist Pellworm "37 m²" groß. Aber um den 25 km langen **Seedeich** und die 80 km befahrbaren Straßen der Insel unterbringen zu können, muß man dieser Zahl doch wohl schon ein paar Nullen anhängen ... Innerhalb dieses bis zu 8 m hohen und an der Sohle 80 m breiten Schutzwalles erstreckt sich topfebenes, sattgrünes Land mit stattlichen Bauernhöfen, allesamt auf hohen Warften gelegen.

Die **Warften**, 156 in der Gesamtzahl, haben ihre Berechtigung. Pellworm liegt einen Meter **unter normalem Tidenhochwasser**. Schon wenn der Pegel draußen geringfügig klettert, steigt auch der Grundwasserspiegel im Innern, und die Weiden werden naß und matschig. Regenwasser muß aus dieser Schüssel mühsam "außenbords" geschleust oder gepumpt werden, sonst läuft der Pott Pellworm irgendwann mal voll. Gespenstisch ist es, wenn der Blanke Hans vor dem Deich tobt und man Schiffsmasten über der Deichkrone tanzen sieht. Bei der Megaflut des Jahres *1962* hielten die Bollwerke zwar, doch die Pellwormer machten zwei angsterfüllte Tage und Nächte durch, bevor die Nordsee sich wieder beruhigte.

Der Leuchtturm von Pellworm

Es gibt eine Insel und ein "Amt" Pellworm, doch ein Ort dieses Namens existiert nicht. Zentrum des Inselgeschehens ist das Städtchen *Tammensiel*, wo auch angelegt wird, und die bescheidene Bebauung setzt sich am *Junkermitteldeich* bis zum Dörfchen *Tilli* fort. Fast der gesamte Rest der Insel setzt sich ansonsten aus freistehenden *Einzelgehöften* zusammen. Dazwischen dehnen sich Weiden und Äcker, und immer wieder stößt der Blick in der Ferne an einen Deich.

Innerhalb dieser planen Schüssel, von wenig Baumbestand unterbrochen, nimmt der Nordseewind seltsame Verwirbelungen an, die dem Wanderer oder Radfahrer den Eindruck vermitteln, es wehe ständig von vorn. Da mag was dran sein. Die Nase im Wind zu haben, das ist eben Pellwormer Eigenart – sonst wäre die Insel schon längst nicht mehr da.

Sehenswertes

Inselmuseum

An der ersten Sehenswürdigkeit Pellworms kommt der Inselbesucher kaum vorbei. Es handelt sich um das Inselmuseum im Obergeschoß der Kurverwaltung – ein eindrucksvolles Gebäude –, und wer noch nicht weiß, daß es sich dort befindet, wird aus dem Parterre dorthin verwiesen.

Das Museum, hübsch angelegt, zeigt auf 150 m^2 einen Querschnitt durch *die kulturelle Entwicklungsgeschichte* der Insel. So erfährt man staunend, daß der Fischfang außer für die Eigenversorgung auf Pellworm nie eine nennenswerte Rolle spielte und mit welch raffinierten Methoden man früher auf der Insel Wasser gewann. Ein interessantes Novum: Viel Material ist, um Platz zu sparen, in Schubladen untergebracht, in denen der Besucher selbst "wühlen" kann.

●Das Museum ist zu normalen Bürozeiten geöffnet. Der Eintritt ist frei.

Watten-
museen

Zwei kleine "Wattenmuseen" befinden sich am Schütting im Westen der Insel.

●In einem, von einer Art Container beherbergt, wird ausgestellt, was der Halligpostbote *Heinrich Liermann* im Laufe seines langen Dienstes alles im Watt fand und hier zusammentrug. Das ist einiges, denn der Briefträger wurde 92 Jahre alt, und eine Menge krauses Zeug ist dabei. Der Container hat keine regelmäßigen Öffnungszeiten (Tel. 285).

●Ein Stückchen weiter stellt *Hellmut Bahnsen*, ein treuherziges Inseloriginal, seine Funde aus, die zum Teil sehr interessanter Natur und kundig geordnet sind (Eintritt 2 DM). Leider ist Hellmut aber werktätig und zudem häufig im Watt "zu graben", so daß auch hier kein regulärer Öffnungsplan gegeben werden kann. Am besten erst einmal mit der Kurverwaltung abklären, denn der Schütting liegt weit gogenüber von Tammensiel.

Kirche St.
Salvator

Etwas nördlich von diesen beiden musealen Juwelen erhebt sich **Pellworms Wahrzeichen**, die alte Kirche St. Salvator. Eine wahre Fülle **kirchengeschichtlicher Raritäten** ist hier auf engem Raum konzentriert, beginnend mit der Ruine des monströsen **Turms**, dessen Grundstein im Jahre 1095 gelegt wurde – die Kirche stand zu dem Zeitpunkt bereits – und der ursprünglich 56 m hoch gewesen sein soll. 1611 stürzte der "Finger Gottes" auf seine heutigen 25 m zusammen. Doch das urige Bauwerk, eher an eine buddhistische Stele erinnernd, bleibt das unverkennbare Merkmal Pellworms und ist überall aus dem umgebenden Wattenmeer zu sehen.

In der Kirche steht ein herrlicher holzgeschnitzter **Ringaltar** aus der Mitte des 15. Jahrhunderts, dazu ein bronzenes **Taufbecken** aus dem Jahre 1475, verziert mit kostbaren Reliefs aus der Christusgeschichte und gerettet aus der Kirche des 1634 untergegangenen Ortes Buphever

In der Kirche
St. Salvator

einen **Beichtstuhl** (1691 eingebaut) gibt es in dieser erzprotestantischen Kirche!

Und damit nicht genug. Herzstück von St. Salvator ist die 1711 von dem berühmten Meister *Arp Schnitger* erbaute **Orgel**, 1989 gründlich restauriert und seither wieder in klangvollem Betrieb.

●Die sommerlichen Konzerte – jeweils Mi um 20.30 Uhr – bekannter Organisten gehören zu den exquisitesten Kulturdarbietungen, die der nordelbische Raum aufzuweisen hat.

●In der Saison finden Mo Führungen statt.

Friedhof der Namenlosen

Hinter der Turmruine liegt der "Friedhof der Namenlosen". Hier steht auch eine Gedenktafel für 15 junge Schweden, die 1950 mit ihrem Wikingerschiffnachbau *Ormen Friske* bei Helgoland untergingen. Wrackteile trieben auf Pellworm an und wurden mehrere Jahre lang ausgestellt; sie existieren heute nicht mehr.

Neue Kirche

Pellworms Neue Kirche (von 1528) befindet sich etwa in der geographischen Mitte der Insel inmitten einer Parkanlage aus schönen, alten Bäumen. Sehenswert ist vor allem der mit reicher Goldfarbe geschmückte **Altar** aus spätgotischer Zeit (ca. 1520), auch dieser (zusammen mit der Kanzel) ein Bergungsobjekt aus einer untergehenden Kirche (Illgroff, 1634).

Leuchtturm

Ein weiteres Wahrzeichen Pellworms ist der rot-weiß-rot gestreifte Leuchtturm im Südosten der Insel, der den "Finger Gottes" noch um 12 m überragt. Das Seezeichen bewacht seit 1907 die Einfahrt in den Heverstrom. Eine Besteigung und Besichtigung des (seit 1977 automatisierten) Turmes ist leider nicht möglich.

Nordermühle

Die Nordermühle beherrscht die Silhouette der insularen Nordküste. Sie ist eine von vierzehn im 17. Jahrhundert erbauten Mühlen und wurde nach einem Brand 1777 neu errichtet. Neben einem alten Mühlentorso in Tilli ist die Nordermühle das einzige überlebende Bauwerk dieser Art. Sie beherbergt heute ein Restaurant.

Westertilli

In Westertilli, einem gemütlichen Örtchen im Inselinnern, gibt's schöne **alte Friesenhäuser** zu sehen. Kleine **Läden** haben sich hier angesiedelt, darunter auch, für Pellworm sicherlich unverzichtbar, eine "Condomerie". Nahebei leben Pellworms **Künstler**: *Emmy Jensen, Martin Petersen* und *Hein Toll* stellen aus.

Solar- und Windkraftwerk Eine sehr neuzeitliche Sehenswürdigkeit auf Pellworm ist Europas größtes kombiniertes Solar- und Windkraftwerk in der Nähe von Tammensiel. Die Anlage pumpt – ökologisch sauber – bis zu 1,5 Mio. kWh pro Jahr ins Netz. Besichtigungen sind möglich.

Naturschutzgebiete

Vogelkoje Pellworm ist zur Gänze landwirtschaftlich genutzt. Eine winzige Ausnahme bildet die "Vogelkoje" etwa 2 km nördlich von Tammensiel. Es handelt sich um ein geducktes **Wäldchen**, in dem sich zahlreiches Federwild tummelt. In der ersten Hälfte dieses Jahrhunderts diente das Gelände dem Entenfang. Damit ist es heute vorbei; das Areal genießt jetzt Schutzstatus. Behutsame Annäherung ist erlaubt. Keine Hunde!

Watten und Halligen Die Pellworm umgebenden Watten gehören – außer im Nordosten der Insel – zur Pufferzone des Nationalparks und können z. B. für Wattwanderungen betreten werden. Die Mini-Halligen **Süderoog** und **Norderoog** samt den gleichnamigen Sänden und dem **Japsand** sind jedoch Teil der Schutzzone 1. Sie bilden das größte zusammenhängende Reservatgebiet des Parks. Betreten ist nur unter bestimmten Bedingungen möglich (siehe "Touren").

Riesenpilze gibt es auf der Insel

Insel-Info

PLZ: 25846
Vorwahl: 04844

Auskunft

● *Kurverwaltung und Zimmervermittlung:* Uthlande-str. 1 (Tel. 18940, Fax 18944). Renoviertes Friesenhaus nahe des alten Hafens. Das **Kurmittelhaus/Schwimm-bad** liegt ein Stückchen südlich davon.
● *Schiffs- und Busauskunft:* NPDG (Tel. 753/755).
● *Flugauskunft: Marcussen* (Tel. 624/230).

Ärzte

Praxis gegenüber vom Kurmittelhaus.

Kurtaxe

Siehe Anhang.

Strand-körbe

Strandkörbe werden vom 1. Mai bis 30. September an allen "Stränden" aufgestellt. Die Gebühr beträgt bei Vor-lage der Kurkarte für die 1. Woche 42 DM, 2. Woche 35 DM, 3. Woche 28 DM, 4. Woche 21 DM und für jeden weiteren Tag 2 DM.

Die Miete ist im voraus zu bezahlen und wird bei vorzei-tiger Rückgabe nicht erstattet.

FKK

Das FKK-Gelände ist in der Nähe der Nordermühle (s. In-selkarte).

Hunde

Hunde stellen in der ländlichen Umgebung Pellworms keine Probleme dar; Abklärung mit dem Vermieter ist je-doch empfehlenswert. Am Deich dürfen Hunde wegen der Schafe nur kurz angeleint geführt werden. Am Leuchtturm und an der Hooger Fähre gibt es auch "Hundestrände". Die anderen "Strände" sind Hunden verboten.

Kirchen

Die **protestantischen Kirchen** Pellworms sind an frühe-rer Stelle beschrieben. Zusätzlich existiert *das Momme-Nissen-Haus* für katholische Inselbesucher (Großer Nor-derkoog) mit Kapelle für sonntägliche Gottesdienste.

Presse

Das kostenlose Info-Blatt *Pellworm-Heute* kommt in etwa monatlich heraus und gibt einen Überblick über die jeweils laufenden Veranstaltungen und Tourprogramme. Erhält-lich bei der Kurverwaltung.

Kinder

● Kinder werden von einer bäuerlichen Gesellschaft wie derjenigen Pellworms ohne viel Federlesens aufgenom-men. Wer **Ferien auf dem Bauernhof** macht, wird seine Zwerge dort bestens aufgehoben finden.

●Zwar kann das Kleinvolk nicht im inseleigenen Kindergarten untergebracht werden. Doch kurende Eltern können ihren Anhang (an Werktagen) in einem *Hort im Kurmittelhaus* abliefern, und das sogar zum Nulltarif. Gewünscht und erwartet wird allerdings, daß die Eltern sich ab und zu mal sehen lassen. Die Kurverwaltung hat auch einen *Babysitter- und Freizeithelferdienst* zu akzeptablen Preisen anzubieten.

●Hübsch für Kinder ist die *kleine Ranch* am Junkermitteldeich. Allerlei lokales Getier gibt es dort zu begucken, und die Kleinen können sich auch schon mal auf ein Pony setzen. Eintritt 3 DM, für Kinder zahlt man eine DM. Do geschlossen.

●Siehe auch *Jugendheime* bei "Unterkunft".

Fortbewegung

Auto

Man kann sein Auto leicht mit nach Pellworm nehmen, doch die Verwaltung weist diskret darauf hin, daß man es auch *auf Nordstrand parken* und damit das grüne Image Pellworms unterstreichen kann. Und außerdem: Es wäre doch zu schade, die wunderbare Ruhe auf der Insel zu stören ...

Fahrrad

Auf der Insel stehen 500 Leihfahrräder zur Verfügung. Pellworm ist in der Tat – mit Ausnahme des immer von vorn wehenden Windes – ideal fürs Rad geeignet, eben weil es so schön flach ist und die 80 absolut verkehrsarmen Straßenkilometer jede Menge Touren zulassen. Acht Vermieter bieten Zweiräder (ab 5 DM pro Tag) an; die meisten befinden sich in Tammensiel oder im nahen Umkreis.

Taxi

Es gibt auch ein Inseltaxi, einen Kleinbus, der dem Inselpolizisten gehört (Tel. 291).

Unterkunft

Hotels und Pensionen

Dem rustikalen Charakter Pellworms entsprechend, gibt es nur eine Handvoll von Hotels und Pensionen auf der Insel.

●Was Lage und schöne alte Architektur angeht, trägt den ersten Preis das *Hotel Nordseeblick* (Tel. 211) am Hafen davon. Außerdem hält der Name, was er verspricht – durchaus nicht immer selbstverständlich. Ab 48 DM (nur Ü).

●Mit Bäckereianschluß übernachten kann man (für 36 DM) in der *Pension Cornilsen* (Tel. 226) in Tammensiel.

●Um den romantischen Leuchtturm haben sich zwei

Gästehäuser gruppiert, und zwar das *Hotel Friesenhaus* (Tel. 774), ab 48 DM, und die *Pension Meeresfrieden* (Tel. 472), wo ÜF bei 57 DM beginnt.

●Pellworms größtes Bettenangebot findet man im *Gasthof Kiek ut na't Schlut* (Tel. 273) mit Preisen ab 45 DM ÜF.

●Einige Hotels und Pensionen gewähren eine Kinderermäßigung, die vor Reisebeginn geklärt werden sollte.

Privat-quartiere
Gut zwei Dutzend Privatquartiere stellen wie überall das preislich günstigste Angebot mit Preisen ab 15 DM (Küchenbenutzung) bis zu einem Maximum von 25 DM ÜF dar.

Bauern-höfe
Eine Anzahl von Bauernhöfen ist an der Beherbergungspalette beteiligt und zwar als Ferienwohnung. Der Preis pro Wohnung liegt zwischen 58 und 100 DM. Köstlich: die nächtliche Schwärze und die milde Geräuschkulisse eines Hofes in der Mitte von nirgendwo.

Ferien-wohnun-gen
●Die **Preise** für Ferienwohnungen und Appartements sind durchweg zivil. Das günstigste Angebot hat *Boysen* (Tel. 552): 2 Betten für 30 DM. In der NS gibt es in den meisten Fällen kräftige Ermäßigungen. Mitunter wird ein urgemütliches Reetdachhaus zum etwa gleichen Preis angeboten wie eine "Wohnanlage".

Jugend-höfe
●Für Schulklassen und Kinderfreizeiten bietet Pellworm zwei Quartiermöglichkeiten. Der *Jugendhof Kaydeich* (Am Kaydeich 6, Tel. 357) ist bestimmt für Jungvolk bis 12 Jahre. Das Haus hat 47 Betten auf 9 Zimmern. Preise: Je nach Gruppengröße 29-35 DM VP.

●Die *Jugendwarft Lindenhof* (Großer Koog, Tel. 323), ein stattliches Gebäude aus dem Jahre 1773, nimmt bei einer Bettenzahl von 64 auf 7 Zimmern Gruppen von 35-60 Schülern auf. Der Lindenhof ist ein gemeinnütziger Verein. Kostenpunkt: 14 DM plus Nebenkosten. Selbstverpflegung. "Kochfrau auf Wunsch verführbar", heißt es in einem gloriosen Schnitzer in der Broschüre des Nordseebäderverbandes. Oh, wie lacht da das Knabenherz! Auf zum Lindenhof!

Gastronomie

●In den eben genannten Hotels und Pensionen können auch Nichtgäste zu Mittag und zu Abend essen. Voranmeldung ist im Regelfall nicht erforderlich.

●Preiswert ist das täglich wechselnde Mittagsstammgericht mit Dessert im *Hotel Friesenhaus* (9,50 DM). Di und im Februar geschlossen.

●Wechselnde Tagesgerichte, Gutbürgerliches und ein Pellwormer Spezialitäten-Buffet bietet das *Unter den Linden* in Westertilli. Mi geschlossen.

●"Eine Pellwormer Abendbrotplatte" mit frischen Inselprodukten offeriert u. a. die *Café- und Bierstube am Nordermitteldeich* täglich bis 22 Uhr.

●Das *Café-Restaurant Nordermühle* preist "Bürgerliches bis Exquisites" an und einen Schuß "Mühlenromantik" dazu. Von April bis Ende der Herbstferien durchgehend geöffnet.

●Im Kirchspielskrug *Zur Alten Kirche* kann man sich in der assoziierten Bundeskegelbahn zunächst hungrig kegeln, um dann über die gutbürgerliche Küche herzufallen. Außerdem gibt's selbstgebackenen Kuchen und Eisspezialitäten. Offen von April bis Oktober.

●Der *Balkan-Grill* im Haus des Kurgastes in Tammensiel hat Rezepte aus dem alten Jugoslawien und internationale Gerichte auf dem Menü und das täglich bis 23 Uhr (von Ostern bis Herbst).

●Außerdem gibt es eine Anzahl von Imbissen, Minicafés und Kiosken, darunter allein nicht weniger als drei **Fischbuden** auf dem Südkai des Hafens, wo man sich im Vorbeigehen eindecken kann.

Sport

Angeln

Viel läuft nicht auf Pellworm, wenn man Wandern und Radfahren nicht als "Sport" ansehen will. Angeln gehen kann man zum Beispiel. Für das Angeln am **Außendeich** benötigt man einen **Jahresfischereischein**, den die Heimatgemeinde oder als Ausnahmegenehmigung das Ord-

Friesenhaus auf Pellworm

nungsamt der Insel ausstellt (22 DM). Um im **Baggerloch** angeln zu dürfen, braucht man einen weiteren Schein (10 DM für den Gesamtaufenthalt).

Tennis und Minigolf

Tennis spielt man in der *Freizeitanlage Kaydeich*. Zwei Plätze sind von Ostern bis Oktober täglich ab 9 Uhr geöffnet; die Stunde kostet 16 DM. Dem Komplex ist auch eine Minigolfanlage angeschlossen.

Hallenbad

Das Hallenbad (Tel. 18951/1240) befindet sich in der Nähe der Kurverwaltung in Tammensiel.
Zu dem beheizten Hallenbad (26°C) gehören ein Heißwassersprudelbad und ein Kaltwasserbecken.
●Öffnungszeiten: 19.3.-30.10. und 16.12. bis 15.1.; in der HS Di-Sa 10-12 und 14.30-20 Uhr, in der NS tägl. 14-20, So 14-16 Uhr.
●Eintritt (mit Kurkarte): Erw. 5 DM, Paar 9 DM, Kinder ab 6 J. 2,50 DM, Familienkarte (1 Kind) 11 DM, jedes weitere Kind 1 DM. Die Badezeit beträgt 1,5 Stunden.

Unterhaltung

Remmidemmi ist auf Pellworm nicht zu erwarten. Das Programm ist anspruchslos, aber man bemüht sich immerhin, ein bißchen was in Gang zu bringen. So kann man bei Maler *Petersen* am Nordermitteldeich mit Wasserfarben hantieren oder in der Freizeithalle in Tammensiel dem einen oder anderen **Diavortrag** beiwohnen, vornehmlich zu lokalen Themen. In der *Schutzstation Wattenmeer* am Osterschütting läßt sich Wattgewürm unterm Mikroskop beobachten. Im *Anton-Heimreich-Haus* (nahe der neuen Kirche) betreiben die Naturschützer auch regelmäßig eine Ausstellung. Unterhaltsame Höhepunkte sind natürlich auch die vorerwähnten **Orgelkonzerte** in der Alten Kirche – Juli und August sind die Hauptvortragsmonate. Zum großen Entertainment gehört ebenfalls das jährliche **Hafenfest** Ende Juli.
●Das tägliche Unterhaltungsprogramm ist im **Veranstaltungskalender** *Pellworm-Heute* minuziös aufgelistet.

Touren

Schiffsausflüge

Einen großen Teil des Jahres über werden auf Pellworm verschiedene Touren organisiert, die allesamt rechtzeitig vorangekündigt werden.
●Den Löwenanteil der Schiffstouren bestreitet die sogenannte *Hooger Fähre*, eine Barkasse namens *Gebrüder*, die u. a. folgende Fahrten unternimmt:

	Dauer ca.Std	Erw. DM	Kinder 4-11
Wattfahrt	1,5	13	11
Seehundbänke	4	15	10
Hallig Hooge	4	14	10
Hallig Oland	4	17	11

Die Wattfahrt findet unter Mitwirkung eines naturkundlichen Referenten statt.
●Weitere Touren (mit anderen Schiffen):

Amrum oder Föhr	9,5	25	15
Inselrundfahrt	2	10	5
Nordstrand-Helgoland	14,5	60	45
Hörnum-Amrum	14	50	35
Seehundbänke	3,5	15	10
Nordstrandischmoor	3,5	15	10

Abfahrten vom alten Hafen oder Tiefwasseranleger.

Watt-
wandern

Wattwanderungen sind reichlich im Programm. Beliebtes Ziel vieler Exkursionen ist die **Hallig Süderoog**. Für diese Tour von insgesamt ca. 4 Std. sind 7 DM anzusetzen (5 für Kinder) plus 2 DM "Halliggebühr". Mehrere kürzere Touren (1,5 Std., 5 bzw. 3 DM) werden auch angeboten, u.a. auch zu den Stätten lang versunkener Orte, wo immer noch Spuren an der Oberfläche zu erkennen sind (Tel. 569).

Exkur-
sionen

Mit Wattführern der Schutzstation werden auch **natur-kundliche Exkursionen** unternommen, für die ein Spendenentgelt erwartet wird (4 bzw. 3 DM, Tel. 760).

Rad-
touren

Fahrradtouren unter **geschichtskundiger** Leitung arrangiert *Erich Beese*. Eine Rundfahrt dauert ca. 4 Std. und kostet 7 bzw. 5 DM. Der Verein *Ökologisch Wirtschaften* organisiert eine wöchentliche **"Öko-Radtour"** mit Besichtigung des Solarfeldes und eines biologisch arbeitenden Gehöfts (2,5 Std.). Kostenpunkt: 4 bzw. 2 DM. "Maximal 50 Teilnehmer", heißt es optimistisch. Mit dem *Natur-schutzverein "Mittleres Nordfriesland"* kann man sich auch kundig durch die **Vogelkoje** führen lassen (3 bzw. 2 DM). Die jeweiligen Kontakte lassen sich bei der Kurverwaltung erfragen.

Kutsch-
fahrten

Für Inselkutschfahrten setze man sich mit *Helmut Niemann* (Tel. 1205) in Verbindung. Ab 5 DM.

Rundflüge Wer Pellworm von oben betrachten möchte, rufe *Julius Marcussen* an (Tel. 624). Wenn alles stimmt (mindestens 6 Personen, das richtige Wetter), hebt er Sa um 14 Uhr ab und ist ca. 15 Min. später wieder unten.

Fährverbindungen

Fähre von Nord-strand Siehe Anhang.

Fähre nach Hooge Für eine alternative Weiterreise kann man unter Umständen an einer Tagestour der *Hooger Fähre* im Nordwesten Pellworms teilnehmen und auf Hooge aussteigen, aber da muß der Schipper (*Hellmann*, Tel. 320) schon mitmachen. Ein Sondertrip mit der Barkasse kostet um 150 DM.

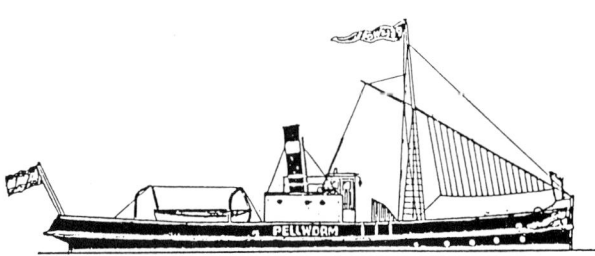

Dampfer
Pellworm

Flugverbindungen

Ein kleiner Flugplatz existiert auf Pellworm, der jedoch nur Versorgungs- und Notfunktion besitzt.

Mit dem eigenen Boot

Wer mit dem eigenen Boot anreist, findet im alten Hafenbecken, seit dort der Fährverkehr (außer Ausflugsfahrten) eingestellt ist, immer ein ruhiges Plätzchen. In der Fischbude auf dem Südkai kann man sein Liegegeld bezahlen; WC ein Stückchen weiter. Der Ort Tammensiel mit Geschäften, Post und Fahrradverleih liegt gleich hinterm Deich.

● **Yachtclub Pellworm**: *Heinz Clausen* (Tel. 329).

Öko-Eiland

Pellworm ist Deutschlands "grünste" Insel im modernen ökologischen Sinn. Das ist bei den paar Eilanden, die die Republik aufzuweisen hat, zwar kein besonderes Verdienst. Aber Pellworm steht auch landesweit als *ökologisch sinnvoll funktionierende Gemeinde* im Spitzenrang, und das will schon etwas heißen.

Das große *Solar/Wind-Kraftwerk* schießt insofern natürlich den Vogel ab. Aber auch in kleinerem Maßstab tut sich etwas auf der Insel. Der rührige Verein *Ökologisch Wirtschaften* (Alte Schmiede, Tel. 1212, offen Mo-Fr vormittags) setzt sich für die Förderung des *kontrollierten biologischen Landbaus*, der *regenerativen Energieerzeugung* und des *sanften Tourismus* erfolgreich ein und hat auch bereits diverse Bauern auf diese Schiene lotsen können. Pellworm ist auf *biologisch-dynamischem* Kurs.

An der Oberfläche hat das eher rührende Resultate. Den paar Anbietern, die jeden Freitagmorgen am Hafen Markt halten und diverse Bio-Gemüse, Säfte und Marmeladen (ziemlich teuer) feilbieten, haftet nach wie vor ein jutiges Image an, das zu der Frage verleitet: "Ist das alles?" Aber nein, das ist nicht alles. Schon wer Frau *Samuelsens* hausgemachte Sahne und Butter einmal probiert hat, gewinnt rasch die Überzeugung, daß ihm da etwas Gutes widerfährt, das vom kulinarischen Alltagstrott stark abweicht. Das haben auch andere erkannt, und in viel größerem Stil. Die gesunden Rinder, die sich an Pellworms fettem Gras delektieren, sind nicht etwa Schlachtvieh für die Regale deutscher Supermärkte. Sie werden in den Iran exportiert, nach Saudi-Arabien und Libyen, wo man Feines zu schätzen weiß und auch dafür bezahlen kann.

Doch es muß nicht immer Kaviar sein. Der rotbackige Apfel, der über die Hecke hängt, ist mit keinem Killergift besprüht worden; man kann ihn sich "wie früher" in den Mund stopfen. Petersilie und Grünkohl sind benzyprenfrei. Riesige, köstliche Champignons wachsen im Herbst wild auf Pellworms Weiden. Nicht nur ausgebuffte Kulinarier, sondern auch Nahrungsmittelallergiker werden sich auf Pellworm "auf dem richtigen Dampfer" fühlen.

Dazu gesellt sich eine zunehmende *Reduktion von Dosen und Plastikartikeln* in den Geschäften. Pellworm lebt vor, "wie es auch geht". Schon das macht die Insel einen Besuch wert.

Die Halligen
– Mini-Inseln im Wattenmeer

Leben mit der See

Früher, vor den ganz großen Fluten, gab es schon einmal mehr als dreißig, vielleicht fünfzig von ihnen. Zehn sind verblieben, und eines nicht allzu fernen Tages wird es auch sie nicht mehr geben.

Die Halligen Nordfrieslands sind einmalig in der Nordsee, womöglich auf der ganzen Welt. Wenn man die Ostfriesischen Inseln, was ihre Entstehungsgeschichte anbelangt, bessere Sandbänke nennen darf, so kann man einen analogen Begriff für die Halligen herbeibemühen: **bessere Schlickbänke**, die sich erst in neuerer Zeit einigermaßen verfestigten. Geologisch sind die verbliebenen Halligen müde tausend Jahre alt; viele Bäume werden älter.

Halligen sind keine Inseln. Auf diese Maxime versteifen sich zumindest die Halligbewohner, und das klingt ja auch hübsch althergebracht und folkloristisch fürs Touristenohr. Der Geograph, der zwischen Schlickbank und Insel zu wählen hätte, würde sich natürlich den letzteren Terminus aussuchen; die Halligen stecken ein gutes Stück aus dem Meer hervor, die meisten sind zudem bewohnt. Sicherlich sind die Halli-

Hallig Südfall

gen in diesem Sinne Inseln, gleich ob sie nun ein *Deich* umgibt – dessen Fehlen sie erst zur Hallig macht – oder nicht. Auch anderswo auf der Welt gibt es niedrige, unbedeichte Inseln, die keiner speziellen Benennung bedürfen.

Das Wort, was bedeutet es? Die Silbe "Hall-" läßt überall im deutschsprachigen Raum auf *Salzgewinnung* schließen, und diese Wortwurzel liegt wohl auch dem Begriff Hallig zugrunde. Schon früh im Mittelalter wurde hier nämlich aus salzreichem *Torf* das damals ungeheuer begehrte weiße Gewürz gelaugt – mit beklagenswerten Folgen allerdings. Durch den Torfabbau senkte sich das Land in weiten Teilen des Archipels, so daß die Sturmfluten hinfort immer leichteres Spiel hatten. *Kaiser Karl V.*, ein früher Ökologe, hatte diese katastrophale Verkettung durchschaut und verbot im Jahre 1550 den insularen Raubbau, doch die friesischen Dickköpfe hörten nicht auf ihn. Viel Not und Elend entlang der schleswigschen Küste ist hausgemacht. Wer aber wollte heute einen Schuldspruch fällen – und das in einer Zeit, in der mehr Natur denn je durch Menschenhand zerstört wird?

Plattes Land, nur ein paar Zoll über dem Meeresspiegel. Deshalb hört man alljährlich zuerst von den Halligen den Alarmruf "Landunter!", und im schlimmsten Fall müssen dann Seenotkreuzer und Hubschrauber her, um die Bewohner abzubergen, ein Aufwand, der offenbar als ganz selbstverständlich empfunden wird. Schon im letzten Jahrhundert wurden Überlegungen angestellt, die Halligen zu evakuieren und endgültig aufzugeben. In einer beispiellosen Großaktion installierte der preußische Staat jedoch *massive Uferbefestigungen*; deutsches Land sollte nicht der See überlassen werden. Auch nach der Flut von 1962 zeichnete sich ab, daß die Halligleute mit ihrem bißchen Viehwirtschaft nicht überlebensfähig bleiben würden. Wiederum griff jetzt der Staat ein: Die gesamte Infrastruktur der Halligen wurde auf *Fremdenver-*

kehr umgepolt. Die Inselfriesen, die immer so stolz auf ihre Eigenständigkeit gewesen waren, protestierten weder gegen den preußischen noch den bundesdeutschen Eingriff.

Seither brummt das Geschäft mit dem Tourismus. Was aber macht diese "besseren Schlickbänke", wasserdurchsogene Grassoden im Schelfmeer, für den Besucher so faszinierend, was auch läßt ihre Bewohner in ständig dräuender Gefahr der Seenot auf ihrer einsamen Warte verharren?

Nun, man ist unter sich, fast wie die Besatzung eines Schiffes; die da draußen sind "die anderen". Auch bei Seeleuten ist zu beobachten, daß sie nach langen Jahren auf See dem Leben an Land gegenüber ein wenig weltfremd werden. Und was anderes sind die Halligen als ruhende Schiffe im Meer? Der Morgendunst, die Abenddämmerung läßt die Warften und die Gebäude auf ihnen – ganz besonders eindrucksvoll auf Langeneß – wie Schlachtkreuzer in Kiellinie erscheinen. Dann wieder sehen die menschengebauten Gebilde wie zerfallende Mayapyramiden oder Wehrburgen in Science-Fiction-Filmen aus: unwirklich und unirdisch.

Solche Perspektiven ziehen natürlich ein breites Publikum an. Dazu mischt sich weiteres Außergewöhnliches ins Bild: Grün, das nicht einmal in Irland seinesgleichen findet; kompromißlos flaches Land ohne Baum und Strauch, sickerndes Wasser, Symbiose mit der See auf engstem Raum.

Gröde

2,8 km² groß ist Gröde und mit 16 Einwohnern die **kleinste politische Gemeinde der Bundesrepublik**. Zwei Schüler besuchen zur Zeit die Halligschule, nur noch unterboten von Oland mit einem Kind. Sehenswert ist die **Kirche** aus dem Jahre 1779, und ganz besonders reizvoll ist Gröde zur Zeit der Fliederblüte im Frühsommer.

Insel-Info ●*PLZ:* 25869
●*Vorwahl:* 04674

Unterkunft ●Es gibt auf Gröde nur zwei *Vermieter*. Einer ist der Bürgermeister (*Mommsen*, Tel. 393), mit dem man sich zwecks
weiterer Auskünfte, auch die Anreise betreffend, in Verbindung setzen sollte.

Fährver- Grödes Festlandhafen ist *Schlüttsiel* (siehe auch dort),
bindungen regelmäßige Abfahrten von dort finden jedoch nicht statt.
Die Insel wird zwar auf *Tagestouren* angelaufen, aber
auch nicht sehr oft.

Habel

Mit gerade drei Hektar Fläche ist Habel die kleinste unter den Kleinen. Von weitem sieht die
Hallig einem Wrack nicht unähnlich und ist damit
fast ein Symbol für die Vergänglichkeit dieser
seltenen Landschaftsform im Wattenmeer.
Habel entstand nur – niemand weiß genau
wann –, um wieder zu verschwinden. 1877 war
die Hallig noch 27, 1905 gut 18 Hektar groß. Vor
hundert Jahren gab es auch noch stolze zwei
Warften. Eine ist übriggeblieben, und *ein Haus*
steht darauf: Es dient im Sommer dem *Vogelwärter* und den Arbeitern des Amtes für Wasser-
wirtschaft als Unterkunft. Touristisches Geschehen gibt es auf dem Eiland, kaum größer als ein
Flugzeugträger, natürlich nicht ...

Hamburger Hallig

Seit dieses Inselchen 1859 durch einen Damm
mit dem Festland verbunden wurde, kann man
eigentlich kaum mehr von einer Hallig sprechen.
Überdies ist durch Aufschlickung zu beiden Seiten des Fahrdammes so viel neues Land entstanden, daß der Begriff "Halbinsel" korrekter
wäre.
  Die Hamburger Hallig und das ganze umgebende Terrain sind *Vogelschutzgebiet*, schon
seit 1930. Das Eiland kann aber über den Damm

mit dem *Auto* besucht werden – was ein rechtes Abenteuer ist. Der Damm ist nämlich *einspurig* und bietet auf zwei schmalen Betonbahnen gerade dem Radstand Platz. Alle paar hundert Meter muß man in einer "Weiche" Gegenkommer abwarten. Bei sturmflutträchtigem Wetter läuft gar nichts mehr.

Eine einzige Warft steht auf der Hamburger Hallig und darauf drei Gebäude, darunter ein Restaurant. Nein, es ist trotz des vielversprechenden Inselnamens nicht McDonald's, sondern der *Halligkrug*, und man reicht leckeres Krabbenbrot statt Frikadellen.

Hooge

Ge-schichte

Wie bei allen anderen Inseln und Halligen im Nordseeraum ist die Historie Hooges eine Geschichte der Sturmfluton. *1362*, als Folge der *Groten Manndränke*, entstand auch dieses Eiland, und wenn es – worauf sein Name hindeutet – vielleicht ein wenig "hooger" (höher) als seine Umgebung gewesen sein mag, so hat ihm das wenig genutzt. Hooge hat bis auf den heutigen Tag ständig mit dem Blanken Hans kämpfen müssen.

Schon vor der Superflut soll hier der Überlieferung nach ein *Kirchlein* gestanden haben. Das jedenfalls war hinweggefegt worden, und die Neu-Hooger pilgerten jetzt übers Watt zur (heute noch existierenden) Alten Kirche auf Pellworm. Das ging bis etwa *1600* gut. Dann wurde der Priel zwischen den Inseln immer tiefer und der Kirchgang schließlich zu mühsam und gefährlich. Die Hooger legten sich jetzt einen Seelsorger zu, der von Haus zu Haus ging und später, *Petreus* war sein Name, als Chronist einigen Ruhm erlangte. Und immer noch hatte Hooge keine eigene Kirche.

Die zweite Superflut im Jahre *1634* ermöglichte ironischerweise den Bau des *ersten Hooger Gotteshauses*. Die Insel Strand verschwand großenteils von der Erdoberfläche, und aus deren verwüstetem und später endgültig untergegangenem Ort Osterwohld konnten die Hooger eine komplette Kirche – Baumaterial und Interieur – bergen und auf ihre Hallig schaffen. Gott segne unseren Strand!

In den folgenden Jahren wurde die *Osterwohlder Kirche* auf Hooge neu erbaut. Und da steht sie heute noch, beeindruckend mit dem alten Inventar, das einst so bittere Not gesehen hatte. Beiträge aus der Seefahrt- und Wal-

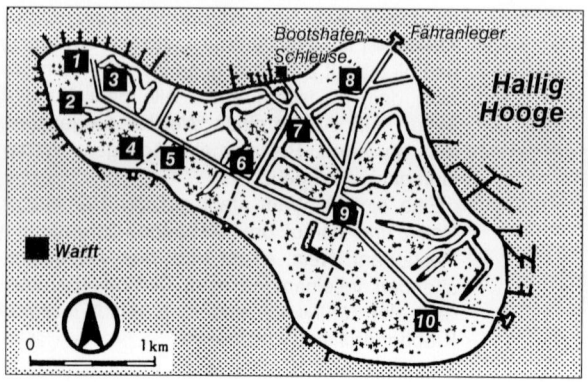

1 Wester-
  warft
2 Pohns-
  warft
3 Ipkens-
  warft
4 Volkerts-
  warft
5 Lorens-
  warft
6 Ockelütz-
  warft
7 Kirchwarft
8 Backens-
  warft
9 Hanswarft
10 Ockens-
  warft

fangepoche der Hallig gesellen sich dazu. Die Flut von 1634 ging übrigens auch nicht spurlos an Hooge vorbei: 43 Menschen ertranken.

Spätere Fluten nagten ständig an der Substanz. Die **Weihnachtsflut von 1717** richtete schwere Schäden an, und im **Februar 1825** holte der Blanke Hans zu einem erneuten Keulenschlag aus, der viele Nordseeanrainer vernichtet zurückließ. Der Hooger Inselpastor *Schmidt*, der die Katastrophe mitmachte, schreibt darüber:

"In der Nacht zwischen dem 3ten und 4ten Febr. war eine Fluth, wie bei Menschengedenken nicht existiert hat. 3 Warften sind gänzlich mit ihren Wohnungen und Bewohnern untergegangen. Außerdem sind die 5 westlichen Warften größtenteils zertrümmert, und 7 Wohnungen außerdem gänzlich von Grund auf vernichtet. Von 85 Wohnungen sind 6 oder 7 ganz schadenfrey bebließen, und 20 sind höchstens bewohnbar. 25 Menschen haben in Einer Schreckensnacht das Leben eingebüßt, davon sind 5 im Bette ertrunken. Die Gemeinde ist nun zerrüttet. Viele, die wohlhabensten, entfliehen und manche gehen, so bald sie können. Die Folgen dieser Fluth sind traurig. Die Halligen gehen, wenn das so fortgeht, was Gott verhüte, ganz ein ..."

Viele der abgewanderten Hooger ließen sich in Wyk auf Föhr nieder. Andere hingegen nahmen das Ringen um einen Neubeginn mutig auf, bestärkt durch eine **Hilfsaktion**, die der dänische *König Frederik VI.* in die Wege geleitet hatte und die eine ansehnliche Kollekte zusammenbrachte. (Die gesamte Region gehörte damals zu Dänemark.) Im Sommer nach der großen Flut erschien die

Majestät persönlich auf der Hallig, um sich über den Stand der Dinge zu informieren und "herzliche Theilnahme" zu bezeugen. Ungünstiges Wetter hielt den König über Nacht auf Hooge fest; er nahm Quartier auf der Hanswarft im alten Haus des Kapitäns *Tade Hans Bendiks*, das seither als **Königspesel** ("Pesel" = Stube) bekannt ist und unter Denkmalschutz steht. Heute ist der Königspesel Hooges Vorzeigestück. Reich mit blauweißen Delfter Fliesen ausgeschmückt, erinnert er an ein möbliertes Badezimmer – aber das war halt der Geschmack der damaligen Zeit.

Die Flut des Jahres *1962* setzte Hooge noch einmal gewaltig zu, die von *1976* kaum weniger. Halligschicksal.

Hooge heute

Um Schlimmerem vorzubeugen, werden die Warften weiterhin erhöht, die Häuser mit Betonmauern umgeben. Das sieht nicht schön aus, aber gegenüber der Nordsee kann man keine Rücksicht nehmen. Auch umgürtet Hooge ein bis zu 1,5 m hoher **Sommerdeich**, um zumindest ständige, die Heuernte vernichtende Überflutungen zu unterbinden. Insofern darf sich das Eiland eigentlich gar nicht mehr Hallig nennen...

Doch wer will so pingelig sein. Sogar das Friesentum ist aufgeweicht auf Hooge, seit im letzten Jahrhundert ausländische Arbeiter dort am Deichbau beteiligt waren. Die Inselhierarchie führt heute italienische Familiennamen.

5,5 km² groß ist Hooge; neun Warften stehen auf der Hallig. Etwa 130 Menschen leben auf ihr, höchstens 20 Autos kurven maßvoll herum. Herrlich ruhig könnte es sein, wenn nicht... Hooge ist nun aber auch die (selbsternannte) "Königin der Halligen" und zieht deshalb über einen großen Teil des Jahres hinweg gewaltige Besucherscharen an. Denn Hooge trägt den krönenden Titel schon zu Recht. Keine Hallig ist so pittoresk, so fotogen wie diese.

Sehenswertes

Die Tagestouristenhorden steuern fast alle die **Hanswarft** an, denn dort gibt es auf engstem Raum am meisten zu sehen: Den **Königspesel**, das **Naturschutzzentrum**, das **Heimatkundliche Museum** sowie auch die Gemeindeverwaltung.

Die **Salzwiesen** am Südufer Hooges mit reicher Vegetation (vor allem Queller) stehen unter Naturschutz.

Hooge-Info

- **PLZ:** 25859.
- **Vorwahl:** 04849.
- **Info-Büro** und **Zimmervermittlung**: *Gemeindeverwaltung* (Tel. 9100, Fax 201, Mo-Fr. 15-17 Uhr).
- **Strandkörbe** können im Gemeindebüro gemietet werden. Tag 6 DM, Woche 35 (jede weitere 30) plus 10 DM für den An- und Abtransport.
- **Kurtaxe:** siehe Anhang.
- **Kinder:** Gästekinder können – wenn Platz ist – schon mal im (kleinen) **Halligkindergarten** untergebracht werden. Im Gemeindehaus gibt's auch öfters mal einen **Trickfilm** oder eine **Kindertheatershow**. Die etwas Größeren werden auch ans **Jollensegeln** herangeführt – ein lobenswerter Service der Verwaltung! Auskunft: Tel. 255.

Fortbewegung

- **Fahrräder** gibt's massenweise schon am Hafen, dazu auf der Hans- und Backenswarft. 5 DM/Tag, 30 pro Woche.
- **Kutschfahrten** kosten ebenfalls 5 DM; man kann sie aber auch gratis haben. Wenn nämlich Tagesausflügler die Restaurants überschwemmen, bieten die listigen Insulaner Freifahrten an, damit die Tische leer werden. Einfach mitfahren.

Unterkunft

- Zwei **Hotel-Pensionen** verzeichnet Hooge: Das *Hus Halligblick* (Tel. 222, ÜF 33 DM), und *Frerk's Buernhus* (Tel. 254, ab 60 DM). Die beiden Häuser sind ganzjährig offen.
- **Privatzimmer** (insgesamt 12) kosten ab 24 DM ÜF. Die meisten sind nur in der Saison geöffnet.
- Alle **Ferienwohnungen** (15) sind ganzjährig in Betrieb

Priel auf Hallig Hooge

und kosten bei einer durchschnittlichen Bettenzahl von 4 zwischen 65 und 140 DM.

●Ganz groß auf Hooge sind **Jugendheime**. Davon gibt's gleich mehrere:

Das *CVJM-Freizeitheim* (Buchung: Tel. 07143-36881) mit 120 Betten auf 26 Zimmern. 12-14 DM pro Tag (Selbstversorgung), HP möglich.

Das *Jugendheim Hallig Hooge* auf der Backenswarft (Tel. 224) hat 140 Betten auf 19 Zimmern und Preise von 15-16 DM ÜF (doppelt für VP) und 4 DM pro Nacht auf einem angeschlossenen Zeltplatz.

Das *Naturschutzzentrum Hooge* auf der Hanswarft (Tel. 229) nimmt ebenfalls Gruppen bis zu 21 Personen für **Seminare** auf. Info: Tel. 04331-23622. Alle vier Institutionen sind ganzjährig geöffnet.

Gastro-nomie

An der **Hanswarft** drängen sich die Bewirtungsbetriebe (*Museums-Kroog, Seewind, T-Stube, Imbiß Klabautermann*), der Inselladen (teuer) und noch einiges mehr, und alles, scheint's, gibt ebenfalls etwas von sich, denn die umgebenden Gräben stinken zum Himmel, solange sich keine Sturmflut gnädig dieses insularen Webfehlers annimmt. Wem die Restaurants auf der Hanswarft zu voll erscheinen, kann übrigens auch auf den *Friesenpesel* (Bakkenswarft) oder *Frerk's Buernhus* (Lorenzwarft) ausweichen.

Aktivitäten und Unterhaltung

●**Angeln** kann man, indem man sich nur bei der Gemeinde meldet.

●*Der Naturschutzverein Hooge* unternimmt **Lehrexkursionen** auf der Hallig und (im Sommer) **Wattwanderungen** nach Japsand und Norderoog, ebenso die *Schutzstation Wattenmeer*.

●**Diavorträge** und **Filmvorführungen** finden häufig im Gemeindehaus statt.

●Ein wöchentlicher **Veranstaltungskalender** wird ausgehängt.

Fährverbindungen

●Hooge wird auf der Route **Schlüttsiel-Halligen-Amrum** in der Saison zweimal und ansonsten einmal täglich von einer großen **Autofähre** angelaufen (siehe Schlüttsiel).

●Das Mitbringen von **Privatautos** auf die Insel ist unerwünscht; für Behinderte kann u. U. eine Ausnahme gemacht werden.

●Außerdem bewegt sich allsommerlich ein gewaltiges "Filzlausgeschwader" von Fahrzeugen aus allen Richtungen für **Tagestouren** auf Hooge zu. Einzelheiten unter den jeweiligen Abfahrtshäfen.

Mit dem eigenen Boot

Für das *eigene Boot* ist Hooge ein lohnendes Ziel, denn die Hallig hat (im Norden) einen ausgezeichneten *Yachthafen*, der Fahrzeuge bis zu 1,60 m Tiefgang aufnehmen kann. Gastboote legen am westlichen Steg an, ggf. auch beim *Halligsegelclub Hooge* weiter drinnen. Dusche und WC am Kopfende des Beckens.
●Info: Segelwart *Diedrichsen* (Tel. 247).

Langeneß

Der Name

Auf Karten und in Büchern kann man heute noch vielfach die Bezeichnung "Nordmarsch-Langeneß" finden. Das hat darin seine Bewandtnis, daß die heutige Hallig früher aus drei Teilen bestand: Butwehl, Nordmarsch und eben die "lange Nase". Die drei Eilande waren durch breite Wasserläufe getrennt, wuchsen im Lauf der Zeit jedoch allmählich zusammen; der Mensch half nach. Bis 1941 war Nordmarsch noch eine selbständige politische Gemeinde. Die Gewohnheit, diesen Namen auch weiterhin zu verwenden, blieb daher noch lange am Leben.

Geschichte und Sehenswertes

Der erste Pastor kam *1666* nach Langeneß, bis dahin gingen die Langeneßer nach Oland zur Kirche, die Butwehler nach Gröde. Die Nordmarscher bauten sich bereits 1599 eine eigene Kirche, nachdem sie es leid waren, zum Gottesdienst jedesmal nach Föhr zu reisen. Diese Kirche, sowie auch ihre Nachfolgerinnen aus den Jahren 1684 und 1732, ist heute verschwunden. Der Taufstein aus dem 13. und das Kruzifix aus dem 17. Jahrhundert wurden Teil der *Langeneßer Kirche*. Diese wurde 1894 neu erbaut, nachdem auch ihre Vorgängerinnen von 1666 und 1725 zu Staub zerbröselt waren.

In der neuen Kirche findet man allerlei *Kurioses* aus fünf Jahrhunderten. In der Blütezeit des Walfangs um die Wende ins 18. Jahrhundert überboten sich Langeneßer Kapitäne im Bemühen, das Innere der Kirche möglichst prunkvoll auszustatten. Erhalten aus dieser Zeit ist u. a. das schöne *Deckengemälde*. Andere *Votiv-*

Weites Land

gaben aus diesem Jahrhundert wurden ebenfalls in der Kirche untergebracht. Die Kirche befindet sich – wo sonst – auf der Kirchwarft ungefähr in der Inselmitte.

Sehenswert auch: Das **Kapitän Tadsen Museum** auf der Ketelswarft (offen von Ostern bis 31. 10. Mo-Sa 10.30, 13.30, 15.30 Uhr) mit Einblicken in das ursprüngliche Halligleben.

Ein weiteres Halligmuseum ist die **Friesenstube** auf der Honkenswarft, die Mitbringsel von Walfängern und Segelschiffskapitänen ausstellt. Offen täglich von 10.30 bis 11.30 Uhr.

Die **Schutzstation Wattenmeer** unterhält auf der Rixwarft am Anleger eine permanente Ausstellung; Eintritt frei.

Insel-Info
- **PLZ:** 25863.
- **Vorwahl:** 04684.
- **Fremdenverkehrsbüro** und **Zimmervermittlung:** Ketelswarft, Tel. 217, Fax 289.
- **Kurtaxe:** siehe Anhang.

Fortbewegung

Man kann das Auto mit nach Langeneß nehmen, doch sehr gern sieht man das dort nicht. Lieber in Schlüttsiel abstellen. **Fahrräder** gibt's mehr als genug. Sie stehen auf der Rixwarft und kosten 5 DM pro Tag.

Allerdings: Langeneß ist 10 km lang. Das einzige Restaurant (*Hilligenlei*) liegt ganz im Westen (nahe des Anlegers), der einzige Laden ganz im Osten. Dazwischen muß man ganz schön strampeln. (Man kann sich aber auch Waren anliefern lassen.) Oder man nimmt den urigen *Hilligenlei-Expreß* (Unimog mit Anhänger), um sich für 5 DM durch die Insel kutschieren zu lassen.

Unter-
kunft

●Fünf *Privatzimmer/Pensionen* hat Langeneß anzubieten. Sie kosten mit Küchenbenutzung ab 20 DM, ÜF ab
20 DM und VP 61-73 DM.

●*Ferienwohnungen*, insgesamt 12, können umgerechnet sogar noch etwas billiger sein; 65 DM für fünf Betten
klingt sehr vernünftig. Seit der Sturmflut von 1962 sind die
Häuser auf Langeneß übrigens im Obergeschoß mit
einem stahlbetonverankerten Schutzraum versehen.
Keine Angst also vor Landunter!

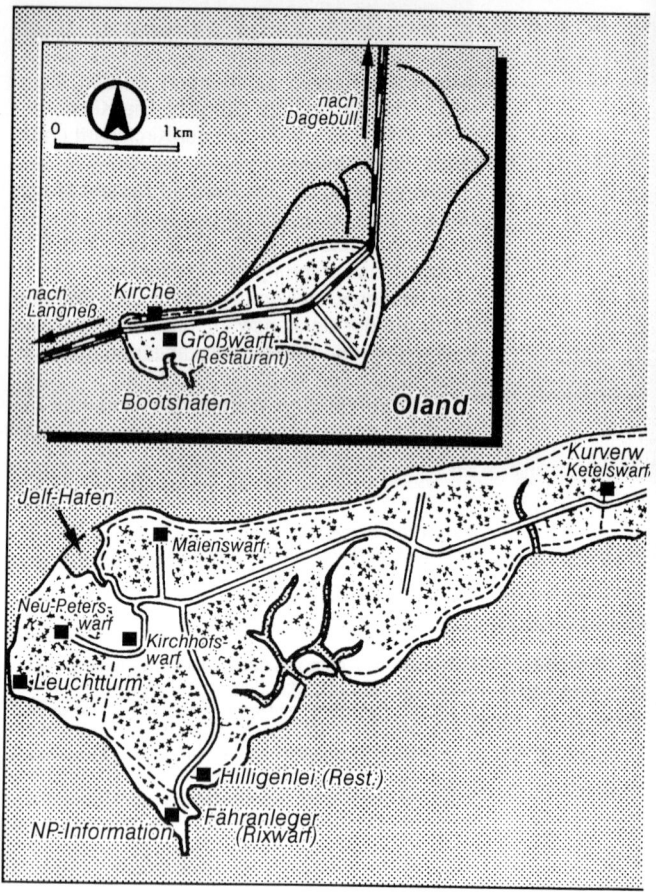

●In zwei *Jugendlagern* kann auf Langeneß auch Jungvolk aufgenommen werden. *Traute Schnor* (Tamenswarft,
Tel. 252) betreibt vom 15.4. bis 15.10. ein Freizeitlager;
Einzelheiten und Preise auf direkte Anfrage. Auch die
Schutzstation Wattenmeer (18 Betten) nimmt Jugendliche für
naturkundliche Seminararbeit auf. (Anmeldung: Grafenstr.
23, 24768 Rendsburg, Tel. 04331-23622).

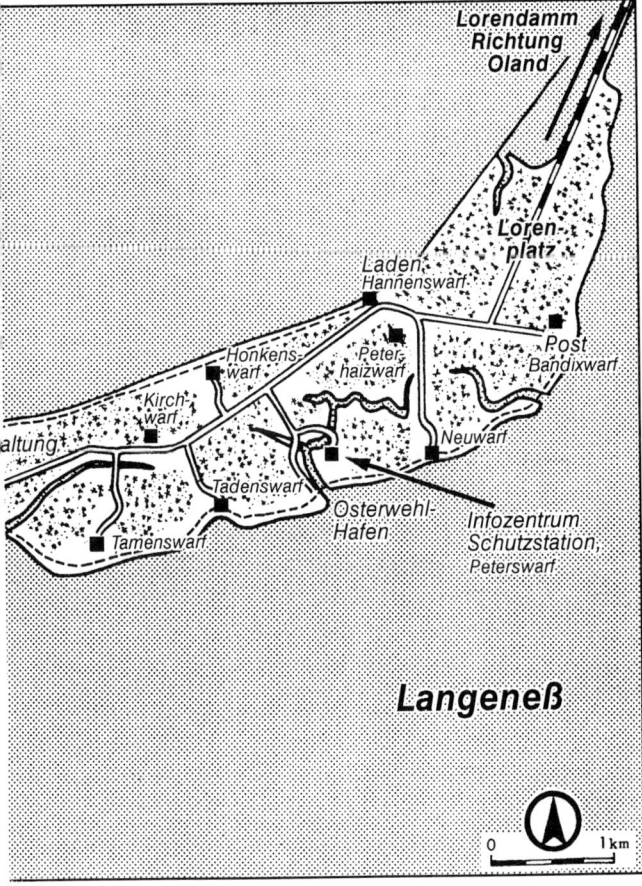

Gastro-nomie

In der Sommersaison bietet das *Gasthaus Hilligenlei*, einziges Restaurant der Hallig und im Westen gelegen, täglich einen vorzüglichen und preiswerten *Eintopf* an: 1 Liter 6 DM. Behälter mitbringen! Sa um 19 Uhr wird dort gegrillt, normal essen kann man natürlich auch. Vorbestellung für *Kutterkrabben*: *Borrs* (Tel. 272).

Aktivi-täten

Viel gibt's nicht. Man kann auf dem *Lorendamm*, der die beiden Inseln verbindet, nach *Oland* hinübermarschieren oder eine *Ausflugsfahrt* nach Wyk auf Föhr machen (jeden Di). *Wattwanderungen* und *vogelkundliche Exkursionen* unternimmt die Schutzstation gegen eine Spendenbeteiligung. Im Watt an der Südküste kann man auch selbst nach Kulturspuren forschen. Sogar *Theater* gibt es ein-, zweimal die Woche (Tamenswarft, 5 DM) und *Diavorträge* im Gemeinderaum auf der Kirchwarft. Einzelheiten im monatlichen *Veranstaltungskalender* und in der Info-Broschüre *Flaschenpost*, die während der Saison erscheint.

Fähr-verbin-dungen

Langeneß' Abfahrtshafen auf dem Festland ist *Schlüttsiel* (siehe dort), die Fahrt geht weiter nach Amrum. In der Saison finden zudem jede Menge *Ausflugsfahrten* von allen Häfen der Region nach der Hallig statt. Siehe die jeweiligen "Touren".

Mit dem eigenen Boot

Wer mit dem eigenen Boot anreist, wird den *Fähranleger* ungemütlich exponiert finden. Der kleine *Jelf-Hafen* im Nordwesten ist da schon besser, läßt aber nur sehr flachgehende Boote zu. Der neue Sportboothafen *Osterwehl* im Südosten stellt in etwa die goldene Mitte dar.

Norderoog

Die aus einer Sicheldüne entstandene Hallig Norderoog (5 km SSW von Hooge) genießt gleich *doppelten Schutz*: Sie liegt in der Zone 1 des Nationalparks und gehört überdies dem *Verein Jordsand*, einer sehr engagierten Gruppe Hamburger Vogelschützer. Durch systematisch betriebene Uferbefestigungsarbeiten konnte die Hallig in den letzten Jahren sogar vergrößert werden. Während der Brutzeit wird das Inselchen von Tausenden von *Seeschwalben und anderen Seevögeln* bevölkert.

Nach der Brutzeit (ab Juli) kann die Hallig besucht werden, aber *nur unter fachkundiger Leitung* der Hooger Schutzstation oder in Begleitung von Jordsandern.

Stichwort Jordsand

Der *Verein Jordsand* wurde bereits im Jahre 1907 gegründet und 1986 um das *Institut für Naturschutz- und Umweltschutzforschung* erweitert. Die Aufgaben, die sich der Verein gestellt hat, sind die Schaffung und Betreuung von Naturschutzgebieten auf wissenschaftlicher Basis, Öffentlichkeits-, Informations-, Jugend- und Bildungsarbeit. Besonders groß geschrieben ist der Vogelschutz.

Heute betreut der *Verein Jordsand* 17 Reservate, davon 10 im Bereich der Nordfriesischen Inseln mit Einschluß von Helgoland. Wer mehr über Jordsand wissen oder sich sogar anschließen möchte, wende sich an die Geschäftsstelle: Bornkampsweg 35, 22926 Ahrensburg (Tel. 04102-32656).

Nordstrandischmoor

Ge-schichte

Die nahe am NSG Beltringharderkoog gelegene Hallig ist ein kleiner Überrest der großen Insel *Strand*, die 1634 zerrissen wurde. Das "Wüste Moor", ein *Hochmoorgebiet* mit einiger zusätzlicher Hebung gegenüber der umgebenden Marsch, diente den damaligen Flüchtlingen als rettender Unterschlupf. Mehrere Strander blieben auf der moorigen Hallig und wurden ihre ersten Siedler.

Die Hallig heute

Nordstrandischmoor (örtlich auch *Lütt-Moor* genannt) ist heute etwa 175 Hektar groß und hat 27 Einwohner. Fünf Häuser stehen auf dem Eiland, darunter eine Schule, in der der Inselnachwuchs (1993: fünf Köpfe) unterrichtet wird.

Die paar Zentimeter, die Nordstrandischmoor über dem üblichen Niveau liegt, bewahren die Hallig nicht davor, durchschnittlich *fünfzigmal im Jahr Landunter* zu melden. Dieser nasse und salzige Status macht das Eiland zu einem kleinen *Vogelparadies*. Zahlreiches Federwild nistet hier oder legt auf der Durchreise längere Station ein. Auch die *Salzwiesenvegetation* ist ungewöhnlich üppig.

Insel-Info

● *PLZ:* 25845.
● *Vorwahl:* 04842.

Unterkunft

Unterkünfte gibt es nur zwei: *Ruth Kruse* (Tel. 373) hat eine Ferienwohnung für 2-5 Personen (70 DM, 60 DM in der NS) und *G. Siefert* (Tel. 486) eine für 2-4 Personen (50 DM). Man informiere sich auch über die aktuelle Versorgungslage. *Gaststätte* auf der Osterwarft.

Anreise

● Die Hallig ist über einen *Lorendamm* mit dem Festland verbunden. Gäste, die auf Nordstrandischmoor Quartier gebucht haben, können von der Motorlore abgeholt und zur Insel gefahren werden.
● Von März bis Oktober finden auch häufig *Ausflugsfahrten* per Schiff von Nordstrand statt (siehe dort), so daß man auch von da anreisen kann. Auskunft erteilen die Vermieter.

Oland

Geschichte und Sehenswertes

Die etwa 1 km² große Hallig Oland (= "Insel") existiert als solche erst seit der *großen Flut von 1362*, als der Brocken aus dem Inselverband herausgerissen und von der Nordsee liegen gelassen wurde. Schon wenig später war das Eiland besiedelt; bereits *1430* wird eine Holzkirche erwähnt. *1709* entstand ein solides Gotteshaus aus Backstein, doch auch dieses überstand die Zeitläufte nicht und ist längst verschwunden. *1824* wurde eine neue Kirche gebaut, heute efeuumrankt und Olands bestes Stück. **Taufe** und **Kruzifix** im romanischen Stil stammen noch aus dem 13., die **Apostelfiguren** und **Altarleuchter** aus dem 15. Jahrhundert, die ansehnliche **Renaissancekanzel** aus dem Jahre 1620. Auf dem **Halligfriedhof** künden verwitterte Grabsteine Botschaften aus alter Zeit. Jüngeren Datums ist der des Heimatdichters *Wilhelm Lobsien*, der hier 1947 die letzte Ruhe fand.

Oland heute

Ein **Lorendamm** für Frachtverkehr verbindet die Hallig mit **Dagebüll** auf dem Festland und weiter mit **Langeneß**. Auf einer fast kreisrunden Großwarft im Westteil stehen etwa 20 Häuser. Das idyllische **Häfchen** unterhalb der Warft ist Ziel für Ausflugsfahrten ab Schlüttsiel und kann auch von kleinen Yachten angelaufen werden, eine regelmäßige Fährverbindung gibt es jedoch nicht. Wer sich auf Oland einquartieren möchte, nehme deshalb zuerst Kontakt mit dem Vermieter auf und lasse sich in Sachen Anreise beraten. **Autos** gibt es keine auf Oland, man kann auch keine dorthin mitnehmen.

Insel-Info

● *PLZ:* 25869.
● *Vorwahl:* 04667.
● *Auskunft* und *Zimmervermittlung:* siehe Langeneß.

Kurtaxe

Die Kurtaxe ist die gleiche wie auf Langeneß und wird im Gemeindehaus kassiert. Dafür darf man dort auch einem gelegentlichen Diavortrag beiwohnen.

Unterkunft

Nur zwei **Privatquartiere** weist Oland auf, und zwar bei *Peter Lohmeyer* (Tel. 406) ganzjährig für 25 DM ÜF bzw. 60 DM VP und bei *Johanne Nissen* (Tel. 409) vom 1.5. bis

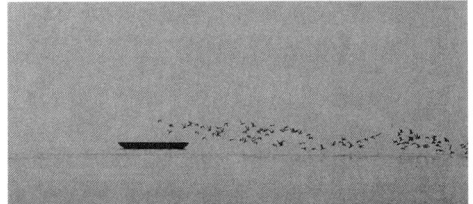

Fischkutter mit Vogelschwarm

31.8. für 15 DM mit Küchenbenutzung, was sehr verlockend klingt, aber von der Fußnote relativiert wird: "Haus nur komplett vermietbar".

●*Ferienwohnungen*, sechs an der Zahl, kosten durchschnittlich 20 DM pro Kopf.

●*Haustiere* sind generell unerwünscht.

Gastro-
nomie

Ein Gasthaus fürs leibliche Wohl gibt es auch. Das *Kiek in* ist von 10-22 Uhr geöffnet; die warme Küche nimmt Sonderwünsche entgegen, und man reicht Hausgemachtes.

Touren

Man kann Oland im Uhrzeigersinn umwandern, dann wieder entgegengesetzt. Früher oder später wird sich der Besucher wahrscheinlich auf Langeneß wiederfinden.

Anreise

Ein *Lorendamm* verbindet Oland mit Langeneß und dem Festland.

Süderoog

Dieser Brocken Land, etwa 6 km nordwestlich von Pellworm gelegen, ist eine der vordersten Bastionen Nordfrieslands gegen die See. 62 Hektar groß ist Süderoog heutzutage, gar so klein also immer noch nicht.

Ge-
schichte

Anno *1711*, vor der ganz großen Flut also, maß die Hallig noch 200 Hektar. Schützende Sände waren ihr vorgelagert, die zu ihrem Überleben beitrugen, andererseits auch für viele Schiffe das Verderben bedeuteten. Im *16. Jahrhundert* hatte der Vogt auf Süderoog alle Hände voll zu tun, um ständig Beute zusammenzuraffen, denn immer wieder trieb wertvolles Strandgut an. Soviel Reichtum befand sich mitunter auf der kargen Insel, daß *Seeräuber* sich angelockt fühlten und manches davonschleppen konnten.

1870 strandete hier die spanische Bark *Ulpiano*. Von diesem Schiff blieb die alte Heckfigur übrig, die dem *Paulsen-Haus* als doppelteilige Eingangstür einverleibt wurde und noch heute existiert. Süderoog mit diesem Haus diente *Theodor Storm* als Schauplatz für seine Novelle "Eine Halligfahrt", in der das Eiland in liebevollem Detail beschrieben ist.

Süderoog zog auch danach stets die tiefe Hingabe von Inselliebhabern auf sich. Von *1924 bis 1950* galt das Eiland als *Hallig der Jungs*, nachdem ein alter Verdun-Kämpfer sich die Völkerverständigung zum Ziel und das kleine Eiland dafür zum Schauplatz erkoren hatte. Eine *internationale Begegnungsstätte* wurde hier ins Leben gerufen, die bis *1977* Bestand hatte. Dann wurde Süderoog zur Gänze NSG.

Süderoog heute

Heute liegt das Inselchen in der Schutzzone des Nationalparks und ist **Vogelreservat**, kann jedoch von Gästen unter Leitung von zugelassenen Watt- und Naturführern von Pellworm zu bestimmten Zeiten besucht werden. Das alte Haus hat jetzt ein schönes Reetdach und ist umgeben von Gärten und dem größten Fething – Süßwasserbrunnen – aller Halligen. Ein Dieselgenerator knattert ab und zu, und auch das Telefon funktioniert. Trotzdem wäre Herr Storm nach wie vor wahrscheinlich von Süderoog entzückt.

Südfall

Früher wurde dieses Eiland 5 km westlich von Nordstrand auch Rungholt-Hallig genannt. Eine unmittelbare Verbindung zu Rungholt bestand aber nie. Das legendäre Rungholt, das 1362 in der See verschwand, lag zwar nicht weit entfernt, doch seine Bebauung dehnte sich keineswegs bis Südfall aus.

In jüngeren Zeiten gehörte die Insel einer Figur wie aus einem Theodor-Fontane-Roman: der Gräfin *Reventlow-Criminil*. Nach ihrem Tod 1954 kaufte das Land Schleswig-Holstein die Hallig für 20.000 DM und verpachtete sie an einen Nordstrander Großbauern.

Obwohl kaum mehr als eine große Sand- und Schlickbank mit einigem Bewuchs, ist Südfall recht stabil. Die Halligkanten sind durch Steinpackungen geschützt, Buhnen stechen ins Wattenmeer vor. Ein solitäres Haus steht auf dem Eiland, bewohnt von einem **Vogelwärter**, der sich der Naturschutzbelange annimmt.

Südfall wird im Zuge von Wattwanderungen, z.T. auch mit Pferd und Wagen, regelmäßig von Nordstrand aus besucht. Sie darf aber nur unter **autorisierter Führung** betreten werden

Kieselalge

Amrum
– die schönste von allen

Geschichte

Der Name Sprachforscher sind der Ansicht, daß der Name Amrum von Am Rem (= Rand) stammt, was aber nicht unbedingt zutreffen muß. Wenn an der ganzen Küste die Nachsilbe -um auf "-heim" hindeutet, braucht Amrum da keine Ausnahme zu machen. Könnte hier nicht eher das Heim der germanischen Ambronen gewesen sein, zumal das b in "Ambrum" erst zu einem späten Zeitpunkt verlorenging? Vielleicht ist hier auch die Frage, was zuerst da war: Das Huhn oder das Ei ...

Frühe Besiedlung Überall auf Amrum finden sich noch Spuren einer frühen Besiedlung. Früh heißt in diesem Falle *Jungsteinzeit* (3000-1600 v.Chr.) und wahrscheinlich sogar schon davor. Damals war Amrum noch wesentlich ausgedehnter gewesen, doch der hohe Geestrücken im Innern bestand bereits seit der letzten Eiszeit. In diesem unfruchtbaren Gelände legten die frühen Amrumer ihre *Gräber* an. Das größte, mit zehn Tonnen schweren Decksteinen, liegt beim sogenannten Quermarkenfeuer in der Inselmitte, andere, aus der *Bronze-* und *Wikingerzeit*, sind über das ganze Eiland verteilt.

Zur *Völkerwanderungszeit* (150-400 n.Chr.) war ein Großteil der damaligen Bevölkerung nach England emigriert. Danach erfolgte ein Auffüllprozeß von Norden, *Wikinger* vor allem fielen auf der Insel ein. Skandinavien, ihre Heimat, lag ja gleich "um die Ecke", und Amrum war offenbar ein idealer Stützpunkt für Beutezüge in den Süden.

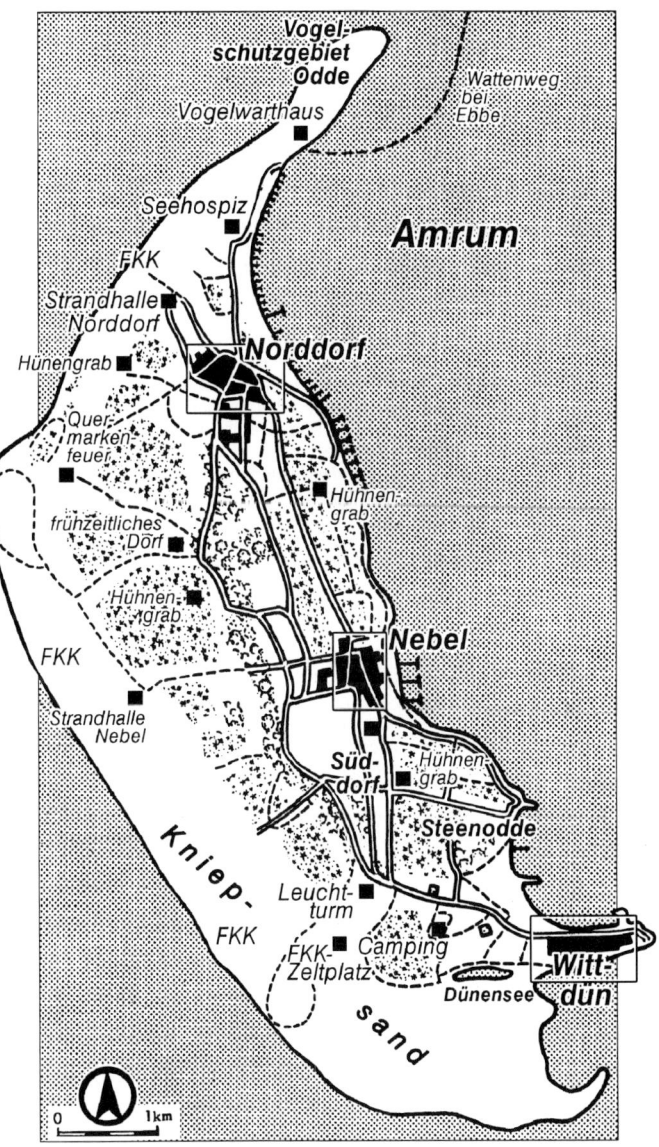

Als nächstes kamen vor der Jahrtausendwende die *Friesen*, doch längst nicht mehr als Pioniere. Im Gegensatz zu den südlicheren Inseln und der schleswigschen Küste war Amrum bei Ankunft der Friesen ja bereits besiedelt, und die Bevölkerungen dürften ineinander übergegangen sein. Eine reine "Frieseninsel" ist Amrum jedenfalls nie gewesen.

Erste Erwähnung

Anno *1231* wird Amrum in dänischen Dokumenten erstmalig urkundlich erwähnt. Schon vorher jedoch, um *1200*, war Amrums erste und größte **Kirche, St. Clemens** in Nebel, als Außenposten von Föhr erbaut worden. Auch die Orte Süddorf und Norddorf dürfte es bereits gegeben haben, allerdings anderen Namens und etwas abseits der heutigen Ortschaften gelegen. Politisch gehörte Amrum seit spätestens dieser Zeit zum **Großkönigreich Dänemark**, und man war wohl ganz zufrieden damit, denn das Verhältnis wurde erst 1864 aufgekündigt. Der ferne Dänenkönig mischte sich offenbar nicht allzu störend in die Belange der Inselbevölkerung ein, die sich mit **Salzsiederei** und **Landwirtschaft** mehr schlecht als recht über die Runden brachte.

Walfang

Lange Zeit hörte man von Amrum überhaupt nichts mehr, bis dann um die *Mitte des 17. Jahrhunderts* die goldene Zeit des Walfangs begann, die indes nicht lange anhalten sollte. Als man nämlich dem Wal den Garaus gemacht hatte und Bilanz zog, erwies sich, daß zwar mancher glücklicher "Kommandeur" zu Ruhm und Reichtum gekommen war. Doch der Zoll der Männer, die auf See geblieben waren und Witwen und Waisen hinterlassen hatten, war erschreckend hoch. Auch die prächtigsten Reetdachhäuser der erfolgreichen Trankocher konnten über dieses Elend nicht hinwegtäuschen.

"Strandjen"

Magere Jahre folgten deshalb. Einigen Nebenverdienst brachte wie überall auf den deutschen Nordseeinseln das "Strandjen" ein. Dem Zug der Zeit folgend, verlegte man sich jedoch auch auf Amrum in der zweiten Hälfte des vorigen Jahrhunderts lobenswerterweise vom Strandraub aufs Retten. Was indes der Tatsache keinen Abbruch tut, daß man vorher fleißig um einen gesegneten Strand gebetet hatte. Die Gebete wurden erhört. Die vielbefahrene Route vom Englischen Kanal nach Skandinavien führt nämlich außerhalb Amrums vorbei, und bei schwerem Wetter aus westlichen Richtungen gerieten hier stets Schiffe in Not. Der **Strandvogt** hatte alle Hände voll zu tun, die Plünderer von den Wracks fernzuhalten. *1816* soll fast die gesamte männliche Bevölkerung Amrums wegen Strandräuberei im Inselknast gesessen haben ... Auch in

Walfang-
szene

jüngerer Zeit trieben immer wieder Schiffe auf die Amrumer Sände, in denen die meisten binnen kurzer Zeit
spurlos verschwanden. Andere konnten geborgen werden. Auf diese Tätigkeit hatten sich die Insulaner schon im
19. Jahrhundert spezialisiert, und manche brachten es
dadurch höchst legal zu erheblichem Wohlstand.

Trotzdem war der insulare Lebensstandard im Jahre
1864, als Amrum nach dem Krieg gegen Dänemark **an
Preußen** geriet, eher bescheiden. Vielen Amrumern,
geborenen Seefahrern, paßten auch die behördlichen
Auflagen nicht, die Preußen der Erlangung von Steuer-
manns- und Kapitänspatenten in den Weg legte, viele
wanderten aus. Schon vorher hatte ein Exodus nach Au-
stralien und Amerika stattgefunden; jetzt folgte noch einmal eine heftige **Welle der Emigration**. Heute leben mehr
Amrumer in der Diaspora, vor allem in Amerika, als auf
der Insel selbst.

Nordsee-
bad

Die nachfolgende Entwicklung, wie sonst, war die zum
Nordseebad. Anderswo war man ja schon seit langem soweit. Ein Hannoveraner Architekt und Landschaftsmaler
namens *Schulze-Waldhausen* hatte im Jahre **1885** Amrum
"entdeckt" und war begeistert von dem weltfernen Eiland.
Hier mußte etwas organisiert werden! Flugs kam er um
eine **Konzession für ein Seebad** ein, doch er wurde von
den stockkonservativen Insulanern – Bauern, Fischern,
Seefahrern – abschlägig beschieden. Der Gemeinderat
entschied sich am 1. September 1885 einstimmig (!)
gegen die Eingabe. Die Amrumer befürchteten eine Auf-
weichung der Sitten, Profitmacherei durch Außenseiter,
Bevormundung durch schnoddrige Großstädter.

Der Maler setzte sich trotzdem durch, indem er einen
Fremdenverkehrsverein gründete – dem mehrere Amrumer beitraten – und den Rat vor vollendete Tatsachen
stellte. Der Tourismus geriet in Gang.

In ihrer Not riefen die aufrechten Insulaner den Pastor *Friedrich von Bodelschwingh* zu Hilfe. Er sollte "gegen das weltliche Badeleben ein christliches Gleichgewicht schaffen". Der Gerufene brachte Verständnis für die Sorgen der Amrumer auf, verliebte sich aber offenbar auch in die Insel und begann im Jahre *1890* mit der Errichtung eines *"Seehospizes"* bei Norddorf. Dies war das Gründungsjahr Amrums als Nordseebad.

Die Einheimischen zogen allmählich nach. Unwillen regte sich zwar noch, als 1890 ein völlig *neuer Badeort* am Südzipfel der Insel entstand: *Wittdün.* Der Name – "weiße Düne" – klang zwar sehr traditionsschwanger, doch der Ort wurde buchstäblich aus dem Boden gestampft. Kapitalisten aus der Ferne – wie befürchtet –, aber auch einheimische Financiers, so der Bergungsmann *Quedens*, beteiligten sich an dem Bauherrenmodell, das alsbald von der damaligen Schickeria besucht wurde. Auch diese "feinen Pinkel" erregten eingängliche Feindseligkeit bei den Einheimischen. Doch der "Fortschritt" ließ sich nicht aufhalten. Hier gab es Geld zu verdienen, und selbst die Hartnäckigsten gaben letztlich ihren Stolz auf und wurden Wirte. Heute lebt fast jeder Amrumer vom Fremdenverkehr.

Amrum heute

An der zutiefst **konservativen Grundhaltung** der Amrumer hat sich trotz vieler Konzessionen bis heute wenig geändert. Rechtzeitig war erkannt worden, welchen Geist man da aus der Flasche gelassen hatte, und manchem Bemühen, die Insel weiter zu "entwickeln", wurde ein Riegel vorgeschoben. Einen Flugplatz gibt es auf Amrum bis heute nicht, und es wird auch keinen geben. Statt dessen hat man sich in Wyk beschwert, daß Kleinflugzeuge von dort auf Besichtigungstour allzu oft und zu dicht an Amrum vorbeibrummen. Auch für einen Golfplatz hat man nichts übrig. Die typische Amrumer Klientel setzt sich nicht aus Golfern zusammen. "Wehret den Anfängen", ist die insulare Devise.

Ende der sechziger Jahre wurde das **Straßennetz** der Insel erheblich ausgebaut. Heute freut man sich nicht mehr darüber. Die Autofähren, auch derzeit als Segen begrüßt, karren in der

Saison derart viele Mobile an, daß der Verkehr zu einem bösen Problem geworden ist. Man versucht ihm mit diversen Ge- und Verboten beizukommen, primär aber mit der Bitte, das Gefährt möglichst zu Hause zu lassen. Wirtschaftliche Überlegungen erlauben gegenwärtig noch kein totales Autoverbot, denkbar ist aber, daß es in nicht allzu ferner Zukunft dazu kommt.

Amrum ist viel zu schön, als daß es durch Automobile verstänkert werden dürfte. Zwar streiten sich Norderney und Sylt heftig um den Titel "Königin der Nordsee". Doch wenn Schönheit in diesem Wettbewerb zugrundegelegt wird, so gebührt Amrum bei weitem die Krone. Auf keiner anderen Insel findet man eine derart harmonische Anordnung von Strand, Dünen, Wald, Geest und Marsch wie auf Amrum. Keine andere Insel hat auch einen derart gloriosen Strand wie den Knlepsand.

Überall
Kiefernwald

Der Kniepsand

15 km lang und bis zu 1,5 km breit, 12 km² groß in allem und von einem Ende zum anderen aus feinster weißer Materie bestehend: Das ist Amrums "Kniepsand", der einzige Strand mit dicken fünf Sternen im gesamten Bereich der deutschen Nordseeinseln. Dieser einzigartige Strand liegt durchschnittlich 1 m über Normalnull, bleibt also bei "normalem" Hochwasser trocken; nur bei Sturmfluten erreicht die See den Dünensaum. Eine riesige Sandkiste, die seewärts von Wittdün zudem eine perfekte *flache Badelagune* bildet, in der sich selbst Kleinkinder gefahrlos vergnügen können.

Amrums größter Aktivposten ist ein *Geschenk der See*, hat keine geologische Verbindung mit dem Land. Vor zweihundert Jahren noch war der Kniepsand eine hakenförmige Bank weit vor der Küste, die nach und nach auf die Insel zuwuchs und sie schließlich, erst zu Beginn dieses Jahrhunderts, erreichte. Nicht nur zieht der Kniepsand heute Touristenscharen an, er dient auch als höchst funktioneller *Wellenbrecher*, der den Syltern das Wasser des Neides in die Augen treibt. Mehrere weitere natürliche "Buhnen" liegen noch vor der Küste und geben der Insel Schutz: Jungnamensand, Hörnumknobs und Theeknobs, alle drei beliebte *Seehunddomizile*. Wenn der Blanke Hans an Amrum nagt, dann durch die Hintertür. Hier, im Lee der Insel, ist es an der flachen Marschenküste immer wieder zu *Landverlusten* gekommen, auch in neuerer Zeit. Gefährdet sind vor allem Wittdün und die Odde im Norden, die beide wie spitze Finger in die See ragen.

Dünen und Wald

Ein breiter *Dünengürtel*, ein richtiges kleines "Gebirge", schließt sich an den Kniepsand an. Über weite Distanzen hinweg hat man hier *Bohlenwege* konstruiert, um Besuchern diese exotische Welt zu erschließen und gleichzeitig ein Zertrampeln zu verhindern – vorbildlich! Der attraktivste und längste dieser Bohlenwege führt von Wittdün zum Leuchtturm, andere stechen von Nebel und Norddorf zum Strand vor.

Der *Wind* weht auf Amrum vorwiegend aus westlichen Richtungen. Wenn es hart bläst, ähnelt der Kniepsand einem arktischen Gefilde voll von bodennah treibendem Schnee, in dem sich Rad- und Bollerwagenfahrer wie mit Schlitten vorwärtskämpfen. Kleine Dünen bilden sich im Lauf des Jahres in diesem Bereich, doch die nächste Sturmflut wischt sie wieder weg. Der **Sand**, der ins Innere weht, hat viel mehr Gewicht. Er nämlich weht die Äcker, das fruchtbare Land zu – ein uraltes Problem auf den Inseln. Auf Amrum begann man deshalb in den fünfziger Jahren mit dem Anbau eines ***inselweiten Schutzgürtels von Kiefern***, der inzwischen zu einem Wald herangewachsen ist, der auf den Eilanden der Nordsee seinesgleichen sucht. Im windgeschützten Bereich dieses Waldes gedeiht die **Heide** und hat in den letzten Jahren eine Art Macchia entwickelt, deren pflanzliche Fülle das Herz des Naturliebhabers erfreut. Diesem trockenen Gebiet schließt sich die **Marsch** an, etwa ein Drittel des Gesamtkomplexes einnehmend. Hier auch liegen die Inselorte: Steenodde, Süddorf, Nebel und Norddorf. Wittdün nimmt, wie bereits erwähnt, eine Sonderstellung ein.

Insel-Info

PLZ: 25941.
Vorwahl: 04682 (ganze Insel).

Auskunft

●Die *Bädergemeinschaft Amrum* (Fähranleger, Tel. 891, Fax 2976) ist zuständig für allgemeine **Information**, **Prospektversand** und **Zimmernachweis** für ganz Amrum. Die **Kurverwaltungen** in Wittdün, Nebel und Norddorf sind bei den jeweiligen Orten aufgelistet.
●**Schiffsauskunft:** WDR (Tel. 825).

Hunde

Hunde müssen ständig an der Leine geführt werden. Die Mitnahme an Badestrände ist grundsätzlich verboten. Haufen sind vom Hundehalter zu beseitigen.

Presse

Der **Veranstaltungskalender** *Amrum aktuell* erscheint wöchentlich und gibt einen Überblick über die jeweiligen Tagesprogramme auf inselweiter Basis.

Alter
Grabstein

Ärzte   In allen drei Gemeinden gibt es mindestens je einen *Arzt*, eine *Zahnarztpraxis* jedoch nur in Wittdün (Hauptstr. 18).

Saison   Die Saison auf Amrum ist dreigeteilt. HS ist 1.6.-30.9., Nebensaison 1.10.-7.11., 18.12.-9.1. und 1.3.-31.5., und Nachsaison 10.1.-28.2. und 8.11.-17.12., jeweils vom teuersten zum billigsten Ende. Ferienwohnungen vor allem sind außerhalb der HS fühlbar billiger.

Winter   Im Winter schließen viele Insel-Restaurants, mitunter Knall auf Fall. Die Amrumer lassen dann ihren schönen, aber kalten Strand zurück und vergnügen sich lieber auf Zypern und den Malediven. Man verständigt sich jedoch dahingehend, daß in jeder Gemeinde das eine oder andere Restaurant immer geöffnet ist, damit es keinen Engpaß gibt.

Kinder   ●Außer Europas größter Sandkiste hat Amrum den Kleinen ein rundes Programm zu bieten. Jede Gemeinde, versteht sich, hat *Spielplätze*. Besonders schön: Wittdüns *"Piratenspielplatz"* am Strand.
    ●*Amrum aktuell* gibt u. a. wöchentlich bekannt, welche *Veranstaltungen* es speziell für Kinder gibt. Der *Miniclub* auf der Wittdüner Strandpromenade, der *Norddorfer Spiel- und Spaßladen* und das *Haus des Gastes* in Nebel bieten fast täglich lustige Programme und Spiele, Kinderfeten, Bastelstunden und dergleichen. Es gibt sogar Kinder-Discos, Teenie-Clubs und einen Jugendtreff für die etwas Größeren; die etwas Kleineren werden, je nach Jahreszeit, zu Laternenumzügen und zum Ostereiersuchen rekrutiert.
    ●Amrum ist auch die Insel der *Kinderkurheime*, seit Pastor *Bodelschwingh* 1890 hier sein Seehospiz errichtete. Daraus ist inzwischen das *Wiking Kurhaus für Mutter und Kind* geworden (Norddorf, Tel. 370); ein weiteres Kurheim dieser Kategorie befindet sich in Wittdün (*Münsterhaus,*

Tel. 2331). Die *Kinderfachklinik Satteldüne* (Nebel, Tel. 340) ist ein umfangreicher Komplex; hier werden Kinder von 1 bis 16 Jahren einschließlich einer Begleitperson aufgenommen. Die Aufenthalte von Mutter und Kind können durch die Kassen finanziert werden.

Fortbewegung

Auto   Das eigene Mobil mit nach Amrum zu nehmen ist eine leichte Übung, wenn auch, wie erwähnt, inselseitig darum gebeten wird, es lieber zu Hause (oder zumindest auf dem Festland) zu lassen.

Bus   Eine Buslinie entlang des insularen Rückgrats vom Fähranleger bis Norddorf ersetzt das Auto perfekt. In der HS fahren die Busse tagsüber im **Halbstundentakt**.

Taxi   Für Eilige und für Notfälle: Tel. 2228/9.

Fahrrad   Überall gibt es Verleihe: Sechs in Wittdün, zwei in Süddorf, je einen in Steenodde und Nebel, zwei in Norddorf. Räder kosten um 6 DM pro Tag. Das Netz der Radwege ist gut ausgebaut, doch Radfahren auf Promenaden und Bohlenwegen ist verboten.

Sport

Gym-nastik   Alle drei Gemeinden setzen im Sommer organisierte Strandgymnastik an (jeweils morgens am DLRG-Wagen).

Tennis   Für Tennisfreaks ist Norddorf die richtige Adresse. Die *Kurverwaltung* vermittelt dort zwei Außenplätze zu 15 DM/Std. in der HS und 10 in der NS; ohne Gastkarte doppelter Preis. Das *Hotel Seeblick* (Tel. 888) hat Hallenplätze für 22 DM vor und 25 DM nach 16 Uhr. Der Freiplatz des *Hotels Wellkimmen* (Tel. 789) kostet 15 DM/Std.

Minigolf   Norddorfs Minigolfplatz, schön gelegen zwischen Wald und Dünen, ist vom 15.3. bis Ende Oktober geöffnet, in der HS täglich bis 22 Uhr.

Reiten   Reiten kann man, von März bis Oktober, bei *Boy Jensen* (Tel. 2030) in Nebel und im *Ponyhof Zimmermann* (Tel. 1585) in Süddorf. Beide Unternehmen haben auch auch für Kinder Unternehmungen an.

Bäder   ●*Norddorf:* Neben der Strandhalle befinden sich die **Einschwimmhalle** (Tel. 307) und das **Freibad**. Die Einschwimmhalle ist 8 mal 12 m groß, mit temperiertem

Meerwasser von 30°C (Sa und So 24°C); das angegliederte Außenbecken hat eine Wassertemperatur von 24°C. Eine Sauna ist angeschlossen.

Öffnungszeiten: Halle Mitte März bis Mitte Oktober, Freibad Mai bis Ende September, tägl. 10-17 Uhr.

Eintritt (beide Bäder): Erwachsene (mit Kurkarte) 7 DM, Kinder von 4 bis 18 3,50 DM, Familientageskarte 15 DM; Sauna (mit Kurkarte) 10 DM.

● *Wittdün:* Die 100 m² große,beheizte *Einschwimmhalle* (Tel. 862) mit angeschlossener Sauna befindet sich neben dem Kurmittelhaus im Dünenweg.

Wegen *Umbauarbeiten* ist das Bad *derzeit geschlossen* und wird erst im Laufe des Jahres 1996 wieder eröffnet weden.

Unterhaltung

Veranstaltungen

Die jeweiligen Kurhäuser veranstalten einiges an Entertainment – Diavorträge, Konzerte, Gesprächsabende und dergl. –, doch der Löwenanteil des Unterhaltungsprogramms besteht aus organisierten Touren und Wanderungen (s. u.). *Programm* wöchentlich in *Amrum aktuell.*

Discos

In der Sommersaison, wenn in den drei Gemeinden die Strandkorbschuppen leerstehen, werden diese von der Inseljugend zu improvisierten Discos umfunktioniert. Das spielt sich natürlich nicht nach festem Muster ab. Mal bei den Verwaltungen fragen, was da so läuft.

Touren

Schiffsausflüge

●In der Saison werden ständig Fahrten ab Wittdün nach verschiedenen Destinationen unternommen. Organisatorin ist die WDR (Wittdün, Tel. 825).

	Dauer ca. Std.	Erw. DM	Kinder 4-11
Hooge oder Langeneß	6	14	7
Föhr	—	12	6
Föhr (mit Rundreise)	11	23	13,50
Westerland	14	36	19
Hörnum	12	28	14
Tondern-Röm-Sylt	14	39	26
nur Tondern	10	28	18,50
Legoland (DK)	14	36	24
Sonderburg-Damp 2000	14	31	21
Jütland	14	36	24
Helgoland	9	40	20

Diese Touren beinhalten z. T. natürlich Überlandfahrten mit Bus oder Bahn. Für Dänemark ist ein Ausweis erforderlich, auch für Kinder.

●Das MS *Eilun* (Wittdün, Tel. 500) ist auf **Halligfahrten** spezialisiert:

Seehundbänke	2	14	7
Hooge	5	14	7
Gröde und Langeneß	6,5	20	10
Große Halligmeerfahrt	6,5	21	11
Oland	4,5	18	9
Sylt	10	26	13

Wattwanderungen und Exkursionen

Wattwanderungen und naturkundliche Strand- und Dünenführungen unternehmen: Die *Schutzstation Wattenmeer* (Wittdün, Tel. 2718), der *Heimatverein Öömrang Ferian* (Norddorf, Tel. 1635), der *Verein Jordsand* (Norddorf, Tel. 2332) und *Andreas Herber* (Norddorf, Tel. 2758). Eine Wattwanderung von Norddorf **nach Föhr** einschließlich Busfahrt nach Wyk und Rückkehr per Fähre kostet 24 DM, Kinder (4-11) die Hälfte. Diese Tour sollte nie auf eigene Faust unternommen werden. In der dokumentierten Geschichte Amrums ist immer wieder von tragischen Unglücksfällen entlang dieser Route zu lesen.

Fährverbindungen

Die großen Autofähren der WDR fahren von **Schlüttsiel** (siehe dort) auf dem Weg über die **Halligen** nach Amrum. Die alternative Route ist ab **Dagebüll** (siehe dort).

Mit dem eigenen Boot

Die **Bootsanleger** liegen unmittelbar unterhalb des bunten Seezeichenhafens etwa 1 km westlich des Fährterminals. An zwei Stegen kann man festmachen, einigermaßen geschützt, aber nicht übermäßig komfortabel. Platz ist für 36 Gastlieger, mehr soll hinzukommen. Gleich an Land das **Clubhaus** des AYC; dort gibt's WCs, Duschen und etwas zu essen, und dort wird auch das **Liegegeld** entrichtet. In den Ort sind's ein paar Schritte auf dem Deich.

●**Auskunft:** Peter Paulsen, Tel. 2054.

●Der alte Hafen **Steenodde** ist heute zu verschlickt, um Boote sicher aufnehmen zu können.

Wittdün

Nach den vielversprechenden Anfängen der *Aktiengesellschaft Wittdün* und Besuchen eines feudalen Publikums hatte der Ort einen guten Ruf erworben und fast dem mondänen Westerland den Rang streitig gemacht. Anno 1906 war, als Folge zweier verregneter Sommer, alles wieder Sack und Asche. *Hic transit gloria mundi:* So hängt – auch heute noch – alles am seidenen Faden des Wettergeschehens. Erst in den fünfziger Jahren zeichnete sich ein Aufschwung ab, und seit daher ist Amrum eigentlich jedes Jahr ausgebucht.

Das hat gute Gründe. Amrum ist rustikal, auch weiterhin mißtrauisch gegenüber auswärtigen

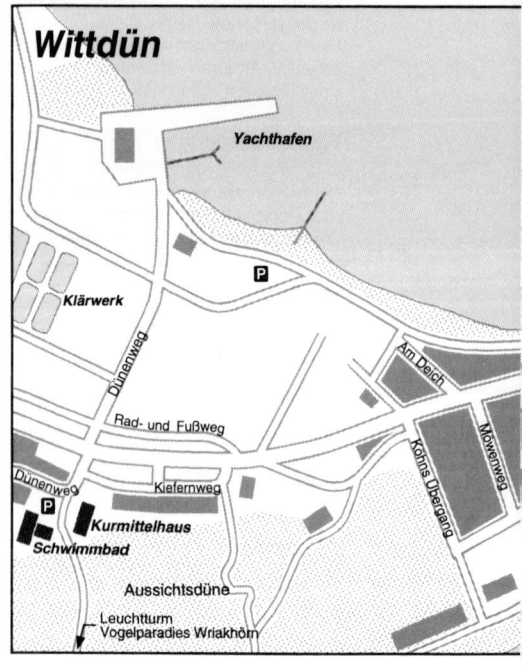

"Entwicklern" geblieben. Großbauprojekte wie auf Sylt wurden hier nie realisiert. Deswegen stört heute auch kein Betonklotz Wittdüns bescheidene Skyline – ganz zu schweigen von den anderen Orten. Nur das poppige Appartement-Hotel *Zur Alten Post*, im Volksmund "Die Keksdose" genannt, sticht schon vom Anleger etwas schmerzvoll ins Auge. Man hat's vor Ort humorig genommen; jetzt gibt's sogar ein Café dieses Namens.

Sehens-
wertes
Wittdün hat aufgrund seiner relativ jungen Geschichte wenig Interessantes zu bieten. Was man sich nicht entgehen lassen sollte, ist ein Besuch im **Naturschutzzentrum** (hinter der Kurverwaltung) mit Aquarien, Landschaftsmo-

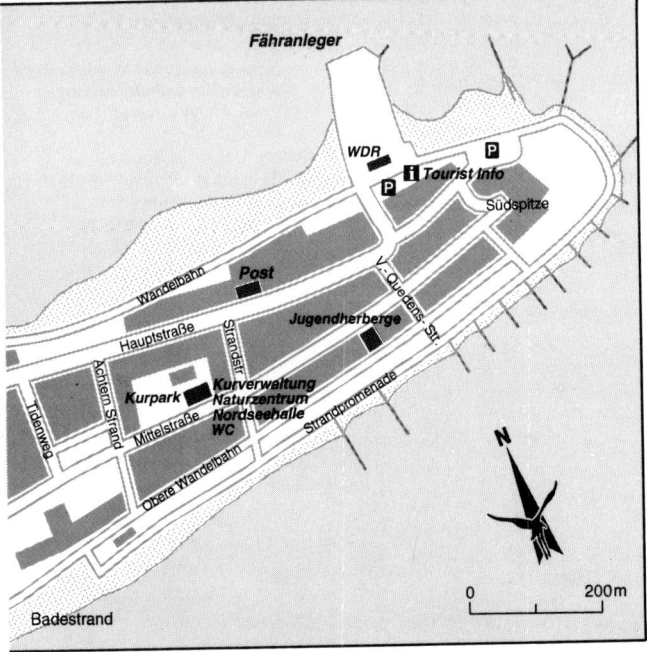

dellen und Dioramen. Offen Mo-Mi 10-13 Uhr und Do-Sa 14-17 Uhr.

Amrums unübersehbares Wahrzeichen, der berühmte **Leuchtturm auf Groß-Dün**, erhebt sich etwa 4 km westlich von Wittdün zu stolzen 64 m Höhe (einschließlich Düne). Das am 1.1.1875 in Betrieb genommene Bauwerk ist der höchste Leuchtturm an der deutschen Nordseeküste. Für ebenfalls stolze 4 DM darf man von oben auf das prächtige Panorama hinunterblicken. Offen Mo-Fr 8.30-12.30 Uhr.

Wittdün-Info

●**Kurverwaltung Wittdün:** Mittelstr. 34 (Tel. 861).

●**Reisebüro:** *Fernweh* (Tel. 2505).

●**Kurtaxe:** siehe Anhang.

●**Strandkorbvermietung** durch die Kurverwaltung oder direkt am Strand. Die **Preise** im Juli und August betragen 11 DM für einen Tag, bei 2-10 Tagen Mietdauer 9, bei 11-20 Tagen 8, ab dem 21 Tag 7 DM pro Tag. Für April bis Juni und im September werden entsprechend 10, 8, 7 bzw. 6 DM verlangt.

●**FKK:** siehe Camping.

●**Kirchen:** Es gibt je eine evangelische, katholische und neuapostolische Kirche in Wittdün, letztere nur im Sommer geöffnet.

Unterkunft

●**Hotels und Hotel-Pensionen:** Das *Strandhotel Vierjahreszeiten* (Tel. 350) ist das größte Haus am Platze. "Ruhige Lage mit Meerblick" und "zentrale Ortslage" sind nicht unbedingt preissteigernd; das hat man fast überall in Wittdün. Ab 80 DM ÜF. Die *Hotel-Pension Treffpunkt* (Tel. 2087) kostet ganzjährig 60 DM; im *Hotel Weiße Düne* (Tel. 855) muß fast doppelt soviel hingeblättert werden, allerdings

Leuchtturm
auf Groß-Dün

auch für soliden Komfort. Beide Häuser bieten HP. In der
Pension Südstrand (Tel. 2708) ist man mit 56 DM am billigsten dran.

●*Privatzimmer*, 14 an der Zahl, kosten um 30 DM ÜF.
Auch für ab 25 DM gibt's schon etwas, wenn auch ohne
Frühstück (*Schulz*, Tel. 06229-7726).

●*Ferienwohnungen* gibt es dermaßen viele, daß man
sich wundert, wo sie alle in dem kleinen Ort unterkommen.
Die bewußte Keksdose (*Appartment-Hotel Zur Alten Post*)
führt hier die Liste an. Das billigste Angebot in der NS sind
zwei Betten für 70 DM. Andere Offerten für Ferienwohnungen bewegen sich innerhalb dieses Rahmens.

●Die **Jugendherberge** Wittdün (Mittelstr. 1, Tel. 2010,
Fax 1747) liegt 300 m vom Fähranleger direkt am Strand.
Das Haus hat die Kategorie III (212 Betten, 8 Tagesräume, 10 Familienzimmer) und ist außer im Dezember
ganzjährig offen. Anmeldung ist vom 1.1. bis 15.3. und 15.
bis 30.11. nötig, ansonsten aber immer zu empfehlen.
Preise: 16,90-20,60 DM ÜF, 28,20-31,70 VP. Kurtaxe laut
Anfrage. Gegen Vorlage des JH-Jugendausweises gibt's
bei der WDR 50% Fahrpreisermäßigung.

Camping   Kampieren kann man in Wittdün an zwei Stellen.

●Erstens unterhalb des Leuchtturms, wo man allerdings
textilfrei auftreten muß: Das Gelände ist FKKlern vorbehalten. 175 Stellplätze, vom 15.6. bis 31.8. 25 DM/Tag,
sonst 20 DM, Gastgebühr 4 DM. Kontaktadresse:
DFK-Verband, Uhlemeyerstr. 14, 30175 Hannover, Tel.
0511-342233.

●Zweitens offeriert der *Campingplatz Schade* (Tel. 2254)
just außerhalb Wittdüns 2,5 ha für Zelte und Wohnwagen
plus diversen Luxus vom Frühstücksbrötchen bis zur pro-
fessionellen Animation. Restaurant/Kneipe angeschlossen. Preise: 10 DM für ein großes Zelt, 7 für ein kleines,
Wohnwagen 20 DM, Personengebühr 12 DM, Kinder bis
10 Jahre 4, alles einschließlich Kurtaxe.

Gastro-   ●Im *Klabautermann* gibt's täglich (außer Di) bis 22.30 Uhr
nomie   Steaks vom Grill und frische Fischspezialitäten. Kegeln
kann man auch.

●Der *Spökenkieker* ("Institut für Bierologie und Hektoliteratur")
hält "Seminare" bis 1 Uhr ab. Natürlich werden kräftige Unterlagen dazu gereicht. Di geschlossen.

●Das *Restaurant Südstrand* gönnt sich keinen Ruhetag. Bis
22 Uhr serviert man hier Fisch-, Fleisch-, Muschel- und
Krabbengerichte und dazu "hausgemachte (!) Bratkartoffeln".

●In der *Weißen Düne* ißt man mit Meeresblick, am besten
Muscheln. Mo geschlossen.

●Einer feinen Küche rühmt man ebenfalls das *Hotel-Restaurant Treffpunkt.* Di geschlossen.
●*Il Padrino* ist Wittdüns Italiener, mit einem reichhaltigen Angebot.
●Die *Blaue Maus*, etwas außerhalb gelegen, ist so etwas wie ein **Nachtlokal.** Musik, Snacks und jede Menge Drinks von 20.30 bis 3 Uhr, außer Do.
●Außerdem gibt es zahlreiche Imbisse und Cafés für den nicht ganz so großen Hunger.

Nebel

Mit dicker Luft hat der Name nichts zu tun; er ist aus "neues Bohl" hervorgegangen. Hier steht die alte Amrumer *St.-Clemens-Kirche*, der man leider zu Beginn dieses Jahrhunderts einen recht überproportionierten Turm verpaßt hat, hier auch findet man die größte Anzahl schöner alter **Friesenhäuser** auf ganz Amrum.
Nebel ist nicht so alt wie die Kirche, sondern entstand erst im 16. Jahrhundert. Später, vor allem in der Walfangära, setzten sich hier viele Seefahrer zur Ruhe; der Ort wuchs. Zu jener Zeit war auch das Dorf Steenodde, jetzt zur Gemeinde Nebel gehörig, Amrums bedeutendster Hafen und wäre vielleicht zu einer Bastion des Walfangs geworden, wenn die holländische Konkurrenz diese Pläne nicht hintertrieben hätte. Auch das alte Süddorf ist heute Teil von Nebel.

Sehens-
wertes
Das Innere der **alten Kirche** sollte man gesehen haben. Das Taufbecken stammt aus dem 13., die geschnitzte Apostelreihe an der Südwand aus dem 14. Jahrhundert. Anderes Inventar wurde im 17. Jahrhundert von Seefahrern gestiftet.
   Die alten **Grabsteine auf dem Kirchhof**, etwa 80 insgesamt, vermitteln einmalige Einblicke in die Geschichte Amrums. Unter fast allen liegen Seefahrer. Die gar nicht so stummen Steine geben die abenteuerlichen Lebensläufe dieser Menschen wieder, darunter auch jenen des legendären *Hark Olufs*, der es im Gewahrsam

moslemischer Seeräuber zu Ruhm und Ehren brachte und als reicher Mann auf die Insel zurückkehrte (siehe Exkurs).

Die **Mühle** am südlichen Ortsrand wurde 1771 erbaut und war noch bis 1964 in Betrieb. Heute enthält sie ein kleines **Heimatmuseum**. Offen Mo-Mi 10-12 Uhr und Do-So 15-18 Uhr, Eintritt 2 DM.

Bei Drucklegung dieses Buches war man dabei, eines der schönsten und ältesten Friesenhäuser der Insel – das sogenannte **Landsmannhaus** aus dem Jahre 1736 – in ein Museum zu verwandeln. Das liebevoll instandgehaltene und von keinen Sanierungsplasten verschandelte Haus wird bei seiner Inbetriebnahme ein lohnendes Ziel für alle sein, die sich für die alte Inselkultur interessieren.

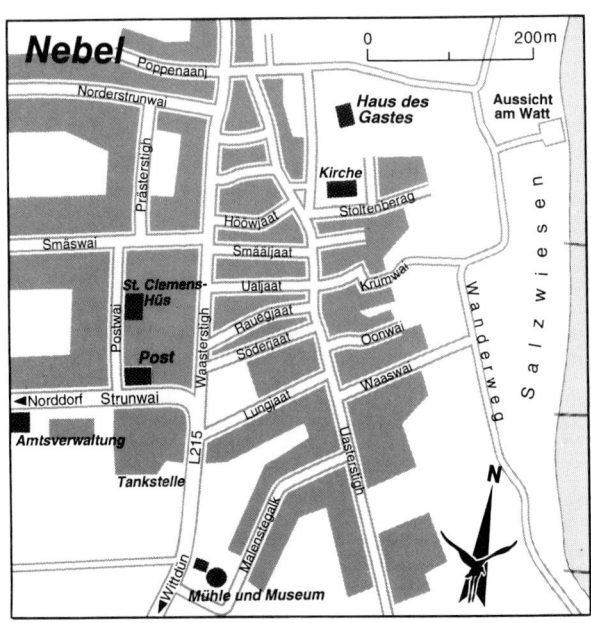

Auskunft
- **Kurverwaltung:** Kirchenweg 1a (Tel. 881, Fax 2999). Hier ist auch das **Haus des Gastes**, ein Treffpunkt für allgemeine Veranstaltungen.
- **Kurtaxe:** siehe Anhang.
- **Strandkorbvermietung** durch die Kurverwaltung. Für Süddorf und Steenodde ist *Uwe Jessen* zuständig (Tel. 2069). Preise etwa wie Wittdün.
- **Kirche:** St. Clemens (ev.). Jeden Mi um 17 Uhr führt der Pastor durch die Kirche und über den historischen Friedhof.

Unter-
kunft
- **Hotels:** Früher verkehrte auf Amrum noch eine Bimmelbahn. Aus jener Zeit stammt das *Alte Amrumer Bahnhofshotel* (Tel. 2338), ein gemütliches Haus am Strunwai. 55-60 DM ÜF, 32 DM Zuschlag für VP. Zünftig unterm Reetdach logiert man im *Hotel Steenodde* (Tel. 2674). Dafür kostet's auch etwas mehr: 85 DM. Das *Hotel Garni Tanja* in Süddorf (Tel. 785) bietet ruhige Familienatmosphäre zu Preisen zwischen 46 und 63 DM.

Alte Mühle in Nebel

●*Privatzimmer:* Etwa 30 Einheiten gibt es in Nebel. Sie kosten ab 22 DM Ü (*Haus Block*, Tel. 2006) und liegen im Durchschnitt bei etwas über 30 DM.

●*Ferienwohnungen:* Weder Hotels noch Privatquartiere gewähren außerhalb der HS Rabatte. Anders ist die Situation bei Ferienwohnungen. Im Winter gibt es hier z. T. ganz ansehnliche Nachlässe. In der HS liegen die Pro-Kopf-Preise zwischen 30 und 50 DM.

●*Jugendheim:* Das Schullandheim Honig-Paradies (Tel. 2349) verfügt über 72 Betten in 14 Räumen, einen Sportplatz und diverse andere Einrichtungen und nimmt Jugendgruppen für 28,50-35 DM VP auf.

Gastro-
nomie

●Im *Bahnhofshotel* kann man sich auch als Außenseiter an den Fisch- und Fleischgerichten der gutbürgerlichen Küche dieses Hauses delektieren, allerdings nur bis 20 Uhr.

●Wer später noch Hunger hat, kann sich im *Fischrestaurant Friedrichs* eine leckere Fischplatte vorlegen lassen, denn dort wird erst um 23 Uhr dichtgemacht.

●Eines vorzüglichen Rufes auf kulinarischem Gebiet erfreuen sich der *Inselkrug*, der *Gasthof Nautilus* und das *Restaurant Ekke Nekkepenn*. Ruhetage jeweils Di, Mi, Do.

●Haute cuisine ist nicht Sache der *Kombüse*, aber dafür geht's dort fixer: Bis 22 Uhr gibt es dort täglich außer Do Schnellgerichte.

●Auf Vegetarisches spezialisiert ist das Restaurant *Likedeeler* in Steenodde, und das täglich bis 23 Uhr. Do Ruhetag.

●In der *Seekiste* kann man ab 17.30 Uhr bis spät in die Nacht nach Eß- und Trinkbarem herumrumoren. Mo bleibt die Kiste zu.

●Im *Friesen-Café* werden vorzügliche Waffeln serviert, aber nur bis 18 Uhr.

Norddorf

Seit der gute Pastor *Bodelschwingh* dort vor rund hundert Jahren den ersten Spatenstich tat, hat sich Norddorf zum größten und betriebsamsten Seebad der Insel Amrum gemausert.

Bevor dies alles begann, war Norddorf ein eher ärmliches Dörfchen gewesen. Mehrere Male war der Ort völlig niedergebrannt – 1925 kokelte es noch einmal gewaltig –, und was man neu aufgebaut hat, entspricht nicht immer schöner alter Friesentradition.

Trotzdem hat Norddorf seinen **dörflichen Charakter** bewahren können. Heute ist der Ort zu
hundert Prozent auf den Fremdenverkehr aus-
gerichtet, was vor allem einer **reizvollen Geographie** zu verdanken ist: Links die Dünen und
der Strand, rechts das Watt, oben das NSG
Odde (= Vorland) aus reinem Sand und voller
Federwild, "unten" die Anbindung an die Zivilisa-
tion.

**Sehens-
wertes**

Außer der gesunden Natur und der bewußten
Odde, zu der in der Saison täglich (außer Mo)
um 10 Uhr ab **Vogelwarthaus** Führungen unternommen werden (Anmeldung: Tel. 2332), hat
Norddorf keine Sehenswürdigkeiten zu bieten.
Einen Blick ins **Naturzentrum** (beim Schwimmbad) sollte man sich nicht versagen: Dort werden auf 130 m² Dioramen, Aquarien und Um-
weltmodelle zur Schau gestellt. Offen 9.30-11.30
und 14-17 Uhr, Do geschlossen.

Auskunft

● **Kurverwaltung und Zimmernachweis:** Postfach 3120
(Tel. 811, Fax 1795).
● **Kurtaxe:** siehe Anhang.
● **Strandkörbe** werden privat vermietet von: *Boyens*
(Tel. 545), *Jannen* (Tel. 644), *Martens* (Tel. 2402) und
Martinen (Tel. 2440). Preise in etwa wie in Wittdün.
● **Kirchen:** Gemeindehaus (ev.); katholische Kirche
St. Elisabeth.

**Unter-
kunft**

● **Hotels und Pensionen:** 21 Hotels und Pensionen gibt
es in Norddorf – zu viele, um sie einzeln aufzuzählen. Die
Pension Friesenheim (Tel. 728) ist mit 37 DM noch relativ
bezahlbar; das *Appartementhotel Seeblick* mit bis zu 350 DM
immerhin fast zehnmal teurer. Die Preise der restlichen
Herbergen dieser Kategorie liegen in etwa mittig dazwischen.
● **Privatzimmer** (auch 21) beginnen bei 30 DM Ü und
pendeln sich bei etwa 50 DM zu einem Maximum ein. Die
saisonellen Preisunterschiede bei Hotels und Privatzimmern sind, wo immer überhaupt existent, minimal.
● **Ferienwohnungen** füllen viele Seiten im Gastgeberverzeichnis. Je nach Art des Hauses gibt es große Preisdifferenzen. Schon für 30 DM und weniger kann ein Haupt hier
und dort ruhen, anderswo muß man 95 DM anlegen, dafür

logiert man dann aber in einem schmucken Friesenhaus. In der NS sind manche Ferienwohnungen bis um die Hälfte billiger.

● *Gruppenunterkunft:* Der ev.-luth. Gesamtverband des Kirchenkreises Harburg unterhält in Norddorf das *Haus Altenwerder*. Info: Hölertwiete 5, 21073 Hamburg (Tel. 040-76604-123).

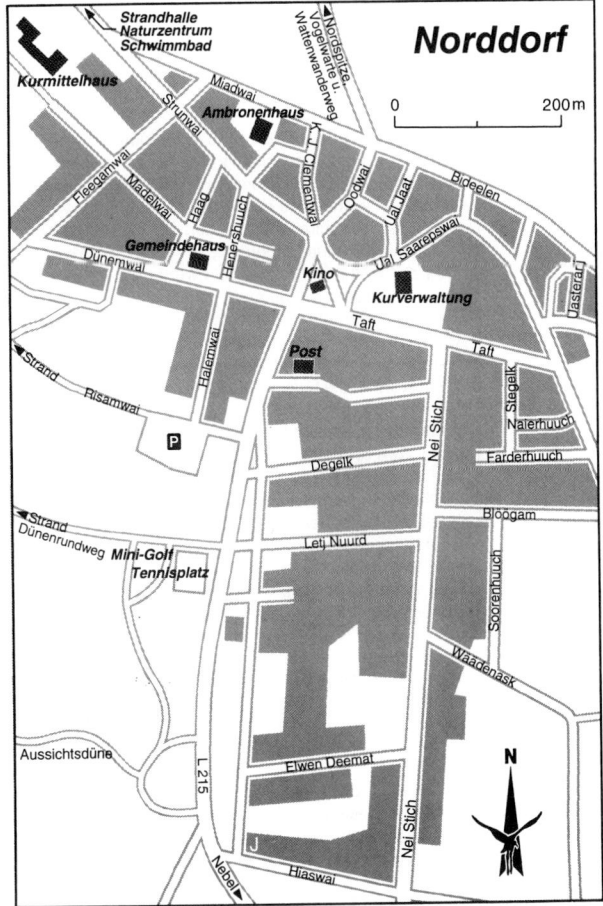

Gastro-
nomie

●Im *Hotelkomplex Hüttmann* hat man gleich vier Oasen unter einem Dach: *Hüttmanns Restaurant* und *Zum Alten Heinrich* mit Fisch und Wild, Vollwertkost und vegetarischen Gerichten, das Café-Bistro *Das kleine Hüttmann* mit eigener Konditorei und die *Bar Entenschnack* mit gepflegten Drinks.

●Auch in anderen Hotel-Restaurants – *Ual Öömrang Wiartshüs* (das sich mühelos als "Altes Amrumer Wirtshaus" übersetzt), – im *Neptun, Graf Luckner, Seeblick/Jever-*

Hark Olufs' unglaubliche Abenteuer

Am 19. Juli 1708 war *Hark Olufs* in Süddorf geboren worden. Schon als Vierzehnjähriger war er mit seinem Vater auf Walfangreise in Spitzbergen und Grönland gewesen. Im März 1724 heuerte er auf der *Hoffnung* an, die nach Westindien bestimmt war, um dort Zuckerrohr zu holen. Es sollte zwölf Jahre dauern, bis er Amrum wiedersah ...

Auf der Höhe der Scilly-Inseln wurde die *Hoffnung* von einem maurischen Korsaren gekapert, gegen den die wenig kampferprobten Seeleute keine Chance hatten. Die Besatzung wurde gefangengenommen, das Schiff einkassiert. Die weitere Reise ging nach Algier.

Dort wurden die friesischen Matrosen auf dem Markt als Sklaven verkauft. Der *Bey von Algier* erschien selbst und wählte den strammen Hark aus, veräußerte ihn aber später im Zorn an den *Bey von Constantine*, weil der Matrose nicht dem christlichen Glauben entsagen wollte.

Mittlerweile waren mehrere Monate vergangen, und die Kunde der Gefangennahme hatte Amrum erreicht. Ein Lösegeld wurde bereitgestellt, und tatsächlich gelangten nach fast zwei Jahren vier Mann auf die Insel zurück, unter ihnen auch *Hark Olufs* – der falsche. Es handelte sich um einen Namensvetter.

Obwohl dem Vater des vermißten Jungen fast das Herz brach, lehnte er es ab, an dessen Tod zu glauben. Hark Olufs' Werdegang hatte in der Zwischenzeit eine erstaunliche Wendung genommen. Es war ihm gelungen, die arabische Sprache zu meistern, und er hatte sich in die Tochter des Wesirs von Constantine verliebt und diese schließlich geheiratet, nachdem er zum Islam übergetreten war. Der einstige Sklave stieg unaufhaltsam in der maurischen Palasthierarchie auf, wurde zum gefeierten Feldherrn und sogar zum Hadji, der mit einem Gefolge von sechstausend Mann nach Mekka pilgerte. Nach seiner

---

Deel und *Wellkimmen* kann man sich mit feiner Küche und gediegener Atmosphäre verwöhnen lassen.

●Exquisites aus dem Meer, so eine Fondue in Brühe mit Fisch und Scampis, gibt es im *Restaurant Zum Fischbäcker* gegenüber der Post. So geschlossen.

●Der *Pesel* ist das Abendlokal Norddorfs. Allerdings macht die Küche um 22 Uhr Schluß. Mo Ruhetag.

●Außerdem Cafés, Eisdielen, Bistros und Pizzerias.

Rückkehr wurde er als Gesandter an den Hof des *Sultans von Marokko* geschickt und erfüllte seine Mission zur höchsten Zufriedenheit des Beys, der ihn mit Reichtümern und Ehren überhäufte.

Inmitten eines so erfüllten Lebens regte sich in Hark Olufs offenbar wenig Sehnsucht nach seiner kalten Heimatinsel. Die Wende kam, als erneut ein Amrumer Matrose auf dem Markt von Algier feilgeboten wurde. Der Expatriat, zufällig zugegen, sprach ihn an und erfuhr, daß sein Vater noch lebte und sich vor Trauer um den Sohn verzehrte. Heißer Schmerz durchfuhr den jungen Mann.

Der Bey hatte größtes Verständnis dafür, daß sein enger Vertrauter in die Heimat reisen wollte, um seinem Vater Respekt zu erweisen, denn das war gottgefällig. Voll weher Gefühle ließ Hark Olufs seine Frau zurück und machte sich mit dem freigekauften jungen Seemann auf die Heimreise.

Weinend waren sich Vater und Sohn in die Arme gesunken, und einige Zeit später war der alte Mann friedvoll gestorben. Hark Olufs aber erhielt einen Vorgeschmack davon, wie unseren Türken heute zumute ist. Man schnitt ihn, begegnete dem "Mauren" und Ketzer mit hohen Nasen, bis er schließlich wieder der Lehre des Propheten abschwor und reuig zum Christentum zurückkehrte.

Und dann erschien sein "afrikanisches" Weib auf Amrum ... Diese todesmutige Frau hatte auf eigene Faust die Reise zu den öden Nordseeküsten unternommen, ein für die damalige Zeit aberwitziges Unternehmen, und hatte auch tatsächlich die Insel erreicht. Wieder ging das Getuschel los – eine "Türkin" unter lauter Friesen? Willig hatte sie sich taufen lassen, aber das gesunde Nordseeklima ließ die Blume des Südens zusehends welken. Hark Olufs zog mit ihr in die milde Provence, doch dort starb sie.

Zurück auf Amrum heiratete der Abenteurer 1737 eine arme Insulanerin, die ihm fünf Kinder gebar. 1754 starb Hark Olufs, 46jährig, an einem Schlaganfall. Seine wetterfeste friesische Frau überlebte ihn um 44 Jahre.

Heute kündet ein alter Grabstein auf dem Nebeler Friedhof von diesem unverzagten Mann, der sich zu einem frühen Datum als Kosmopolit über Kleingeistigkeit und Ausländerhaß hinwegzusetzen vermochte. Möge es wieder mehr von seiner Art geben!

Föhr
– Insel des "Dosenschwurs"

Geschichte

Der Name Deutschsprachige werden versucht sein, das Wort "Föhre" zugrundezulegen. Ursprünglich stammt der Inselname vom friesischen *Feerlunn*, was "trockenes Land" heißt. Da hier jedoch wieder eine Assoziation mit der Föhre (dän. *fyr*) besteht, bewegt man sich vielleicht im Kreis und kommt letztlich wieder beim Baum an. Gemeint ist auf alle Fälle Föhrs Geestrücken, denn anderorten ist es weder trocken noch gibt es Föhren.

Dänischer Einfluß Die frühe Geschichte Föhrs läuft mit derjenigen Amrums völig parallel, so daß eine separate Beschreibung müßig wäre. Auch die **erste urkundliche Erwähnung** Föhrs im "Erdbuch" *Waldemar II. von Dänemark* stimmt mit Amrums Datum *(1231)* überein.

Anno *1252* gab es das erste und einzige Mal Krach auf Föhr. Der *Dänenkönig Abel* wollte eine Steuererhöhung durchsetzen und versuchte es mit Gewalt. Abels Heer wurde auf dem Königskamp bei Oldenswort vernichtend geschlagen, er selbst fand den Tod. Seither arrangierte sich das Dänenreich mit den bockigen Insulanern auf der Basis widerwilligen Respekts, und wie die Amrumer war mancher Föhrer gar nicht so glücklich, als die Insel *1864* endgültig an das Deutsche Reich überging. Noch heute stimmen viele Inselbewohner für die sogenannte **Dänenpartei**, ein Anachronismus, der im Bindestrichland weiterhin Bestand hat. Ost-Föhr geriet seit **Ende des 14. Jahrhunderts** allerdings zunehmend unter "deutschen" Einfluß, denn das Herrschaftsgebiet der *Grafen von Holstein* dehnte sich bis dorthin aus. Entsprechend vollzog sich die Entwicklung der beiden Inselhälften unterschiedlich – wenn auch nicht sehr. Mehr dänisches Vokabular floß in den friesischen Wortschatz der "Wessis", mehr deutsches in den der Ostler, ohne daß man sich indes mit einem der fremden Herren identifiziert hätte.

Deichbau Nur wenn es ans **Deichen** ging, ließ man sich schon mal organisiert ins Feld führen. Von *1572* an wurden zwei Jahrhunderte lang diverse Verordnungen auf diesem Gebiet erlassen, und die Föhrer fügten sich willig in das Unabänderliche.

Denn die schrecklichen Erinnerungen an die **"Grote Manndränke"** von *1362* wirkten noch lange nach. Zwar war Föhr dabei relativ glimpflich davongekommen. Doch die Insel hatte an **Substanz verloren**. Wattfunde im Um-

Altes
Friesenhaus

feld Föhrs deuten darauf hin, daß sich Kulturland einst
weit über die Grenzen der heutigen Insel erstreckte, wahrscheinlich sogar bis nach Amrum.

**Refor-
mation**

Auch die Reformation zu **Beginn des 16. Jahrhunderts**
ging weitgehend problemlos über die Runden. Nur aus
Utersum wird berichtet, es habe bei einer Kindtaufe Streit
zwischen den Anhängern der beiden Glaubensrichtungen
gegeben. Der Nieblumer Mönch *Pake* ritt darauf nach
Amrum, um die dortigen Insulaner der Treue gegenüber
der alten Kirche zu verpflichten. Er soll zuvor geschworen
haben, "nicht lebendig wiederzukommen, wenn er nicht
die wahre Lehre verträte". Zurück auf Föhr wurde der
fromme Pater vom Pferd geworfen und brach sich das Ge-
nick. Das "Gottesurteil" besiegelte den Einzug des Luther-
tums nach Föhr endgültig.

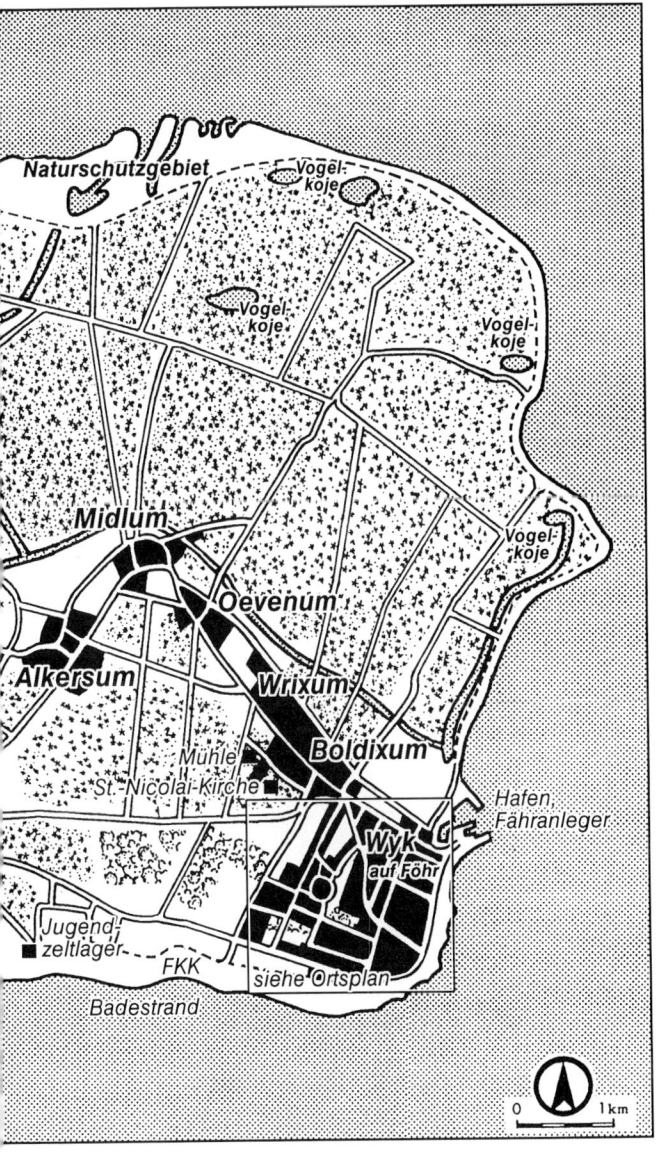

343

Walfang

Borkum, Amrum, Föhr. Hier kamen die Seefahrer her, die, beginnend im *17. Jahrhundert*, ins ferne Eismeer aufbrachen, um den Wal zu jagen. "Ihrer viel ernehren sich mit dem Wallfischfange", beschreibt der Husumer Chronist *Danckwerth* die Abenteurer jener Zeit, "denn sie fahren jaehrlich hinüber hinter Eisland und Norwegen, an Grönland und Spitzberge, auf sothan Wallfischfang, welche sonst unsaubere Handtierung ihnen gut Geld in den Beutel trägt..."

Die "unsaubere Handtierung", als die man sie heute endgültig abqualifiziert hat, erlahmte mit der Dezimierung der Wale, und auf Föhr war bald alles wieder beim alten. Schlimmer noch. Während die Männer – oft jahrelang – auf See waren, konnte auf der Insel nur sehr beschränkt Landwirtschaft betrieben werden. Als Folge mußte man Nahrung importieren. Daran änderte sich nichts, als die Seeleute zurückkehrten. Was hält schon einen jungen Mann mit dem Glanz der Ferne in den Augen auf dem Bauernhof? Die *Föhrer Seefahrer* wanderten in alle Welt ab. Unter allen Flaggen waren sie zu finden, auf jedem Kontinent. Selbst auf der legendären *Marie Celeste* waren zwei Föhrer Jungs, die mit der Crew spurlos verschwanden.

Emigration

Den endgültigen Ausschlag gab die mörderische *Flut von 1825*. Nicht nur die flache Marsch ging in den Wassern unter, selbst die Geestküste geriet in Bedrängnis; bei Nieblum drohte die Insel entzweizureißen. Die Deiche wurden nach dieser Katastrophe zwar weiter erhöht, aber nichts war mehr so recht wie vorher. Eine große Auswanderungswelle setzte ein.

Die meisten Emigranten gingen in die *Vereinigten Staaten*. Viele Föhrer Familien haben heute "drüben" Ver-

Friesendom
in Nieblum

wandte, vornehmlich in New York und Kalifornien. "Unsere Beziehungen mit den USA sind intensiver als mit Deutschland", sagte mir ein Alteingesessener allen Ernstes und wies auch – nicht minder ernst – auf exzellente Relationen mit China hin, zu denen frühere Föhrer Handelsschiffer den Grundstein gelegt hatten.

Die Bande mit den "deutschen Nachbarn" wurden allerdings bereits *1819* enger geknüpft, als Wyk **Seebad** wurde – Nordfrieslands ältestes – und der Tourismus in Gang geriet. Aber die Weltanschauung von Leuten, die, frei nach Alexander von Humboldt, die Welt auch tatsächlich angeschaut hatten und deshalb in breiteren Bahnen zu denken vermochten, war von den Föhrern in das neue Zeitalter transponiert worden. Und da findet man sie heute noch.

Föhr
heute

Mehr als jede andere deutsche Nordseeinsel hat sich Föhr der ***Erhaltung der Umwelt*** verschrieben, und das mit vorzeigbaren Resultaten. Umweltschutz ist nach Föhrer Verständnis auch Eigennutz, sind die Lebensgrundlagen einmal zerstört, kann man genausogut auswandern. Da hat man schmerzhafte Erfahrungen gemacht.

Der ***Wind*** produziert fast die Hälfte des Föhrer Energiebedarfs; Heizwärme kommt aus einem ultramodernen ***Blockkraftwerk***, das wiederum mit Gas aus der nicht minder neuzeitlichen ***Kläranlage*** betrieben wird. Busse fahren z. T. mit ***Rapsöl; Reduktion des Individualverkehrs*** ist ein sehr ernst genommenes Thema. Schon jetzt können viele Autofahrer bewegt werden, ihr eigentlich nur der Gepäckbeförderung dienendes Gefährt im Quartier stehen zu lassen und aufs Fahrrad umzusteigen. Die Zukunft wird weitere, stringentere Konzepte fordern.

Berühmt, schon wegen der witzigen Formulierung, ist der ***"Föhrer Dosenschwur"***, in dem sich der Einzelhandel von allem Einweggut lossagt. Richtungweisend auch ist, daß die Gemeinde Wyk als Ganzes Mitglied der Umweltorganisation *Greenpeace* werden konnte. Die Stadt unterhält zwei **Umweltzentren**, eines im Rathaus und eines am Sandwall; dort sind auch die Schutzleute vom BUND vertreten.

Föhr ist keine touristische Fassade, da ist alles echt. Friesische Ebenerdigkeit, kosmopolitischer Weitblick, moderne Erkenntnisse finden sich hier zu einer gelungenen Mischung zusammen.

Überblick   Die Topographie Föhrs, mit 82 km² Fläche die zweitgrößte deutsche Nordseeinsel nach Sylt, ist ziemlich einfach. Grob gesagt, wird der Süd- und Westteil von der *Geest* eingenommen, der Rest von der *Marsch*. Dazu gesellt sich mit Wyk und dem eingemeindeten Boldixum ein gehöriges Stück Stadtgebiet.

Die gesamte *Südküste*, beginnend am Wyker Hafen, wird von einem *Strand* umzogen. Das Watt davor ist sandig, das Wasser mithin klar. Unmittelbar dahinter erhebt sich die Geestabbruchkante, nirgendwo höher als ein paar Meter, aber am *Goting-Kliff* in der Mitte der Südküste von beeindruckender *Steilheit*. Hier, wo es immer ein wenig bröckelt, fand ein Tourist Anfang der achtziger Jahre einen *Münzschatz aus der Merowingerzeit*, der Föhr eine Zeitlang in die Schlagzeilen rückte, denn die Fundstücke waren außerordentlich selten und wertvoll.

Verstreut am nördlichen Geestrand gegen die Marsch liegen Föhrs *"Friesendörfer"*, sechzehn an der Zahl und eines hübscher als das andere. Nirgendwo sonst auf den Inseln sieht man so viele *Reetdächer* auf dem Haufen; mancher Versicherungsdirektor würde angesichts dieser Vielzahl von "Weichbedachungen" unruhig schlafen, wüßte er nicht, daß eine von Deutschlands strammsten Feuerwehren in Oevenum ständig auf dem Sprung ist ... Vor den Dörfern dehnt sich die Marsch, weit über die Hälfte der Insel ausmachend und von einem bis zu 7 m hohen *Deich* geschützt. Innerhalb des Flachlands liegen nur Einzelgehöfte, gut geschützt auf *Warften*. Vor dem mächtigen Deich stößt die Schutzzone 1 des Nationalparks – ausnahmsweise – bis an die Nordküste heran.

Die Marsch wird von schmalen Straßen,

Wegen und Wasserläufen durchzogen, an deren Rändern Holunder, Weißdorn und Silberahorn stehen. Ein wenig sieht's aus wie auf Pellworm, nur daß der Wind dort härter weht – doch im Nordosten Föhrs künden Windkraftanlagen davon, daß der Boreas auch hier seine Pflicht tut.

Insel-Info

PLZ

25938 (ganz Föhr).

Vorwahl

Alkersum, Midlum, Nieblum, Oevenum, Wrixum, Wyk: 04681. Borgsum, Dunsum, Oldsum, Süderende, Utersum, Witsum: 04683.

Auskunft

Fremdenverkehrstechnisch ist Föhr in vier Bezirke eingeteilt: Wyk, Nieblum, Utersum und Süderende, der letztere zuständig für alle Gemeinden außer den drei erstaufgeführten.

●Der *Zentrale Zimmernachweis* für die gesamte Insel Föhr befindet sich in Wyk (Am Hafen, Tel. 04681-3040, Fax 3068). Gut: Ein Computer im Fenster des Gebäudes kann zu jeder Tages- und Nachtzeit bedient werden. Schlecht: exponierter Platz ohne Dach darüber.

●*Schiffsauskunft: WDR* (Wyk, Tel. 8046/7).

●*Flugauskunft: Westküstenflug* (Wyk, Tel. 8139).

Saison

Außer zur Erhebung der Kurtaxe wird auf Föhr nirgendwo eine Haupt- und Nebensaison spezifiziert. In der Gastgeberliste sind lediglich Mindest- und Höchstpreise ("55-125 DM") ohne zeitliche Fixierung angegeben. Beim Bestellen einer Unterkunft ist deshalb unbedingt abzuklären, wo zwischen den beiden Extremen man sich zum Zeitpunkt der Belegung gerade befindet.

Presse

Der Föhrer *Veranstaltungskalender* – kein bestimmter Titel – erscheint einmal im Monat und ist bei allen Kurverwaltungen erhältlich. Von Mai bis Oktober gibt's auch (gratis) das *Föhrer Sommer-Journal* mit allerlei Wissenswertem.

Kinder

●Kurgastkinder von 2-6 Jahren werden im Sommer von Mo bis Fr 14-17.45 Uhr im *Kinderbetreuungsraum des Umweltzentrums* (Sandwall 38, Tel. 677) in Obhut genommen. Der Service ist für Kurkarteninhaber kostenlos. Wer seine Sprößlinge erst nach Ladenschluß abholt, riskiert allerdings eine empfindliche "Konventionalstrafe".

Veran-
staltungs-
plakate
am Hafen

●Im selben Haus befindet sich ein (kirchlich gesponser-
ter) *Freizeithelferladen*, in dem die Kleinen sporadisch
unterhalten werden können, und der Kurgartensaal mit
dem *Kindertheater*, das in der Saison täglich von 16 bis
18 Uhr Vorstellungen gibt. Wyk hat sogar eine *Kinder-
bücherei*, und zwar im Kleinen Kulturzentrum in der
Süderstraße.

●Auch in mehreren *Gästekindergärten* können die Kinder unterkommen oder von *Babysitterdiensten* bewacht
werden. Einzelheiten dazu durch die Kurverwaltungen.

●*Kinderspielplätze* – der Strand ist natürlich der schönste – findet man in Wyk an sieben Stellen: Vorbeilaufen
unmöglich.

●*Jugendliche* haben die Gelegenheit, beim *Föhrer Kata-
maranclub* (Tel. 1455) kostenlos mitzumachen oder sich Fr
17-20 Uhr im *ev. Gemeindehaus* (St.-Nicolai-Str. 10)
beim Tee zusammenzufinden.

●Im *Nordseesanatorium Marienhof* (Tel. 400) können Kinder
ab 3 Jahren mit Mama und Papa kuren, außerdem im
Hamburger Kinderkurheim (Tel. 5002-0), im *Haus Kiel* (Tel.
4492) und im *Schloß am Meer* der Barmer Ersatzkasse
(Tel. 734), alles auf Kosten der Versicherung.

Fortbewegung

Auto

Wer das Auto unbedingt mit nach Föhr nehmen muß,
bedenke folgendes: Die Kurpromenade Sandwall und die
Straßen unmittelbar westlich davon sind *Fußgängerzone*.
In den Straßen südlich dieses Bereichs (bis zum Rebbelstieg) gilt ein *generelles Nachtfahrverbot* von 23 bis
5 Uhr. Weiterhin ist im gesamten Ortsgebiet Wyk (und
Ortsdurchfahrt Nieblum) *Tempo 30* einzuhalten.

Taxi

Jede Menge. Wyk hat sieben Taxiunternehmen.

Leih- **wagen**	Leihwagen erhält man bei der *Autovermietung Föhr* (Wrixum, Tel. 5156).
Bus	Im Sommer sind Busse in ***etwa stündlichem Takt*** auf den Routen Wyk (Hafen) – Oldsum - Utersum – Nieblum – Wyk (Linie 1) und Wyk – Nieblum – Utersum – Wyk (Linie 2) in Betrieb; im Winter ist die Frequenz geringer. Außerdem befahren Busse mit ***Fahrradanhänger*** ("bus & bike") die Route Wyk – Nieblum – Utersum – Toftum und zurück, sommers im ***Halbstundentakt***. Auf allen Bussen kann man mit einer ***Tageskarte*** (6 DM, bei Vorlage der Kurkarte 3 DM) die ganze Insel mit beliebigen Unterbrechungen bereisen.
Fahrrad	Fast alle Inselorte haben ***Fahrradverleihe***, sechs allein Wyk. Typische Preise: Hollandrad 4 DM/Tag, 20 DM/Woche, Kinderrad 3 bzw. 15 DM. ***Radwege*** und wenig befahrene Straßen gibt es mehr als genug.
Kutschen	Kutschfahrten werden von den Dörfern aus unternommen: *Arften* (Tel. 2181) und *Nickelsen* (Tel. 8168) in Alkersum, *Rasmussen* (Tel. 8169) in Oevenum und *Naeve* (Tel. 3751) in Wrixum.

Sport

Angeln	Das sportliche ABC beginnt mit dem Angeln. Außer am Badestrand und Hafen darf man's überall. Man muß nur den ***Bundesfischereischein*** in der Tasche haben; Ausnahmegenehmigungen gibt es aber durch die ***Ordnungsämter*** in Wyk und Midlum.
Bäder	Das Meerwasser-Wellen-Hallenbad in Wyk befindet sich zur Zeit im Umbau. Mit einer Wiedereröffnung ist 1996 zu rechnen. Info: Tel. 3052.
Golf	Die Anlage des *Föhrer Golfclubs* befindet sich in der Nähe des Flugplatzes. Das Green ist eines der ältesten Deutschlands und gilt unter Profis als das gepflegteste der Republik. Seit 1991 ist die Anlage von 9 auf 18 Löcher erweitert worden; Standard ist jedoch weiterhin Par 72 aus der Zeit davor.
	"Mitglieder jedes Golfclubs mit anerkannter Platzreife können den Abschlag wagen", heißt es etwas abgehoben. Wer diese kühne Qualifikation aufbringt, kann pauschal 3 Tage (einschl. 2 x ÜF in einem Hotel der gehobenen Klasse) für ca. 400 DM buchen und in der Zeit satt golfen. Auskünfte: Tel. 3277.

Reiten   Die flächige Insel bietet sich vorzüglich für den Reitsport
an. In Alkersum unterhält der *Reit- und Fahrverein Föhr*
(Tel. 3394) eine Reithalle mit Springgarten und bietet
ganzjährig ein weitgefächertes Programm: Unterricht
(auch für Kinder), Ausritte (auch mehrtägig), Gelände-
reiten, Wattexkursionen; vieles mehr. Ebenfalls in Alkersum stationiert ist die *Pferdepension Jacobs* (Tel. 2284).
●*Siggis Reitstall* in Oevenum (Tel. 4567) bietet in etwa
dasselbe wie der o.g. Verein.
●In der *Reiterpension Lerchenhof/Regenpfeifer* in Wyk-Süd-
strand (Tel. 4433) können Jugendliche ab 9 Jahre ohne
Elternbegleitung kostenpflichtig ans Pferd geführt werden.
Für 60-100 DM pro Tag läßt sich eine kleine Gruppe von
4-6 Personen recht kostengünstig unterbringen; VP, Pferde (Isländer) und Unterricht kosten allerdings noch einiges
extra.

Segeln   Die Hobiecats liegen gleich am Hafen auf dem Strand.
Wer eines mieten möchte, rufe Tel. 1455 *(Goritz)* an.

Tennis   Der *Wyker Turnerbund* (Rundstieg, Tel. 3747) hat 6 Außen-
und 2 Hallenplätze anzubieten. Preise: draußen 22
DM/Std., drinnen 23 DM bis 16 Uhr, 25 DM danach. Platz
+ Unterricht: 50 DM/ Std. Zwei weitere Plätze an der Feld-
straße (Tel. 2783) und Waldstraße (Tel. 3747) haben in
etwa die gleichen Tarife.
●In Nieblum (Heidweg, 3554) ist es etwas billiger: 18
DM/Std., mit Instruktion 40 DM.
●Der *TSV Süderende* (Tel. 450) berechnet für seine Außenplätze (2) 15 DM/Std. und für die Halle (2) 20, im Winter
23 DM.

Alter Hafen

**Tisch-   Tischtennis kann man im Sommer in der Mehrzweckhalle
tennis   am Wellenbad spielen.**

**Wind-   In Wyk gibt's zwei Adressen:
surfing   ●Das *Nordsee-Freizeitzentrum* (Tel. 2796) und *Heinz Loren-
             zen* (Tel. 2215), der auch für Utersum zuständig ist.
             ●In Nieblum-Strand surft man bei *Christian* (Tel. 3566).
             Ein Board kostet durch die Bank 15 DM/Std., ein Surf-
             kursus ab 200 DM aufwärts.**

Unterhaltung

Das eine oder andere ist ständig angesagt im **Wyker Kurgartensaal** am Sandwall, in der **Mehrzweckhalle** am
Stockmannsweg, am Südstrand mit seinem **Musikpavil-
lon** und im **Haus des Gastes** in Utersum, alles jeweils
vorangekündigt im Veranstaltungskalender oder durch
Plakate.

**Fisch-   Lustig ist immer der sonntägliche Fischmarkt am Alten
markt   Hafen in Wyk. Eigentlich geht es weniger um Fisch als um
             die Gaudi, vor allem wenn eine Blaskapelle dazu aufspielt
             oder der Föhrer Shantychor *Die Wattenheuler* loslegt. Kauf-
             zwang herrscht eh nicht.**

**Musik   Kurmusik, durchweg von exquisiter Qualität, läßt sich im
             Sommer auch täglich (außer Mo) an der **Konzertmuschel
             am Sandwall** genießen. Es lohnt sich ebenfalls, den Ka-
             lender nach Solistendarbietungen in den Föhrer Kirchen
             zu durchforsten, denn oft ist ein ausgesprochenes Juwel
             dabei.**

**Trachten- Auf den Dörfern finden sporadisch Trachtenvorführungen
tänze   und -tänze statt; den traditionsreichen Darbietungen wird
             man gerne beiwohnen.**

**Kunst   Föhr hat auch zahlreiche Künstler angezogen. Manche
             zeigen ihre Werke in ambulanten Ausstellungen, andere
             sind in Wyk und den Dörfern mehr oder weniger ständig
             vertreten.**

**Disco   Wer nicht allzuviel Kultur sucht, sondern um so mehr
             Dezibel, findet selbige in der *Disco Olympic* (Koogskuhl;
             Gewerbegebiet). Im gleichen Hause befinden sich das
             gemütliche Abendlokal *Kompaß* und das *Billard-Café* mit
             Dart und Snooker. Dort kann man sein Ohr schon gleich
             mal wieder auf den gewohnten niedrigen Föhrer Ge-
             räuschpegel zurücktunen.**

Touren

**Schiffs-
ausflüge
und Watt-
wande-
rungen**

In der Saison unternimmt die WDR ab Wyk die folgenden
Touren:

	Dauer	1	2	3	4*
Halligen	5	42	17	12	8,50
Wittdün	5-10	–	12	–	6
Busrundfahrt Föhr	3	–	11	–	8
Helgoland	11	93	40	29	20
Hörnum	12,5	65	28	22	14
Westerland	12,5	98	38	32	19
Westerland-Rundreise	14	–	36	–	19
Tondern (DK)	10	–	28	–	19
Legoland (DK)	12	–	28	–	19
Historisches Dänemark	12	–	36	–	24
Nordseerundreise (DK)	14	–	39	–	26
Ostseerundreise (DK)	12	–	31	–	21
Halligmeerfahrt	4	35	15	10	8
Wattwanderung Amrum	8	–	24	–	12
Wattwanderung Halligen	10	–	24	–	12
Pellworm	8	82	33	22	17
Seehundbänke	4	32	12	9	6

*) 1) – Familienkarte mit Kindern bis 15, 2) Erwachsene,
3) – Jugendliche 12-15, 4) – Kinder 4-11 Jahre.
●In Dänemark ist (auch für Kinder) ein *Ausweis* erforder-
lich!
●*Auskünfte:* WDR (Tel. 8046/7) und der monatliche Ver-
anstaltungskalender.
●Die *Schutzstation Wattenmeer* organisiert diverse *Exkur-
sionen* ins Watt (1,5 Std., 5 DM), nach Amrum (8 Std., 20
DM) sowie 1,5stündige *Kutterfahrten* (17, Kinder 12 DM).
Info: 1313.

Rundflüge

●Mit dem *Westküstenflug Lange* kann man sich die Inselwelt
aus geräuschreduzierten Flugzeugen von oben betrachten. Preise pro Person:
Langeneß 40 DM; Amrum-Hooge-Langeneß oder
Amrum-Sylt 50 DM; Sylt-Amrum-Hooge-Pellworm-Lange-
neß 80 DM; Nordfrieslandflug: Inseln/Halligen 140 DM;
Dito, bis St. Peter-Ording/Eider 200 DM (keine Landun-
gen).
●Weitere Auskünfte: Wyk, Tel. 8139.

Schiffsverbindungen

Einzelheiten unter *Dagebüll*.

Flugverbindungen

In der Sommersaison wird Föhr auf **Charter- und Bedarfsbasis** von Hamburg und Westerland angeflogen. Info: *Westküstenflug Lange* (Tel. 8139) oder *Friesenflug* (Tel. 3266). Der Flugplatz (Tel. 5504) befindet sich am Südstrand, dort auch Rundflüge (s. Touren).

Mit dem eigenen Boot

Wyk hat einen ausgezeichneten und geräumigen **Yachthafen** unmittelbar nördlich des Fähranlegers. Drei Schwimmstege mit Boxen nehmen jede Menge Boote auf. Gastlieger sollten am östlichen Steg festmachen. Dort ist zwar am wenigsten Wasser, aber der Grund weich und unproblematisch.

●Direkt am Deich findet man im Restaurant *Klein-Helgoland* WCs, Duschen und Verpflegung. Zum Bunkern muß man allerdings in den Alten Hafen verholen.

●Wyk sollte tunlichst **nicht bei Nacht** angesteuert werden, und in Hafennähe muß man den klobigen Fähren weit aus dem Weg gehen.

●Auskünfte über den Belegungsstatus: **Hafenamt** (Tel. 500430).

Wyk

Der Name, skandinavischen Ursprungs, bedeutet "Bucht". Eine solche gibt es in der Inselküste zwar nicht, aber ein Fahrwasser im Watt, das Föhr ansonsten zur Gänze umgibt. Wyk ist deshalb der **einzige Inselhafen**.

Der Ort entstand erst **gegen 1600** und gelangte in der Zeit des **Walfangs** zu einiger Blüte, fiel dann aber, als es damit vorbei war, wieder an "Schläfrig-Holstein" zurück. Im Jahre **1819** brachte der **Seebadstatus** neuen Schwung, angekurbelt u. a. durch *König Christian VIII. von Dänemark*, der zwischen **1842** und **1847** in Wyk demonstrativ Badebesuche einlegte, um das Geschäft zu fördern. Auch der Märchendichter *Hans Christian Andersen* weilte im Gefolge des Königs 1844 auf der Insel.

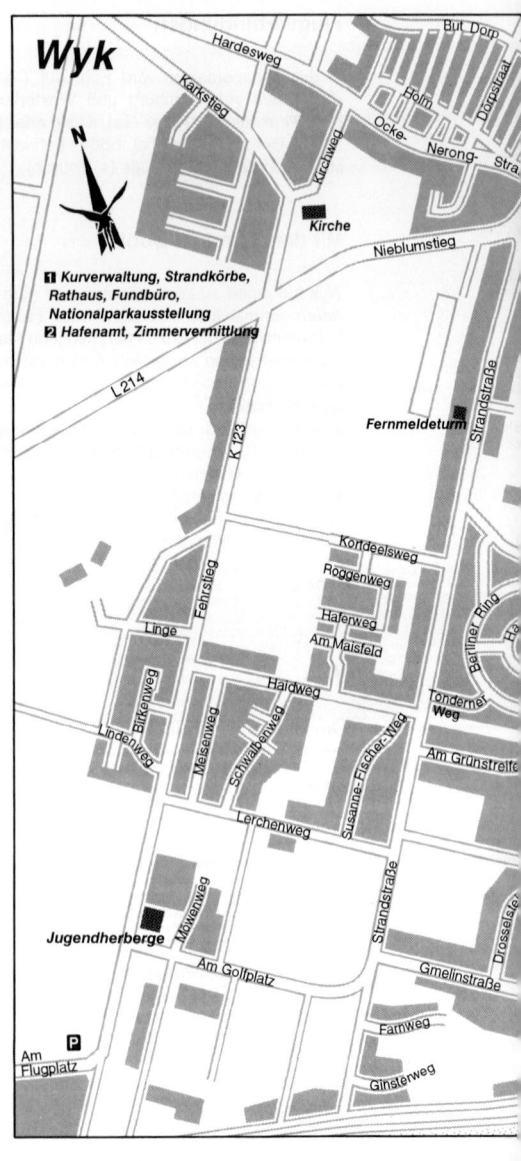

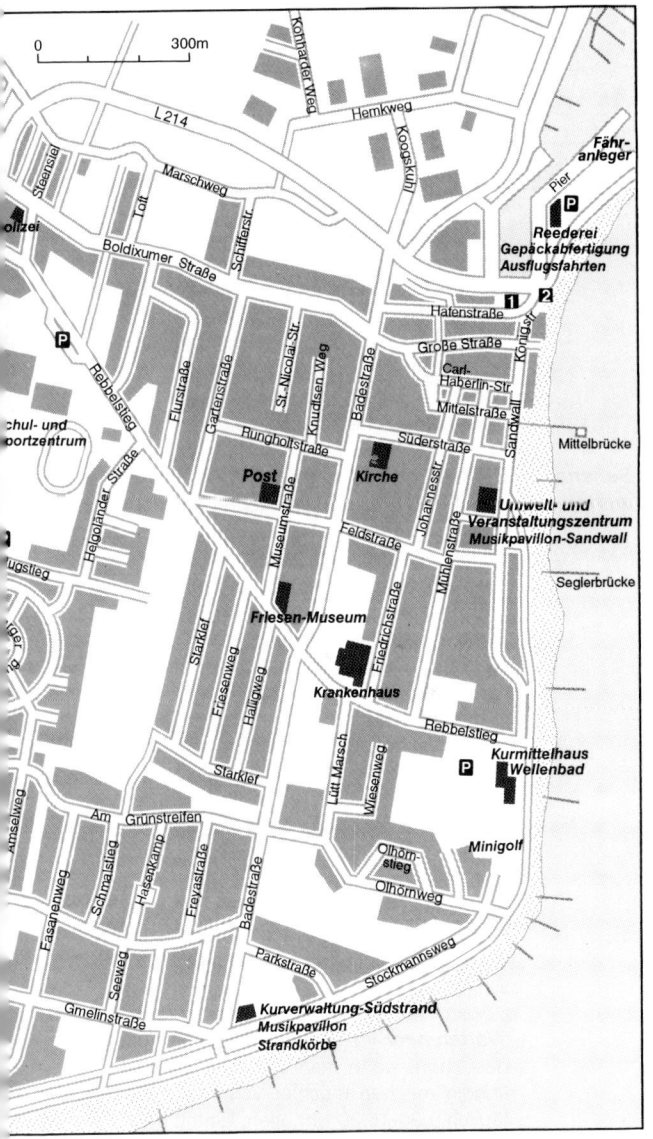

Wyk ist seither auf Erfolgskurs, der *Fremden-verkehr* boomt. Erfreulicherweise ist trotzdem alles in Proportion geblieben. Ein paar wenig schöne Hochhäuser, nahe des Wyker Hafens beginnend, erheben sich an Föhrs südlicher Küstenlinie, doch man kann an ihnen vorbei-sehen. Wyks *Vorzeigepromenade Sandwall* ist wohl die reizvollste der ganzen Deutschen Bucht, und den längs des Strandes verlaufen-den Spazierweg möchte man ewig weiterwan-dern. Hübsch auch ist ein Parallelpfad oberhalb dieses Weges, der durch dichtes Grün führt.

Viel Grün, ansehnlicher Baumbestand – das macht überhaupt die Attraktivität Wyks (und anderer Inselteile) aus. Vielerorts sollte man sich davon eine Scheibe abschneiden.

Sehens-wertes

Die Gäßchen im alten Teil Wyks mit ihren klei-nen *Seefahrerhäusern* geben ein buntes Bild ab, sind aber leider oft mit Autos vollgestellt. Schön ist's am *Alten Hafen*, vor allem wenn die Krabbenkutter einlaufen und die Fänge auf der Pier öffentlich verkauft werden.

Im Sommer ist am Hafen jeden Sonntag von 10 bis 15 Uhr *großer Markt* und natürlich gewal-tig Betrieb.

Am Hafeneingang steht ein *Pfosten*, auf dem die Wasserstände früherer Sturmfluten markiert sind. Ganz oben ist die Superflut von 1825. Man kann sich eines Grusels nicht erwehren, wenn man das umgebende Gelände mit dieser Mar-kierung vergleicht.

Im *Friesenmuseum* am Rebbelstieg (gegrün-det von einem Schwaben) kann man sich einen vorzüglichen Einblick in die Inselgeschichte und -kultur verschaffen. Geöffnet Di-So 10-17 Uhr. Eintritt 2 DM.

Auch das *Infozentrum des Nationalparks Wattenmeer* im Rathaus sollte man unbedingt besuchen, wenn man sich über See und Watt kundig machen möchte. Von April bis Oktober täglich 9.30-16.30 Uhr offen, Eintritt frei.

Mehr noch – Aquarien, Dioramen, individuelle Beratung – wird im **Umweltzentrum** (Sandwall 38) geboten, und zwar Mi-Mo 10-12 und 15-17 Uhr, ebenfalls kostenlos.

Auskunft

- **Vorwahl**: 04681.
- **Kurverwaltung Wyk**: Hafenstr. 23 (Rathaus, Tel. 3053, Fax 3066).
- **Reisebüro**: DER (Tel. 3129).
- **Ärzte**: Außer im Kreiskrankenhaus (Rebbelstieg) praktizieren in Wyk 8 Ärzte, dazu 5 Zahn- und 2 Tierärzte.
- **Kurtaxe**: siehe Anhang.
- **Strandkörbe**: Die Kurverwaltung im Rathaus ist für den **Oststrand** zuständig, diejenige im Haus des Gastes (Badestr. 111, Tel. 3046) für den **Südstrand**. Preise: 1.5.-30.9. 10 DM pro Tag, 65 DM pro Woche; 1.3.-30.4. und 1.-31.10. 7 DM pro Tag, 45 DM für eine Woche. Schriftliche Vorbestellung empfehlenswert.
- **FKK-Strand** in der Nähe des Flugplatzes.

- **Kirchen:** St. Nicolai (ev.), Mo 17 Uhr Orgelkonzert und Führung; St. Marien (kath., Rebbelstieg); Neuapostolische Kirche (Süderstr.) und Zeugen Jehovas (Strandstr.).
- **Hunde** sind auf der Promenade anzuleinen. In der Nähe des Flugplatzes befindet sich ein "Hundestrand". An allen anderen Stränden sind Hunde nicht erlaubt.

Unterkunft

- **Hotels/Pensionen**: Die besseren Häuser dieser Kategorie stehen natürlich alle am Wasser. Dafür kosten sie auch mehr – aber nicht alle. Das *Strandhotel* (Tel. 58700), gleich vorn am Hafen, ist mit 65-99 DM eigentlich ganz zivil bepreist. Am vornehmen Sandwall geht es allerdings schnell in Sachen, so im *Kurhotel* (Tel. 2299) mit 97-212 DM und im *Kurhaus-Hotel* (Tel. 792) mit 75-179 DM. Kurioserweise trifft man in der Pension *Possehl* (Sandwall 20, Tel. 2401) dann mit 25-28 DM auf einen absoluten Tiefpreis.
- **Privatzimmer**: Mehrere Häuser liegen deutlich unter 20 DM, so das *Haus Renate* (Tel. 4417) mit 12 DM, allerdings ohne Frühstück und wahrscheinlich in der finstersten Saison. Nur wenige Vermieter wie *Manteuffel* (Tel. 8512) geben klipp und klar einen ganzjährigen Preis an (19 DM) und beziehen, wie in diesem Fall, Küchenbenutzung mit ein (bei mehr als 4tägiger Belegung), so daß man sich ein teures Frühstück (6 DM) sparen kam. Günstig auch: *Luise Hinrichsen* (Tel. 8221), mit 15 DM (Ü).
- **Ferienwohnungen**: Hier heißt es aufpassen, denn die Preisunterschiede ("von/bis") sind in allen Fällen erheblich. Eine recht preiswerte Ecke ist – weil etwas abgelegen

– der Fehrstieg im Westen Wyks; dort gibt es mitunter schon 4 Betten für 40 DM. Nirgendwo sollte man aber ohne vorherige Klärung des Saisonpreises eine Ferienwohnung buchen.

●*Jugendheim*: Das *Ernst-Schlee-Schullandheim* (Bi de Süd, Tel. 468) hat 212 Betten auf 54 Zimmern und jede Menge Extras von der Bocciabahn bis zum Musikzimmer und nimmt Jugendgruppen zum Preis von 32 DM pro Kopf auf. Anmeldung: *Dr. K. Witt*, Tel. 04193-5114.

●Die *Jugendherberge Föhr* (Fehrstieg 41, Tel. 2355, Fax 5527) liegt in der Nähe des Südstrandes. Kategorie III, 178 Betten, 6 Tagesräume, 7 Familienzimmer. ÜF und VP möglich. Kurtaxe (auf Anfrage). Rabatt: Auf den Fähren gibt's 50% *JH-Nachlaß!*

**Gastro-
nomie**

Weit über fünfzig Restaurants, Gaststätten, Cafés und Kneipen gibt es in Wyk. Wer zählt die Völker? Da kommen in der Tat einige zusammen.

●Da haben wir den Föhrer Chinesen mit dem Restaurant *Peking-Ente* (Waldstraße), mehrere Pizzerias und Gelaterias, *Zorbas den Griechen* (Große Straße) und den *Scheheresad-Imbiß* am Sandwall, wo man Nahöstliches genießen kann.

●Heimischere Kost darf man erwarten im *Friesenkeller* (Mühlenstraße), in der *Friesenstube* (Süderstraße) und ganz bestimmt im Hotel-Restaurant *Haus der Landwirte* (Hafenstraße). Um ganz sicher zu gehen, kehre man im *Haus Friedrichsen* (Gmelinstraße) "mit einer gepflegten, Deutschen Küche" ein, muß dort aber auch nicht auf Importe wie Kaffee und Tee verzichten.

●Viel kulinarisches Geschehen konzentriert sich auf der geschäftigen **Sandwall-Promenade**. Vorzüglich essen kann man in den großen **Hotels**, doch es gibt auch jede Menge **Snackbars, Cafés und Kneipen**. Bei schönem Sommerwetter verlagert sich ein Großteil der Action ins Freie; mitten auf der "Flaniermeile" kann man dann Friesenwaffeln, Crepes und hausgemachten Apfelkuchen zu sich nehmen.

●Auf die Schnelle gibt es fast an jeder zweiten Strassenecke etwas. Hübsch der Name *"Wyk-End"* (Mittelstraße), wo sich Eilige verköstigen können. Zu Fast-Food fand ich mich am Minigolfplatz (Südstrand) geladen. Gottlob half mir eine Ladung Krabben, frisch vom Kutter, über das traumatische Eßerlebnis hinweg. Fünf Mark versorgen zwei Personen locker, nur das Brot muß man sich hinzukaufen.

●Und nach der 50. Einkehr in jeweils eine andere Gaststätte kann man dann noch auf Nieblum, Utersum und die Friesendörfer ausweichen, wo es auch überall etwas zu essen gibt.

Nieblum

Zusammen mit Goting an der Südküste ist Nieblum das *hübscheste Friesendorf* Föhrs und wohl ganz Schleswig-Holsteins überhaupt. Beherrscht wird das Örtchen von der wuchtigen *St.-Johannis-Kirche* ("Friesendom") aus dem 12.-13. Jahrhundert. Im Innern zu betrachten: Taufstein aus den Entstehungsjahren, Holzstatue "Johannes" von 1487 und die Kanzel (1618). Draußen: zahlreiche *"sprechende Grabsteine"* auf dem Friedhof mit Botschaften aus der Zeit des Walfangs und der weltweiten Schiffahrt. Ein Gang durch den Ort ist in einer halben Stunde erledigt, aber an jeder Ecke gibt es etwas Reizvolles zu sehen.

Sprechender
Grabstein

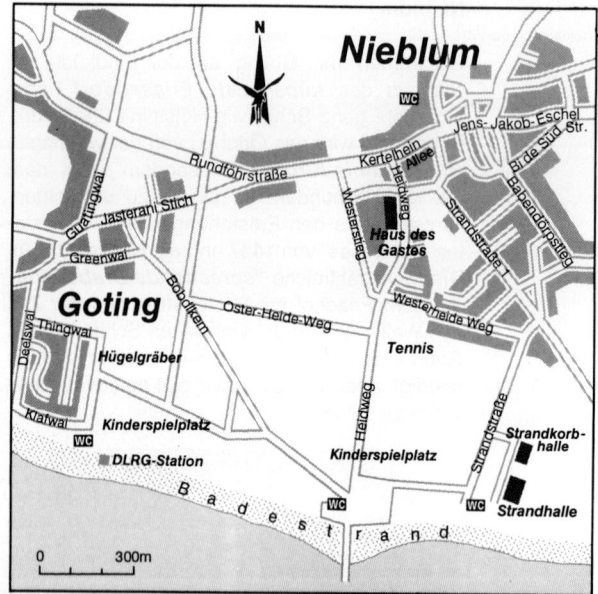

Auskunft

●*Kurverwaltung*: Poststraat 2 (Tel. 2559, Fax 3411).

●*Vorwahl*: 04681.

●*Arzt*: Kertelhainallee 12.

●*Kurtaxe*: Siehe Anhang.

●*Strandkörbe*: Bei der Kurverwaltung und in Goting am Strand. Nur gegen Vorlage der Kurkarte; keine Vorbestellung. Preise: 9 DM/Tag, 50 DM/Woche, 85 DM/2 Wochen, 105 DM/3 Wochen, 125 DM/4 Wochen.

●*FKK*: Beim Goting-Kliff.

●*Kirche*: s. o.

Unterkunft

●*Hotels:* Lediglich zwei Hotels sind im Ort zu finden: Das *Hotel garni Timpe Te* (Tel. 1631) mit Preisen ab 65 DM ÜF und *Witt's Gasthof* (Tel. 1696), 90-120 DM.

●*Zimmer*: Privatzimmer gibt es nur fünf, mit billigstem (und ganzjährigem!) Mindestpreis von 30 DM Ü (*Hülsmann*, Tel. 2229).

●*Ferienwohnungen*: Die schönen Friesenhäuser sind bei diesem Herbergenkomplex leider in der Minderheit. Auffällig ist auch, daß die wenigen aufgeführten zumeist auswärtigen Eigentümern gehören. Einige sind happig teuer (über 300 Mark pro Tag), bei anderen kommt man, zumindest außerhalb der HS, auf wesentlich günstigere Preise.

●**Zeltlager**: Der Verein *"Unsere Welt"* in Hamburg (Tel. 040-310552) unterhält in der Nähe der Nieblumer Strandhalle ein Jugendzeltlager (Tel. 2836) mit 500 Stellplätzen und Waschräumen mit Duschen und WCs. Preise auf Anfrage.

Restaurants

●Das *Hotel Osterheide* ist nicht nur garni; es gibt auch warme Küche, aber nur abends. "Exquisites, auch im Einfachen", hat *Witt's Gasthof* (mitten im Ort) auf seinem Menü, und die Restaurants *Altes Landhaus*, *Lohdeel* und *Zum Schlachter* stehen da nicht nach.

●Italienisches, vor allem Pizzen, reicht man in *La Gondola*.

●Das *Steakhouse am Heidweg* ist die richtige Adresse für kräftige fleischliche Genüsse.

●In *Goting* speist man in der *Webstube* mit Amrumblick, und mit *Jupp & Hermann* gibt's sogar ein richtiges Abendlokal in Strandnähe. Dazu zahlreiche Cafés und Imbisse im Ort und am Strand.

Utersum

Der kleine Badeort Utersum liegt am Südwestende Föhrs, unmittelbar der Amrumer Odde gegenüber. Ein gemütlicher **Dorfkern**, **urzeitliche Grabhügel** dahinter, 2 km Sandstrand davor, und das wär's auch schon.

Auskunft

●**Kurverwaltung**: Klaf 2 (Tel. 346, Fax 1361).
●**Vorwahl**: 04683.
●**Arzt**: Lungjaat 11.
●**Kurtaxe**: siehe Anhang.
●**Strandkörbe**: Bei der Kurverwaltung. Nur gegen Vorlage der Kurkarte; keine Vorbestellung.
   Preise: 9 DM/Tag, 50 DM/Woche, 85 DM/2 Wochen, jede weitere Woche 20 DM.

Unterkunft

●Vier kleinere **Hotels/Pensionen** teilen sich in der ersten Kategorie den Kuchen. Vom *Gästehaus Hannchen* (Tel. 847) sollte man dem Namen nach annehmen, es handele sich um ein kuscheliges Friesenhäuslein. Aber nein, es ist ein Appartementkomplex für 30-95 DM pro Einheit. Auch das Hotel garni *Zur Post* (Tel. 330) ist mit 17 DZ ein stattliches Anwesen: 40-77 DM. Die Pensionen *Eckhüüs* (Tel. 358) und *Tribergen* (Tel. 1088) sind mit 36-46 bzw. ab 55 DM dabei.

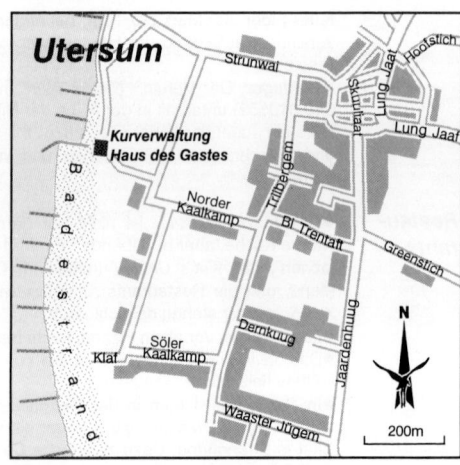

●*Privatzimmer:* Ein einziges gibt es in Utersum (*Tauscher*, Tel. 537) für 30-40 DM Ü.

●*Ferienwohnungen*: Wie überall variieren die Preise hier sehr stark. 2 Betten für 30 DM, 4 für 40 gar werden angeboten, doch in allen Fällen ist ein Steigerungsfaktor dabei, der wie auf ganz Föhr weiteres Kundigmachen erfordert.

Gastro-nomie

●In einem kleinen Ort wie Utersum braucht man keinen Wegweiser, um binnen kurzer Zeit eine Oase zu finden. Im *Eckhüüs* kann man nicht nur wohnen, sondern auch speisen; das gleiche gilt fürs *Hannchen*, dem die *Utersumer Stuben* angeschlossen sind. Auch das *Hotel zur Post* unterhält ein Café-Restaurant.

●Auf die Schnelle kann man im *Haus des Kurgastes* einen Snack verzehren; für substantiellere Mahlzeiten bieten sich das *Gasthaus Knudsen*, der *Ual Pesel, Stal Huk* und das *Alte Zollhaus* an.

Die Friesendörfer

Alkersum, Boldixum, Borgsum, Dunsum, Midlum, Oevenum, Oldsum (zusammen mit Klintum und Toftum), Witsum und Wrixum – das "ummt" sich ganz schön. Die gemeinsame Kurverwaltung hat man klugerweise – damit es nicht immer wieder zu Verwirrungen und Verwechslungen kommt – in Süderende angesiedelt, dessen Name als einziger aus der Reihe tanzt.

Etwa die Hälfte der Föhrer, etwa 5000 Seelen, wohnen in diesen gemütlichen Dörfchen, die großenteils aus früher friesischer Besiedlung der Insel stammen. Keines dieser Dörfer hat Sensationelles vorzuweisen. Daß man in Oevenum die **zentrale Inselmeierei** besichtigen kann, "wo die Milch von 5000 Kühen verarbeitet wird", wird nur wenige Föhrbesucher zu Begeisterungsstürmen hinreißen. Dasselbe gilt auch wohl für das **Schöpfwerk** im koreanisch klingenden Dunsum. Doch die friedliche Rustikalität, die allen Dörfern gemein ist, die schönen **alten Reetdachhäuser** – das alles ist schon eine Reise, vielleicht auch einen Aufenthalt wert.

Auskunft

● **Kurverwaltung:** *Fremdenverkehrsgemeinschaft Föhr*, Haus 15, Süderende (Tel. 04683-444).
● **Vorwahl:** Alkersum, Midlum, Oevenum und Wrixum: 04681; Boldixum, Borgsum, Dunsum, Oldsum, Süderende und Witsum: 04683.
● **Kirche:** St. Laurentii (ev.) mit spektakulären Gewölbemalereien.

Unterkunft

● **Pensionen:** In der *Pension Arfsten* (Tel. 2331) in Wrixum zahlt man zwischen 45 und 75 DM.
● **Privatzimmer** gibt es über alle Dörfer verteilt nur etwas über ein Dutzend. Konkurrenzlos billig: *Braren* (Tel. 457) in Oldsum mit 13 DM, allerdings ohne Frühstück. Auch die meisten anderen Zimmer liegen unter 20 DM (Ü).
● **Ferienwohnungen**: Hier läßt sich erneut das Phänomen beobachten, daß die schönsten Friesenhäuser Nichtföhrern gehören. Die meisten Preise sind allerdings moderat. Wer sein Budget etwas auf Taille halten möchte, ist auf den Dörfern gut aufgehoben. Für umgerechnet 15-25 DM pro Kopf kommt man vielerorts unter.

Gastronomie

Jedes der genannten Dörfer hat wenigstens eine Speisestätte, Dunsum allerdings nur eine *"Theestube"*. Kein Malheur. Gibt's in einem Dorf gerade mal nichts, dann garantiert im nächsten. Wie wär's denn mit Spanferkel (Mi und Fr) in der *Wrixumer Mühle* oder einem urigen Inseldinner in der *Scheune* in Süderende?

Öömrang und Fering

"Amringisch" und "Föhrisch", zwei oft totgesagte **Dialekte** aus alter Zeit, sind auf Amrum und Föhr noch sehr lebendig. Man kann sogar sagen: lebendiger denn je. Beide Inselsprachen haben gerade in jüngster Zeit großen Auftrieb erhalten; just kam das erste **Wörterbuch** heraus. Sie werden auch in den **Schulen** gelehrt und von Kindern und Jugendlichen nicht ohne gewissen Stolz gesprochen, denn man hebt sich dadurch von der Masse ab, die sich für den größten Teil des Jahres aus "Deutschen" zusammensetzt.

In der Landeshauptstadt Kiel nimmt man den sprachlichen Bonsai-Separatismus mit gelassenem Schmunzeln hin. Es ist nicht damit zu rechnen, daß die Sprecher von Öömrang und Fering, insgesamt etwa 0,01% der Bundesbevölkerung, auf die Vorzüge der deutschen Sozialsysteme verzichten werden, indem sie sich politisch selbständig machen. Tatsächlich versteifen sich aber manche Insulaner darauf, **keine Deutschen** zu sein – das sind die Touristen. Nicht einmal als Friese möchte man gelten; einigen Betonköpfen schwebt ein dumpfes "nordisches" Image vor, wie wir es schon einmal hatten.

"Da Nordfrasche – en manerhäid" (Die Nordfriesen – eine Minderheit) heißt der Titel einer lokalen Videokassette. Das klingt verdächtig nach Schwyzerdütsch, ist aber ein paar Breitengrade nördlicher anzusiedeln. Wer Englisch (vor allem altes), Holländisch und Dänisch beherrscht, wird die Inseldialekte ohne viel Mühe entziffern können, ein bißchen Eingewöhnung, bitte schön, vorausgesetzt.

Sind sie nun Friesen oder nicht, die da oben? Zumindest müssen sie eng mit ihnen verwandt sein. Auch hier erhielt der Autor, genau wie auf den Ostfriesischen Inseln, bei seinem Besuch (einer Sprachkoryphäe) nicht die bewußte Tasse Tee.

Sylt

In Deutschland ganz oben

Ganz Sylt

Geschichte

Der Name *Sild, syld, sylt* – das heißt da oben, – wo man auf diesen wirklich klugen Werbeslogan gekommen ist – überall dasselbe: Hering. Als *Sild* fand die Insel auch erstmalig **urkundliche Erwähnung**, und zwar anno **1141** in den Steuerbüchern *des Dänenkönigs Erik III.*

Frühe Geschichte Frühe Besiedlung und **Hünengräber** – der *Denghoog* in Wenningstedt ist das größte und bekannteste –; nach England abwandernde **Angeln** und **Sachsen**; **Wikinger** und dann, um **700**, die ersten **Friesen**: Sylts Geschichte bis zur ersten Jahrtausendwende entspricht weitgehend jener Föhrs und Amrums, bereits geschildert.

Möglicherweise gehörten alle drei Inseln zu jener Zeit noch zum gleichen Landkomplex. Eine Karte von Sylt um das Jahr **1240** zeigt die heutige spillerige Insel von einem riesigen Pfannkuchen festen Landes umgeben. Wenn auch dem Kartographen *Johannes Meyer*, wie schon an anderer Stelle vermerkt, nicht so recht getraut werden kann, so geben doch die zahlreichen Ortsnamen Zeugnis für reale Überlieferungen ab. Daß die Insel damals **wesentlich größer** gewesen sein muß, in welcher Form auch immer, steht außer Zweifel. Die heutige Entwicklung zeigt ja eindrücklich genug den ständig fortschreitenden **Landverlust**.

Historisches Siegel von Sylt

Rückschritte Um **1300** wurde die Insel alten Berichten zufolge "verwüstet und ertränket". In der **Allerheiligenflut von 1436** brachen wiederum gewaltige Brocken Land ab. Unter anderem ging das reiche Dorf **Eidum** seeseitig des heutigen Westerland unter, das daraufhin von überlebenden Eidumern gegründet wurde – immer wieder einen Schritt voraus, zwei zurück. List allein verlor elf Ortschaften; fünfmal verschwand das Dorf Rantum – jedesmal ein anderes – unter Wanderdünen.

Der **Sand** ließ sich nicht festnageln. Er versetzte im **15. und 16. Jahrhundert** zusammen mit Sturmfluten der ohnehin kümmerlichen **Landwirtschaft** der Insel den Todesstoß. Der **Heringsfang** bildete von nun an die Haupterwerbsquelle der Sylter, die ihrem alten Namen mit dieser Tätigkeit wahrhaft gerecht werden konnten.

Walfang und Seefahrt Neue Landverluste, Überschwemmungen, Sand – und jetzt, um die **Mitte des 17. Jahrhunderts**, blieb auch noch der Hering aus! Der Walfang schloß sich als nächstes der Sylter Geschichte an, wenn auch, wie überall, nicht sehr lange. Das eigentliche "goldene Zeitalter" Sylts kam erst in den Jahren *1775 bis 1807*, als mehr als die Hälfte der männlichen Bevölkerung zur See fuhr und gutes Geld verdiente. Die Qualitäten Sylter *Seeleute* waren bei allen handelstreibenden Nationen geschätzt.

Die *Risiken* der damaligen Seefahrt waren enorm: Drei Fünftel aller Sylter gingen mit ihren Schiffen verloren. Andere gerieten in die Gefangenschaft moslemischer Korsaren, wo es ihnen weniger gut ging als dem Amrumer Hark Olufs. Die meisten kehrten, falls überhaupt, erst nach langen Jahren und gegen Zahlung von Lösegeld "uth der Schlawerye" zurück.

Strand-
raub

Nicht, daß man auf Sylt zartfühlender gewesen wäre! Die gleichen rauhen Sitten wie an den wilden Maurenküsten herrschten hier, und vielleicht noch schlimmere. Die Strandräuberei war eine Art Volkssport, denn immer wieder trieben manövrierunfähige Schiffe auf die exponierte "Energieküste", wie es heute heißt. Wehe dem *Vogt*, der das Gesetz allzu eifrig zu vertreten suchte! Anno *1694* hatte *Niss Bohn*, der Strandvogt von Rantum, sieben Personen wegen Strandraubs angezeigt; wenig später wurde er auf einem Fest erstochen. Die Täter wurden nie zur Verantwortung gezogen. Fünf Jahre danach standen gleich 19 Rantumer vor Gericht, weil sie ein angetriebenes Faß mit 200 Litern französischen Weines kurzerhand ausgesoffen hatten – wer wollte ihnen das verdenken! Kurz darauf konnte sich eine junge Sylterin, im Begriff, ein Butterfaß aufs Trockene zu ziehen, des Strandvogts nur dadurch erwehren, daß sie sich entkleidete. Der tugendsame Küstenwächter suchte entsetzt das Weite. *1713* wurde ein Archsumer Schiffer, der sich mit seiner Geldkatze an Land gerettet hatte, erschlagen und verscharrt.

Leuchtturm
bei List

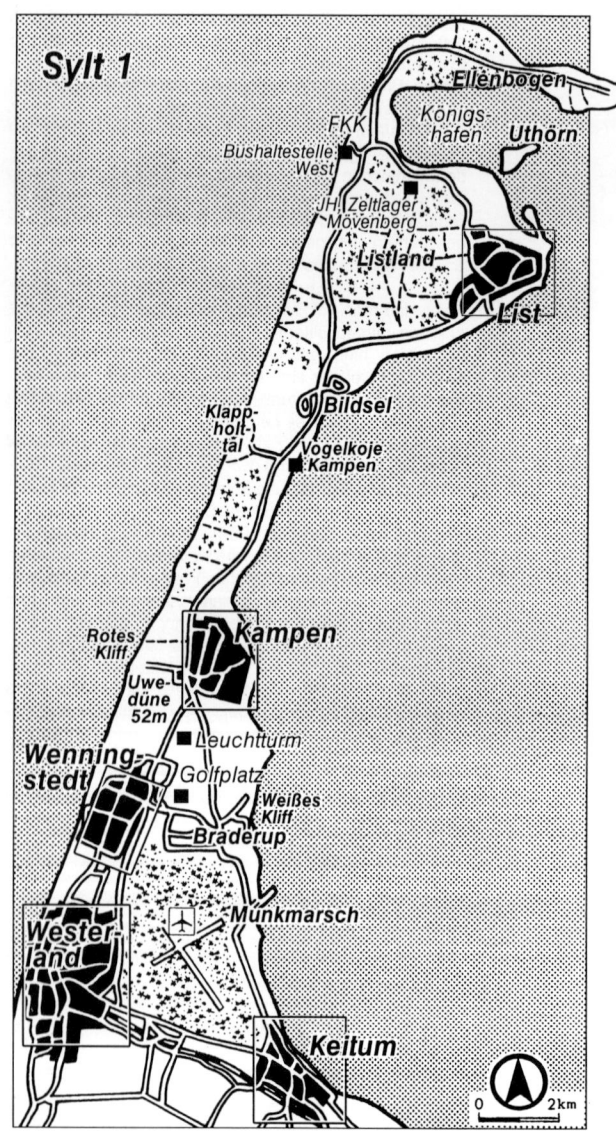

Mit den Vögten, die die Belange der **dänischen Krone** vertraten, standen die Insulaner schon immer auf dem Kriegsfuß. Die **Burg Borig** bei Tinnum war wahrscheinlich bereits im **9. Jahrhundert** gegen säumige Zinszahler angelegt worden, und der Fischer **Pidder Lyng**, der einen Steuereinnehmer umbrachte, ist als Volksheld in die Inselgeschichte eingegangen. Anno **1799** war man indes schon etwas zivilisierter geworden – oder der Vogt war schneller als die Strandhyänen. Als die Leiche von *Daniel Wienholt* antrieb, Sohn eines Hamburger Kaufmanns und ertrunken beim Schiffbruch der berühmten *Lutine* vor Terschelling, wurden die sterblichen Reste in aller Form beigesetzt und die Effekten nach Hamburg geschickt. Heute erinnert eine englischsprachige Tafel an der Tür der Westerländer Kirche an diese Begebenheit.

Seebad

Ein halbes Jahrhundert später begann die Zeit des Seebades. *1851* hatte *Theodor Mügge* in seinem Roman "Der Vogt von Sylt" die Insel in den Himmel gelobt. Ein Jahr später "kurte" *König Christian VIII.* bereits dort, *1855* wurde Westerland **Seebad**. Peu à peu zogen die anderen Inselorte nach. Dann wurde Sylt in rascher Folge erschlossen: **1888 Dampfspurbahn** Munkmarsch-Westerland, bald darauf **Sylter Inselbahn** von Hörnum bis List (1970 leider, leider eingestellt), **Hindenburgdamm 1927**. Und damit kam die ganz große Flut – die touristische. Hoffentlich erweist sie sich auf lange Sicht als segensreicher als diejenigen der Nordsee.

Sylt heute

110 km Küstenlinie, an die **40 km lückenloser Sandstrand** allein an der Westseite – das kann sich sehen lassen. Die Frage ist nur, wie lange noch. An keiner Nordseeinsel nagt der Blanke Hans mit derartiger Verbissenheit wie an Sylt, keine verliert jährlich mehr Substanz, unwiederbringlich. Und der **Abbau** geht immer schneller vor sich: Waren es bis 1950 noch 90 Zentimeter im Jahr, sind es jetzt bereits anderthalb Meter, Tendenz steigend.

Wie lange noch

Auf acht Meter Höhe türmen sich die Seen in schweren Stürmen einen Kilometer vor der Küste, vier Meter krachen noch an den Strand. 1,5 Mio m³ Inselsubstanz werden dabei im Jahr losgerissen und fortgespült. 1983 kippte bei einer **Sturmflut** die Strandhalle in Wenningstedt das Kliff hinunter. Unverzagt baute man ein Stückchen landwärts eine neue Ausführung. Doch auch dieses immer gut besuchte Restaurant wird eines unfernen Tages das Schicksal seines Vorgängers teilen.

Auch der alten Lister Weststrandhalle, die im Baujahr 1960 gut 170 m von potentiellem Desaster entfernt gewesen war, hatte man 1985 noch viele Jahre des Überlebens prophezeit. 1987 purzelte sie in die See.

Man versuchte es mit den verschiedensten **Uferbefestigungen**: Buhnen, Ufermauern, tonnenschwere (und sehr häßliche) Tetrapoden. Doch das hat im Endeffekt alles nichts gebracht. Es gibt viele Stellen auf Sylt, an denen sich der Betrachter glücklich preisen wird, dort kein Haus zu besitzen. Das beginnt in Westerland, wo der Strand so fragil ist, daß man den Burgenbau verboten hat und wo manche Dünen mit messerscharfem Natodraht gegen Zerstampfen geschützt sind. Und das endet an den Extremitäten der Insel. Der Lister Ellenbogen war schon einmal abgetrennt, und die Hörnumer Odde ist derzeit Sylts heißestes Pflaster. Vor ein paar Jahren auch, als an der Westfront alles glimpflich auszugehen schien, kam die Nordsee durch die Hintertür gekrochen. Bis zum Wester-

Sylt 2

Morsumer Kliff

Klein- morsum

Fest- Land

0   2km

länder Bahnhof bekam man nasse Füße. Der Hindenburg-damm ist nämlich nicht nur ein Segen für Sylt. Bei hartem Nordwest wird durch ihn enormer Rückstau bewirkt, der das Wattenmeer buchstäblich zum Überlaufen bringt.

Seit 1984 hilft man sich mit *Sandvorspülungen*: Im Sommer wird wieder aufgeschüttet, was im Winter verlo-rengegangen war. Das ist zwar enorm teuer, aber die ein-zige Methode, die einigermaßen Erfolg hat. Bis auf weite-res jedenfalls. Ein höherer Meeresspiegel, mehr Power in der Brandung – dann ist es auch damit vorbei.

Schickimicki Island?

Sylt, das war einmal die Hochburg der sexuellen Entklem-mung der aufstrebenden, nachholbedürftigen Republik, eine Insel umwoben vom Mythos einer nie endenwollen-den Orgie. Das ist passé. Breitgemacht hat sich statt des-sen eine "Art kollektiver postkoitaler Katerstimmung," schreibt *Benno Kroll* im *Playboy*. "Sylt ist längst zum Sym-bol einer einfältigen, einfallslosen sexuellen Reaktion ge-worden. Ein Gehirn, das unverändert von Standesdünkel, Karriereneid, Vorsorgementalität, Schicksalsangst, von den Zwängen der Biederkeit, den Geboten der Förmlich-keit und den Statuten der Etikette versklavt ist, kann die Wollust nicht entfesseln. Vom Mythos Sylt ist nur die Nich-tigkeit einer Schicht um Schicht abgeschälten Zwiebel übriggeblieben."

Die Schickeria, die da vornehmlich in Kampen allsom-merlich zusammentrifft, nennt Kroll verächtlich "Saison-adel". Vorbei auch die Zeiten, in denen das gemeine Volk angesichts schimmernder Aufmärsche in spitzes Geschrei ausbrach. Den Playboy (eigenen Verständnisses), der sich mit einer Miene gedämpften Ekels in die Niederungen der Öffentlichkeit verirrt, nimmt es gar nicht zur Kenntnis, weil es nichts mit ihm anzufangen weiß.

Das Schöne am heutigen Sylt ist ja, daß der Inselbesu-cher keine Reklamefigur wie den *Butler John* benötigt, um das Eiland zu genießen. (Der Mann schenkt gegen klotzi-ge Gage im steifen Cut am Strand Getränke ein und macht sich auch sonst beim "champagnerdösigen" Sai-sonadel nützlich.) Man kommt, im Gegenteil, prächtig ohne Brillies aus, kann auch aufs Renommierblech, über-haupt aufs Mobil verzichten und ganz bestimmt aufs eige-ne Reetdach. Außerhalb der "Szene", die keineswegs, wie oft geglaubt wird, ganz Sylt in sich einschließt, kann man ein durchaus urwüchsiges und nicht überall teures Eiland erleben. Solange die Nordsee mitspielt natürlich.

Naturschutzgebiete

 Große Areale der Insel Sylt sind NSG, und zwar nicht als Teile des Nationalparks, sondern als Betreuungsobjekte verschiedener privater Naturschutzverbände im Auftrag der Landesregierung.

Listland Das NSG Nordsylt mit den eindrucksvollen **Wanderdünen** des Listlandes und einer allgemein schutzwürdigen Fauna und Flora wurde bereits 1923 ins Leben gerufen und 1980 noch erweitert. Mit Ausnahme einiger Ortsteile von List umfaßt dieses NSG heute den gesamten Norden Sylts oberhalb von Kampen und Wenningstedt.

Nielönn Inkorporiert, doch anderen Verbänden unterstellt ist das NSG Nielönn am Wattenmeer. Das 64 ha große Biotop Nielönn wurde 1979 unter Naturschutz gestellt und dient vor allem als **Vogelreservat**. Die Bekassine ist hier heimisch, und im Herbst rasten im Nielönn Tausende von Ringelgänsen, Pfeif- und Stockenten. Betreten des Gebiets ist nicht erlaubt, doch die Vogelwelt läßt sich vom Wanderweg neben der Landstraße ausgezeichnet beobachten.

Rotes Kliff Das Rote Kliff nördlich von Wenningstedt, ebenfalls ins NSG Nordsylt integriert, ist insbesondere geologisch interessant. Viele **Fossilienfunde** sind hier getätigt worden, und versteinerte Schwämme und Seeigel werden am Strand zu Füßen des Kliffs immer wieder aufgesammelt. Im Oberteil durchziehen Wanderwege das Gelände, auf dem im Sommer eine schöne Heide blüht.

Braderuper Heide Gegenüber liegt das NSG Braderuper Heide mit dem zum Watt abfallenden **Weißen Kliff** und mit **Schluchten**, die sich zur Ostküste hin öffnen und in grünes Vorland übergehen. Diese höchst

reizvolle Landschaft geriet dermaßen unter touristischen Druck, daß im Jahre 1979 der Schutzstatus erklärt werden mußte. Heute kann man die Braderuper Heide auf einem ausgewiesenen Wegenetz erschließen, und die Natur erholt sich langsam.

Morsum-Kliff
Ein gleiches gilt für das NSG Morsum-Kliff im Osten. Auch hier drohte ein landschaftlich besonders schönes und **geologisch wertvolles** Areal unter dem Ansturm von "Naturliebhabern" zur Schutthalde zu verkommen, obwohl es schon seit 1923 unter Schutz stand. Rigorosere Bestimmungen wurden in den siebziger Jahren eingeführt, und seither ist am Morsum-Kliff ebenfalls Erholung zu verzeichnen.

Rantum-becken
Das NSG Rantumbecken war zu Kriegszeiten eine Wasserflugzeugbasis. 1962 wurde das 568 ha große **Brackwasserareal** unter Schutz gestellt. Es hat sich seither zum lebendigsten Biotop Sylts entwickelt. Mindestens **50 verschiedene Brutvogelarten**, darunter sehr seltene, sind hier zu Hause und verleihen dem NSG den elitären Status eines **Europareservats** – und das einen Katzensprung vom Flughafen und der boomenden Metropole Westerland entfernt! Die Vogelwelt läßt sich gut von dem Damm beobachten, der das Becken zum Wattenmeer hin umgibt.

Marschland-schaft am Wattenmeer

Rantumer Dünen, Hörnum-Odde
Zwischen Rantum und Hörnum nimmt das NSG *Rantumer Dünen* 397 ha Fläche ein, und an Sylts Südspitze bildet das NSG *Hörnum-Odde* das Schlußlicht. Hier hämmert der Blanke Hans mit besonderer Gewalt. Mehrmals schon brach die Nordsee zum Wattenmeer durch und machte die Odde zur Insel. Das NSG kann auf einem speziellen Pfad erwandert werden, strikte Einhaltung der Schutzbestimmungen ist geboten.

Nationalpark
Zum Nationalpark Wattenmeer gehört das Watt zu beiden Seiten des *Hindenburgdammes* und der größte Teil des *Königshafens* bei List.

Insel-Info

Auskunft
Allgemeine *Auskünfte* und *Prospekte*: *Bädergemeinschaft Sylt*, Stephanstr. 6, 25980 Westerland; Tel. 04651-22450, Fax 21084

Vorwahl
Achtung: Ab Herbst 1995 hat ganz Sylt die *einheitliche Vorwahlnummer 04651!*

Veranstaltungshinweise
●Der Veranstaltungskalender *Sylter Urlaubstips* erscheint monatlich und gibt Auskunft über die jeweiligen Tagesprogramme aller Inselgemeinden; dazu Informationen von generellem Interesse. Gratis bei allen Kurverwaltungen.
●Über das *aktuelle Sylt-Telefon* (Tel. 04651-6465) kann man täglich Programmhinweise und -änderungen sowie Tips für die Tagesgestaltung in Erfahrung bringen.

Wetterbericht
Die Telefonnummer 04652-1098 liefert den neuesten lokalen Wetterbericht mit aktuellen *Hinweisen für Segler und Surfer* (diese nur von Mai bis Oktober).

Brauchtum
Söl'ring Foriining – Sylter Verein – ist zuständig für die Erhaltung des Inselbrauchtums, Schutz von Küste, Landschaft und Denkmälern der Insel Sylt. Der Verein unterhält das Sylter Heimatmuseum und das Altfriesische Haus in Keitum, die Kampener Vogelkoje und das Hünengrab "Denghoog" in Wenningstedt. Über Telefon 04651-32805 können Sylt-Fans mehr erfahren.

Telefonseelsorge
Für Menschen in seelischen Nöten werden in Westerland gleich drei Telefonnummern (der ev. Kirche) aufgeführt: Tel. 5200, 6889, 7884. "Sorgentelefon": Tel. 25500 (abends). Vorwahl: 04651.

Wohn-mobil

Wer mit dem Wohnmobil anreist, aber keinen Platz gebucht hat und öffentlich parkt, wird mit größter Unnachsichtigkeit zu 60 DM Strafe verknackt. Weitere Zuwiderhandlungen können bis zu 5000 DM kosten. Auch Entsorgungsmöglichkeiten müssen vor der Anreise abgeklärt werden.

Außer den Campingplätzen der verschiedenen Orte bietet *Campi's Center* in Westerland (Trift 5, Tel. 04651-6041) die **Abwasserentsorgung** an – sogar rund um die Uhr (Münzstation). Wie auf den Campingplätzen von Westerland, Rantum und Morsum können **Chemietoiletten** allerdings nicht entsorgt werden.

Hunde

"Liebe Hundehalter, herzlich willkommen auf der Insel Sylt." So heißt es im amtlichen Text. Die Hunde sieht man allerdings weniger gern. Deshalb gibt es deutlich hinweisend in den jeweiligen Kurhäusern kostenlos eine Schaufel und den dazugehörigen Entsorgungsbeutel.

Presse

Der *Sylter Spiegel* und *der Neue Sylt Anzeiger*, zwei flachbrüstige Reklameblättchen, erscheinen wöchentlich, die *Sylter Rundschau* täglich.

Stichwort Söl'ring

Die aus friesischen Urelementen sowie Zusätzen aus dem Deutschen und Dänischen hervorgegangene Sylter Sprache nennt sich Söl'ring. Im Gegensatz zu Amrum und Föhr ist die Inselsprache nicht sehr verbreitet; sie erfährt jedoch Belebung und unterstützende Pflege durch den *Söl'ring Foriining* – Sylter Verein und traditionsbewußte Sylter.

Beispiele:

deutsch	Söl'ring	dän.	engl.
Hemd	Sjürt	skjorte	shirt
Dienstag	Tiisdai	tirsdag	Tuesday
zwei	tau	to	two

Fortbewegung

Auto

Schon wegen seiner Dimensionen, nicht zuletzt auch wegen der günstigen Anreisemöglichkeiten, ist Sylt die einzige wirkliche "Auto-Insel" der Nordsee. Vielfach wird die Nobelkarosse allerdings nur mitgeschleppt, um damit anzugeben. So ganz glücklich ist man auf Sylt nicht mehr über die ausgeuferte Entwicklung und beginnt darüber nachzudenken, wie sich Abhilfe schaffen lassen könnte.

Leih-wagen　　Mehrere Vermieter bieten Autos an. Schon am Bahnhof Westerland kann man sich (bei *Inter Rent/Europcar*) ein Gefährt mieten.

Taxi　　Am einfachsten zu merken sind die Telefonnummern 5555 und 7777.

Bus　　●Drei Linien verkehren *ab Westerland ZOB*: nach List, nach Hörnum und nach Munkmarsch/Morsum, jeweils mit zahlreichen Haltestellen dazwischen. (In der Karte sind nur die Hauptstops aufgeführt.) Die drei Linien werden im etwa halb- bis einstündigen Takt bedient.

●Ein *Nahverkehrsbus* pendelt von Mai bis September zwischen List-Ort und West-/FKK-Strand.

Fahrrad　　In jedem Ort auf Sylt gibt es mehrere Verleihe, so viele insgesamt, daß auf eine Einzelaufzählung verzichtet werden muß. Sogar die DB vermietet am Bahnhof Westerland Fahrräder! In den letzten Jahren hat man auch das Radwegsystem inselweit stark ausgebaut. Es gibt keine bessere Art, Sylt zu bereisen!

Sport

Angeln　　●Von Aal über Makrele, Scholle und Hornhecht bis zu Dorsch und Hai kann in Wattenmeer und Nordsee allerlei Leckeres gefangen werden. Grundsätzlich ist hierfür der *Bundesfischereischein* erforderlich. Fehlt dieser, kann für Sylter Gäste eine 40 Tage gültige *Ausnahmegenehmigung* erstellt werden (16 DM). In Westerland und List gibt es dieselbe auf dem *Rathaus*; für alle anderen Orte ist das *Amt Landschaft Sylt* in Keitum (C.P.-Hansen-Allee, Tel. 3300) zuständig.

●Für zusätzliche 7 DM pro Tag, 20 DM pro Woche oder 50 DM im Monat kann in den gemeindeeigenen Gewäs-

Kurmittel-haus

sern von Morsum und in den Gewässern der *Sylter-Sport-fischer-Vereinigung* auch nach **Süßwasserfisch** geangelt werden.

●Detailauskünfte zum Thema Angeln auch im Eisenwarengeschäft *Bockelmann* gegenüber dem Bahnhof Westerland.

Fliegen

In der *Flugschule Sylt* (Tel. 04651-7877) kann man sich von April bis Oktober auf Cessnas zum **Piloten** ausbilden lassen: PPL-Lehrgang, Sprechfunkzeugnis, Individualschulungen, CVFR, Nachtflug.

●Wer schon immer davon geträumt hat, einmal im **Segelflugzeug** mitzufliegen, hat dazu jeden Sonntag ab 9 Uhr beim *Aero-Club Sylt* (Tel. 04651-42651 und 42660) Gelegenheit. Der Segelflugplatz befindet sich in der Nähe der Keitumer Kirche St. Severin.

Golf

Drei Golfclubs mit ebenso vielen Plätzen gibt es auf Sylt.

●Die größte Anlage gehört dem *Golfclub Sylt* (Sekretariat Tel. 04651-45311, Clubhaus Tel. 45185) und liegt etwas außerhalb von Wenningstedt in der Nähe des Leuchtturms Rotes Kliff. (Die Kampener geben den Golfplatz gern als den ihren aus; er gehört aber zu Wenningstedt.) Der **18-Loch-Platz** ist für jedermann bespielbar, der einen Clubausweis mit eingetragenem Handicap bis 34 vorweisen kann. Driving-Range und Trainer stehen auch zur allgemeinen Verfügung, Trainerstunden müssen jedoch unbedingt telefonisch vorgebucht werden (Tel. 45522). Während der Saison ist ein vorheriger Anruf ohnehin nötig, weil auf dem Platz dann immer eine Menge Action ist.

●Gastspieler mit Greenfee sind ebenfalls willkommen beim *Golfclub Morsum* (Zum Wäldchen, Tel. 04651-387) und auf dem Platz des *Marinefliegerhorstes Ost-Sylt* (Tel. 04651-7037, App. 329, täglich 10-17 Uhr). Beide Plätze sind **9-Loch-Anlagen**.

●**Schnupperkurse** für 95 DM bietet die *Syltsurfer-Sport + Golfschule* in Munkmarsch an (Tel. 04651-31911, Winter 22839), außerdem Grund-, Platzreife- und Handicapkurse sowie wöchentliche Golf-Tagesreisen nach Dänemark.

Regatta-segeln

Sylter Regatta Gemeinschaft, (Hamburg, Tel. 040-563044).

Bahnverbindung

Noch zu Beginn dieses Jahrhunderts war es sehr beschwerlich, nach Sylt zu reisen. Anfangs bestand Bedarfsverkehr mit Seglern, dann konnte man von Hoyer im heutigen Dänemark nach Munkmarsch per Dampfschiff

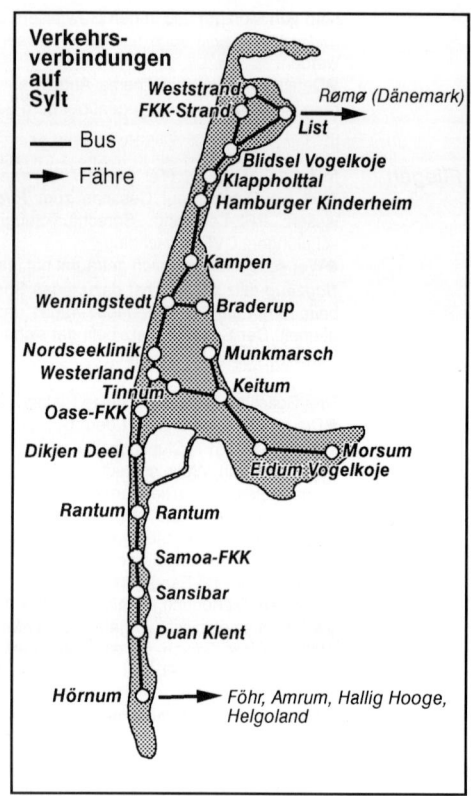

Verkehrs-
verbindungen
auf
Sylt

—— Bus
➤ Fähre

Weststrand
FKK-Strand
Rømø (Dänemark)
List
Blidsel Vogelkoje
Klappholttal
Hamburger Kinderheim
Kampen
Wenningstedt
Braderup
Nordseeklinik
Munkmarsch
Westerland
Tinnum
Keitum
Oase-FKK
Dikjen Deel
Morsum
Eidum Vogelkoje
Rantum Rantum
Samoa-FKK
Sansibar
Puan Klent
Hörnum ➤ *Föhr, Amrum, Hallig Hooge,
Helgoland*

fahren, ab 1901 auch von Hamburg nach Hörnum. Anno
1920 entschieden sich die Sylter bei einer Volksabstim-
mung über den deutsch-dänischen Grenzverlauf für das
gebeutelte Reich, und dafür gab's drei Jahre später ein
Bonbon zur Belohnung: einen Eisenbahndamm zwischen
der Insel und dem Festland.
●Heute wird der 1927 nach gewaltigen Mühen eingeweih-
te Hindenburgdamm zweigleisig von der DB befahren,
24mal täglich in jeder Richtung. Von einem Großteil von
Hauptbahnhöfen kann man *bis Westerland* durchfahren;
letzte Zusteigestation ist *Klanxbüll* unmittelbar vor dem
Damm.

Autoreisezug

Sylt ist insofern einmalig, als man per Autoreisezug anrollen kann. Bis zu 4000 Automobilisten machen in der
Hauptsaison täglich Gebrauch von dieser Möglichkeit,
100.000 im Monat. Die Bahn verdient glänzend daran,
aber ist das System auch gut für Sylt? Gäbe es den Seewind nicht, würde die Insel im Automief ersticken. Schon
war sogar von einer parallelen Straße entlang des Dammes die Rede, aber die Bahn hat etwas dagegen, und ein
paar vernunftbegabte Sylter haben auch erkannt, daß
noch mehr Autos dem insularen Image wohl schaden
könnten. Also bleibt's vorerst bei der Planung.
●Schon im tiefen Süden der Bundesrepublik kann man
sein Auto der Bahn anvertrauen. Die meisten Autobesitzer
lassen ihr Fahrzeug in *Niebüll* huckepack nehmen, denn
ab dort kann man in ihm sitzen bleiben, ohne dafür bezahlen zu müssen. Nur der PKW kostet: 69 DM für die einfache Route und 127 DM hin und zurück.

Auskunft   *Bahnhof Niebüll* (Tel. 04661-718) oder *Westerland*
(Tel. 04651-22479) bzw. jede DB-Dienststelle.

Fährverbindungen

Manche Fahrgäste werden auf dem schaukelnden Auto-
zug seekrank, gefördert noch durch das Wasser zu beiden
Seiten des Dammes. Paradoxerweise ist eine solche
Wahrscheinlichkeit wesentlich geringer, wenn man das
Schiff nimmt. Hier bietet sich die Fährverbindung
Röm-List an, und man spart sogar noch ein bißchen
dabei. Röm (DK) ist über einen Autodamm mit dem Fest-
land verbunden, und die Fähre verkehrt ab Inselhafen
Havneby bis zu 12mal täglich (im Sommer) mit List.

Friesen-
häuschen

Unschön,
aber nötig:
Tetrapoden

Preise   Einfache Fahrt 55, Rückfahrkarte 85 DM (für einen Pkw
bis 2800 kg einschl. Insassen).

Auskunft   *Römö-Sylt Linie* (List, Tel. 04652-475).

Flugverbindungen

Nicht weniger als sieben Fluglinien fliegen Sylt ganzjährig
an, verstärkt natürlich während der wärmeren Monate.
Nonstopflüge gibt es ab Berlin, Düsseldorf, Frankfurt und
Hamburg. Weitere Flüge nach Leipzig, München, Nürn-
berg, Saarbrücken und Stuttgart, am Wochenende auch
nach Dortmund und Essen/Mülheim.

Zentrale   Außer über ein Reisebüro kann man auch direkt über den
Buchung   *Zentral-Counter Sylt* buchen (Tel. 04651-6669, Fax 7855),
geöffnet Mo-Fr 10-18, Sa 8-15, So 12-20 Uhr.

Flughafen-   Tel. 5355.
Info

Mit dem eigenen Flugzeug

Der Flughafen Sylt nimmt Verkehrs- und Privatmaschinen bis zur Gewichtsklasse LCN 38 auf. Alle Maschinen müssen mit einem Funkgerät für die Hauptfrequenz 119,75 MHz und die Ausweichfrequenz 122,00 MHz ausgerüstet sein. Flugbetrieb ganzjährig. Sommerhalbjahr 8-19 Uhr, im Winter 8 Uhr bis Sonnenuntergang plus 30 Minuten.

Mit dem eigenen Boot

Vier Häfen kommen dafür in Frage: Hörnum, Rantum, Munkmarsch und List.

Hörnum Hörnum hat einen ausgezeichneten, großen und geschützten Yachthafen auf der Wattenmeerseite der Insel. Gastboote machen im Nordteil des Beckens an Schwimmstegen fest. Auf der Pier ist das Clubhaus mit Duschen und WCs.
●Auskünfte: *Sylter Yachtclub Hörnum* (Tel. 04653-274), **Hafenmeister** (Tel. 1027).

Rantum Rantum kann von kleineren Booten bis etwa 1,20 m Tiefgang angelaufen werden. Der Hafen, ein Häfchen eher, liegt unmittelbar unterhalb des NSG Rantumer Becken und wird vom *Nordfriesischen Segelverein* Sylt unterhalten (Tel. 04651-25767 oder 04653-1280). Die Steganlage ist tidenabhängig. Hinterm Deich das kleine Clubhaus mit Duschen und WCs.

Munk- Munkmarsch ist das Domizil des *Sylter Seglerclubs* (Tel.
marsch 04651-31871). Der Hafen besteht aus zwei engen Becken; das südliche nimmt etwas größere Boote auf. Clubhaus mit allem Drum und Dran gleich davor. Da Munkmarsch das **Segel- und Surferzentrum** Sylts ist, kann man im Sommer ganz schön Andrang vergegenwärtigen.

List List schließlich hat einen Bootshafen, der auf den ersten Blick vorzüglich geschützt aussieht, in dem es jedoch durch hineinsetzende See und Dünung arg kabbelig werden kann. Yachten kommen an Schwimmstegen im Südteil unter; ist dort alles voll, kann man im Einvernehmen mit dem Hafenmeister ggf. auch an anderen Plätzen festmachen.
●Das **Hafenamt** (Tel. 04652-374) ist direkt auf der Pier. Weitere Informationen auch durch den *Lister Yachtclub* (Tel. 04652-383).

Westerland
– Die Inselhauptstadt

Wer aus einer bundesdeutschen Metropole in Westerland anreist, womöglich hoch auf dem Wagen der DB, wird alles fast wie daheim finden: das laute Schienennetz des Bahnhofs, erdrückenden Autoverkehr, Menschenmassen, Bauten von geradezu schmerzhafter Geschmack- und Einfallslosigkeit. Also alles ganz normal.

Wer von den Inseln südlich Sylts kommt, für den hat Westerland einen argen *Kulturschock* auf Lager. Die Baudenkmäler der Neuzeit, ganz zuvörderst der monströse Spargel des Fernsehturms mitten in der Stadt, erwecken spontan den Eindruck, daß das Schiff hier irgendwie aus dem Ruder gelaufen ist. Das etagenträchtige Kurzentrum, dem Palast der Republik nicht unähnlich, gilt als städtisches Wahrzeichen. Das Kurmittelhaus ähnelt einem Industriegebäude. Das neue Freizeitbad, 25,5 Millionen Mark schwer, zeigte ähnlich bedenkliche Tendenzen.

Dies alles sind absolut funktionelle und auch funktionierende Anlagen. Aber das ist auch das Wort: "Anlagen". Da gibt es nichts Inselspezifisches (selbst wenn das neue Bad in Schiffsform gebaut ist), nichts Liebenswertes. Auf anderen Inseln hätte man diese fehlplazierten Auswüchse vielleicht schon längst in die Luft gesprengt. Auf Sylt ist man da fatalistischer. Man weiß: Die Nordsee, die nur ein paar Meter unterhalb dieser Baulichkeiten schäumt, wird sich früher oder später des Problems annehmen.

Inselverbundene Sylter haben schon immer etwas gegen den Trend gehabt, hier in die Höhe zu bauen. Nach dem Rausch der fünfziger, der Subventionswut der sechziger Jahre, war es mit der Liebesbeziehung zum Beton vorbei. Das Großprojekt *Atlantis* wurde von einer Bürgerinitiative zu Fall gebracht, und die Republik applaudierte. Seither hat die Großmannssucht in Westerland insofern kein Bein mehr an Deck gekriegt.

Denn um wie vieles schöner sind doch "die herzigen Friesenhäuser, die sich in die Landschaft schmiegen. Drinnen sitzen die Insulaner und zählen ihr Geld. Der Mensch vom Festland geht im Orkan spazieren und meint, das müsse so sein auf Sylt." So lästert das *Zeit-Magazin*, und da ist schon etwas dran. Nirgendwo auf Sylt wird "O, Kohle mio" inbrünstiger gesungen als in Westerland. Gleichzeitig ist Sylts "Metropole" eine **Studie in Kontrasten**.

In Bahnhofsnähe hockt die **Wilhelmine**, ein üppiges nacktes Frauenzimmer, steinern und putzig im Brunnen. Vor dem Kurmittelhaus hat man Kunstwerke plaziert, die wie Schleichwerbung für Air France aussehen. Seiner Einwohnerzahl und Ausdehnung nach ist Westerland kaum mehr als ein Dorf. Dennoch drängen sich fast zu jeder Jahreszeit Tausende in der zentralen Fußgängerzone, vornehmlich der **Friedrichstraße**, um zu sehen und gesehen zu werden, letzteres schwierig im Gewühl. Übertrieben flippiges ist hier jedoch nicht erwünscht; Pflastermalerei und Flötenklang rufen die Ordnungsmacht auf den Plan. Wer allzu auffällig vom touristischen Klischee abweicht, kann im Extremfall der Insel verwiesen werden.

Westerland
um 1860

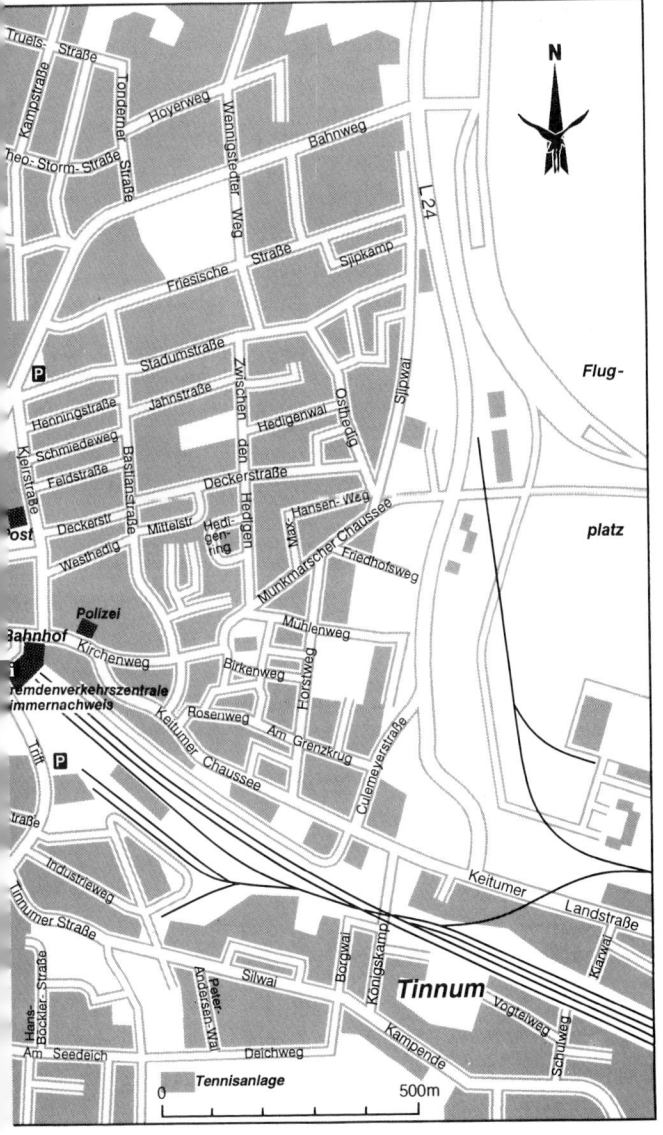

Wilhelmine

Hinter dieser heilen Fassade, dem servilen Gehabe der zahllosen Herbergseltern, der permanenten Urlaubsstimmung, verbirgt sich eine Menge **Frust**. In nicht wenigen Fällen wird das Inseljungvolk tags an den Strand, nachts in die Besenkammer verbannt, um den werten Kurgästen Platz zu machen. Westerland lebt eben fast zu hundert Prozent vom Tourismus. So entstehen Konflikte, die sich nicht selten in Suff, Drogen und Randale entladen. Jugendliche aus Gastfamilien, nicht minder frustriert und genervt von Sightseeing und Kurkonzert, machen nur

allzugern bei diesen Ritualen mit. Die Jugend-
verbände sprechen von sogenannter Saisonver-
wahrlosung. Private Wachdienste sind stark im
Kommen; die Hilfssheriffs sollen das Treiben in
Schranken halten.

Alles ganz normal. Wer sich den Großstadt-
schuh anzieht, muß halt damit fertig werden.
Und die Kurgäste, sofern sie überhaupt etwas
davon bemerken, haben auch nichts dagegen.
Westerlands urbanes Image, so scheint es, hat
Zugkraft inmitten all der rustikalen Herzigkeit
Nordfrieslands. 2,5 Millionen Übernachtungen
pro Jahr stehen dafür.

Sehenswertes

Nicht viel. Gewiß ist die **Friedrichstraße** mit
ihrom Mcnochengewimmel und den vielen eleganten und schrillen Shops, deren Inhaber dem
Normalverbraucher oft wie Psychopathen vorkommen mögen, sehr sehenswert. Doch sie ist
nicht inselspezifisch, eher genau das Gegenteil.
Daß man dort viele Sachen kaufen kann, die
man im Grunde nicht benötigt, hebt sie von den
Shopping-Meilen anderer Städte nicht ab, und
wenn dort Brillanten für "nur" 58.500 Mark feilgeboten werden, klingt das fast schon ein wenig
obszön.

Still dagegen ist die alte **Dorfkirche St. Niels**
aus dem Jahre 1637, wuchtig und über all das
Gewusel erhaben. Nicht minder würdig ist die
1908 restaurierte **St.-Nicolai-Kirche**. Regelmäßige Führungen finden statt, außerdem im
Sommer jeden zweiten Mo von 18.15-19.30 Uhr
Orgelkonzerte. Aus gegebener Veranlassung
werden Kurgäste gebeten, nicht in Gottesdienste und andere kirchliche Handlungen hineinzu-
platzen und schon gar nicht im Stranddress.

Bunt und sehenswert ist auch der an jedem
Samstagmorgen vor dem Rathaus stattfindende
Wochenmarkt.

Westerland-Info

PLZ: 25980.
Vorwahl: 04651.

Auskunft
●*Allgemeine Auskünfte, Prospektmaterial* usw.: *Bädergemeinschaft Sylt*, Stephanstr. 6 (Alte Post; 22450, Fax 21084).
●*Kurbelange: Städtischer Kurbetrieb*, Strandstr. 33 (Tel. 81224, Fax 81234).
●*Zimmervermittlung:* *Fremdenverkehrszentrale* (Am Bahnhof, Tel. 24401, Fax 24060).
●*TIS:* Ein Service für Spontanreisende, *24h-Zimmernachweis* (Tel. 19412).
●*Bahnauskunft:* Bhf Westerland (Tel. 24057); Autoverladung: 22479.
●*Flugauskunft:* *Flughafenzentrale* (Tel. 6669), Mo-Fr 10-18, Sa 8-15, So 12-20 Uhr.

Reisebüros
Hapag-Lloyd (Tel. 23682); *Haus der Reise* (Tel. 23064).

Krankenhaus
Nordseeklinik (Norderstr. 81, Tel. 840).

Ärzte
Mehr als zwei Dutzend, acht Zahnärzte, zwei Heilpraktiker, ein Tierarzt, DRK-Wache, fünf Apotheken, Krankenwagen (Tel. 6666) – da kann gar nichts schiefgehen!

Kurtaxe
Siehe Anhang.

Strandkörbe
Strandkörbe können beim *Städt. Kurbetrieb* (s. o.) vorbestellt werden, und zwar spätestens bis zum 30.6. und unter gleichzeitiger Bezahlung der Kurtaxe. Vor Ort, d. h. direkt am Strand, sind Körbe auch erhältlich, doch es kann in der HS zu Engpässen kommen.
●*Preise:* Vom 1.6.-30.6. 10 DM, der Tagesstrandkorb 12 DM; vom 1.7.-31.8. 12 DM, der Tagesstrandkorb 14 DM; in der übrigen Zeit 9 bzw. 10 DM.

Strände
Die *Zugänge* zu den Stränden sind von grimmigen Wächtern behütet, die die Kurkarte oder Cash sehen wollen. Wer beides nicht hat, findet aber auch jede Menge unbewachte Löcher.

Hunde
Hunde dürfen nur an die speziell zugeteilten Strandabschnitte mitgenommen werden. In der Praxis schert sich allerdings kaum jemand darum.

FKK   Einige Strandabschnitte sind als FKK-Badestrände aus-
             gewiesen.

Kirchen   *St. Nicolai* (ev., Maybachstraße), *St. Niels* (ev., Kirchen-
             weg), *St. Christophorus* (kath., Elisabethstraße), *Neuapost.
             Kirche* (D.-Brodersen-Straße).

Kinder   Von allen Sylter Gemeinden schießt Westerland in bezug
             auf Kinderbetreuung bei weitem den Vogel ab. Dazu trägt
             in erster Linie das *Haus des kleinen Kurgastes* bei (Kurpro-
             menade, Tel. 81275), in dem man sich Kurgastkindern ab
             3 Jahren annimmt. Für Eltern, die im danebengelegenen
             Kurmittelhaus behandelt werden, ist dieser Service (bis zu
             3 Stunden) kostenlos. Andere Gastkinder werden aber
             auch aufgenommen, sofern die Eltern eine Kurkarte vor-
             weisen können. Ausgeschlossen ist jedoch eine tägliche
             oder ganztägige Betreuung. Auch bei "full house" kann
             keine Aufnahme mehr stattfinden. Das Haus hat massen-
             haft *Spielmöglichkeiten* und bietet zudem *diverse Pro-
             gramme*, manche kostenpflichtig. Offen Mo-Fr 8.30-17,
             Sa 9-12 Uhr.
             ●Mit 12 weiteren *Spielplätzen* im Stadtgebiet steht
             Westerland auf den Inseln an ziemlich einsamer Spitze.
             ●In der *Alten Post*, einer *Spielstube* in der Stephanstraße
             (Tel. 81340), können sich vor allem Zwerge unter 3 Jah-
             ren Mo-Fr 14-18 Uhr mit ihren Eltern vergnügen.
             ●*Gewickelt* werden kann in beiden Häusern, dazu in der
             1. Etage des Kurmittelhauses. Dort gibt's (in der HS) auch
             des öfteren *Kindertheater*, und dort findet man auch In-
             formationen zum Thema *Babysitter*. Selbiges wird in
             Westerland sehr ernst genommen; die Anbieter haben
             sogar ein spezielles Seminar absolviert.
             ●Ein *Kinder- und Jugendtreff* befindet sich in der Alten
             Realschule (J.-Möller-Straße, Tel. 23282). Offen täglich
             außer So ab 14 Uhr. Das *Jugendzentrum* am Geschw.-
             Scholl-Weg (Tel. 21497) ist täglich außer Do und So von
             16 bis 22 Uhr geöffnet.

●Sogenannte *"Freizeitagenturen"* haben jetzt auch in Kindern eine Marktlücke entdeckt. Die Firma *Confetti* (Tel. 850151) bietet während der Hauptferienzeit von Mo bis Fr "Kinder-Erlebnis-Betreuung" für Kinder zwischen 3 und 13 an – kostet natürlich eine Kleinigkeit.

●*Kinderfreundliche Restaurants* sind unter "Gastronomie" aufgeführt.

Unterkunft

Westerland, Hochburg des deutschen Inseltourismus, ist teuer, aber nicht *sehr* teuer. In vielen Fällen lassen sich durchaus preiswerte Lagerstätten finden.

Hotels

Für Hotelpreise gilt allerdings: "The sky is the limit".

Kein Versuch soll hier gemacht werden, die lange Liste von Hotels und Hotels garni Haus für Haus aufzuschlüsseln. Da gibt es Nobelherbergen wie das *Miramar* (Tel. 8550) in allererster Lage und Tarifen von 120 (NS) bis 305 DM (HS), Gott sei Dank "mit Frühstück".

Doch hier bezahlt man immerhin für Stil und Dekor. Andere als Hotel verbuchte Etablissements sind unschöne Hochhäuser, in den Katalogen in berechtigt verschämter Teilansicht präsentiert, aber gar nicht so verschämt billig.

Die einzigen (zwei) wunderschön altmodischen Klausen gehören auch zu den relativ billigen. Das *Hotel Atlantic* (Tel. 6046/7) im Empire-Stil bietet ein EZ für ein Minimum von 85 DM (NS) an. Die Krone gebührt jedoch dem *Hotel Villa Kristina* (Tel. 25201), einem romantischen Zuckerbäckerbau, strandnah und zentral gelegen und mit einem Minimum von 35 DM für ein EZ in der NS unschlagbar preiswert. Der größte Teil der Hotels hat auch interessante Sonderangebote für die NS im Programm.

Pensionen garni

Zwei Dutzend Häuser dieser Kategorie mit durchschnittlichen Preisen um 50 DM findet man in Westerland. Preisgünstig: *Haus Schramm* (Tel. 24534) für 35 DM.

Privatunterkünfte

●In der Kategorie ÜF offeriert das *Haus Malessa* (Tel. 21667) vom 1.5.-1.10. ein DZ für 25 DM pro Person, in mehreren anderen ist man mit 28 DM dabei. Der Durchschnitt liegt bei 35 DM; nur ein paar Unterkünfte erreichen 60 DM und mehr.

●Ohne Frühstück gibt's schon ein Lager für 20 DM, und das ganzjährig (*Haus Fermate*, Tel. 5510) und überdies in höchst kultiviertem Rahmen: "Musizieren möglich, nur Nichtraucher erwünscht, Esperanto parolata" – auch das ist Westerland.

**Ferien-
wohnun-
gen**
Ein Großteil der Westerländer Unterkünfte sind Ferienwohnungen. Bei der Umrechnung auf den Pro-Kopf-Preis ergeben sich oft günstige Raten. Manche Häuser sind von beklemmender Häßlichkeit, andere ausgesprochen einladend. Favoritin des Autors: *Villa Lydia* (Tel. 6214), hübsch anzuschauen und mit akzeptablem Preis.

Heime
●Das *Jugendheim und -zeltlager Dikjen-Deel* (Tel. 22883) liegt 2 km südlich von Westerland in die Landschaft eingebettet und ist nur durch eine Dünenkette vom Strand getrennt. Auf zwei großen Plätzen können mehrere Gruppen (auch Einzelwanderer, alle bis zu 18 Jahren) in stabilen (vom *Gemeinnützigen Verein für Jugendlager* gestellten) Zelten zu 8-10 Personen untergebracht werden. Sogar eine lagereigene Disco gibt es. Lagerkapazität: 100 Betten im Heim, 600 in den Zelten. Offen von Mitte Mai bis Mitte September. Preis: 19-20 DM, nur VP.
●Außerdem gibt es in Westerland die **Kinderkurheime** *Haus Quickborn* (Norderstr. 53, Tel. 24033) und *Haus Nordmark* (Bismarckstr. 17, Tel. 22959).

Camping
●Der *Campingplatz Westerland* (Tel. 1715) befindet sich unmittelbar südlich des Ortes zwischen der See und der Straße nach Rantum. Offen vom 1.4. bis 31.10.; zwischenzeitlich telefonisch erreichbar über *Ostseeimmobilien Kiel* (Tel. 0431-81011).
Ein riesiges Gelände für 450 Wohnwagen oder Zelte und 75 Reisemobile. Perfekt durchorganisiert bis zur Babywickelstation. Sanitärhäuser, Bistro und natürlich der unvermeidliche "Abenteuerspielplatz".

Schöne
Aussicht

●Ein Wohnmobil kostet in der HS (1.5.-31.8.) 25 DM, in der NS 17 DM; ein kleines Zelt 15 bzw. 10,50 DM; ein Zelt mit mehr als 6 m² 20 DM, NS 14 DM. Pro Person zahlt man 6 bzw. 4,20 DM, das Auto schlägt mit 4 DM zu Buche. Außerdem ist die Kurtaxe zu entrichten.

Gastronomie

Etwa 265 Restaurants, Gaststätten, Cafés und andere kulinarische Oasen gibt es auf Sylt. Die meisten davon befinden sich in Westerland. In der Fußgängerzone der Stadt hat man mitunter den Eindruck, daß mindestens jedes zweite Haus um das leibliche Wohl des Kurgastes besorgt ist.

Diese gigantische Fülle von Speisepalästen bis hin zum letzten Frittenschuppen hier im Einzelnen vorzustellen, ist verständlicherweise nicht möglich. Wir wollen uns darauf beschränken, lediglich ein paar Rosinen aus dem großen Kuchen herauszubohren und die Erkundung des Rests dem abenteuernden Westerland-Besucher zu überlassen.

Nach einem hartnäckigen Vorurteil ist Speis und Trank auf Sylt viel zu teuer. Partiell stimmt das. Wer mit einem limitierten Budget nach Sylt reist, sollte den Gourmet-Tempeln lieber fernbleiben. Aber gerade in Westerland gibt es auch zahllose Imbisse, Bistros und Snackbars, in denen man sich recht preiswert verpflegen kann, so mit einem strammen Teller Eintopf zwischen 6 und 10 Mark.

Gourmet-Restau-rants

●Etwas mehr anlegen muß man im Restaurant *Jörg Müller* (Süderstr.), das unter Kennern als Nummer 1 auf der Insel gilt: bis zu 180 DM für ein mehrgängiges Menü. Dafür speist man aber auch unter Reet und in "apricotfarbenem Ambiente". Und nur vom Feinsten, denn hinter dem schlichten Namen verbirgt sich ein vielbesternter Meister. Offen bis 22.30 Uhr, Ferien Anfang Dezember und von Mitte Januar bis Mitte Februar.

●Auch *Franz Ganser* hat sein Restaurant (Bötticherstr.) stolz nach sich selbst benannt. Gutbürgerliches zu Mittag steigert sich am Abend zu einer exquisiten Palette, und das zu gemäßigten Preisen. Franz schuftet das ganze Jahr: kein Ruhetag, keine Ferien. Offen mittags und ab 18 Uhr.

●Das *Schneckenhaus* (Norderstr.) ist ebenfalls ganzjährig (ab 18 Uhr) offen, nur Di gönnt man sich einen Ruhetag. Ein witziger Schuppen mit nur wenigen Spezialitäten, darunter, nicht unerwartet, Weinbergschnecken.

●Die *Sylter Bürgerstuben* (Bismarckstr.) sind keineswegs so steifleinen, wie der Name klingt. Im Gegenteil: Es herrscht ausgesprochen lockere Atmosphäre. Feine Sachen zu essen gibt es auch, und zwar Mi-Mo ab 17 Uhr.

● *Webchristel* (Süderstr.) brilliert mit kulinarischen Höhepunkten, vor allem auf dem Seafood-Sektor, ist urgemütlich und gar nicht so arg teuer. Offen Fr-Mi ab 17 Uhr.

● Soweit nur eine Handvoll der nobleren Speisestätten, es gibt viele mehr. Vorzüglich essen kann man auch in den Restaurants aller **größeren Hotels**, nicht ganz billig, versteht sich.

Internationale Küche

Amüsant, aber nicht unbedingt furchtbar teuer ist ein Streifzug durch die internationale Küche. Westerland ist genau das richtige Pflaster dafür.

● Im *Achilleon* (Elisabethstr.) residiert "der Grieche", in *Jianni's Taverna Zypern* (Strandstr.) ein weiterer, in der *Taverna Rhodos* (A.-Dirks-Str.) ein dritter. Im *Bangkok* (Fischerweg) und *Chengtu* (Stephanstr.) gibt es Fernöstliches. "Zum Italiener" kann man mehrmals gehen: Ins *Bella Italia* (Wilhelmstr.), *Casa Bianca* (Norderstr.), ins quirlige *Piazzetta* (Boysenstr., keine Pizza!) oder ins *Pizza Pazza* (Paulstr., dort jede Menge).

Lokale Küche

● Insulares Lokalkolorit wiederum findet man in der (wirklich, 1648) *Alten Friesenstube* (Gaadt), wo sogar die Speisekarte plattdeutsch ist, oder im *Kluntje* (Maybachstr.).

Kinderfreundliche Restaurants

Es gibt in Westerland eine Anzahl von Gaststätten, auch der gehobenen Klasse, die als besonders kinderfreundlich gelten. Sie verfügen über Kinderhochstühle, Spielzeug ist vorhanden, und ein Kinderteller steht auf der Karte. Es sind die Restaurants *Bratwurstglöckl* (Friedrichstr.), *Captain's Corner* (Gaadt), *Hardy auf Sylt* (Norderstr.), *Kronen-Stuben* (L.-de-Hahn-Str.), *Münchner Hahn* (Friedrichstr.), *Seegarten* (A.-Dirks-Str.), *Steak- & Haxenhäuschen* (Keitumer Chaussee) und *Störtebeker* (Norderstr.).

Sport

Angeln, Fliegen, Golf: Siehe "Die ganze Insel – Sport".

Freizeitbad

Das neueröffnete *Freizeitbad Sylter Welle* (Tel. 810) befindet sich im Kurviertel am Strand. Das beheizte Wellenbecken ist 450 m² groß; dazu gehören eine 45 m lange Wasserrutsche, eine Wasserkaskade, Sprudelbecken (250 m²), ein "Wildwasserkanal", Saunas und Bistro sowie eine "Kinderlandschaft" mit Leuchtturm, Spieldeck, Wärmebank und Wickelstube.

● **Öffnungszeiten:** So-Mo 10-21 Uhr, Di-Sa 10-22 Uhr; Di, Do und Sa Frühschwimmen im Sportbecken von 8 bis 10 Uhr.

●**Preise:** Tageskarte 30 DM, 4-Stundenkarte 22 DM,
2-Stundenkarte 17 DM, Frühschwimmen 8 DM, Kinder bis
15 J. jeweils die Hälfte. Familienkarte (2 Erw., 2 Kinder bis
15 J.) 70 DM, jedes weitere Kind 10 DM.

**Gym-
nastik**

Täglich um 8.30 Uhr von Mo bis Sa ist am Hauptstrand
Gymnastik angesagt. Wem das noch nicht genügt, kann
sich im Sportcenter an der unteren Kurpromenade den
größten Teil des Tages diversen anderen Bewegungen
hingeben.

Kegeln

Gekegelt wird im *Bowling-Center* am Industrieweg (Tel.
28759).

Surfen

Westerland hat sich in den letzten Jahren zum *Mekka der
deutschen Windsurfer* emporgeschwungen. Seit dort alljährlich Ende September der *Worldcup* ausgetragen wird,
hat der Ort zusätzlichen Aufwind bekommen. Leider nicht
immer aus der gewünschten Richtung. Wenn es aus
Osten weht, ist in Westerland tote Hose, und das war ausgerechnet beim Cup mehrmals hintereinander der Fall.
1992 mußte man nach Munkmarsch umziehen, '93 lief gar
nichts außer Regen und dem üblichen Sponsoren-Kla-
mauk. Das Westerländer Revier, "Deutschlands bestes",
zeichnet sich leider auch durch Unbeständigkeit aus.
Sicher kann man lediglich sein, daß es meistens kalt ist.
"Ich wäre jetzt fast an jedem anderen Ort der Welt lieber
als hier", stöhnte der klammgefrorene Champion *Robbie
Naish* aus Hawaii beim Cup '87. Wem das nichts ausmacht – und es läßt sich ja etwas dagegen unternehmen –
kann sich von der *Surfschule Westerland* (Brandenburger
Straße, Tel. 27172) zum prospektiven Weltmeister ausbilden lassen. Die Schule ist von Ostern bis zum 30.10.

geöffnet. Ein 10stündiger Anfängerkurs kostet 250 DM, ein Board für 3 Stunden 75 DM. Neopren-Anzüge (auch für Kinder) werden zur Verfügung gestellt.

●Surfen lernen kann man auch beim *Surf Shop Sylt* (Wilhelmstr. 5, Tel. 7734). Schnupperkurse gibt es dort schon für 80 DM.

Tennis
●Dem weißen Sport huldigt man in der *Tennis-Insel* (Schützenstraße/Fischerweg, Tel. 21433). Dort gibt es 6 Außen- und 2 Hallenplätze, ein Bistro, Umkleidekabinen und Duschen. Der Platz kostet pro Stunde 25 DM, der Hallenplatz 30 DM, die Stunde Einzelunterricht 65 DM. Schläger, Schuhe und Ballmaschine können ebenfalls gemietet werden.

●Der *Tennis Club Westerland* (Am Seedeich 38, Tel. 6729) verfügt über 10 Außen- und 3 Hallenplätze, ein Restaurant, Umkleideräume und Duschen. Für den Platz zahlt man pro Stunde 28 DM, in der Halle 36 DM, der Einzelunterricht kostet 72 DM. Schläger und Schuhe kann man mieten.

Unterhaltung

Surf World Cup
Zum jährlichen Top-Ereignis hat man den Surf World Cup emporgestylt, der allerdings wiederholt wegen widrigen Wetters zum "Flop-Ereignis" geriet, aber trotzdem immerhin an die 100.000 Zuschauer anzieht.

Kulturelle Darbietungen
Auch an Kultur ist kein Mangel. Darbietungen gibt es im Kursaal und der Kongreßhalle in der Friedrichstraße, im Alten Kursaal am Rathausplatz oder im Vortragssaal an der oberen Kurpromenade (neben dem *Café Seegarten*). Hier finden hochkarätige Gastspiele von Orchestern und Solisten statt, folgen Musicals und Operetten dicht aufeinander. Dann wieder wird es volksnah mit Beiträgen des berühmten *Ohnsorg-Theaters* oder seinem örtlichen Pendant, der *Westerländer Speeldeel*. Tanzabende und Chorsingen (Shanties) runden diese Palette ab. Auch für Kinder ist fast täglich etwas dabei.

●Viele dieser Veranstaltungen sind kostenpflichtig. Sie können an der Abendkasse oder (im Sommer) im Kurmittelhaus bezahlt werden.

Kurorchester
Die **Musikmuschel** auf der Kurpromenade erfreut von Mai bis Oktober täglich außer Mo mit schmissigen Rhythmen aus alter und neuer Zeit, und niemand geht mit dem Hut reihum.

Kunstaus-
stellungen
Gratis und franko auch ist ein Besuch der ständig wechselnden Kunst-, insbesondere Gemäldeausstellungen in
der *Stadtgalerie* und *Alten Post* (Stephanstraße).

Spiel-
casino
Und schließlich das berühmte *Westerländer Spielcasino* – im
Rathaus, ausgerechnet! In der Tat. Frack und Abendkleid
sind längst out, doch wer sich der persönlichen Pleite ent-
gegenzockt, sollte zu diesem Anlaß zumindest anständig
gekleidet sein. Roulette, Blackjack ("mit amerikanischem
Drive"), einarmige Banditen – das ist alles da. Sogar eine
Verlängerung dieser Arme gibt es, und zwar bis ins
Strand-Casino. Dort finden Gäste, die der Nordsee nichts
abgewinnen können, "täglich von 11-19 Uhr Unterhaltung
bei Automatenspielen".

Nacht-
leben
Wer jetzt noch etwas Geld übrig – oder sogar dazuge-
wonnen – hat, möge sich ins Westerländer Nachtleben
stürzen. Zwanzig Gaststätten stehen im Telefonbuch,
fünfzehn Bars und ein rundes Dutzend Discos und Tanz-
schuppen. Teenies vor allem zieht es ins *American* (Paul-

str. 3), denn dort gibt's den härtesten Sound. Das *KC* (kurz für *Kleist Casino*, Elisabethstr. 1a) ist der Szenetreff in Westerland – sofern man dem strengen Blick der Türsteher standhält. Im *Basement*, zu deutsch "Keller", vormals *Life-Club*, ex *Ciro-Tanzbar*, genießt man die mächtigste Dröhnung der Friedrichstraße. Bis wann, fragt sich. Namen sind Schall und Rauch in der Westerländer Amüsierszene. Ist es nun das *Bogart's* in der Strandstraße 8 oder noch/schon das *Z1*? Ein cooler Laden auf alle Fälle, und das gilt auch für das *Why not* beim Kurzentrum. Etwas ältere Semester treffen sich im *Tivoli-Tanzpalast* gleich daneben. Why not? Hier spielen Spitzenbands ab 20 Uhr – und der Eintritt ist frei!

Heiraten   Oder wie wär's mit einer unterhaltsamen Eheschließung? Las Vegas ist mega-out, die Nordseeinseln sind dagegen in und insofern ganz besonders Sylt und dort wiederum Westerland. Procedere: Beim heimatlichen Standesamt Papiere und Aufgebot bestellen, nach Westerland schicken lassen. Info dort: Tel. 85135.

Veranstal-   Etwa 500 Veranstaltungen pro Jahr zählt der Westerlän-
tungen   der Veranstaltungskalender *Sylter Urlaubstips*. Aktuelle Info: Tel. 6465

Touren

Watt-   Von April bis Oktober veranstaltet die Kurverwaltung We-
wandern   sterland in unregelmäßigen Intervallen (Aushang/Veranstaltungskalender) Wanderungen im Kampener und Munkmarscher Watt. Dauer: 1,5-2 Std., Preis 5 DM.

Bus-   ●Täglich um 14 Uhr geht ein Bus auf 3stündige *Insel-*
touren   *rundfahrt* (mit Führung). Abfahrt: Stephanstraße (neben der Spielbank). Preis: 17 DM, Kinder 12 DM.
                 ●Jeden Di um 14 Uhr findet eine Bustour nach *Esbjerg* und *Ribe* in Dänemark statt (via List/Röm). 5 Std., 45 DM, Kinder 35 DM.
                 ●Vom 1.5. bis Mitte September geht es jeden Do einmal nach *Legoland* (Miniaturstadt) in Billund/DK. Abfahrt vom 28.5. bis 12.9. um 7.20, sonst um 8 Uhr, Rückkehr ca. 19 Uhr. 60 DM, Kinder 50 DM.
                 ●Für die Fahrten nach DK sind (auch für Kinder) *Ausweise* erforderlich.
                 ●*Auskünfte und Fahrkarten:* ZOB (Tel. 7027/8).

Schiffs-   Siehe List und Hörnum.
touren

Hörnum

Glücklich der, wer Sylts südlichsten Hafen von See her anläuft! Jede Menge Sandstrand sieht man, den stattlichen rot-weiß-roten Leuchtturm, erst später taucht der Ort selber auf, viel weniger beeindruckend.

Minder glücklich der, wer von Norden, also per Straße, in Hörnum ankommt. Nach Kilometern kahler Dünen grüßen ihn die Kasernen am Ortsrand. Das Städtchen als solches sieht eher so aus, als sei es von Bodenspekulanten hingestellt, nicht von alten Friesen erbaut worden.

Doch ringsum gibt es viel Natur, vornehmlich in Form von Sand. Noch. Nirgendwo auf Sylt ist die Abrasion, die Abtragung des Strandes, spektakulärer als an der Hörnum-Odde, dem Südzipfel der Insel. Gewaltig rennt hier die Nordsee gegen die dünne Sandspitze an, saugen Strömungen von zwei Seiten. Hörnum-"Town" ist ein gutes Stück entfernt von dieser Zerstörung, der man bislang durch Anhäufung von Tetrapoden und durch diverse andere Maßnahmen Herr zu werden versucht hat. Ominös heißt es bereits im *Hörnumer ABC*: "Die im Ortsplan gekennzeichneten Strandabschnitte können sich evtl. etwas nach Norden verschieben..."

Das bedeutet aber noch lange nicht, daß dem Ort irgendwelche greifbaren Gefahren drohen. Bis auf weiteres ist Hörnum höchst intakt und zehrt von seinem Ruf, "auf drei Seiten Meer anbieten zu können". Hörnum ist übrigens nicht unbedingt – so die Eigenwerbung – "Sylts sonniger Süden": Wenn es in Westerland pladdert, ist auch in Hörnum Schirm angesagt.

Was den wirklichen Reiz Hörnums ausmacht, fühlen viele Besucher vielleicht nur instinktiv: Von drei Seiten können keine Autos kommen ...

Hörnum-Info

PLZ: 25997.
Vorwahl: 04653, ab Herbst '95: 04651.

Auskunft   *Kurverwaltung* und *Zimmervermittlung*: Strandweg 2
              (Tel. 1065, Fax 1769).

Ärzte   Mittelweg 4

Kurtaxe   Siehe Anhang.

Strand-   Strandkorbvermietung durch die *Kurverwaltung*. In der
körbe   HS (15.5. bis 30.9.) kostet der Tageskorb 12 DM, bei
              mehrtägiger Miete tägl. 10 DM, ab dem 15. Tag 9 DM. In
              der NS zahlt man für den Tageskorb 9 DM, sonst 7 DM.
              Als besonderes Bonbon gibt es die "Strandkorb-Schlecht-
              wetter-Regeln": Entspricht die Wetterlage um 10 Uhr
              einem "Regentag", wird eine blaue Flagge gehißt. Besitzer
              einer Strandkorbmietkarte erhalten dann 2 DM Ermäßi-
              gung für den Hallenbad-Eintritt.

FKK   Strand nördlich des Ortes an der Nordseeseite.

Hunde   Hunde "sollen" an der Leine geführt werden und "dürfen"
              nicht an den Strand. Lockere Handhabung.

Kirchen   Die ev., kath. und neuapostolische Kirche sind in Hörnum
              vertreten.

Kinder   ●Es gibt zwei *Kinderspielplätze* (Steintal und Berliner
              Ring), und damit hat sich's auch schon.
              ●Siehe auch *Jugendheime* (nachstehend).

Unterkunft

Preise   ●Achtung, Kleindruck: Die meisten Hörnumer Herbergen
              stellen diverse "separate Kosten bei Inanspruchnahme" in
              Rechnung. Bei Telefon und Waschmaschine ist das
              selbstverständlich, bei Bettwäsche nicht. Also darauf ach-
              ten.
              ●In allen Fällen muß man sich auch beim Vermieter nach
              dessen Verständnis der HS und NS erkundigen, weil dies
              nirgends festgeschrieben wird.
              ●Keineswegs darf man auch "Strandnähe" als preistrei-
              bendes Kriterium ansehen. Der Strand ist in Hörnum nie
              weit – gelegentlich eher sogar zu nah.

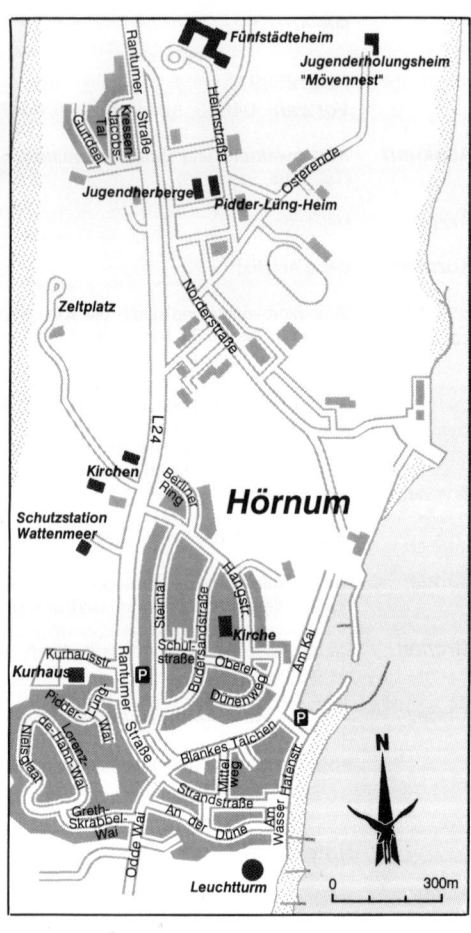

**Apparte-
ment-
Hotels**

●*Am Leuchtturm* (Tel. 96100), ruhig im Ortssüden gelegen, kosten die Unterkünfte ab 70 DM.

●*Hörnem Hüs* (Tel. 910) ist die teuerste Herberge des Ortes (ab 110 DM). Dafür wohnt man aber im einzigen durch das Bonner Familienministerium als "familienfreundliches Haus" ausgezeichneten Betrieb der Insel Sylt.

●Das *Seepferdchen* (Tel. 96300) ist ein Hotel und nicht gar so teuer (ab 40 DM), zudem ein recht kommod gelegenes Haus.

Zimmer

Privatzimmer, 20 an der Zahl, kosten mit Frühstück ab 23 DM und ohne ab 20 DM; nichts Kleingedrucktes.

Ferienhäuser

Privathäuser gibt es nur ein paar, manche bös teuer (bis 420 DM in der HS), andere preiswert, z. B. 90 DM für 4 Betten in der NS.

Appartements

Appartements sind zum großen Teil recht preisgünstig. Für 20 DM läßt sich hier und da in der NS ein Kissen finden, sofern man in genügender Zahl anreist. Kleindruck beachten! Das *Reisebüro Schuster* (Tel. 1001) fällt durch besonders kundenfreundliche Angebote auf.

Jugendheime

Im Bereich Hörnum-Nord gibt es mehrere Jugend- und Erholungsheime.
●Repräsentativ in etwa ist das *Heim an der Düne* (Rantumer Str. 49, Tel. 1049): 2 Häuser einfacher Ausführung mit 173 Betten auf 15 Zimmern und "heimeigenem Strand". 26,50 DM VP.
●Weitere Jugend- und Erholungsheime: *Haus Budersand* (Tel. 1615), *Fünf-Städte-Heim* (Tel. 1043), *Gottlieb Raloff Heim* (Tel. 484), *Hans Hammel Heim* (Tel. 393), *Haus Leuchtfeuer* (Tel. 254), *Möwennest/Pidder Lüng Heim* (Tel. 1096), *Sozialwerk BW* (Tel. 1027).

Jugendherbergen

Die *JH Hörnum* (Friesenplatz 2, Tel. 294, Fax 1392) liegt, wie die Heime, im Nordteil des Ortes (Haltestelle "Hörnum-Nord", von dort ein paar Minuten zu Fuß). Kategorie III; ÜF und VP möglich. 172 Betten auf 30 Zimmern, je 6 Tagesräume und Familienzimmer. Geschlossen vom 15.12. bis 15.1.

Camping

Der *Campingplatz Hörnum* (Tel. 1278, Buchungen im Winter: Tel. 04672-1881) befindet sich unmittelbar hinter der Dünenküste nordwestlich des Ortes. Er bietet Raum für 270 Zelte oder Wohnwagen. Offen vom 1.4. bis 31.10.
Die Preise: Kinder bis 6 Jahre 3 DM, alle anderen 5 DM, Wohnmobil inkl. 2 Personen 25 DM, in der NS 20 DM, Zelt je nach Größe 10-20 DM, PKW 3 DM, Strompauschale 4 DM.

Gastronomie

●Hörnums *Seehof* (Strandstraße) ist die gute kulinarische Adresse des Ortes. Fisch kommt in allen Variationen, und eine pralle Mittagskarte bietet Gerichte zu zivilen Preisen. Do ist Labskaustag.

●Gegenüber liegt die *Fischerhütte*, natürlich auch auf Meeresgetier spezialisiert.

●*Theeknob* (Norderstraße) ist maritim eingerichtet und offeriert eine gutbürgerliche Küche, ohne die Brieftasche über Gebühr zu belasten.

●In der *Friesenkate* (Strandweg; Manager: der Friese Abdalla) ist die Küche von 11.30 bis 22.30 Uhr täglich geöffnet. Es gibt saftige Steaks und frischen Fisch.

●Das Restaurant *Unterm Leuchtturm* (An der Düne) bietet Leckeres aus der See und dazu edles "Thurn-und-Taxis"-Bier.

●Das *Café Astrid* (Steintal) serviert schmackhafte Tellergerichte, außerdem Kuchen, Eis und Milchspeisen.

●Am Abend trifft man sich in der *Odde* (Rantumer Straße) bei gepflegten Getränken und kleinen Snacks.

●Außerdem Restaurants in den Hotels plus mehrere weitere Cafés und Snackbars. Lohnend ist auch der Kauf fangfrischer Krabben direkt vom Kutter.

Sport

Hallenbad Das Hallenbad im Kurmittelhaus (Strandweg 2, Tel. 1033) hat ein beheiztes Becken (28° C) und eine Sauna.
●*Öffnungszeiten:* 22.3.-4.6. sowie 16.9.-29.10. Mo-Sa und Feiertags 12-18 Uhr; 15.6.-15.9. täglich geöffnet.
●*Preise:* 5 DM pro Person, Kinder unter 6 J. frei.

Gymnastik In der HS wird am Oststrand morgens organisierte Gymnastik betrieben, abends wird im Tischtennisraum der Kurverwaltung die Wirbelsäule eingerenkt. Tischtennis kann man dort natürlich auch spielen.

Segeln Segeln ist der wichtigste Sport in Hörnum. Am besten, man reist im eigenen Boot an, klar. Am Oststrand südlich der Leuchtturmdüne werden in der *Sylter Catamaran-Schule* (Tel. 1390) aber auch Kurse im Hobie-Cat gegeben (500 DM für den 10stündigen Grundkurs inkl. Segelkleidung). Liegeplätze für Cats kann man hier ebenfalls mieten.

Unterhaltung

Die *Schutzstation Wattenmeer* (siehe "Touren") bestreitet den Löwenanteil in der Hörnumer Unterhaltungsszene, praktischerweise mit Zivis. Auch die Kleinen werden mitunter "auf die Spuren des Wattwurms" angesetzt. Ansonsten gibt's im Saal der Kurverwaltung ab und zu mal einen **Diavortrag**.

Touren

Schiffs-ausflüge

Hörnum hat einen betriebigen Hafen. Während großer Teile des Jahres unternehmen die Reedereien *WDR* (in Hörnum vertreten durch *Reisebüro Schuster*, Tel. 1001) mit herkömmlichen Seebäderdampfern und *Paulsen* (Westerland, Tel. 04651-25758) mit "Deutschlands schnellstem Einrumpffahrgastschiff" Reisen nach den **Inseln südlich Sylts**, die WDR auch nach **Helgoland**. Fahrtdauer (WDR): Amrum 7, Hooge 7, Amrum/Föhr 10,5, Helgoland (2x wöchentlich) 10 Std., einschließlich großzügig bemessener Inselaufenthalte.

	Familien DM	Erw. DM	Jugendl. DM	Kinder Kombination DM
Amrum-Föhr Amrum-Hooge	72	30	24	17
Hallig Hooge oder Amrum oder Föhr	65	28	22	14
Helgoland	99	46	33	23

Das Programm der *Reederei Paulsen* ist ungefähr identisch, die Preise auch (keine Extrawurst für Jugendliche). Außerdem hat *Paulsen* die **Halligen** Langeneß und Gröde auf dem Plan, jedoch nur auf Sondertouren. Jeden Fr (10.15 Uhr ab Hörnum) auch wissenschaftlich geführte **Exkursionsfahrten** ins Wattenmeer mit Halligaufenthalt, 8 Std., 50 DM, Kinder 29. Täglich außer Fr um 11 Uhr zweistündige Fahrt zu den **Seehundbänken**, 17,50, Kinder 11,50 DM. Täglich außer Fr 4x Kurztrips zur **Hörnum-Odde** (3,50 DM, Kinder 2 DM), abends sogar für 1 DM.

Wattwan-derungen und Ex-kursionen

Wattwanderungen und Exkursionen zur Odde finden von April bis Oktober wöchentlich unter kundiger Führung von Zivis der *Schutzstation Wattenmeer* statt. Dauer: 2,5 – 3,5 Std. Unentgeltlich (Spende für den Umweltschutz). Auskunft: Tel. 1093.

Rantum

Sylts kleinste Gemeinde (488 "Ständige") bildet einen ruhigen Gegenpol zum unfernen quirligen Westerland. Links die Nordsee, rechts das Wattenmeer, knapp 600 Meter liegen dazwischen; hier ist Sylt am schmalsten. Kein Wunder, daß der Ort nach Raan, der alten friesischen Meeresgöttin benannt ist, die jetzt immer wieder an Land zu klettern droht.

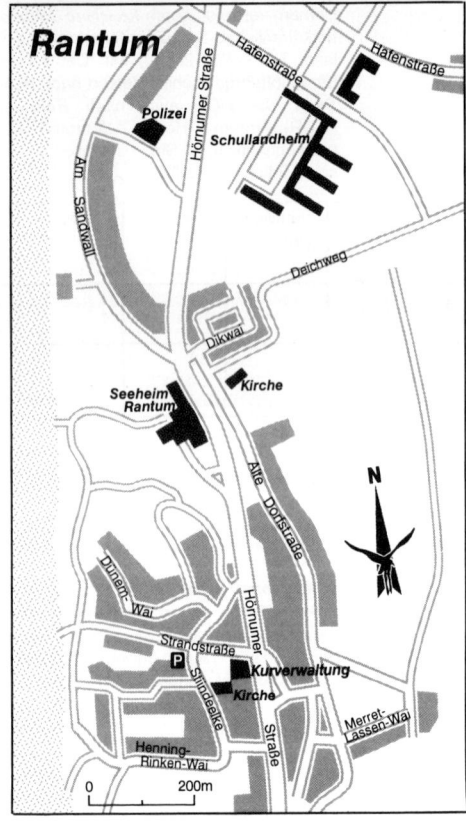

Jede Menge Friesenhäuser und Reetdächer gibt es in Rantum, fast durch die Bank Imitate, nur sehr wenig ist aus alter Zeit. Deshalb sieht der ganze Ort etwas künstlich aus, und dadurch ergeben sich auch wohl die "großen Kontraste", derer sich Rantum rühmt. Andere sind jedenfalls nicht zu entdecken.

Jubel herrschte in Rantum, als vor einiger Zeit ein *Mineralwasserreservoir* angezapft wurde, das nicht nur das Naß kräftig sprudeln läßt. Das Wasser wird jetzt als "Sylt-Quelle" vermarktet bzw. kann im Quellenhaus am Rantumer Becken genossen werden. Man sagt ihm diverse Heilkräfte nach; alles heilt es jedoch nicht.

Rantum-Info

PLZ: 25980
Vorwahl: 04651

Auskunft   *Kurverwaltung* und *Zimmervermittlung*: Strandstr. 7 (Tel. 80777, Fax 80766). Offen zu normalen Bürozeiten (und So morgens) vom 1.5. bis 31.10., in der übrigen Zeit eingeschränkt (laut Aushang).

Ärzte   Der nächste (auch Zahnarzt) ist in Westerland. In Notfällen: *DRK-Station* (Tel. 33379).
●*Tierarzt:* Hörnumer Str. 29.

Kurtaxe	Siehe Anhang.

Strand-
körbe   Strandkörbe werden durch die ***Kurverwaltung*** vermietet.
Dort kostet der Strandkorb vom 15.5. bis 30.9. 12 DM pro
Tag (bis 3 Tage), ab 4 Tagen 10 DM pro Tag. In der übrigen Zeit zahlt man bis 3 Tage 10 DM pro Tag, ab 4 Tage
8 DM pro Tag. ***Private*** Strandkorbvermietungen gibt es an
den FKK-Stränden "Samoa" und "Sansibar" weit südlich
des Ortes.

Kirchen   St. Peter (ev.) und Stella Maris (kath.).

Unterkunft

Preise   Aufgepaßt: Bei Ferienhäusern und -wohnungen werden in
den meisten Fällen die "Endreinigungskosten" in die ersten drei Übernachtungen eingebaut; ab 4. Tag wird dann
die "normale" Rate gezahlt. Die dadurch zustandekom-
menden Preisdifferenzen sind z.T. enorm. Nur eine Handvoll von Vermietern macht diese Praxis nicht mit.

    Preise sind geteilt in HS und "übrige Zeit", doch beides
ist nirgendwo exakt definiert. Ein Anhaltspunkt: HS vom
15.6. bis 15.9., außerdem die Hauptfeiertage. Das gilt
aber keinesfalls für alle Vermieter. Unbedingt abklären!

Hotels   Vier Gasthöfe/Hotels zählt Rantum, und alle sind ein
bißchen ähnlich. Doch die Preise variieren erheblich, der
allgemeine Jahresdurchschnitt liegt deutlich um 100 DM.
●50-75 DM zahlt man im *Hanseat* (Tel. 23256) in der HS
und 45-70 DM in der übrigen Zeit.
●Der *Rantumer Hof* (Tel. 23242) ist sogar mit einem Minimum von 39 DM (HS 59 DM) dabei.

Pen-
sionen   Leider gibt es, zusammen mit Privatzimmern, nur ein Dut-
zend Einheiten in dieser Kategorie.
●*R. Scholtz* (Tel. 040-4223001) bietet in seinem Reetdach-
haus drei Betten für je 20 DM an.
●*Gerda Boysen* (Tel. 6706) vermietet ganzjährig für 25 DM.
●Bei *Eva Hennig* (Tel. 5775) kostet's ganzjährig 35 DM pro
Lager, dafür aber mit Frühstück.

Häuser
und
Ferien-
wohnun-
gen   Hier kommen die bewußten 3 Tage zum Tragen. Sündteu-
re Häuser – die teuersten in der Regel – verlangen auch
das Mitbringen eigener Bettwäsche oder stellen bis zu
30 DM pro Person dafür in Rechnung. Daß es auch anders geht, beweisen u. a.
●*Andersen* (110/70, Tel. 5337),
●*Boysen* (80/55, Tel. 22526),
●*Carstensen* (60-75/55-70, Tel. 22972),

●*Franzen* (110/80, Tel. 6252),
(Alle Preise jeweils für HS/NS)

Heime   Das *ADS-Schullandheim* (Tel. 85330) befindet sich nahe
des Rantumbeckens. Betreiber ist die *AG Deutsches Schles-
wig* in Flensburg (Tel. 0461-869319). Mehrere andere Erholungsheime für verschiedene Berufsgruppen sind in
diesem Bereich angesiedelt.

Camping   Der *Campingplatz Rantum* liegt dicht am Rantumbecken.
Auf dem großen Areal können 420 Zelte oder Wohnwagen
untergebracht werden. Offen vom 15.4. bis 15.10. Platz-
bestellungen für die HS nur schriftlich ab 1. Januar an die
Kurverwaltung Rantum, Eigentümerin des Platzes.
●Der Tagessatz für Erwachsene beträgt 5,50 DM, für Kinder 3 DM, ein kleines Zelt kostet 7 DM, ein Zelt über 6 m²
12 DM, der Wohnwagen 13 DM, das Auto 3 DM.
●Außerdem ist die Kurtaxe zu entrichten.

Gastronomie

Der Ort ist zwar klein, aber fein, ganz besonders seine
Gastronomie betreffend.
●Das *Landhaus Rantum* (Stiindeelke) ist unter Gourmets
weit über Sylt hinaus bekannt. Der Chef de cuisine prä-
sentiert Inselspezialitäten "nach den Richtlinien der neuen
regionalen Küche", aber auch Stocksolides wie Bratherin-
ge, Sülze und Ente mit Rotkohl. Nachmittags gibt's
Kuchen aus dem eigenen Backofen. Ganzjährig offen von
11.30-24 Uhr.
●Gleich gegenüber liegt das *Ual Raantem Hüs* (zu deutsch
"Altes Rantumer Haus"), nur wenig kleiner und mit einem
kaum minder leckeren Angebot. Café anbei.
●*Ekke Nekkepen*, nach dem friesischen Meergeist benannt
(Alte Dorfstraße), reicht Sylter Wildente, Rantumer Deichlamm und, dem Namen verpflichtet, feine Seafood.
●Im *Ankerlicht* am Campingplatz verpflegen sich vor allem
die Camper, oder auch in der nahegelegenen *Pappschach-
tel* mit Kiosk und Gaststätte.
●Das Restaurant *Kinka* in der Strandstraße serviert Gutbürgerliches und betreibt auch einen Imbiß.
●Auf dem Weg nach Süden kann man im *Todjem Deel*
beim FKK-Strand einkehren (Kein Ablegezwang). Von 12
bis 20 Uhr gibt's täglich wechselnde Gerichte, auch Fisch
frisch aus der Pfanne und hausgebackenen Kuchen.
●Einsam zwischen den Dünen am Strandabschnitt
Samoa liegt das Restaurant *Seepferdchen*, ein unaufdring-
liches Holzgebäude mit lockerem Ambiente und erstaunlich guter Küche.

●Noch ein Stück weiter in Richtung Hörnum findet man eine ähnliche Oase in der Dünenwüste, das *Sansibar*. Auch hier geht's tagsüber, mit Eintöpfen und schnellen Happen, leger zu. Abends wird bei Kerzenschein geschlemmt: Allein 500 klangvolle Namen stehen auf der Weinkarte.

Sport

Segeln   Siehe "Mit dem eigenen Boot".

Gym-nastik   Strandgymnastik unter Anleitung wird von ca. Mitte Juni bis Mitte September betrieben. Einzelheiten durch die Kurverwaltung.

Surfen   Surfen ist ganz groß in Rantum, weil Sylt an seiner engsten Stelle Anfänger auf der Watt- und Fortgeschrittene gleich gegenüber auf der Seeseite zuläßt. Der *Surfshop Skyline* (Hamburg 040-8803003) nimmt Anmeldungen entgegen für Kurse am Strandabschnitt "Sansibar", wo man aber gottlob nicht nackt antreten muß, sondern einen kompletten Neoprenanzug gestellt bekommt.
●Ein Grundkurs (10 Std.) kostet 250 DM, der Preis für ein Board beträgt für 1 Std. 25 DM, für 3 Std. 60 DM und für 10 Std. 150 DM.

Tennis   1 Hallenplatz und 2 Außenplätze stehen zur Verfügung. Preise: Halle 29 DM, Außenplatz 20 DM für je 60 Min. Vorausbuchungen empfehlenswert. Info: Tel. 22584.

Unterhaltung

Gelegentliche Dia-Vorträge, Filme oder Puppenspiele im großen Kursaal.

Touren

Im April und Mai 14tägig und von Juni bis Mitte Oktober einmal pro Woche trifft man sich für **Wattwanderungen** vor der Kurverwaltung, die diese Trips arrangiert (Aushang). Ca. 1 ,5 Std. Tour im Rantumer Watt kosten 4 DM.

Sylt-Ost

Der Komplex Sylt-Ost ist der Zusammenschluß von vier Kurorten der Insel: Archsum, Keitum (mit Ortsteil Munkmarsch), Morsum und Tinnum.

Hier, im Ostzipfel Sylts, schlägt das "grüne Herz" des Eilands, hier dehnt sich weithin die **fruchtbare Marsch**. Nur im äußersten Osten, wo der Bahndamm Sylt erreicht, tritt wieder ein Stück Geestrücken zutage.

Im Kontrast zur kahlen, sandigen Westküste wird das Auge in diesem Landstrich sommers mit wogenden Korn- und farbenfrohen Rapsfeldern erfreut, auf den Weiden tummelt sich das Vieh, und sogar Bäume sieht man hier, richtige, wuchtige Kastanien, Linden und Buchen aus alter Zeit!

Während die Orte entlang des Nordseestrandes, auf Sand gebaut, eher temporären Charakter hatten, waren im Grünstreifen schon um die Jahrtausendwende trutzige Bauten entstanden, so die **Tinnumborg**, auch **Burg Borig** genannt, die aus dem 9. oder 10. Jahrhundert stammt und in ihren Anfängen gar bis Christi Geburt zurückverfolgt werden kann. In diesem "Zinsheim" saßen die Inselvögte und trieben die Steuern ein, und mitunter fiel mal einer von ihnen den Mini-Revolten zum Opfer, die die Geschichte der Insel um manchen Volkshelden bereicherten. Von der Tinnumer Burg ist heute nur noch ein mächtiger Ringwall geblieben.

Sylt-Ost-Info

PLZ: 25980
Vorwahl: 04651

Neue Telefonnummern	**Achtung:** ab September '95 erhalten in Archsum und Morsum dreistellige Telefonnummern die 890 vorgestellt, vier- und fünfstellige die 89!
Bahnhöfe	In Morsum und Keitum; der IC hält hier jedoch nicht.
Ärzte	**Keitum:** C.P.-Hansen-Allee 5; Munkmarscher Chaussee 15. Zahnarzt: Gurtstig 33. **Tinnum:** Kiarwai 1; Bahnstr. 1. Zahnarzt: Vogteiweg 18. Außerdem gibt es in Keitum und Morsum je einen Psychotherapeuten.

Kirchen	St. Severin in Keitum; St. Martin in Morsum; Gemeinde-haus in Tinnum, alle ev.luth.; Neuapostol. Gemeinde in Tinnum (Dirksstr. 1).
Kurtaxe	Siehe Anhang.
Kinder	●*Kinderspielplätze:* Keitum (Am Pastorat), Tinnum (Bahnstraße; B.P.-Eben-Weg), Archsum (bei der Kurver-waltung), Morsum (Freizeitpark).

●Besonders kinderfreundlich ist auch der *Tierpark* in Tin-num, wo die Wichtel nicht nur Getier bestaunen, sondern auch mit Minidampfern Runden auf dem Teich drehen können. Gegen Zahlung von Passage, versteht sich.

●*Jugendtreffs* im Haus des Kurgastes in Tinnum und Morsum.

Unterkunft

Preise Vorsicht, Fußnote: "Die Hauptsaison ist nicht festgeschrie-ben. Im allgemeinen geht sie vom 1.6.-30.9. In der übrigen Zeit bieten die Gastgeber stark ermäßigte Übernach-tungspreise bzw. Wochenendpauschalen an. Geringfü-gige Preisveränderungen in der Oster-, Pfingst- und Weih-nachts-/Silvester-Zeit." So steht's, ganz korrekt und ehr-lich, in der Beherbergerliste. Der jeweilige Sachverhalt ist mit dem Vermieter klarzustellen! Zu beachten ist auch der Passus "Separate Kosten für Inanspruchnahme", in erster Linie Bettwäsche betreffend, bei allen Ferienwohnungen.
●Die *Unterkünfte* sind bei den jeweiligen Orten aufge-führt.

Sport

Freibad Ein Meerwasser-Freibad (Tel. 31493) befindet sich beim Kurhaus in Keitum. Es hat eine Wassertemperatur von über 26° C.
●*Öffnungszeiten:* Von Mai bis Mitte Oktober tägl. außer So 8.30-18 Uhr.
●*Preise:* Erw. 9,50 DM, Kinder (4-14) 6 DM, Kinder bis 3 J. 2,50 DM.

Bogen-schießen Im *Freizeitpark Morsum* (Tel. 319) können Kurgäste in den Sommermonaten das Bogenschießen erlernen, und zwar Mi ab 19 Uhr, Fr 17-19 Uhr und So 10-12 Uhr.

Reitsport Groß in der flachen Marsch ist der Reitsport.
●Der *Reithof Lorenz Hoffmann* in Keitum (Gurtstig 46, 41376) ist ganzjährig geöffnet, verfügt über 20 Pferde und "1 Kutsche" und erteilt Reitunterricht für Anfänger und

Wandern im
Watt

Fortgeschrittene, ganz speziell auch für Kinder. Im Programm sind Ausritte ins Wattenmeer und in die Heide, Tagestouren und "Jagd mit Meute". Unterbringung auf dem Anwesen ist möglich.
●Annähernd identisch sind die Angebote des *Reitstalls Wiesengrund* in Tinnum (Tel. 31600) und des *Reiterhofs Morsum* (Tel. 239).

**Wind-
surfen**

Keitum-Munkmarsch ist der Standort der größten Windsurfschule. Ein dreistündiger Kurs kostet hier 95 DM, für 10 Stunden zahlt man 290 DM. Die gleiche Schule bietet auch Segelkurse an, z.B. für den DSV-Segel-A-Schein (30 Std., 790 DM) oder einen Catamaran-Kurs (10 Std., 490 DM).
●*Auskunft: Syltsurfer Sport* (Tel. 31911, im Winter 22839).

Tennis

In Tinnum kann man ganzjährig dem Ball nachjagen. Dort kostet z.B. eine Woche mit 15 Std. Intensivtraining 490 DM, ein Tennis-Weekend mit sechs Trainingsstunden 210 DM (ab 2 Personen). Die Stunde Einzeltraining kommt auf 85 DM. Für die Tennishalle bezahlt man 33 DM, für den Freiplatz 22 und den Squashcourt 21 DM pro Stunde. Die Preise gelten für die HS; billiger in der NS.
●*Auskünfte: Tennis-Center Sylt* (Tel. 31188).

Unterhaltung

Dürftig im Vergleich zu Westerland. In Keitums *Friesensaal* finden sporadisch Veranstaltungen statt, mitunter auch im Kurhaus in Morsum. Großer Beliebtheit erfreuen sich die **Dorffeste** der Einzelgemeinden und die traditionellen **Ringreiter-Turniere**. Diese Sausen finden von ca. Ende Mai bis Mitte August statt; genaue Daten im Sylter Veranstaltungskalender.

Touren

Wattwanderungen

Die Kurverwaltungen veranstalten von April bis Oktober in wöchentlichen Abständen Wattwanderungen in das Gebiet der Sandinseln östlich des Rantumbeckens. Termine und Treffpunkte werden nach Anmeldung bekanntgegeben. Dauer 1,5 – 2,5 Std., Preis 5 DM.

Planwagen- und Kutschfahrten

Im Sommerhalbjahr finden zweimal wöchentlich Planwagenfahrten durch und um Keitum statt, organisiert durch das Kurbüro des Ortes. Preis 5 DM. Außerdem werden Kutschfahrten von *Lobach* in Morsum (Tel. 239) und *Christiansen* in Tinnum (Tel. 31601) angeboten.

Nolde-Museum in Seebüll

Wer auf eigene Faust eine interessante Tour machen möchte, setze sich in Morsum in den Zug und fahre nach **Klanxbüll**, miete sich dort am Bahnhof ein Rad und strample ein paar Kilometer nach **Seebüll** an der dänischen Grenze, um dort das Nolde-Museum zu besuchen (große **Gemäldeausstellung** mit jährlich wechselnden Bildern, insgesamt über 200 Werke). Das Haus ist vom 1.3. bis 30.11. täglich von 10 bis 18 (Nov. 17) Uhr geöffnet. Eintritt: 5 DM, Schüler und Studenten 1 DM.

Keitum

Keitum an der Wattküste ist der größte und betriebigste Ort in Sylt-Ost. Schon vor über 200 Jahren wurde Keitum "der Schlüssel zur Insel" genannt; es war lange der Hauptort und -hafen Sylts. In Keitum richteten sich mit Vorliebe **Walfänger** und **Seefahrer** ihre gemütlichen Altersruhesitze ein. Neureiche Wohlstandsbürger zogen später nach; sie stellen heute, zumindest im Sommer, fast die Hälfte der Keitumer Bevölkerung.

Viele der **alten Häuser** sind noch erhalten und machen Keitum zum "schönsten Friesendorf Deutschlands", jedenfalls nach Eigendarstellung. Die Föhrer hätten da bestimmt etwas zu monieren. Aber nachdem 1994 der historische Ortskern Keitums endlich für Autos dichtgemacht wurde – im Sommer '93 drohte der totale Verkehrskollaps - kann man vielleicht noch mal über die Titelzuteilung sprechen. Sehens- und

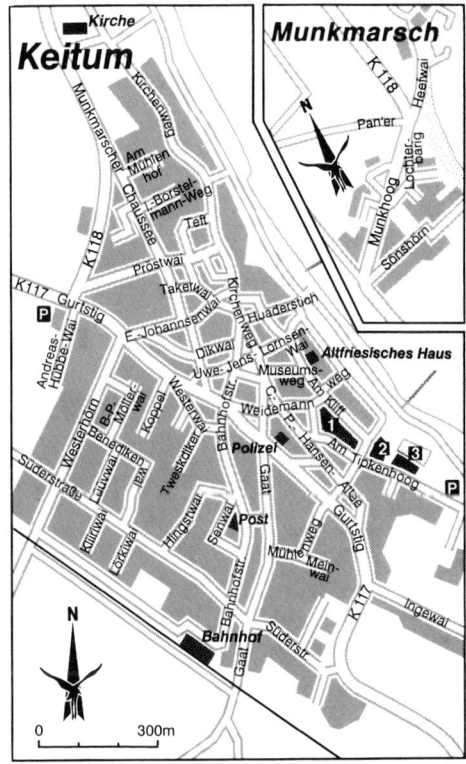

1 Mütter-
erholungsheim
2 Haus des
Kurgastes
Kurverwaltung
3 Meerwasser
Freischwimm-
bad

besuchenswert: Das **Sylter Heimatmuseum**
(Am Kliff 19) und, ein Stückchen weiter, das **Altfriesische Haus**, beide täglich geöffnet 10-17
Uhr, Eintritt 2 DM. Auch die romanische **Kirche
St. Severin**, 1190 erbaut, sollte man sich unbedingt ansehen und vor allem die darin gegebe-
nen Konzerte genießen.

Auskunft *Kurverwaltung* (einschl. Munkmarsch): Am Tipkenhoog 5
(Tel. 33733).

Unter-   Keitum, versteht sich, hat das größte Angebot in Sylt-Ost.
kunft   ●Die **Hotels** des Ortes, fünf an der Zahl, sind teuer. 125
DM pro Bett ist das billigste Angebot in der HS (*Groot's,*

413

Tel. 93390), doch 290 DM sind auch schnell erreicht. Extras sind meistens inklusiv. Für die NS beruft man sich vornehm auf den Hausprospekt.

●*Pensionen*, leider nur ein Dutzend, sind bereits mit 20 DM dabei (*Plath*, Tel. 3212); die meisten liegen jedoch über 30 DM, wenn auch mit Frühstück.

●*Ferienwohnungen* sind z. T. recht günstig. Bei *Maria Bütter* (Tel. 31439) kosten zwei Betten in der HS 60 DM, in der NS 50 DM. Einige weitere Offerten dieser Größenordnung sind ebenfalls in Keitum zu finden.

Gastro-nomie

Als größter Ort in Sylt-Ost führt Keitum auch die gastronomische Liste an.

●Im *Beef & Lobster* (Gurtstig) ist man amerikanisch orientiert, serviert aber gottlob Steak und Hummer nicht nach US-Art gleichzeitig. Ganzjährig mittags, abends bis 23 Uhr geöffnet. In der NS Mo geschl.

●*Fisch Fiete* (Weidemannweg) ist schon fast eine Institution: Ein alter Friesenhof mit schönem Baumbestand und traditioneller Küche, vor allem natürlich Fisch. Offen von März bis November mittags, abends von 18 bis 24 Uhr.

●Ein ebenfalls traditionsreiches Restaurant ist *Landschaftliches Haus* (Gurtstig) aus dem Jahre 1764. Dem Namen gerecht, gibt es hier vor allem Wildspezialitäten. Offen mittags, abends 18-22 Uhr.

●*Watt'n Blick* (am Schwimmbad) serviert ganzjährig "norddeutsche Spezialitäten von Land und Meer", zudem Vegetarisches und Trennkost. Offen mittags, abends 18-21.30 Uhr.

●Keitums mitten im Ort gelegener Dorfkrug heißt *Anuschka*. Betonung auf heimischer Küche und gepflegten Getränken. Offen mittags, abends bis 24, Küche bis 22 Uhr. Do Ruhetag.

●Der Abendtreff Keitums ist der *Salon 1900* (Süderstraße), wo man bei Speis und Trank zusammenkommt und bis 2, an Wochenenden bis 3 Uhr durchtanzen kann.

Reiten im Watt

Munkmarsch

Das Dörfchen Munkmarsch liegt einen knappen Kilometer nördlich von Keitum an der Küste. Der Ort, obwohl im Grund ein ruhiges Pflaster, ist das Sylter **Strandsportzentrum** mit erheblichem Betrieb zu Stoßzeiten. Viele neue Ferienhäuser künden auch davon, daß Munkmarsch nicht ewig ein Dörfchen bleiben wird.

Auskunft   Siehe Keitum

Unterkunft   In Munkmarsch gibt es lediglich Ferienwohnungen und -häuser. Recht preisgünstig ist das *Tico Tico* (Tel. 23022) mit 60–80 DM für zwei Betten; andere Häuser kosten bis zu 250 DM pro Wohnung.

Gastronomie   ●Im Ortsteil Munkmarsch lockt das Restaurant *Zur Blaumuschel* mit feinen Gerichten aus Meerestieren, darunter die berühmten Austern der Wattensee. Offen mittags, abends bis 22 Uhr. Mo Huhetag.
●*Moby Dick* ist für gewichtsbewußte Esser vielleicht etwas unglücklich benamt, aber Starkoch *Jörg Müller* hat hier das Regime – wer kann da widerstehen? Café anbei. Offen von mittags bis 24 Uhr. Mi Ruhetag.

Tinnum

Tinnum ist praktisch mit Westerland verwachsen. Trotz **Burgruine** und herzigen Friesenhäuschen überwiegt hier eine durch den nahen Flugplatz, Supermärkte und Gewerbegebiete geprägte **Vorortatmosphäre**, die nicht jedermanns Sache sein mag.

Sehenswert ist allerdings der **Tierpark** im Süden des Ortes mit etwa 400 Tieren. Offen von Mai bis November täglich von 9 bis 19 Uhr. Eintritt 3 DM, Kinder 2 DM.

Info   **Kurverwaltung** und **Zimmervermittlung:** Dirksstraße (Tel. 33711).

Unterkunft   Tinnum muß die nahe Westerländer Konkurrenz im Auge behalten, außerdem das Vorort-Image. Deshalb halten sich die Preise im erträglichen Rahmen.

●Ein solitäres *Hotel* gibt es in Tinnum, das *Christiansen* (Tel. 9300), und es kostet das ganze Jahr über 90-140 DM.

●*Zimmer* sind – aus welchen Gründen auch immer – ein paar Prozentpunkte teurer als in Keitum.

●*Ferienwohnungen*, sehr zahlreich, haben in etwa dasselbe Preisniveau.

●Ein *Jugendgästehaus* des *TSV Westerland* (Info: 21550) nimmt auch auswärtige Gaste auf.

●Der *Campingplatz Südhörn* (Tel. 3607) in Tinnum hat Raum für 160 Zelte und Wohnwagen. Ganzjährig geöffnet. Keine Hunde.

Erwachsene zahlen 7 DM, Kinder bis zu 6 Jahren zahlen 3 DM pro Tag. Für ein kleines Zelt zahlt man 9 DM, für eines über 6 m² 12 DM, für den Wohnwagen 15 DM und für den PKW 3 DM pro Tag. Daneben ist die Kurtaxe zu entrichten.

Gastro-nomie

●Die erste Adresse in Tinnum ist das "Romantik-Restaurant" *Landhaus Stricker* (B.-Nielsen-Straße), ein alter Friesenhof und Familienbetrieb von noblem Ambiente. Gutbürgerliches zu Mittag, abends kulinarische Highlights. Ganzjährig mittags, abends von 18 bis 22.30 Uhr geöffnet.

●"Tinnums Chinese" ist das *Restaurant Peking* (Kiarwai). Offen mittags, abends 18-22.30 Uhr.

●"Wer uns noch nicht kennt, sollte uns kennenlernen!" fordert der *Gasthof Zur Eiche* (daselbst) auf. Wechselnde Tageskarte mit norddeutschen Gerichten. Offen mittags, abends ab 17 Uhr. Sa Ruhetag.

Archsum

Archsum ist die kleinste Gemeinde in Sylt-Ost. Hier geht es noch *sehr ruhig* und friesisch zu, sogar Eier und Milch vom Bauern sind keine Besonderheit. Zahlreiche *Wander- und Radtour-Möglichkeiten* machen den speziellen Reiz Archsums aus.

Falls jemand auf die *"Archsum Burg"* neugierig sein sollte: Es handelt sich nicht um ein ragendes Gemäuer, sondern um die Ausgrabungsstätte einer vorzeitlichen Siedlung – außer fürs trainierte Archäologenauge wenig zu sehen!

Auskunft   *Kurverwaltung* und *Zimmervermittlung*: Dorfstraße (Tel. 33744, ab Sept. '95: 89033744).

Unter-
kunft

Im kleinen Archsum gibt es nur knapp zwei Dutzend **Ferienwohnungen**. *Christiansen* (Tel. 763) macht mit 80 DM (HS) bzw. 65 DM (NS) für 2-3 Betten das niedrigste Angebot. Mehrere andere liegen umgerechnet nicht viel höher.

Gastro-
nomie

Der *Archsumer Pesel* hat schleswig-holsteinische Küchenspezialitäten auf der Speisekarte, außerdem im Sommer ein "nordisches Frühstücksbüffet". Abends ab 18 Uhr, Mo Ruhetag.

Morsum

Sylts östlichster Ort ist nicht minder ruhig als Archsum, außer daß ein paarmal am Tag die Bahn durch den Ort dröhnt. Auch hier Wiesen und Felder, Friesenhäuser und das schöne **Morsum-Kliff** (siehe Naturschutzgebiete), das nur auf der dänischen Ostseeinsel Mön seinesgleichen hat. Es nimmt wenig Wunder, daß sich in diesem naturbelassenen Erdenflecken **Künstler und Kunsthandwerker** niedergelassen haben.

Sehenswert ist auch die **Wehrkirche St. Martin**, ein spätromanischer Bau aus dem 13. Jahrhundert, eine Stätte niveauvoller Orgelkonzerte.

Auskunft

Kurverwaltung und **Zimmervermittlung**: Bahnhofstraße (Tel. 33755, ab Sept. '95: 89033755).

Unter-
kunft

●Lediglich ein paar **Zimmer** gibt es in Morsum, der Bettenpreis (durchweg ohne Frühstück) liegt um 30 DM.
●**Ferienwohnungen** haben das allgemeine Ostsylter Niveau, sind aber z. T. noch etwas billiger: *Angelika Böhm* (Tel. 494) bietet z. B. 4 Betten für 90 DM in der HS und 70 in der NS an und steht damit durchaus nicht allein da.
●Der **Campingplatz** *Am Mühlenhof* (Tel. 444) nimmt 50 Wohnwagen oder Zelte auf. Ganzjährig geöffnet, keine Entsorgung von Chemietoiletten.
Erwachsene zahlen 7 DM, Kinder von 6-14 Jahren 3 DM, Kinder ab 14 Jahren 4 DM pro Tag. Der Wohnwagen schlägt mit 14, das Zelt mit 12 und das Auto mit 3 DM zu Buche. Zusätzlich ist Kurtaxe zu zahlen.

Gastro-
nomie

●*Bei Uwe* heißt das "Restaurant für Fisch" am Terpstig, aber auch menschliche Gäste sind willkommen. Uwes Küche bietet Leckeres wie z.B. Zander mit Apfelschaum, bei schönem Wetter sogar draußen unter Schattenbäumen! Offen vom 1.2. bis 25.10., Di Ruhetag.

●Die *Fränkischen Weinstuben* (Terpstig) sind auf Wildgerichte spezialisiert. Dazu gibt es, wie man erwarten darf, vorzügliche Frankenweine. Offen Ostern bis Mitte Januar mittags, abends 18-22 Uhr. Di Ruhetag.

●Im "fernen Osten" bildet das *Landhaus Nösse* den Sylter Abschluß, ein elegantes Restaurant mit angeschlossenem Bistro für preiswerte Tellergerichte. Offen mittags, abends 18-22 Uhr. Im Winter Mo Ruhetag.

Wenningstedt

Geschichte

Der Name Offiziell heißt es "Wenningstedt-Braderup", denn die beiden Orte – Braderup an der Wattenküste gelegen und weitaus kleiner – bilden eine politische Einheit. Der Kürze halber wollen wir es aber bei Wenningstedt belassen.

Wynne = tiefer Hafen, *stedt* = Stätte. Die Existenz eines größeren Hafens zu vormittelalterlichen Zeiten in der Nähe des heutigen Ortes ist von Legenden und Spekulationen umwoben. Wissenschaftlich erwiesen ist nichts dergleichen.

Seebad Wenningstedt 1859 taucht der Name Wenningstedt in einer Liste von Sylter Badeorten auf. Doch lange hört man dann gar nichts mehr. Westerland hatte sich 1855 als Seebad etabliert, und 1893 wurde Wenningstedt "übernommen". In beiden Bädern ließ man sich zu jenem Zeitpunkt noch keusch mit der Karre ans Meer chauffieren, ließ höchstens fünf Wellen über sich hinwegspülen und zahlte dann 50 Reichspfennige für den Genuß.

Wenningstedt heute

1927 wurde Wenningstedt separates Seebad. Seither ist der Ort annähernd nahtlos mit Westerland zusammengewachsen. Breite – viel zu breite – Straßen und eine gemeinsame Leidensgeschichte des **Strandabbruchs** verbinden die beiden touristischen Zentren. Wenningstedts **steiler Kliffküste**, die einen Großteil der Attraktion des Ortes ausmacht, ist dabei besonders übel mitgespielt worden. Von ihr wird man in den nächsten Jahren bestimmt noch einiges hören.

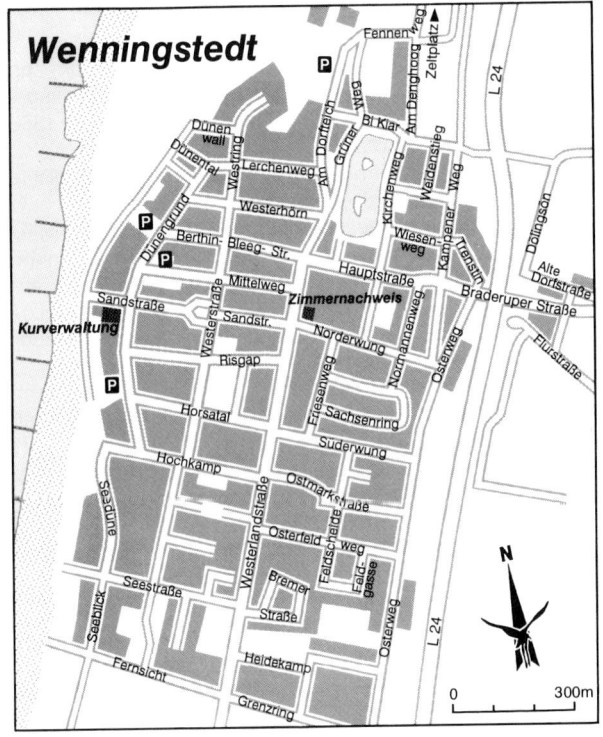

Trotzdem unterscheiden sich die beiden Orte schon insofern, als es in Wenningstedt *kein einziges Hochhaus* gibt. Unschön sind zwar die überwiegenden Dachbedeckungen aus Schiefer und schwarzblauen Ziegeln, die von ferne wie Eisen aussehen und dem Ort ein kaltes Image vermitteln. Doch allein der idyllische *Dorfteich* mitten im Ort macht solche Defizite wieder wett. Die Nachbarn im Norden und Süden mögen als Snobs verrufen sein. Wenningstedt ist bieder, kreuzbrav, fast ein bißchen spießig.

419

Sehenswertes

Hünen-
grab
Denghoog

Das Hünengrab Denghoog ("Thinghügel"), an
die 5000 Jahre alt, gilt als einer der Anziehungs-
punkte des Ortes, seit die Grabkammer 1868
geöffnet wurde. Die darin gemachten Funde sind
im Heimatmuseum in Keitum ausgestellt, nichts
Pharaonisches, aber doch ganz interessant.

●*Führungen* werden von der *Söl'ring Foriining*
veranstaltet, die als Kurator der Stätte fungiert.
Man sollte mindestens einen Tag im voraus anrufen (Tel. 31650), um einen Termin zu vereinba-
ren. Eintritt 2 DM, Kinder und Gruppenmitglieder
1 DM.

Fossilien
aus dem
Roten
Kliff

Schön ist das Rote Kliff nördlich des Ortes mit
seiner reichen geologischen Geschichte. Dort
gefundene Fossilien sind im *Wenningstedter*
Kurmittelhaus zu bewundern und auch im *Na-*
turzentrum Braderup. Das Zentrum als solches
ist eine Sehenswürdigkeit, denn eine ständige
naturkundliche Ausstellung gibt dort Einblick
in viele aktuelle Nordseethemen. Geöffnet vom
1.4. bis 31.10 Mo-Sa 10-12 und 14.30-18 Uhr;
der Eintritt ist frei. Außerdem jeden Do um 20
Uhr Veranstaltungen und Vorträge.

Wenning-
stedts
feinstes
Stück

Sehen – und in Anspruch nehmen – sollte man
auch unbedingt "Wenningstedts feinstes Stück":
Das öffentliche *WC* am Dorfteich, reetgedeckt
und mit Sylter Fliesen gekachelt – ein bess'res
find'st du nicht, in ganz Deutschland.

Wenningstedt-Info

PLZ: 25996.
Vorwahl: 04651.

Auskunft

●*Allgemeine Auskunft: Kurverwaltung,* Strandstr. 25
(Tel. 4470).

●*Zimmernachweis: Fremdenverkehrsverein,* Westerland-
str. 1 (Tel. 43210 oder 41692, Fax 45772). In diesem Ge-

bäude steht ein Computer zur Verfügung. Er informiert nicht nur über freie Unterkünfte, sondern auch über Restaurants, Unterhaltung, Einkaufs- und Ausflugsmöglichkeiten und beinhaltet den aktuellen Veranstaltungskalender. Alle Informationen können auch ausgedruckt werden.

Ärzte   *Arzt:* Hauptstr. 5, *Zahnarzt:* Heidekamp 6.
Siehe auch Westerland.

Kurtaxe   Siehe Anhang.

Strand-   Strandkörbe können nur gegen Vorlage einer für die glei-
körbe   che Zeit gültigen Kurkarte gemietet werden. Preise: Pro
Tag in der HS 12 DM, in der NS 9 DM, Woche 59 DM (NS 46), zwei Wochen 109,20 DM (NS 85,40), jeder weitere Tag 7,80 DM (NS 6,10).

FKK   Das FKK-Gelände befindet sich nördlich des Hauptstrandes.

Hunde   Auch der "Hundestrand" befindet sich nördlich des Hauptstrandes.

Kirche   "Friesenkapelle" (ev.) am Dorfteich. Katholische Kirche in Westerland.

Veranstal- Die *Kurzeitung* erscheint ein- bis zweimonatlich.
tungen

Kinder   Wenningstedt gilt als besonders kinderfreundlich.
●Den größten Beitrag zu diesem Ruf leistet der **Kurkindergarten** in der Dünenstraße, direkt an den Strand

grenzend. Kinder von 3-6 Jahren können hier aufgenommen und beschäftigt werden; allerdings wird ein ärztliches
Gesundheitsattest verlangt, das nicht älter als 3 Tage ist.

Offen ganzjährig (außer einer Winterpause vom 24.12.
bis 15.1.) Mo-Fr 8-12.30 und 14-17 Uhr. Aufsicht durch
eine (schwer?) geprüfte Kindergärtnerin. Spielplatz und
Trampoline vorhanden. **Auskünfte:** Tel. 44729.

●In der NS werden Kinder auch durch **Spiele und Turnen**
am Strand betreut. Bei schlechtem Wetter weicht man ins
Haus der **Kurverwaltung** aus.

●Ein **Kinderspielplatz** befindet sich am Dorfteich neben
der Friesenkapelle. Ein weiterer ist am Osterweg.

●Beim *Mini-Cross Sylt* auf dem Sportplatz an der Norddör-
fer-Halle werden auch die ganz Jungen schon mit den
Freuden der Motorisierung vertraut gemacht. Die **Kinder-
Motorradbahn** ist von Mitte Juni bis Ende August täglich
ab 11 Uhr in Betrieb.

●In Wenningstedt sind zudem ansässig: Das *Kinderkurheim am Kliff* (Tel. 42530), die *Syltklinik* (Tel. 4460) der
AWO Hannover für Familien mit einem krebskranken Kind
und das *Mutter-Kind-Kurheim "Ida Ehre"* (Tel. 23661) der
AWO Hamburg.

Unterkunft

Preise

Die Preisliste der Wenningstedter Herbergen ist dreigeteilt: Sommerzeit (15.5.-30.9.), Frühjahr/Herbstzeit und
Winterzeit. Die letzten beiden Saisons folgen dem Kalender (oder sollten es zumindest, lieber mit dem Vermieter
abklären); die Preise sind hier in der Regel erheblich niedriger. Allerdings wird durch einen Vermerk "ausgenommen Feier- und Ferientage" alles wieder relativiert, und
hier muß auch individuell nachgehakt werden.

Hotels

●Man differenziert zwischen **Hotels mit Suiten**, die klein
und sehr fein (und sehr teuer) sind, und anderen Kategorien. Mit 160 DM ÜF (Suite für 2 in der billigsten Saison)
liegt das *Landhaus am Meer* (Tel. 45100) hier preislich am
günstigsten; bis zu 410 DM ÜF muß ein Paar maximal im
Strandhörn (Tel. 41911) anlegen. Die anderen Hotels liegen zwischen diesen beiden Extremen.

●**Hotels mit Restaurant** erreichen teilweise das gleiche
Preisniveau. Am günstigsten ist das *Petit Robby* (Tel.
41817), in dem man rund ums Jahr ca. 60-70 DM pro Person bezahlen muß.

●**Hotels garni** sind im Schnitt noch etwas billiger. Das
Hansa (Tel. 41067) bietet (im Winter) schon ein Bett mit
Frühstück für 60 DM an; im Sommer muß man aber fast
überall einen Hunderter hinblättern.

**Pen-
sionen**

Die meisten der knapp zwei Dutzend Pensionen Wenningstedts liegen dicht am Preisniveau der Hotels garni. Auf-
fallende Ausnahmen: *Skala* (Tel. 41931) mit 27 DM (im
Sommer 2 DM mehr) und *Berthin-Bleeg* (Tel. 41760) mit 40
DM, beide ÜF.

**Privat-
zimmer**

Privatunterkünfte liegen um 35 DM ÜF; ohne Frühstück
gibt's in der *Wildente* (Tel. 41493) schon ein Lager für 15
DM – das ganze Jahr lang!

**Ferien-
wohnun-
gen**

In weit über der Hälfte aller Häuser wird Bettwäsche (bis
zu 30 DM pro Person!) extra berechnet bzw. deren Mitbringen vorausgesetzt. Wie üblich muß bei den Ferienwohnungen ein wenig Arithmetik getrieben werden. Bei
einigen Einheiten kommt man schon auf 20 DM pro Kopf,
andere sind erheblich teurer.

Heime

Siehe "Kinderbetreuung".

Camping

Der *Campingplatz Wenningstedt* untersteht der Kurverwaltung. Er liegt ruhig hinter den Dünen nördlich des Ortes,
mit eigenem Weg zum Strand. Stellplätze für 180 Zelte
oder Wohnwagen. Offen 15.4.-15.10.
●Die Preise betragen pro Person 4 DM, für Zelte bis
20 m² 13 DM, bis 30 m² 15 DM, bis 40 m² 17,50 DM. PKW
und Wohnwagen kosten, genau wie Wohnmobile, 15,50
DM pro Tag, der PKW 3,50 DM. Außerdem ist die Kurtaxe
zu entrichten.

Gastronomie

●"Wein und Bier, das rat' ich dir" – und zwar im *Bacchus-
Keller* (Hochkamp). Gemütliche Atmosphäre. Offen ab 20
Uhr. November bis März (außer Weihnachten) Ferien.
●*Blum's Fischdelicatessen* (Neuestraße) serviert heiße
Seafood-Gerichte (auch zum Mitnehmen) bis hin zur
Hummerplatte.
●Das *Café Lindow* (B.-Bleeg-Straße) bietet satt Frühstück,
nachmittags Kuchen und dazwischen einen leckeren und
sehr preiswerten Eintopf.
●In der *Dampfnudel* (Dünenstraße) gibt es nicht nur selbi-
ge, sondern eine gutbürgerliche Küche mit wechselnden
Tagesgerichten, täglich bis 23 Uhr. Bierbar anbei.
●In der *Fischpfanne* gibt es – nun, das soll hier nicht ver-
raten werden, aber von vorzüglicher Qualität. Mittags und
ab 17 Uhr, in der NS Mo geschlossen.
●Die *Grüne Zwiebel* (Westerlandstraße) bietet Gutbürgerliches täglich ab 17 Uhr. Bierbar und Weinstube anbei.
●Das *Hinkfuss* (Am Dorfteich) reicht nach einem kräftigen

Frühstück mittags Rustikales, abends gefolgt – gekrönt eher – von der festlichen "Grande Parade", lukullische Höhepunkte mit exquisiten Weinen. Di mittags und Mo geschlossen.

●*Kiose* (kein Druckfehler) ist eine gemütliche Bierbar mit Restaurant (B.-Bleeg-Straße). Offen ab 18 Uhr, Mo Ruhetag. Im Winter außer Weihnachten geschlossen.

●Den *Kliffkieker* (Strandstraße) wird man wohl eines Tages in "Kliffhänger" umtaufen müssen. Der alte Kliffkieker ging hier über Bord, der jetzige ist mehr ein Provisorium. Eben deshalb ist die Bude so populär und immer voll. Offen ab 11 Uhr. Abends Maritimes, auch mit Tanz. Bitte nicht zu hart auftreten.

●Gleich daneben liegt das *Meeresblick*, jedoch klugerweise etwas weiter inland. Am Tage tummeln sich hier die Strandläufer; abends wird's stimmungsvoll, vor allem "wenn die rote Sonne im Meer versinkt". Ganzjährig offen.

●Das *Strandhörn* (Dünenstraße) gehört zum Hotel gleichen Namens und zu den führenden Restaurants Wenningstedts. 125 Mark für ein exquisites Menü kommen allerdings schnell zusammen. Winterpause vom 20.11. bis Mitte März (außer Weihnachten); Mi Ruhetag.

●Die gleichen Ruhepausen gelten für den *Gasthof Weißes Kliff* in Braderup. Solide Küche, zivile Preise.

●Im *Witthüs* (Alte Dorfstraße) gibt es hauptsächlich Tee und Kuchen, aber auch wechselnde Tagesgerichte mit stark vegetarischer Betonung. Im Winter geschlossen.

●Außerdem zahlreiche Imbisse, Snackbars und Kioske.

Sport

Gymnastik

Während der HS findet am Badestrand vor dem Ort täglich Gymnastik für Erwachsene und Kinder statt. Kostenlos, Zeiten im Aushang.

Kegeln

Kegeln kann man in der *Dampfnudel* (Dünenstraße).

Reiten

Für Freunde des Reitsports ist der Ortsteil Braderup zuständig. Dort können auf *Bodil's Ponyfarm* (Tel. 42444) vor allem Kinder (ab 8 Jahren) an Unterricht, Kursen und Ausritten teilnehmen. Aufnahme von bis zu 15 Kindern ohne Begleitung der Eltern auf der Farm ist möglich.

Tennis

Dem weißen Sport huldigt man im *Tenniscenter an der Norddörfer Heide*. 4 Freiplätze, offen 1.4.-30.9. Anmeldung, weil immer stark belegt, unbedingt erforderlich (Tel. 42710/42076). Preise: Platz 30 DM/Std., Unterricht 65 DM für 45 Minuten.

Unterhaltung

Veranstaltungskalender
Wenningstedts Veranstaltungskalender (*Kurzeitung*) weist zwar nicht ein derart geballtes Programm wie Westerland auf, doch es steht ständig etwas auf dem Zettel.

Veranstaltungen
Der Großteil der Veranstaltungen findet im Kursaal statt, oft geht es morgens schon los. Wie wär's mit einem "Schützenfrühschoppen mit dem *Norddörfer Musikverein*"? Nachmittags laufen meistens **Kinderprogramme**, überwiegend Videofilme, manchmal auch **Kindertheater**. Die **Abendunterhaltung** beginnt generell um 20 Uhr: Diavorträge, Filmvorführungen, Konzerte, Shantychöre, Tänze, Volkstheater, sogar Skatturniere – das wechselt sich in bunter Folge ab, so daß für jeden etwas dabei ist.

Naturzentrum Braderup
Auch das *Naturzentrum Braderup* hat ein rundes Programm. Für Gartenfreunde übrigens: Jeden Di um 10 Uhr findet dort ein Dialog über ökologisch sinnvolle Gartenpflege statt. Zum Abschluß gibt's eine Tasse Kräutertee aus eigenem Anbau – die einzige kostenlose auf Sylt.

Touren

Wattwanderungen und Exkursionen
Von April bis September organisiert die **Kurverwaltung** in 14tägigen Abständen Wattwanderungen im Bereich der Blidselbucht an der Ostküste. Der Treffpunkt wird nach der Anmeldung bekanntgegeben. Dauer: 1 fi – 2 fi Std., Preis 5 DM. Einmal wöchentlich unternehmen auch Helfer des *Naturzentrums* Strandwanderungen. Mit *Hermann Butenschön* kann man Exkursionen rund um den Leuchtturm unternehmen (ca. 8 km).
●Einzelheiten jeweils in der *Kurzeitung*.

Rundfahrt
Siehe Westerland. Zustieg in Wenningstedt möglich.

Kampen
Das St. Tropez Deutschlands

Nachdem man einen Bummel durch Kampen gemacht hat, möchte man eine Zeitlang mal kein Reetdachhaus mehr sehen. Vielleicht sehnt man sich in das Jahr *1613* zurück, als Kampen aus 7 Häusern – "6 Bauern und 1 Kätner" – bestand und alles noch unschuldig war.

Die "begünstigte Lage", derer sich Kampen heute in seinen Prospekten rühmt, ist vor allem für die Gemeinde insofern favorabel, als sich allerlei *Geldadel* dort teuer angesiedelt hat. Kampen liegt mitten im Land und nicht etwa an der See. Bohlenwege Amrumschen Zuschnitts führen ans Nordmeer; die Wattenseite ist eh nicht sehr aufregend. Schön ist indes die *Heidelandschaft*, die den Ort umgibt.

Trotz seiner zentralen Lage ist Kampen nicht minder von der Nordsee bedroht als exponiertere Inselorte. Das *Rote Kliff* im Westen ist beileibe kein trutziges Bollwerk gegen die Fluten, sondern verletzlicher als ein niedriger Deich. Millionen von Kubikmetern Sand sind seit 1985 zu immensen Kosten vor diesen Küstenstrich gespült worden. Die Bottroper Zahnärzte und Münchner Fleischfabrikanten werden der öffentlichen Hand dafür dankbar sein, denn das schutzwürdige Zweitdomizil hat viel Geld gekostet.

Die Inselchronik gibt keinen Aufschluß, zu welchem exakten Datum Kampen von der bundesdeutschen *Schickeria* "entdeckt" wurde. Plötzlich war es in den sechziger Jahren "in", sich dort zwischen Sand und Schlick anzusiedeln und an der *Buhne 16* das Genital im herben Nordseewind baumeln zu lassen. Dieser legendäre Strandabschnitt, Szene des kollektiven Netto-Looks und seinerzeit schwellend vor libidinöser Aura, ist heute wenig mehr als das, was er anno 1613 einmal war: ein Stück Strand. "Man" trifft sich zwar immer noch im Nobel-Kiosk dieses

Namens, doch der Lack ist ab. Lustig das *Po-Gärtchen* des Pissoir-Pächters, so genannt in maliziösem Seitenblick auf das ähnlich benamte Restaurant im Ort.

Der **Strönwai**, auch als Whiskystraße bekannt, ist heute Kampens "Main Drag", wo sich froschäugige Porsches und andere Renommierbleche aneinanderdrängen wie Sortimente im Supermarkt. "Dröhnweg" wäre ein passender Spitzname. Das Paradies, scheint's, kann nur im Suff ertragen werden. Wo immer von Kampen die Rede ist, stehen Flaschen stets im ersten Rang. Kampen ist das St. Tropez Deutschlands. Deshalb muß man auch sechs Mark bezahlen, nur um den Strand betreten zu dürfen.

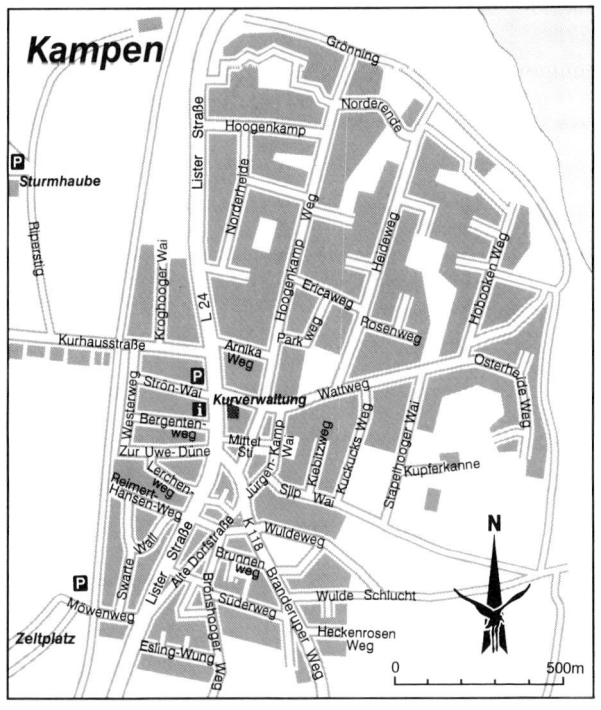

Kampen-Info

PLZ: 25999.
Vorwahl: 04651.

Auskunft
●*Kurverwaltung:* Hauptstr. 12
(Tel. 46980, Fax 4698-40).
●*Zimmervermittlung* im gleichen *Kaamp-Hüs* (Tel. 469833; automatische Ansage freier Unterkünfte: 46520).

Ärzte
Arzt: Hoogenkampweg. Nächster *Zahnarzt* in Wenningstedt, *Augenarzt* in Westerland.

Kurtaxe
Siehe Anhang.

Strandbenutzung
Strandbenutzung für *Tagesgäste* pro Person 6 DM.

Strandkörbe
Strandkörbe kann man vom 2.1. Bis 15.5. "bei vorzeitiger Entrichtung der Kurabgabe" reservieren lassen. Preise pro Tag: 1 Tag 14 DM, 2-7 Tage 12 DM, 8-21 Tage 10 DM, ab 22 Tagen 9,50 DM.

FKK
FKK-Strände im Norden Kampens und vor dem Roten Kliff.

Hunde   Hunde sind im Orts- und Dünenbereich an der Leine zu
               führen. Am Strand ist das Mitführen nur im Hundeab-
               schnitt gestattet.

Unterkunft

Preise   Drei diskrete Wörtchen beherrschen das ganze Kampener
               Geschäftsgeschehen: "Preis auf Anfrage". Man sieht sie in
               den Schaufenstern von Juwelieren, und sie ziehen sich
               auch durch das gesamte Gastgeberverzeichnis. Selbst
               die Hotels sind nicht davon verschont. Ausgedruckte Prei-
               se hält man offenbar für undistinguiert.

Hotels   Wie man erwarten darf, sind die Hotelpreise ganz schön
               happig.
               ●Im *Godewind* (Tel. 41110) muß man in der HS bis zu 670
               DM für ein Lager anlegen.
               ●Im *Walter's Hof* (Tel. 4490) zahlt man bis 450 DM.
               ●Die anderen Herbergen dieser Kategorie beginnen in
               der HS bei rund 150 DM, in der NS um 100 DM.
               ●Erfreuliche Ausnahme: Das Hotel garni *Rechel*
               (Tel. 41044) für 55-110 DM in der HS und 50-100 DM In
               der NS und nichts "auf Anfrage". Wie machen die das nur?

Pen-   Es gibt nur eine: *Bleicken* (Tel. 43019) mit 50-55 DM ÜF,
sionen   fast das ganze Jahr über.

Gäste-   ●Im *Katherinenhof* (Tel. 41376) gibt's ÜF ganzjährig für
häuser   30-45 DM.
               ●Bei *Hansen* (Tel. 4965) zahlt man 45 DM. Die anderen
               Häuser liegen um 55 DM.

Ferien-   Die Kampener Ferienwohnungen sind ziemlich teuer. Wer
wohnun-   im Mehrwohnungshaus *Smiley* in der HS bis zu 1300 DM
gen   pro Tag hinblättern muß, wird nicht mehr lächeln. Auch
               wenn man unter Reet logiert und bis zu 10 Personen un-
               tergebracht werden können, schmerzt eine Monatsmiete
               von 39 000 DM doch ganz schön. In vielen anderen Fällen
               kommt man jedoch sogar in der HS mit umgerechnet
               50 DM pro Kopf davon; in der NS mit noch weniger.
               Annähernd alle Ferienwohnungen sind ganzjährig geöff-
               net. Hier gibt's übrigens jede Menge "auf Anfrage".

Heim   Das Schulland- und Kindererholungsheim *Haus Vogelkoje*
               in Kampen wird von der *AG Hamburger Schullandheime* be-
               trieben. Kontakt: Tel. 040-224183 oder -225444.

Camping   Der *Campingplatz Möwenweg* (Tel. 42086) liegt am süd-
               lichen Ortseingang ein paar Minuten vom (über eine Trep-

pe erreichbaren) Strand. 130 Stellplätze. Offen von Ostern bis 15.10. In der HS sind Hunde nicht erlaubt.

●Pro Person zahlt man 5 DM, für Kinder unter 6 Jahren 3 DM. Ein Zelt bis 10 m² kostet 7 DM, bis 20 m² 12 DM, über 20 m² 15 DM. Wohnwagen und Wohnmobile werden mit 2 DM pro laufenden Meter berechnet, das Vorzelt ebenfalls mit 1,20 DM. Der PKW kostet 2,50 DM pro Tag. Außerdem ist die Kurtaxe zu entrichten.

Gastronomie

Gewisse ungeschriebene Gesetze diktieren, wo "man" sich in der gastronomischen Szene Kampens zu einem Mahl niederzulassen hat. "Man" frühstückt natürlich in diesem Restaurant, luncht in jenem, "muß" in einem weiteren zu Abend essen. Wer es nicht schätzt, derart herumgeschubst zu werden, nehme seine Mahlzeiten lieber in Westerland oder Wenningstedt ein.

Was für ganz Deutschland Gültigkeit hat, ist in Kampen ganz besonders wahr: Der Diminutiv auf der Speisekarte ("Klößchen") zieht auch immer einen Superlativ auf der Rechnung nach sich ...

Am Strönwai

●Das *Gogärtchen* – kein Bezug auf das eben Gesagte – wartet mit einer neudeutschen Küche auf, läßt aber auch Traditionelles wie das berühmte Sylter Deichlamm nicht außer acht. Restaurant, Terrassencafé und Bar. Offen von Ostern bis 31.10. sowie Weihnachten und Silvester.

●*Tappe's* ist teuer, des "Stellenwerts" wegen, heißt es. Tagsüber wird Regionales berücksichtigt, abends geht es dann mit internationaler Spitzenküche in die Vollen. Fabelhafte Weinkarte. Offen täglich ab 11.30 Uhr.

●Der *Rauchfang* klingt sehr syltisch, doch hier wird vornehmlich Alpenländisches gereicht: Kaiserschmarrn und Tafelspitz, küß d' Hand.

Es geht locker zu, vor allem So beim Mittagsschoppen. Täglich ab 13, So ab 12 Uhr.

●Im *Pony* trifft "man" sich schon seit über dreißig Jahren, aber nur in der Saison und erst ab 20 Uhr, denn nur dann ist der Laden offen. Täglich wechselnde Speisekarte mit "hauseigenen Kreationen". Ab 23 Uhr **Disco**.

●Das *Odin* reicht kleine leckere Happen, wie es sich für ein Bistro gehört. Ganzjährig offen.

Abseits des Strönwai

●Im *Dorfkrug* (Alte Dorfstraße) geht es beschaulicher zu. Hier wird Deftiges serviert, vor Sauerfleisch und Bratkartoffeln wird nicht zurückgescheut. Der Krug ist entsprechend beliebt. Ganzjährig geöffnet von 12 bis 1 Uhr, im Winter ab 17 Uhr.

●Ein Stückchen weiter ist das *Leuchtfeuer* mit gutbürgerlicher Küche, dann das *Strünker's* mit "schwäbischen Akzenten". Ganzjährig 12-1 Uhr, Küche winters 17-1 Uhr.

●Die *Kupferkanne* (Stapelhooger Wai) ist ein Café, und die *Kupferpfanne* ein Restaurant; beide Etablissements hängen unmittelbar zusammen. In dem einen werden feine hausgebackene Leckereien gereicht, abends auch harte Sachen an der Bar, im anderen dominiert eine niveauvolle Küche., offen ab 18 Uhr.

●Im *Manne Pahl* (Hauptstraße) sitzt "man" beim Brunch oder schweizerisch-biederen Lunch, erfreut sich nachmittäglicher Tortenpracht und geht abends bei Kerzenschein zum Hauptgang über. Offen 10-1 Uhr rund um den Kalender.

●Das Café-Restaurant *Vogelkoje* liegt neben dem gleichnamigen Mini-NSG nördlich des Ortes und serviert Speisen im Einklang mit seiner natürlichen Umgebung: Vollwertiges, Biologisches, Dynamisches. Frühstück, Kampen-Style, ab 12, Abendrestaurant ab 19 Uhr.

Unterhaltung

Veranstaltungen

Kampen zehrt, was Sport und Veranstaltungen angeht, von seinen betriebsamen Nachbarn. Es fehlt wohl auch an Zuspruch. Das Kampener Publikum hat vielleicht andere Erwartungen in bezug auf Amüsement als Diavorträge und Storm-Lesungen im *Kaamp-Hüs* der Kurverwaltung. Solche mageren Highlights sind mit ein- oder zweimal in der Woche auch entsprechend dünn angesetzt. Ab und zu wird ein Klavier- oder anderes Abendkonzert veranstaltet, dann aber auch vom Feinsten.

Discos und Bars

Die nach ganz anderer Unterhaltung dürstenden Zugereisten treffen sich am Abend in den Bars und Discos des Ortes, als da sind: Die *Kupferkanne* (Stapelhooger Wai), der *Club Rotes Kliff* (Alte Dorfstraße) und das *Pony* am Strönwai, die beiden letzteren mit Disco-Dröhnung ab 23 Uhr. Türsteher kontrollieren, wer eingelassen werden darf. Wichtigstes Kriterium: nach Geld riechen. Schrillsein hilft, aber nur sekundär.

Touren

Wattwanderungen

Von Mai bis Oktober werden von der **Kurverwaltung** zu wechselnden Terminen Wattwanderungen in das Gebiet der Blidselbucht anberaumt. Genaue Zeiten und Treffpunkte werden erst bei Anmeldung bekanntgegeben. Dauer: 1,5 – 2,5 Std., Preis: 3 DM.

List

Der Ort   "Mit List Sylt entdecken. In List hat man Sylt zu Füßen" – so lauten die Reklamesprüche. Doch so berauschend ist Deutschlands nördlichster Ort nun auch wieder nicht. List ist schnell abgehakt. Schon im Ersten Weltkrieg war List *Garnison* und *Zeppelinhafen*, das Dritte Reich fügte einige potthäßliche Bauten dazu, die heute noch stehen und von der *Bundesmarine* belegt sind. Diese karge Aura teilt sich dem ansonsten traditionslosen Ort fühlbar mit und erweckt im Betrachter das Gefühl, sich eher an den Füßen Sylts zu befinden als umgekehrt.

Hafen   Die herbste Enttäuschung ist der Lister Hafen, "Deutschlands nördlichster", klar. (In List ist alles "nördlichst".) Man erwartet hier vielleicht auch eine "nördliche" Atmosphäre: dümpelnde Fischkutter, Netze auf der Pier, ein Geruch von Fisch und Teer. Nichts von alledem. Die Pier ist mit *Jahrmarktbuden* und *Souvenirschuppen* vollgebaut und ähnelt einem Kirmesgelände. Eins, zwei, gsuffa! schallt es aus diesen Etablissements – auf dänisch, denn die Nachbarn kommen gern mal zu Besuch, weil der "Sprit" daheim so teuer ist. Soweit Deutschlands nördlichster Hafen.

Dünen am
früheren
Königshafen

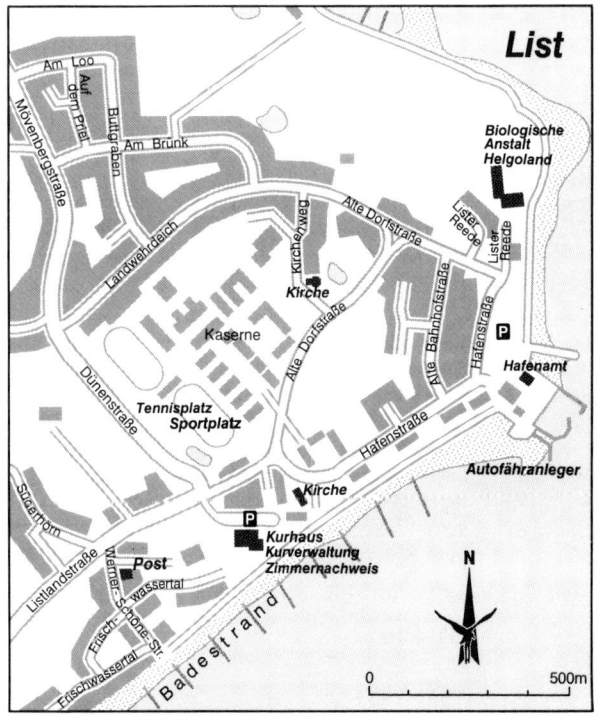

Lists Umgebung

Dünen   Doch welch prächtige Natur umgibt den öden
Ort und macht alles wieder wett! Die imponie-
renden Dünenbildungen, insbesondere der 35 m
hohe **Sandberg**, sind nicht ohne Anklänge an
die Sahara, zumal es sich hier um **Wanderdünen** handelt. Beträchtliche Vegetation, nied-
rig, aber gut ausgeprägt, soll die Dünen, wie
man hofft, am Davonwandern hindern.

Der Ellen-   Schön insbesondere ist der Ellenbogen, Sylts –
bogen   nun wirklich – nördlichster Zipfel. Das Gelände
ist seit 250 Jahren in Privatbesitz, und die heutigen Bewohner knöpfen motorisierten Besuchern

ganz legal eine Mautgebühr von 8 DM pro Fahrzeug ab. Besser wär es, wenn diese herrliche Landschaft ganz für Motorfahrzeuge gesperrt würde.

Königs-
hafen

Zwischen dem Ellenbogen und dem sogenannten Listland liegt der Königshafen, eine heute weitgehend versandete Bucht und großenteils NSG. Das *Inselchen Uthörn* ist Vogelschutzgebiet; Betreten streng verboten!

Anno 1644 war der Königshafen noch so tief, daß Dänen, Schweden und Holländer mit Kriegsschiffen gegeneinander antreten konnten. Alte Stiche zeigen die Bucht von hohen "Bergen" umsäumt – eine geradezu romantische Gegend.

Der Wind hat die "Berge" bis auf geringe Reste flachgeplättet, aber romantisch ist es am Königshafen immer noch. Hier lassen sich noch immer einsame Eckchen finden, und hier hat man Sylt, einschließlich List, wahrhaft zu Füßen.

List-Info

PLZ: 25992.
Vorwahl: 04652, ab Herbst '95: 04651.

Auskunft

● *Kurverwaltung* und *Zimmervermietung*: Listlandstraße (Tel. 95200, Fax 1398). Außerhalb der Bürozeiten übernimmt ein Computer im Eingang des Kurhauses den Zimmernachweis.
● *Schiffsauskunft: Römö-Sylt Linie* (Tel. 475).

Ärzte

Arzt: Am Brünk 1. *Zahnarzt:* Listlandstr. 25.

Kurtaxe

Siehe Anhang.

Strand-
körbe

In der Zeit vom 16. 5. bis 30. 9. zahlt man pro Tag 12 DM und pro Woche 63 DM. Für drei Wochen zahlt man 147 DM. Vom 1. bis 15. Mai kostet der Korb 8 DM pro Tag.

Achtung: Ostern bis 30.4. und im Oktober können Strandkörbe in begrenzter Anzahl kostenlos genutzt werden!

FKK Das FKK-Gelände befindet sich am Weststrand.

Kirchen Ev. am Kirchenweg, kath. Hafenstraße.

Hunde Hunde sind im Ort an der Leine zu führen. Am Textil- und FKK-Strand gibt es je ein ausgeschildertes Hunderevier.

Kinder *Spielplätze* für die Kleinen gibt es am Ost-, West- und FKK-Strand, am Hafen, am Kurhaus und bei der Grundschule List. Außerdem hat die Kurverwaltung keinen Geringeren als einen Diplompädagogen dazu abgestellt, am Oststrand *Ballspiele* und *Mini-Olympiaden* zu organisieren. Einmal in der Woche werden im Tischtennisraum des Kurhauses *Geschichten* erzählt, allerdings nur eine Stunde lang. Ein ganzer Tag ist dagegen für *Basteleien* reserviert.
●Mehr *Auskünfte* zum Thema Kinder bei der *Kurverwaltung* unter Tel. 95200.
●Siehe auch *Jugendzeltlager Mövenberg* bei "Unterkunft".

Unterkunft

Preise Achtung: Die listigen Lister Gastgeber legen nach ihrem eigenen Gutdünken aus, was HS und NS ist. Vor der Buchung unbedingt mit dem Vermieter die aktuelle Sachlage abklären!
Eine weitere Besonderheit ist eine preisliche Differenzierung von Aufenthalten bis zu 3 und ab 4 Tagen. Die nachstehend aufgeführten Preise beziehen sich auf die letztere Kategorie.

Hotels und Pensionen ●Das *Landhaus Silbermöwe* (Tel. 1214) ist "Deutschlands nördlichstes Hotel". Ungewöhnlich: Es sieht tatsächlich wie ein Landhaus aus, friesisch und mit Reetdach. Gemessen am Ambiente klingt 90 DM für die billigste Einheit deshalb nicht schlecht.
●Klein, fein, bescheiden ist der *Lister Hof* (Tel. 443). Ab 50 DM ÜF.
●Das *Hüs bi See* (Tel. 591) blickt übers Wattenmeer, ist reetgedeckt und sehr exklusiv. Auch die Preise: Bei 160 DM geht's erst los.
●Die Pensionen *Jensen* (Tel. 95440), *Schlang* (Tel. 458) und *Seeschwalbe* (Tel. 95040) liegen zwischen 46 (*Schlang*) und 70 DM ÜF.

Gästehäuser Ohne Frühstück kosten Privatunterkünfte ab 25 DM (*Sönnichsen*, Tel. 7695), mit Frühstück sogar ab 24,50 DM (*Matz*, Tel. 468).

Ferienwohnungen

Hier kommen die saisonalen Preisunterschiede ganz besonders zum Tragen. In der billigsten Saison ist in vielen Fällen ein Bett unter 20 DM drin. Doch Vorsicht: Oft schleichen die verbotenen Nebenkosten in Gestalt eines "Wäschepakets" (bis zu 30 DM pro Person "bei Inanspruchnahme"!) durch die Hintertür wieder herein. Dieser Praxis sollte kein Vorschub geleistet werden, zumal andere Häuser ohne sie auskommen können.

Ferienkolonie

Der Gemeinnützige *Verein für Jugenderholung auf Sylt* (Tel. 04651-22883) unterhält in Mövenberg (am Königshafen, 2,5 km westlich von List) das *Jugendheim Tsingtau* (Tel. 360). Offen von Mitte Mai bis Mitte September, 125 Betten auf 74 Zimmern. 21 DM VP. Angeschlossen ist ein großes **Zeltlager** (300 Plätze) mit allen modernen Einrichtungen. 18,50 DM VP.

Jugendherbergen

Auf dem gleichen Gelände befindet sich die *JH Mövenberg* (Tel. 397, Fax 1039). Kategorie III, 399 Betten auf 74 Zimmern, 10 Tagesräume. Offen vom 15.3. bis 31.10. ÜF und VP möglich. Kurtaxe auf Anfrage. Der gesamte Mövenberg-Komplex liegt in einer urigen Dünenlandschaft 800 m vom Strand.

Gastronomie

●Man kann in den **Jahrmarktbuden am Hafen** nicht nur trinken, sondern auch ganz vorzüglich essen. Die Schuppen sehen zwar nach Currywurst aus, aber drinnen gibt's die feinsten **Fischgerichte** und eine ausgesprochene Köstlichkeit aus dem Blidselwatt südlich des Ortes, *Sylt Royal*, **Inselaustern** pazifischen Ursprungs. (Schon im Mittelalter waren Sylter Austern geschätzt, doch die Kulturen verschwanden nach und nach, und heimische Arten ließen sich nicht wieder ansiedeln. Erst die Pazifische Felsmuschel führte in jüngster Zeit zum Durchbruch. Die Exotin verkauft sich allerdings ausgesprochen teuer.) Mehr zum Thema kann man erfahren in *Dittmeyer's Austern-Compagnie* in der Hafenstraße.
●Wer es – für Sylt – noch exotischer mag, sollte die *Strandhalle* am Weststrand ansteuern. Dort gibt es täglich bis 21.30 Uhr "österreichische Spezialitäten".
●Im *Jolanthe* (Süderhörn) ißt man von "heißen Wikingersteinen", was sich dann "Erlebnisgastronomie" nennt. Jeden Do kann man auch Labskaus nach Seemannsart erleben.
●Im *List-Hüs* (Hafenstraße) werden in gemütlicher Atmosphäre bis täglich 22 Uhr Lammspezialitäten und stramme Steaks serviert.

●Traditionell geht es zu im *Restaurant Königshafen* (Alte Dorfstraße) mit über hundert Jahren auf dem Buckel. Täglich frischer Fisch und andere Seafood- plus Fleischgerichte.

●Noch betagter ist der *Alte Gasthof* ein Stückchen weiter, der schon seit 1804 existiert. Nostalgie-Interieur und Deftiges sowie exquisite Meeresfrüchte auf der Speisekarte. Bis 22 Uhr, in der NS Mo geschlossen.

●Gutbürgerlich ist der *Lister Hof* (Listlandstraße) mit täglich wechselndem Menü. Spezialität: Fisch, klar.

●Der *Buttgraben* (daselbst) ist Lists "Kneipe", aber mit assoziierter prima Küche.

●In der *Alten Backstube* (Süderhörn) gibt's nicht nur Kaffee und Kuchen, sondern auch erlesene Speisen und Getränke und das täglich außer Mi bis 23 Uhr.

●*Zum Alten Seebär* (Mannemorsumtal): Deutsch schlecht, Küche gut. Allein 20 verschiedene Muschelgerichte stehen auf der Speisekarte, dazu jede Menge Fisch. Gut sortierter Weinkeller. Reservierung empfehlenswert (Tel. 950821), Hotel angeschlossen (ganzj. 85 DM).

●Außerdem zahlreiche Imbisse und Kioske.

Sport

Hallenbad   Das Hallenbad (Tel. 7416) befindet sich im Kurhaus. Das Bad hat eine Wassertemperatur von 30° C, dazu gehören Ruhezonen, eine Freifläche, ein Kleinkinderbecken und eine Sauna.

Vogel-
schwarm am
Königshafen

●*Öffnungszeiten:* Mo 10-18 Uhr, Di-So 10-19 Uhr.
●*Preise:* Erw. 5 DM, Kinder (4-18) 4 DM, jeweils 1,5 Stunden.

Gymnastik

Strandgymnastik für Gäste findet über einen großen Teil des Jahres hinweg statt. Einzelheiten im Aushang.

Segeln

Segeln hat in List den höchsten sportlichen Stellenwert, vor allem im Cat. Die *Segelschule Jordsand* (Tel. 7626) hält von Pfingsten bis September Kurse ab. Ein Grundkurs (10 Std.) kostet 285 DM, der Meisterkurs (18 Std.) 585 DM, für den A-Schein-Binnen zahlt man 770 DM Kursgebühr.

●Das Revier der Segelschule ist auch Standort der *Sylter Regatta Gemeinschaft* und Austragungsstätte international besetzter *Cat-Regatten*.

Tennis

Tennis kann man auf einem gemeindeeigenen Außenplatz (Mehrzweckfeld) spielen. *Auskunft*: Kurverwaltung.

Unterhaltung

●Gelegentliche Diavorführungen im *Kurhaus*.
●*Disco: Insel* (Dünenstraße), offen ab 20 Uhr, So Ruhetag.

Touren

Schiffstouren

Das Seetourangebot Lists ist vergleichsweise beschränkt, denn rechts von Sylt ist der Weg versperrt, und links schaukelt es meistens gewaltig. Die *Reederei Paulsen* (Tel. 04651-25758) macht das Beste aus dieser Situation, indem sie fast ganzjährig (und fast jeden Tag) die folgenden Nahzielfahrten mit ihrem Segelkutter *Gret Palucca* unternimmt: Dänische *Seehundbänke*, ca. 1,5 Std., Erwachsene 16, Kinder (4-11) 10 DM. Seetierfangfahrt, ca. 1 Std., 12 bzw. 8 DM.

Außerdem Kurzseefahrten zum *zollfreien Einkauf* an Bord der *Adler VII* für 4 bzw. 2,50 DM. Billige Jahreskarten für beliebig viele Fahrten. Chartertouren auf Anfrage.

Wattwanderungen

Wattwanderungen werden von Mai bis September in 14tägigen Intervallen durch die *Kurverwaltung* organisiert. Kostenpunkt: 3 DM. Von Mai bis Oktober unternimmt die *Biologische Station* (nördl. des Hafens) fast täglich solche Touren. Diese Ausflüge sind kostenlos, doch um eine Spende für den Naturschutz wird schon gebeten. Beide Wanderungen dauern 2 – 2,5 Std.

Abfahrtshäfen und Fähren

Emden

Emden, der Abfahrtshafen nach **Borkum**, kann auf eine fast 1200jährige Geschichte zurückblicken. Einst besaß die Stadt einen der bedeutendsten Handelshäfen Europas, heute macht sich die schwache wirtschaftliche Infrastruktur der Küstenregion bemerkbar.

Besichtigungstips

Kunsthalle
Die von *Henri Nannen* gegründete Kunsthalle ist in ganz Deutschland bekannt und berühmt.
●Hinter dem Rahmen 13, Tel. 04921-20995. Offen Di 10-20, Mi-Fr 10-19, Sa-So 11-19 Uhr.

Museum
Das **Ostfriesische Landesmuseum** mit der Rüstkammer ist immer einen Besuch wert (Neutorstraße, Tel. 04921-22855 und 87478). Geöffnet 1.4.-30.9. Mo-Fr 10-13 und 14-17 Uhr, Sa und So 11-13 Uhr (15.6.-15.9. 11-17 Uhr); 1.10.-30.3. Mo-Fr 10-13 und 15-17 Uhr, Sa und So 11-13 Uhr.

Rundfahrt
Auch eine Rundfahrt auf den zahllosen **Wasserwegen,** die Emden malerisch durchziehen, sollte man sich vielleicht nicht entgehen lassen.

Emden-Info

Auskunft
Verkehrsverein Emden, Am Stadtgarten, 26721 Emden, Tel. 04921-20094, Öffnungszeiten zu den normalen Bürostunden.

Anreise
Der **Borkumkai** liegt im äußersten Südwesten der Stadt (Ortsteil Nesserland) vor der Seeschleuse. Einige **Züge** fahren bis zum Borkumkai, in anderen Fällen muß am Bahnhof in den **Bus** umgestiegen werden (Linie 3005). Bei reichlich Gepäck ist in diesem Fall ein **Taxi** vorzuziehen. Das gleiche gilt für den **Flugplatz** im Norden Emdens (Ortsteil Harsweg): Da zwei Buslinien für die Anfahrt nötig sind, ist auch hier das Taxi empfehlenswert.

Parken
Nahe des Borkumkais kann man sein Auto in den *Borkumgaragen* unterstellen. Das kostet 4,50 DM (Hof), 5,50 DM (Halle) bzw. 6,50 DM (Box) für jeden angefangenen Tag (*AG Ems*, Tel 04921-890722).

Fährverbindungen mit Borkum

Auskunft   *Reiseauskunft* für alle Routen und *Kfz-Zentralreser-vierung*: *AG Ems*, 26723 Emden-Außenhafen (Tel. 04921-890722, Fax 890742).

Fähre   Die Fahrzeit mit der Autofähre nach Borkum beträgt etwa 2 Stunden, während derer es eine Menge Küste und Wattenmeer zu sehen gibt.

●*Fahrplan:* November bis Dezember zweimal täglich, während des restlichen Jahres und in der Weihnachts-saison bis zu vier Fähren.

●*Fahrpreise: einfache Fahrt:* Erwachsene 24 DM, Kin-der (4-11 Jahre) 12 DM; *Tagesrückfahrkarte:* 24 DM, Kinder 12 DM; *Wochenendrückfahrkarte* (Fr 17 Uhr bis So gültig): 35 DM, Kinder 17,50 DM; normale *Rückfahr-karte:* 44 DM, Kinder 22 DM. Die Rückfahrkarte für ein *Fahrrad* kostet 18 DM. *Fahrzeug* bis 2,5 t zul. Gesamtge-wicht kosten bis 160 cm Höhe: 14 DM je angefangene 100 kg Leergewicht; über 160 cm Höhe: 15 DM (Hin-/Rückfahrt zzgl. 2,5% Kaigebühr).

●*Gepäck:* Emden – Borkum Bahnhof 7,50 DM; Borkum Bahnhof – Unterkunft 5 DM für das erste Gepäckstück, jedes weitere 2,50 DM.

Kata-maran   Außerdem kann man auch per schnittigem Passagier-Katamaran mit 70 Sachen in einer knappen Stunde nach Borkum düsen. Das kostet nicht viel mehr *(15 DM Zu-schlag)*, man hat, weil nur Personenverkehr, keine mie-fenden Autos um sich herum, und manchem macht es gewiß Spaß, mit einem Affenzahn die Außenems entlang-zujagen. Die Naturschützer sind allerdings nicht so begei-stert von diesen Flitzern.

●*Fahrplan:* Von Emden *nach Borkum* Fr, So, Mo zwei-mal (20.5.-4.9. Fr nur einmal, 1.11.-13.3. So nur einmal); Di und Mi (mit Ausnahmen) keine Verbindung; Do und Sa einmal. Von Borkum *nach Emden* Mo und Sa einmal; Di und Mi (mit Ausnahmen) keine Verbindung, Do, Fr und So zweimal (20.05.-4.9. Do und Sa zusätzliche Fahrt, 1.11.-31.12. So nur eine Fahrt).

Achtung: Vom 1.1.-13.3. verkehrt kein Katamaran!

Nach Borkum ab Eemshaven

Auskunft   Siehe unter Emden, Fährverbindungen.

Parken   In Eemshaven kostet das Parken 3,50 DM (Hof), 6 DM (Halle) bzw. 7 DM (Box) pro Tag.

Fähre   Eine weitere **Anreisemöglichkeit nach Borkum** ist, nach
              Eemshaven in den Niederlanden (etwa 20 km nördlich von
              Delfzijl) durchzurollen und dort die kürzere Route mit der
              Autofähre (ca. 50 Min.) nach der Insel zu nehmen. Diese
              Alternative ist allerdings eigentlich nur für eilige Automobi-
              listen (und Holländer) von Interesse und dann etwas billi-
              ger. Für das Fußvolk heben sich etwaige Einsparungen
              durch die umständliche und teure Anreise mit öffentlichen
              Verkehrsmitteln jedoch wieder auf. Auch lohnt es sich
              nicht, über Eemshaven zu fahren, "um ein Stück Holland
              zu sehen". Der Terminal Eemshaven, das ganze Gelände
              überhaupt, ist eine potthäßliche Zweckanlage, jede
              Menge eckiger Beton.
              ●**Fahrplan:** November bis April einmal tägl.; während der
              Hauptsaison vom 20.5. bis 4.9. tägl. drei, Fr vier Fähren;
              während des restlichen Jahres und in der Ostersaison
              tägl. zwei, Fr drei Fähren.
              ●**Fahrpreise:**
              Tagesrückfahrkarte: Erwachsene 20 DM, Kinder (4-11
              Jahre) 10 DM; **Wochenendrückfahrkarte:** 32 DM, Kinder
              16 DM; normale **Rückfahrkarte** 36,50 DM, Kinder 18,30
              DM. Ein **Fahrrad** kostet 12,50 DM (Hin- und Rückfahrt).
              Komplizierter wird es bei **Fahrzeugen**. Bis 2,5 t zul. Ge-
              samtgewicht und 3 m Höhe kostet die Hin- und Rückfahrt
              70 DM, über 160 cm hohe Fahrzeuge kosten 74 DM. Die
              weiteren Preise: bis 4 m Länge 101 (105) DM, bis 4,50 m
              124 (128,50) DM, bis 5 m 168 (177) DM, darüber 203
              (212) DM.
              ●**Gepäck:** Eemshaven – Borkum Bahnhof 5 DM, Borkum
              Bahnhof – Unterkunft 5 DM für das erste Gepäckstück,
              jedes weitere 2,50 DM.

Norddeich

Einst lebte Norddeich zu einem nicht geringen
Prozentsatz von den Funkern des *Radio Norddeich*. Heute sind es Badegäste, die im Ort für
Bewegung sorgen, die meisten auf der Durchreise nach **Norderney** und **Juist**.

Norddeich-Info

Auskunft   *Verkehrsbüro Norddeich,* Tel. 04931-172200.

Parken   Wer seinen Wagen auf dem Festland lassen möchte
              (nach Juist kann man ein KFZ sowieso nicht mitnehmen),

kann ihn der (sorgfältig ausgeschilderten) *Frisia-Großga-rage* dicht beim Hafen anvertrauen und sich per Zubringer-bus zur Fähre bringen lassen.

●Tägliche **Gebühren** für einen Stellplatz: Im Freien 4,50 DM, unter Dach 5 DM, in der "Box" 7 DM. Weitere **Aus-künfte**: Tel. 04931-180233.

Bahnver-bindungen
Norddeich-Mole, die Endstation der Züge (der Bahnhof Norddeich liegt etwa 500 m weiter ortswärts), ist ein ins Hafenbecken ragender Finger, an dem man direkt in die Fähre umsteigen kann. Links (am Westkai) geht's nach **Norderney**, rechts nach **Juist**. Dazwischen liegen die Büros und Abfertigungsgebäude der Reederei.

Fährverbindungen mit Juist

Die Fähren nach Juist gehen an der östlichen Molenseite ab.

Auskunft
DB und die Reederei *Norden Frisia* (Tel. 04931-180224).

Fahrplan
●Die Route ist sehr stark von den **Gezeiten** abhängig, denn sie führt durch ein enges und zudem stark gewunde-nes Fahrwasser. Die **Abfahrtszeiten wechseln** daher fast täglich.

●Dies hat in der Praxis zur Folge, daß **Tagesfahrten** oft nicht möglich sind, weil die Fähre entweder schon nach sehr kurzem Aufenthalt im Juister Hafen oder aber erst mit der Tide des nächsten Tages zum Festland zurückkehrt, also eine Übernachtung einlegt. Tagesausflügler sind in der Regel besser bedient, wenn sie mit dem Flieger anzusteu-ern oder aber per **Verbundkarte** eine Strecke mit dem Schiff und die andere per Flugzeug zurückzulegen.

●Bei **außergewöhnlich niedrigen Wasserständen** (wie sie durch langanhaltenden Ostwind bewirkt werden kön-nen) läuft gar mehr. Wer unvorbereitet in diese Situation gerät, kann sich auf Abenteuerliches ge-faßt machen, wenn eine Schiffsladung Passagiere ver-sorgt und verfrachtet werden muß!

●Die Abfahrtszeiten der Fähre für Norddeich und Juist können für das jeweilige Kalenderjahr dem **Kursbuch der DB** unter der Nr. 10001 entnommen werden.

Fahrt-dauer, Fahrpreise
●Die **Fahrzeit** beträgt etwa 1½ Stunden.

●Die **Preise**: einfache Fahrt 19 DM, Tageskarte 27 DM, Viertageskarte 36 DM, Zweimonatskarte 38 DM, Verbund-karte (Flug und Fähre vier Tage gültig) 56 DM, Kinder von 4-11 zahlen die Hälfte. Für die Verbundkarte gilt: Kinder bis 8 die Hälfte, bis 4 Jahre 25 DM.

Gepäck   Wer mit der Bahn anreist, kann sein Gepäck im Heimatort für Haus-zu-Haus-Zustellung aufgeben. Andernfalls wird es in Norddeich in Container verladen. Preis pro Gepäckstück bis Juist-Hafen: 3 DM (unter 30 kg), 5 DM hin und zurück. Auf Juist gibt die *Firma Kannegieter* (Flugplatzstr., Tel. 1235) Hilfestellung bei der Gepäckbeförderung.

Fährverbindungen mit Norderney

Auskunft   *DB* und die *Reederei Norden-Frisia* (Tel. 04931-180224).

Fahrplan   Die Rinne zur Insel ist im Gegensatz zu jener nach Juist tief und *gezeitenunabhängig*. Die Fähren verkehren deshalb nach einem festen Fahrplan an Wochentagen zwischen 7 und 18 Uhr neunmal täglich. Freitagabend gibt es eine zusätzliche Fähre um 20 Uhr (ab Norderney 19 Uhr). Am *Wochenende* verkehren sechs bzw. sieben Fähren. In der *Osterzeit* sind es täglich zwischen 6.45 und 18 Uhr elf Fähren, und So wird eine zusätzliche Abendfähre um 20 Uhr (ab Norderney 19 Uhr) eingesetzt. In der *Hauptsaison,* von Juni bis Ende August, verkehren zwischen 6.45 und 20 Uhr (ab Norderney 6.40 bis 19 Uhr) 13 Fähren täglich, im Juli und August wird Di-Fr um 22 Uhr (ab Norderney 23 Uhr) eine zusätzliche Personenfähre eingesetzt.
●Wer die Abfahrtzeiten noch einmal checken möchte, findet sie im *Kursbuch* der DB unter Nr. 10002. Alle Schiffe sind *Ro/Ro-Autofähren*.

Fahrtdauer ●Die *Fahrtdauer* beträgt etwa 50 Minuten.
und   ●*Fahrpreis*: Einfache Fahrt 10 DM; Tagesfahrt 20 DM;
Fahrpreise Verbundkarte (s. Juist) 53 DM; Kinder von 4-11 zahlen die Hälfte. Für die Verbundkarte (4 Tage gültig) gilt: Kinder bis 8 Jahre 27 DM, bis 4 Jahre 25 DM. PKWs kosten zwischen 90 und 120 DM (Hin- und Rückfahrt) je nach Stellfläche.

Gepäck   Gepäck kann per DB durchgehend aufgegeben werden.
Mitgeführtes Gepäck wird in Norddeich in Container um-
geladen und kostet 3 DM pro Stück und Strecke. Auf Norderney nimmt sich die *Spedition J. Fischer* auf Verlangen
der Gepäckbeförderung an.

Neßmersiel

Wer nach Baltrum will, kommt an Neßmersiel
nicht vorbei. Es sei denn, daß er an dem Ort aufgrund dürftiger Ausschilderung vorbeirollt ...

Besichtigungstip

Echt friesisch ist das 1774 errichtete **Haykena-
Haus** mitten im Ort, die einzige Sehenswürdigkeit Neßmersiels.

Neßmersiel-Info

Auskunft   **Verkehrsbüro:** 26553 Neßmersiel (Tel. 04933-1902 oder
736).

Parken   Der Fähranleger hat nur einen Kai; davor befindet sich ein
großer (gebührenpflichtiger) **Parkplatz** – nicht sturmflutsicher! Die Neßmersieler **Garagenbetriebe** (Tel. 2223,
721, 2363) bieten Abstellmöglichkeiten im Ort. Gebühren:
Parkplatz 4 DM, Hallenplatz 5,50 DM, Sammelgaragen-
platz 6,50 DM, Einzelgarage ab 7,50 DM, jeweils pro Tag.
Mindestgebühr für Parkplatz 10 DM, für Garagen 20 DM.

Bahn-   Bahnreisende müssen im Hauptbahnhof von **Norden** in
anreise   den **Zubringerbus** nach Neßmersiel umsteigen. Die **Bus-
fahrpläne** sind im Kursbuch unter der Nr. 2188/II verzeichnet. Achtung: Alle Ankünfte und Abfahrten müssen
sorgfältig laut Fahrplan koordiniert werden!

Fährverbindungen mit Baltrum

Auskunft   Reederei *Baltrum-Linie* auf Baltrum (Tel. 04939-235) oder
durch die DB.

Fahrplan   Der Hafen von Neßmersiel ist **gezeitenabhängig** und der
Fahrplan der Fähren stark unregelmäßig. Die **Abfahrzei-
ten** (ab Neßmersiel und ab Baltrum) sind im Kursbuch der

DB unter der Nr. 10004 zu finden. Wer eine *Tagesfahrt* nach Baltrum plant, sollte den Fahrplan schon vor der Anreise genau studieren, weil ein solcher Trip aufgrund der Tidenverhältnisse manchmal nicht stattfinden kann.

Fahrtdauer und Fahrpreise

●Die *Fahrzeit* nach Baltrum beträgt etwa 30 Minuten.
●*Fahrpreise*: Einfache Fahrt 20 DM; Tagesfahrt 22 DM; Viertageskarte 33 DM; Zweimonatskarte 36 DM; Kinder von 4-11 zahlen die Hälfte. Tickets werden während der Fahrt an Bord verkauft.

Gepäck

Größeres Gepäck wird auf der Fähre wie üblich in Container verfrachtet, doch mit einem kleinen Unterschied gegenüber anderen Inseln: Der Service ist, ein fast unbekanntes Wort an der Küste, umsonst! Bei Anreise mit der *Bahn* kann das Gepäck bis zum Zielhaus durchgehend aufgegeben werden. Auf der Insel nimmt sich die Spedition *Bruns-Strenge* (Tel. 272) für 2 DM pro Stück der Gepäckbeförderung an.

Bensersiel

Seit 1859 ist Bensersiel der Langeooger Fährhafen. Damals war es noch ein Nest von Fischern und Seehundjägern. Das hat sich geändert: Heute bildet es zusammen mit dem landein gelegenen *Esens* einen Nordseebadkomplex, der 5500 Gästebetten bereithält.

Besichtigungstip

Wer in Esens auf den Zubringerbus zum Hafen warten muß und etwas Zeit totzuschlagen hat, kann sich dort das *Holarium* ansehen, eine im Herzen Ostfrieslands wohl gänzlich unerwartete Ausstellung von Hologrammen.

Bensersiel-Info

Auskunft

Kurverwaltung Esens-Bensersiel (Tel. 04971-3088).

Parken

In Bensersiel gibt es drei *Garagenbetriebe*: *Arians* (Tel. 04971-887), *Galts* (Tel. 4596) und *Graefs* (Tel. 833). Die Tarife sind in etwa die gleichen wie in Neßmersiel (siehe dort). Ein großer offener **Parkplatz** befindet sich auch direkt neben dem Anleger. Er ist ebenfalls gebührenpflichtig, aber, weil vor dem Deich gelegen, nicht sturmflutsicher.

Bahnverbindung

Ein **Bahnhof** befindet sich in Esens, von dort gibt es einen **Zubringerbus** (siehe Fahrplan der Fähre). Eine weitere Busanbindung besteht mit dem Bahnhof **Norden**.

Fährverbindungen mit Langeoog

Auskunft

Schiffahrt Langeoog in Bensersiel (Tel. 04971-2501) oder bei der *DB*.

Hafen

Die **Fähre** legt am obersten Ende der östlichen (rechten) Hafenseite ab.

Fahrplan

Der Fährverkehr mit Langeoog ist **nicht tideabhängig**. Bis zu neunmal täglich verkehrt zwischen 6.45 (Mo-Fr) bzw. 8.15 und 17.30 bzw. 19 Uhr (Fr und So) eine Fähre von Bensersiel **nach Langeoog**. Ab 9 Uhr morgens gibt es auch die zugehörige **Busverbindung** (Bus Nr. 393) ab Bahnhof Esens. Zurück **aufs Festland** verkehrt zwischen 7.10 (Mo-Fr) bzw. 8.15 Uhr und 17.30 bzw. 19 Uhr (So, kein Busanschluß!) insgesamt siebenmal täglich ein Schiff, jeweils mit Busanschluß nach Esens.
●Der Fahrplan ist unter der Nr. 10005 auch im **Kursbuch** der DB verzeichnet, der des Esens-Busses unter der Nr. 393.

Fahrtdauer und Fahrpreise

●Die **Fahrzeit** nach Langeoog beträgt etwa eine Stunde einschließlich Inselbahn. **Fahrkarten** am Anleger.
●**Preise:** Einfache Fahrt 18 DM; Tagesfahrt 27 DM; Viertageskarte 28 DM; Zweimonatskarte 34 DM. Kinder von 4 bis 11 J. zahlen die Hälfte. Beförderung mit der Inselbahn ist im Preis enthalten.

Gepäck

Reisegepäck kann mit der Bahn bis ans Zielhaus aufgegeben werden. Mitgebrachtes Gepäck wird auf dem Schiff in Container umgestaut. Gebühr: 5 DM pro Stück (einschl. Rückfahrt). Am anderen Ende nimmt sich die Firma *Heyken* (Tel. 6060/320) auf Verlangen der Gepäckbeförderung an. Nicht ganz billig: 4 DM für ein "normales" Stück, bis zu 7 DM für einen dicken Brocken.

Neuharlingersiel

Spiekeroogs festländisches Pendant ist ein hübsch gelegenes Städtchen mit einem ausgesprochen idyllischen Fischereihafen, als Reiseziel beliebt und entsprechend belebt. Wer zu Stoßzeiten keine Bleibe mehr findet, kann im weiteren Umfeld von Kleinholum über Werdum bis Altfunnixsiel mit Sicherheit ein Ausweichquartier auftreiben.

Besichtigungstips

Sehenswert in Neuharlingersiel ist außer dem malerischen **Hafen**, dessen Siel *Friedrich der Grosse* 1785 bauen ließ, das **Schlößchen Sielhof**, in dem sich heute ein Restaurant befindet. Verzichten sollte man auch nicht auf einen Besuch des **Buddelschiffmuseums** (Hafenwestseite, offen von März bis Oktober 10-13 und 14.30-18 Uhr, Di Ruhetag, Eintritt 2 DM). Auch ein kleines **Museum am Hafendeich**, in dem Seenotrettungsgeräte aus alter Zeit ausgestellt sind, ist recht interessant.

Neuharlingersiel-Info

Auskunft   *Kurverwaltung* (Tel. 04974-355).

Parken   Inselreisende, die per Auto anfahren, können ihre Mobile in den **Spiekeroog-Garagen** am östlichen Ortseingang einstellen (Cliener Straat 1 und 16, Tel. 284 und 386). Gebühren: pro Tag 8,50 DM Garage, 6 DM draußen; ab 5. Tag draußen 5 DM. Es gibt auch mehrere **Tagesstellplätze** (alle gebührenpflichtig) im Stadt- und Hafengebiet; diejenigen vor dem Deich sind jedoch nicht sturmflutsicher.

Bahn-anreise   Bei Anreise mit der Bahn muß in **Esens** oder **Norden** auf den sogenannten **Bäderbus** umgestiegen werden. Der Esens-Fahrplan ist im DB-Verzeichnis unter der Nr. 393 zu finden, die Anbindung an Norden unter 2187/II. Da die **Abfahrtszeiten der Fähre** tidenabhängig sind, ist es am besten, die gesamte Route vorab von der DB ausarbeiten zu lassen.

Fährverbindungen mit Spiekeroog

Auskunft   Fahrkartenausgabe Neuharlingersiel, Tel. 04974-214.

Fähre   Die Fähre nach Spiekeroog legt auf der westlichen (linken) Hafenseite ab. (Eine spätere Verlegung an den gegenüberliegenden Kai ist geplant.)

Fahrplan   Der Fahrplan ist *tidenabhängig* mit ständig wechselnden Abfahrtzeiten und sollte von Spiekeroogfahrern genau studiert werden, weil im Gegensatz zu anderen Inseln keinerlei Alternative mit dem Flugzeug existiert. *Tagesfahrten* sind daher manchmal nicht möglich.
●Der Fahrplan für das jeweilige Jahr ist im *Kursbuch* der DB unter der Nr. 10006 verzeichnet oder kann bei der Kurverwaltung in Spiekeroog angefordert werden.

Fahrtdauer und Fahrpreise   ●*Preise*: Einfache Fahrt 18,50 DM; Tagesfahrt 26 DM; Zweimonatskarte 35 DM; Kinder von 4 bis 11 Jahren fahren für die Hälfte. *Fahrkartenverkauf* im Pavillon auf der Pier.
●*Fahrtdauer* ca. 45 Min.

Gepäck   Reisegepäck kann bis zum Zielhaus per Bahn aufgegeben werden. Andernfalls erfolgt in Neuharlingersiel Umladung in Container zum Preis von 3 DM pro Stück (einschl. Rückfahrt). Auf der Insel handhabt die Spedition *Oltmanns* (Tel. 215) die Gepäckbeförderung, Preise ab 2 DM.

Harlesiel

Wangerooges Festlandshafen Harlesiel bildet
eine Einheit mit dem etwas weiter inland gelegenen Carolinensiel, ist jedoch wesentlich jüngeren Entstehungsdatums. Bei der Hollandflut von
1953 hatten die Deiche an dieser Stelle mit
knapper Not gehalten; danach wurden hier Kü-
stenbefestigungen geschaffen, die den Bau
eines neuen Hafens erforderlich machten. Dieserart entstand Harlesiel.

Besichtigungstips in Carolinensiel

Carolinensiel wurde anno 1730 erbaut und war
lange Zeit neben Emden Ostfrieslands betrieb-
samster Segelschiffhafen. Zeitzeugen aus der
damaligen Ära sind heute noch am *alten Siel-
hafen* zu bewundern: Das *Sielmuseum* und
das *Groot Mommens Hus*, ein ehemaliger
Kornspeicher, jetzt auch Museum (beide im Winter außer zur Weihnachtssaison geschlossen).

Harlesiel-Info

Auskunft *Nordseebad Carolinensiel-Harlesiel*, Tel. 04464-309
und 8014.

Parken Autogaragen in Harlesiel: *Heyken* (Tel. 307) und *Wachten-
dorf/Eilers* (Tel. 8002) draußen 4, Garage 6 DM/Tag,
Graalmann (Tel. 390) Garage 5,50 DM/Tag.

**Bahn-
anreise** Mit der Bahn Anreisende müssen sich gründlich informieren. Anfahrtsstrecke ist Bremen-Oldenburg-Wilhelms-
haven (Kursbuch-Tabelle 390/392). In *Sande* heißt es
umsteigen in den sogenannten *Tidebus*, der die Fahrgäste in 45 Min. zum Anleger befördert. Die Fähre legt dann
wenig später ab. Da die Zugankunft in Sande mit der (fast
täglich wechselnden) Abfahrt des Busses koordiniert werden muß, ist es am besten, sich einen Fahrplan von der
DB erarbeiten zu lassen.
●Eine weitere *Busverbindung* existiert ab dem Hauptbahnhof in *Norden* (Kursbuch-Tabelle 2187/II).

Fährverbindungen mit Wangerooge

Auskunft   *Fahrkartenausgabe Harlesiel* (Tel. 04464-345) oder durch die DB.

Fahrplan   Der Fährverkehr ist **gezeitenabhängig**; trotzdem werden bis zu vier Abfahrten pro Tag geboten, meistens jedoch drei und mitunter auch nur zwei.
●Die Fährabfahrten sind im **DB-Fahrplan** unter der Nummer 10007 verzeichnet.

Fahrtdauer Die *Fahrzeit* nach Wangerooge beträgt ca. 1¼ Std. ein-
und   schließlich Inselbahn vom Anleger zum Ort (4 km). *Fahr-*
Fahrpreise *preise:* Einfache Fahrt 27 DM; Tagesfahrt 29 DM; Zweimonatskarte 44 DM; Kinder von 4-11 zahlen die Hälfte.

Gepäck   *Bahngepäck* kann bis zum Zielhaus aufgegeben werden. Ansonsten erfolgt *Umladung* in Container zum Preis von 5 DM pro Stück. Auf der Insel kann man den Gepäck-dienst *Hundorf* (Tel. 04469-1426) mit der Beförderung be-auftragen.

Cuxhaven

Die Stadt Cuxhaven ist die Basis für alle Touren nach **Neuwerk**. Sie ist auch der "klassische" Ab-fahrtshafen für **Helgoland**, denn das größte Kontingent an Reiselustigen, die den roten Fel-sen besuchen, kam stets aus Hamburg, dessen Flagge bereits seit dem 14. Jahrhundert über Cuxhaven flatterte.

Besichtigungstips

Alte Liebe Die Alte Liebe hat mit Zuneigung überhaupt nichts zu tun. Als diese Pier 1703 gebaut wurde, versenkte man ein steinbeladenes Schiff namens *Olivia* zur Stärkung der Fundamente. Daraus wurde später die *Olle Liefde*, und bis zur Alten Liebe war es dann nur noch ein kleiner Schritt. An die 80.000 Schiffe ziehen hier alljährlich die Elbe ent-lang, Riesenkähne darunter.

Kugel-   Ein Stück nördlich der Alten Liebe, jenseits der Grimmer-
bake   hörn-Bucht, steht die Kugelbake, Cuxhavens Wahrzei-chen. Das schlichte Gerüst entstand ursprünglich nach

der schrecklichen Weihnachtsflut von 1717, die auch Cuxhaven nicht verschonte, und blieb, obwohl heute funk-
tionslos, als Gruß für einlaufende und Mahnmal für aus-
laufende Seefahrer stehen.

Museen   Ein Dutzend Museen gibt es in Cuxhaven, das spekta-
kulärste vielleicht das *Wrackmuseum in Stickenbüttel*
mit faszinierendem Bergungsgut aus dem Elbmündungs-
bereich. Ein *Marineluftschiffmuseum* existiert und ein *U-
Boot-Archiv*, und selbst ein *Deichmuseum* fehlt nicht.

Cuxhafen-Info

Auskunft   *Kurverwaltung* (Tel. 04721-4040).

Parken   Parkmöglichkeiten auf der Pier. Wer sein Auto unter Dach
und Fach wissen möchte, rufe ein entsprechendes Ser-
vice-Center an: Tel. 04721-36001.

Fährverbindungen mit Neuwerk

Auskunft Das MS *Flipper* der *Reederei Cassen Eils* (Tel. 04721-
und   32211) unternimmt vom 16.3. bis 24.10. fast täglich Fahr-
Fahrplan ten. *Abfahrtsort* ist die Alte Liebe, die *Fahrtdauer* nach
Neuwerk beträgt ca. 1,5 Std.. Diese Fahrten lassen
sich mit Wattwanderungen bzw. Hin- oder Rücktouren im pfer-
degezogenen Wattwagen kombinieren. Alle *Abfahrtszeiten* sind natürlich in hohem Maße tidenabhängig.

Preise   ●*Einfache Fahrt:* Kinder und Jugendliche bis 17 Jahre
zahlen 15 DM, Erwachsene 20 DM, die Familienkarte kostet 52 DM, ab 3 Kindern 62 DM.
●*Tagesrückfahrkarte:* Kinder und Jugendliche zahlen 20
DM, Erwachsene 26 DM, die Familienkarte kostet 68 DM,
ab 3 Kindern 78 DM.
●Die *Familienkarte* gilt für Eltern mit eigenen Kindern
(bis 15 Jahre).

Fährverbindungen mit Helgoland

●*Abfahrtsort* ist der Fährhafen.
●*Fahrpläne, Preise und Informationen:* siehe unter Helgoland.

Strucklahnungshörn

Strucklahnungshörn auf Nordstrand ist der Abfahrtshafen nach **Pellworm**.

Strucklahnungshörn-Info

**Parken,
Auto-
mitnahme**
Das **Auto** kann nach Pellworm mitgenommen werden; ansonsten kann man es auf dem großen **Parkplatz** am Hafen stehen lassen, unentgeltlich, aber auch unbewacht.

**Weitere
Infos**
Siehe unter Nordstrand.

Fährverbindungen mit Pellworm

Auskunft: *Neue Pellwormer Dampfschiffahrts-GmbH (NPDG),* Tel. 04844-753 und 755.

Fahrplan
Der Hafen von Strucklahnungshörn ist von den Tiden abhängig, jedenfalls bis auf weiteres, und der Fahrplan somit **unregelmäßig**. Durchweg gibt es von dort fünf, manchmal sechs Abfahrten pro Tag, so daß man eigentlich immer von der Stelle kommt. Dasselbe gilt für die Rückfahrt ab Pellworm, die in den meisten Fällen an einen passenden **Bus nach Husum** angebunden ist.

**Fahrt-
dauer**
Die **Überfahrt** dauert etwa 35 Minuten. Nicht motorisierte Fahrgäste werden durch einen **Zubringerbus** von der Pier auf Pellworm nach **Tammensiel** befördert (ca. 1 km, gratis).

Fahrpreise *Einfache Fahrt* 9 DM, *Rückfahrkarte* 15 DM. **Kinder** (4-11) 5 bzw. 8 DM. **PKW** (Rückfahrkarte): Zwischen 80 und 170 DM, je nach Leergewicht.
●*Fahrkarten* jeweils am Anleger.

Schlüttsiel

Der **Hafen Schlüttsiel** – einen Ort dieses Namens gibt es nicht – liegt am Deich des Hauke-Haien-Kooges ein Stückchen südlich von Dagebüll. Rechts und links ist Wasser.

Schlüttsiel ist der Hafen der **Liniendienste**

nach den *Halligen* und für die alternative Route
nach *Amrum* – die andere geht ab Dagebüll –
und für zahlreiche *Tagestouren*.

Schlüttsiel-Info

Parken,
Auto-
mitnahme

In Schlüttsiel gibt es auch reichlich Platz, um das Auto ab-
zustellen (bewacht: 3 DM/Tag). Wer es unbedingt mitnehmen muß, sollte der Reederei rechtzeitig Nachricht geben
(Tel. 04681-8040).

Bahn-
anreise

Nächster Bahnhof ist *Husum*, von dort verkehren Busse
mit Schlüttsiel. *Fahrplan*: siehe Abfahrtszeiten der
Fähren.

Fährverbindungen mit den
Halligen und Amrum

Auskunft

Wyker Dampfschiffahrts-Reederei (WDR), Postfach 1540,
25933 Wyk, Tel. 04681-800.

Fahrplan

Vom 1.5. bis 31.10. finden auf der Route Schlüttsiel-
Hooge-Langeneß-Wittdün täglich zwei Abfahrten statt, ab
Schlüttsiel um 10 und 17.15 Uhr, die Busverbindung in
Husum startet um 9 bzw. 16.25 Uhr. Zurück geht es ab
Amrum um 6.30 und 14 Uhr. In Husum ist man dann um
10.40 Uhr bzw. 18.10 Uhr. Im restlichen Jahr wird durch-
weg einmal täglich zu unterschiedlichen Zeiten gefahren.

Fahrt-
dauer

Schlüttsiel – Hallig Hooge ca. 1,5 Std.; Hallig Hooge – Hallig Langeneß ca. 1,5 Std.; Hallig Langeneß – Wittdün/
Amrum ca. 45 min.

Fahr-
preise

	Schlüttsiel–Amrum	Schlüttsiel – Halligen	Halligen – Amrum
Einfache Fahrt	15 DM	11 DM	11 DM
Tagesrückfahrkarte	22 DM	16 DM	15 DM
2-Monats-Rückfahrk.	26 DM	20 DM	19 DM
Fahrrad - Rückfahrt	7 DM	7 DM	7 DM

●*Kinder* von 4 bis 11 Jahren zahlen den halben Fahrpreis; Kinder unter 4 Jahren werden frei befördert.
●Einen *PKW* auf die Halligen mitzunehmen kostet zwischen 85 und 177 DM, nach Amrum 95 bis 226 DM (incl.
Rückfahrt). Ein Kleinkraftrad kostet 15 DM, ein Kraftrad
23 DM.

Touren

Ausflüge per Schiff

Vom 1.5.-31.10. jeden Jahres unternimmt die WDR mit dem MS *Hilligenlei* tägliche Abfahrten nach **Hooge/Langeneß/Amrum**. Abfahrt jeweils 10 Uhr, ca. 7 Std., 22 DM, Kinder (4-11) die Hälfte (auch bei den 2 folgenden Programmen). Im restlichen Jahr findet diese Tour nur Do statt.

●Von Mai bis Oktober passiert die WDR auch täglich die **Halligen** auf dem Weg nach Amrum, wo ein 5stündiger Aufenthalt eingelegt wird. Abfahrt 10 Uhr, ca. 10 Std., 25 DM. Die Rückfahrt erfolgt über **Dagebüll** (Bus nach Schlüttsiel).

●Vom 1.4. bis 24.10. unternehmen die *Seeadler*-Schiffe Tagesfahrten nach verschiedenen Zielen:

	Dauer ca. Std.	Erw. DM	Kinder 4-11
Hooge	6	17	9
Gröde	5	19	11
Seetierfangfahrt	1,5	14	8
Seehundbänke	3,5	20	10
Langeneß	6	17	9

Auskunft: *Halligreederei Holdt* (Hooge, Tel. 04849-226).

●Zweimal täglich vom 1.5. bis 24.10. macht die *Hauke Haien* die Leinen los für eine Exkursion nach Hooge: erste Fahrt 9.30-16 Uhr, zweite 13-18.30 mit je 3,5 Std. Aufenthalt auf Hooge. Fahrpreis 17 DM, Kinder 9 DM. Auskunft: Tel. 04841-81481.

●Das MS *Rungholt* läuft in der Saison (Ende Juli bis Ende Oktober) ab Schlüttsiel ebenfalls verschiedene Stationen im Halligmeer an:

	Dauer ca. Std.	Erw. DM	Kinder (4-11)
Seetierfang	2	14	7
Seehundbänke	3	15	7
Oland/Rundfahrt	3	15	7
Gröde/Rundfahrt	2,5	15	7
Oland und Gröde	4,5	19	9
Langeneß oder Hooge	6	17	9

Auskunft: Tel. 04667-367.

Wattwanderungen

Um 10 Uhr nach Langeneß, dann via Oland und Dagebüll teilweise übers Watt zurück. Ca. 10 Std., 24 DM. Nur im Sommer; Einzelheiten auf Anfrage, bei der WDR.

Dagebüll

Dagebüll ist *Föhrs* Abfahrtshafen auf dem Festland und gleichzeitig auch für die Hauptroute (z. T. via Wyk) nach *Amrum*. Die WDR befördert pro Jahr rund 240.000 Fahrzeuge und 1,9 Millionen Fahrgäste. Man kann sich vorstellen, daß am Hafen von Dagebüll dann oft der Bär los ist.

Dagebüll hat Seebadstatus, aber keinen nennenswerten Strand. Wenn auf den Inseln alles voll ist, bieten sich hier jedoch Ausweichquartiere in der "zweiten Reihe" an.

Dagebüll-Info

Auskunft   *Fremdenverkehrsbüro* (Tel. 04667-280).

Bahn-   Für Bahnfahrer ist in Niebüll Endstation. Ab dort fährt ein
verbin-   *Zubringerzug* der Reederei WDR, die sogenannte *Frie-*
dungen   *senbahn*, passend zu den jeweiligen Fähren bis an den Kai; der Fährpreis schließt diese Route mit ein.

Parken   Wer die Kosten für den Autotransport sparen und einen Beitrag zur Inselökologie leisten möchte, kann sein Mobil auf bewachten Parkplätzen abstellen (ab 3,50 DM/Tag). ●*Auskunft:* Garagenstellplatz: Tel. 04667-320. Parkhaus: Tel. 255.

Fährverbindungen mit Amrum und Föhr

Auskunft   *Wyker Dampfschiffahrts-Reederei (WDR)*, Postfach 1540, 25933 Wyk, Tel. 04681-800.

Fahrplan   Während der HS (1.5.-31.10.) gibt es täglich rund ein Dutzend Abfahrten der großen WDR-Autofähren. Bei großem Andrang werden mitunter Sonderfahrten angesetzt, sogar nachts.

Fahrt-   Dagebüll-Föhr ca. 45 Min., Föhr-Amrum ca. 1 Std., Dage-
dauer   büll-Amrum ca. 1,5 Std.

Fahr-
preise

	Wyk/Föhr	Wittdün/Amrum
Einfache Fahrt	9 DM	15 DM
Tagesrückfahrkarte	14 DM	22 DM
2-Monats-Rückfahrkarte	17 DM	26 DM
Fahrrad – Rückfahrt	7 DM	7 DM
Kleinkraftrad – Rückfahrt	15 DM	15 DM
Kraftrad – Rückfahrt	23 DM	23 DM

● *Kinder* von 4-11 Jahren zahlen den halben Fahrpreis, Kinder unter 4 Jahren werden frei befördert. Außerdem gibt es 50 % *JH-Rabatt*.
● Für den *PKW* zahlt man, je nach Gewicht, nach Wyk zwischen 88 und 202 DM, nach Wittdün zwischen 98 und 239 DM (incl. Rückfahrt). Für die Überfahrt müssen Autos unbedingt vorgebucht werden: WDR (Tel. 04667-311 oder 04681-8040).

Anhang

Kurtaxe und Strandkorbpreise

	Hoch–saison	Winter–saison	Kinder ab 6, Jugendliche	Erwachsene
Baltrum	1.6.–15.9.	1.11.–28.2.	1,70/1,20/–	4,50/2,90/–
Borkum	15.5.–30.9.	1.10.–14.5.	1.Kind: 1,30/0,50 2.Kind: 0,50/ –	5,00/2,70
Juist	1.6.–11.9.	1.11.–19.3.	1,50/1,10/0,50	4,90/3,20/1,60
Langeoog	1.6.–15.9.	1.11.–28.2.	1,90/1,40/0,50	4,70/3,00/1,00
Norderney	15.5.–30.9.	1.11.–28.2.	1,50/1,00/0,75	5,00/2,50/1,50
Spiekeroog	1.6.–15.9.	1.11.–28.2.	1,70/1,50/–	4,20/2,70/–
Wangerooge außerh. Ort	1.6.–15.9.	1.11.–14.3.	1,70/1,30/0,50 1,20/0,90/0,35	4,80/3,00/1,50 2,70/1,90/0,70
Amrum (Nebel)	1.5.–31.10.	1.11.–30.4.	–	3,50/2,00
Amrum (Norddorf)	15.5.–30.9.	1.10.–14.5.	–	3,50/2,00
Amrum (Wittdün)	1.5.–31.10.	1.11.–30.4.	–	4,00/3,00
Föhr (Nieblum)	1.6.–15.9.	1.11.–31.3.	–	3,00/2,00/–
Föhr (Utersum)	1.6.–15.9.	1.11.–31.3.	1,20/0,90/– in Elternbegleitung frei	2,90/1,80/–
Föhr (Wyk)	1.5.–30.9.	1.11.–28.2.	1,20/1,20/1,20 in Elternbegleitung frei	4,50/3,40/2,25
Hooge	1.5.–30.9.	1.10.–30.4.	siehe Sonstiges	1,20/–
Langeneß/ Oland	1.6.–30.9.	1.11.–14.12. 16.1.–14.3.	ab 12 J.: 1,00/0,50/–	1,50/0,80/–
Nordstrand	1.6.–30.9.	1.11.–14.12. 16.1.–14.3.	–	2,50/2,00/–
Pellworm	1.6.–30.9.	1.11.–14.12. 16.1.–14.3.		3,00/2,00/–
Sylt (Hörnum)	15.5.–30.9.	1.11.–14.4.	–	4,50/2,50/1,00
Sylt (Kampen)	15.5.–30.9.	1.10.–14.5.	–	5,40/3,00
Sylt (List)	16.5.–30.9.	1.11.–31.3.	–	4,00/3,00/1,00
Sylt (Ost)	15.5.–30.9.	1.11.–30.4.	–	3,50/2,30/1,30
Sylt (Rantum)	15.5.–30.9.	1.11.–14.4.	1,50/0,80/–	4,40/2,60/1,20
Sylt (Wennigstedt)	15.5.–30.9.	1.10.–14.5.	–	4,70/2,00
Sylt (Westerland)	1.5.–31.10.	1.11.–30.4.	–	5,50/2,75
Helgoland	1.5.–30.9.	1.11.–28.2.	4,00/1,50/1,00 in Elternbegleitung frei	5,00/3,00/2,00

Die **Preise** sind in der **Reihenfolge** Hauptsaison – Nebensaison Wintersaison angegeben. Wo es nur eine Unterscheidung von zwei Saisonzeiten gibt, findet man folglich auch nur zwei Preise.

im Vergleich

Sonstiges	Strandkorb (1 Woche, HS)	Woche Familie (2 Kinder) HS/NS	Woche Familie + Strandkorb (HS)
b 3. Kind frei, Tagesgäste nd Wattwanderer ermäßigt	77,00	86,80/57,40	163,80
b 3. Kind frei	56,00 (Strandzelt u. 2 Liegestühle)	82,60/41,30	138,60 (Strandzelt)
	70,00	89,60/60,20	159,60
b 3. Kind frei	56,00	92,40/61,60	148,40
	70,00–84,00	91,00/49,00	161–175
	77,00	82,60/58,80	169,60
b 3. Kind frei, Ab-/Anreise-ag = 1 Tag	56,00–84,00	78,00/51,60 46,80/33,60	134,00–162,00 102,80–130,80
	56,00	49,00/28,00	105,00
	56,00	49,00/28,00	105,00
	56,00	56,00/42,00	112,00
chwerbehinderte: 50% rmäßigung	50,00	42,00/28,00	92,00
	50,00	40,60/25,20	90,60
	65,00	63,00/47,60	128,00
am: 2. Pers. 1 DM, 3. Pers. ,60 DM, 4. Pers. 0,20 DM	45,00 (incl. Transport)	28,00/–	66,00
		28,00/14,70	
	70,00	35,00/28,00	105,00
	42,00	42,00/28,00	84,00
uszubildende 18–27 J. in lternbegleitung frei	70,00	56,00/35,00	126,00
uszubildende 18–27 J. in lternbegleitung frei	70,00	68,60/35,00	145,60
b 3. Person: 2,00/1,50/0,50	63,00	56,00/42,00	119,00
		49,00/32,20	
	70,00	82,60/44,80	152,60
	59,00	65,80/28,00	124,80
ollstuhlfahrer und 100% chwerbehinderte frei	84,00 bei Vorbestellung	77,00/38,50	161,00
	65,00	70,00/42,00	135,00

Kinder unter sechs Jahren sind überall von der Kurtaxe befreit. Bei den *Preisvergleichen* wurde als Beispiel eine Familie mit einem Kind unter zwölf und einem über vierzehn Jahren gewählt.

Langfristige Sommerferienregelung

	1995	1996
Baden-Württemberg	27.7.-09.9.	25.7.-07.9.
Bayern	27.7.-11.9.	01.8.-16.9.
Berlin	29.6.-09.8.	20.6.-31.7.
Brandenburg	29.6.-09.8.	20.6.-31.7.
Bremen	06.7.-16.8.	27.6.-07.8.
Hamburg	29.6.-09.8.	20.6.-31.7.
Hessen	06.7.-16.8.	18.7.-28.8.
Mecklenburg-Vorpommern	29.6.-09.8.	20.6.-31.7.
Niedersachsen	22.6.-02.8.	27.6.-07.8.
Nordrhein-Westfalen	13.7.-23.8.	04.7.-14.8.
Rheinland-Pfalz	06.7.-16.8.	18.7.-28.8.
Saarland	06.7.-16.8.	18.7.-28.8.
Sachsen	22.6.-02.8.	27.6.-07.8.
Sachsen-Anhalt	22.6.-02.8.	27.6.-07.8.
Schleswig-Holstein	29.6.-09.8.	20.6.-31.7.
Thüringen	22.6.-02.8.	27.6.-07.8.

1997	1998	1999	2000
31.7.-13.9.	30.7.-12.9.	29.7.-11.9.	27.7.-09.9.
31.7.-15.9.	30.7.-14-9.	29.7.-13.9.	27.7.-11.9.
19.6.-02.8.	09.7.-19.8.	15.7.-25.8.	20.7.-30.8.
19.6.-02.8.	09.7.-19.8.	15.7.-25.8.	20.7.-30.8.
17.7.-27.8.	23.7.-02.9.	22.7.-01.9.	13.7.-23.8.
26.6.-06.8.	09.7.-19.8.	15.7.-25.8.	20.7.-30.8.
24.7.-03.9.	16.7.-26.8.	01.7.-11.8.	22.6.-02.8.
26.6.-06.8.	09.7.-19.8.	15.7.-25.8.	20.7.-30.8.
17.7.-27.8.	23.7.-02.9.	22.7.-01.9.	13.7.-23.8.
03.7.-13.8.	25.6.-05.8.	17.6.-31.7.	29.6.-09.8.
24.7.-03.9.	16.7.-26.8.	01.7.-11.8.	22.6.-02.8.
24.7.-03.9.	16.7.-26.8.	01.7.-11.8.	22.6.-02.8.
17.7.-27.8.	23.7.-02.9.	22.7.-01.9.	13.7.-23.8.
17.7.-27.8.	23.7.-02.9.	22.7.-01.9.	13.7.-23.8.
19.6.-02.8.	09.7.-19.8.	15.7.-25.8.	20.7.-30.8.
17.7.-27.8.	23.7.-02.9.	22.7.-01.9.	13.7.-23.8.

Weiterführende Literatur

Sachbücher

●*Das Greenpeace-Buch der Nordsee*, Mac Cavin, Malcolm, Franckh-Kosmos, 1991

●*Das Nordsee-Kinderheft*, Janssen, Susan und Kruse, Jan BUND Schleswig-Holstein 1992

●*Das Watt*, Maywald, Armin, Maier, Ravensburg 1991

●*Die Deutsche Gesellschaft zur Rettung Schiffbrüchiger*, Ostersehlte, Christian, Kabel, Hamburg 1990

●*Die Nordsee, Inseln, Küsten, Land und Leute*, Maier, Dieter, Reich-Verlag, Luzern 1986

●*Häfen Werften Schiffe – Chronik der Schiffahrt an der Westküste Schleswig-Holsteins*, Detlefsen, Gerd Uwe, Lühr & Dircks, St. Peter-Ording 1989

●*Historischer Küstenschutz*, Kramer, Johannes und Rohde, Hans, Wittwer, Stuttgart 1992

●*Kein Deich, kein Land, kein Leben*, Kramer, Johannes, Rautenberg, Leer 1989

●*Kleiner Vogelführer für die Ostriesischen Inseln*, Temme, Manfred, Anker, 1982

●*Kleines plattdeutsches Wörterbuch*, Sass, Johannes, Wachholtz, Neumünster 1989

●*Küstenfibel*, Wieland, Peter, Boyens, Heide 1990

●*Lebensraum Nordseeküste und Wattenmeer*, Dolder, Willi und Ursula, Greil, Grünwald 1989

●*Nationalpark Schleswig-Holsteinisches Wattenmeer*, Fiedler, Walter, Boyens, Heide 1992

●*Naturwunder Küste*, Rohde, Jürgen, Bucher, 1985

●*Nordsee in Not*, Greenpeace Report, Rowohlt, Reinbek 1988

●*Nordseeküste – Führer für Sportschiffer*, Werner, Jan, Delius Klasing, Bielefeld 1989

●*Pflanzen am Meer*, Jantzen, Friedrich, LB-Naturbücherei, 1989

●*Schleswig-Holstein sehen und erleben*, Große, Sven und Leier, Anne, Süddeutscher Verlag, München 1989

●***Störtebeker & Co.***, *Zimmerling, Dieter,* Ullstein, Berlin 1983
●***Sturmflut 1717***, *Jakubowski, Manfred,* Oldenbourg, München 1992
●***Vögel am Meer***, *Pott, Eckart,* LB-Naturbücherei, 1989
●***Vögel der Nordsee***, *Quedens, Georg,* Breklumer Verlag, Breklum 1989
●***Was finde ich am Strande***, *Streble, Heinz,* Franckh-Kosmos, 1990
●***Was weißt du von der Waterkant?***, *Prager, Hans G.,* Koehlers VG, Minden 1980
●***Wenn Sylt versinkt***, *Brandt-Odenthal, Marian,* Fischer, Frankfurt 1989

Belletristik

●***Die Nordsee-Inseln. Ein Heimatbuch***, *Lobsien, Wilhelm,* Leipzig 1928
●***Geschichten unt Bollerup***, *Lenz, Siegfried,* Quickborn, Hamburg 1989
●***Helgoländer Lieder***, *Hoffmann v. Fallersleben, Heinrich,* Wolfsburg 1953
●***Nordsee-Geschichten***, *Fock, Gorch,* Orion-Heimreiter, 1989
●***Reisebilder – Späte Lyrik***, *Heine, Heinrich,* Goldmann, München 1959
●***Werke in einem Band***, *Storm, Theodor,* Hauser, München/Wien 1988
●***Auserwählte Novellen, ill. v. W. Busch***, *Storm, Theodor,* Parkland, Stuttgart 1989

REISE KNOW-HOW

REISE KNOW-HOW Bücher werden von Autoren geschrieben, die Freude am Reisen haben und viel persönliche Erfahrung einbringen. Sie helfen dem Leser, die eigene Reise bewußt zu gestalten und zu genießen. Wichtig ist uns, daß der Inhalt nicht nur im reisepraktischen Teil „Hand und Fuß" hat, sondern daß er in angemessener Weise auf Land und Leute eingeht. Die Reihe REISE KNOW-HOW soll dazu beitragen, Menschen anderer Kulturkreise näher zu kommen, ihre Eigenarten und ihre Probleme besser zu verstehen. Wir achten darauf, daß jeder einzelne Band gemeinsam gesetzten Qualitätsmerkmalen entspricht. Um in einer Welt rascher Veränderungen laufend aktualisieren zu können, drucken wir bewußt kleine Auflagen.

SACHBÜCHER:

Die Sachbücher vermitteln KNOW-HOW rund ums Reisen: Wie bereite ich eine Motorrad- oder Fahrradtour vor? Welche goldenen Regeln helfen mir, unterwegs gesund zu bleiben? Wie komme ich zu besseren Reisefotos? Wie sollte ich eine Sahara-Tour vorbereitet werden? In der Sachbuchreihe von REISE KNOW-HOW geben erfahrene Vielreiser Antworten auf diese Fragen und helfen mit praktischen, auch für Laien verständlichen Anleitungen bei der Reiseplanung.

Welt

Achtung Touristen
DM 16,80   ISBN 3-922376-32-0
Äqua-Tour (RAD & BIKE)
DM 28,80   ISBN 3-929920-12-3
Auto(fern)reisen
DM 34,80   ISBN 3-921497-17-5
Die Welt im Sucher
DM 24,80   ISBN 3-9800975-2-8
Fahrrad-Weltführer
DM 44,80   ISBN 3-9800975-8-7
Motorradreisen
DM 34,80   ISBN 3-921497-20-5
Um-Welt-Reise (REISE STORY)
DM 22,80   ISBN 3-9800975-4-4
Wo es keinen Arzt gibt
DM 26,80   ISBN 3-922376-35-5

REISE STORY:

Reise-Erlebnisse für nachdenkliche Genießer bringen die Berichte der REISE KNOW-HOW REISE STORY. Sensibel und spannend führen uns durch die fremden Kulturbereiche und bieten zugleich Sachinformationen. Sie sind eine Hilfe bei der Reiseplanung und ein Lesevergnügen für jeden Fernwehgeplagten.

STADTFÜHRER:

Die Bücher der Reihe REISE KNOW-HOW CITY führen in bewährter Qualität durch die Metropolen der Welt. Neben den ausführlichen praktischen Informationen über Hotels, Restaurants, Shopping und Kneipen findet der Leser auch alles Wissenswerte über Sehenswürdigkeiten, Kultur und „Subkultur" sowie Adressen und Termine, die besonders für Geschäftsreisende wichtig sind.

Europa

Amsterdam
DM 26,80   ISBN 3-89416-231-7
Baltikum – Estl./Lettl./Litauen
DM 39,80   ISBN 3-89416-196-5
Bretagne
DM 39,80   ISBN 3-89416-175-2
Budapest
DM 26,80   ISBN 3-89416-212-0
Bulgarien
DM 36,80   ISBN 3-89416-220-1
England, der Süden
DM 36,80   ISBN 3-89416-224-4
Estland
DM 26,80   ISBN 3-89416-215-5
Irland-Handbuch
DM 36,80   ISBN 3-89416-194-9
Lettland
DM 26,80   ISBN 3-89416-216-3
Litauen mit Kaliningrad
DM 29,80   ISBN 3-89416-169-8
London
DM 26,80   ISBN 3-89416-199-x
Madrid
DM 26,80   ISBN 3-89416-201-5
Mallorca
DM 29,80   ISBN 3-927554-17-0
Mallorca für Eltern und Kinder
DM 24,80   ISBN 3-927554-15-4
Oxford
DM 26,80   ISBN 3-89416-211-2
Paris
DM 26,80   ISBN 3-89416-200-7
Portugal-Handbuch
DM 34,80   ISBN 3-923716-05-2
Prag
DM 26,80   ISBN 3-89416-204-X
Rom
DM 26,80   ISBN 3-89416-203-1
Schottland-Handbuch
DM 36,80   ISBN 3-89416-179-5
Schweden-Handbuch
DM 36,80   ISBN 3-923716-10-9
Skandinavien – der Norden
DM 36,80   ISBN 3-89416-191-4
Tschechien
DM 36,80   ISBN 3-89416-600-2
Türkei-Handbuch
DM 36,80   ISBN 3-923716-02-8
Türkei West & Südküste
DM 32,80   ISBN 3-923716-11-7

PROGRAMMÜBERSICHT

Europa

Ungarn
DM 32,80   ISBN 3-89416-188-4
Warschau/Krakau
DM 26,80   ISBN 3-89416-209-0
Wien
DM 26,80   ISBN 3-89416-601-0
Zypern-Handbuch
DM 32,80   ISBN 3-923716-04-4

Deutschland

Berlin mit Potsdam
DM 26,80   ISBN 3-89416-226-0
Frankfurt/Main
DM 24,80   ISBN 3-89416-207-4
Mecklenburger Seenplatte
DM 24,80   ISBN 3-89416-221-X
München
DM 24,80   ISBN 3-89416-208-2
Nordfriesische Inseln
DM 19,80   ISBN 3-89416-601-0
Nordseeinseln
DM 29,80   ISBN 3-89416-197-3
Nordseeküste
DM 26,80   ISBN 3-89416-603-7
Ostdeutschland individuell
DM 32,80   ISBN 3-921838-12-6
Ostfriesische Inseln
DM 19,80   ISBN 3-89416-602-9
Ostharz mit Kyffhäuser
DM 19,80   ISBN 3-89416-228-7
Oberlausitz
DM 24,80   ISBN 3-89416-165-5
Ostseeküste/ Mecklenburg
DM 19,80   ISBN 3-89416-184-1
Rügen/Usedom
DM 19,80   ISBN 3-89416-190-6
Freistaat Sachsen
DM 26,80   ISBN 3-89416-177-9
Land Thüringen
DM 24,80   ISBN 3-89416-189-2
Westharz mit Brocken
DM 19,80   ISBN 3-89416-227-9
DM 26,80   ISBN 3-89416-601-0

Afrika

Afrikanische Reise
(REISE STORY)
DM 26,80   ISBN 3-921497-91-4
Bikeabenteuer Afrika
(RAD & BIKE)
DM 28,80   ISBN 3-929920-15-8
Durch Afrika
DM 56,80   ISBN 3-921497-11-6
Ägypten individuell
DM 36,80   ISBN 3-921838-10-x
Tonführer Ägypten: Kairo
DM 32,00   ISBN 3-921838-91-6
Tonführer Ägypten: Luxor, Theben
DM 29,80   ISBN 3-921838-90-8
Agadir & die Königsstädte Marokkos
DM 29,80   ISBN 3-921497-71-x
Kairo, Luxor, Assuan
DM 26,80   ISBN 3-921838-08-8
Kamerun
DM 39,80   ISBN 3-921497-32-9
Kenya
DM 39,80   ISBN 3-921497-45-0
Madagaskar, Seychellen, Mauritius, Réunion, Komoren
DM 36,80   ISBN 3-921497-62-0
Marokko
DM 44,80   ISBN 3-921497-81-7
Nigeria - hinter den Kulissen
(REISE STORY)
DM 26,80   ISBN 3-921497-30-2
TransSahara
DM 29,80   ISBN 3-921497-01-9
Tunesien
DM 44,80   ISBN 3-921497-74-4
Tunesiens Küste
DM 29,80   ISBN 3-921497-76-0
Westafrika
DM 49,80   ISBN 3-921497-02-7
Die Wolken der Wüste
(REISE STORY)
DM 24,80   ISBN 3-89416-150-7
Zimbabwe
DM 34,80   ISBN 3-921497-26-4

Asien

Bali & Lombok mit Java
DM 39,80   ISBN 3-89416-604-5
Bangkok
DM 26,80   ISBN 3-89416-205-8
China Manual
DM 44,80   ISBN 3-89416-167-1
China, der Norden
DM 39,80   ISBN 3-89416-229-5
Sprachbuch China
Hoch-Chinesisch (Mandarin), Kantonesisch, Tibetisch
DM 24,80   ISBN 3-922376-68-1
Indien, der Norden
DM 44,80   ISBN 3-89416-223-6
Reisen mit Kindern in Indonesien
DM 26,80   ISBN 3-922376-95-9
Jemen
DM 39,80   ISBN 3-921497-09-4
Kambodscha
DM 29,80   ISBN 3-89416-219-8
Komodo/Flores/Sumbawa
DM 36,80   ISBN 3-89416-605-3
Ladakh und Zanskar
DM 36,80   ISBN 3-89416-176-0
Laos
DM 20,80   ISBN 3 80416 218 x
Malaysia & Singapur mit Sabah & Sarawak
DM 36,80   ISBN 3-89416-178-7
Myanmar (Burma)
DM 29,80   ISBN 3-9800464-3-5
Nepal-Handbuch
DM 36,80   ISBN 3-89416-193-0
Phuket (Thailand)
DM 29,80   ISBN 3-89416-182-5
Singapur
DM 26,80   ISBN 3-89416-210-4
Sri Lanka
DM 39,80   ISBN 3-89416-170-1
Sprachbuch Südostasien
Indonesisch, Thai, Tagalog
DM 24,80   ISBN 3-922376-33-9
Sulawesi (Celebes)
DM 36,00   ISBN 3-89416-172-8
Thailand Handbuch
DM 36,80   ISBN 3-89416-171-X
Vietnam-Handbuch
DM 36,80   ISBN 3-89416-195-7
Australien-Handbuch
DM 36,80   ISBN 3-923716-03-6
Australien-Outback
DM 29,80   ISBN 3-923716-08-7

REISE KNOW-HOW

P R O G R A M M Ü B E R S I C H T

Ozeanien

Neuseeland
DM 32,80   ISBN 3-923716-09-5
Neuseeland (REISE STORY)
DM 24,80   ISBN 3-921497-15-9
Bikebuch Neuseeland
(RAD & BIKE)
DM 36,80   ISBN 3-929920-16-6

RAD & BIKE:

REISE KNOW-HOW RAD & BIKE sind Radführer von lohnenswerten Reiseländern bzw. Radreise-Stories von außergewöhnlichen Radtouren durch außereuropäische Länder und Kontinente. Die Autoren sind entweder bekannte Biketouren-Profis oder „Newcomer", die mit ihrem Bike in kaum bekannte Länder und Regionen vorstießen. Wer immer eine Fern-Biketour plant - oder nur davon träumt – kommt an unseren RAD & BIKE-Bänden nicht vorbei!

Amerika

Atlanta & New Orleans
DM 28,80   ISBN 3-89416-230-9
Durch den Westen der USA
DM 39,80   ISBN 3-927554-20-0
Durch die USA mit Flugzeug und Mietwagen
DM 36,80   ISBN 3-927554-10-3
Amerika von unten (REISE STORY)
DM 22,80   ISBN 3-9800975-5-2
„Und jetzt fehlt nur noch John Wayne..." (REISE STORY)
DM 22,80   ISBN 3-927554-18-9
USA/Canada
DM 44,80   ISBN 3-927554-19-7
Canada Ost/USA
DM 39,80   ISBN 3-927554-22-7
Durch Canadas Westen m. Alaska
DM 36,80   ISBN 3-927554-03-0
Hawaii
DM 36,80   ISBN 3-89416-860-9
Brasilien
DM 39,80   ISBN 3-929920-11-5
Costa Rica
DM 36,80   ISBN 3-89416-166-3
Ecuador/Galapagos
DM 36,80   ISBN 3-921497-55-8
Guatemala
DM 36,80   ISBN 3-89416-214-7
Mexiko
DM 36,80   ISBN 3-9800975-6-0
Panama
DM 36,80   ISBN 3-89416-225-2
Radabenteuer Panamericana
(RAD & BIKE)
DM 28,80   ISBN 3-929920-13-1
Traumstraße Panamerikana
(REISE STORY)
DM 24,00   ISBN 3-9800975-3-6
Peru/Bolivien
DM 34,80   ISBN 3-9800376-2-2
Trinidad & Tobago
Barbados, St Lucia, Grenada, St. Vincent & die Grenadinen
DM 36,80   ISBN 3-89416-174-4
Venezuela
DM 39,80   ISBN 3-921497-40-x
Sprachbuch Lateinamerika
Spanisch, Quechua, Brasilianisch,
DM 24,80   ISBN 3-922376-18-5

REISE KNOW-HOW

PROGRAMMÜBERSICHT

Peter und Rainer Höh
BALTIKUM
— Estland, Lettland, Litauen
mit Kaliningrad (Königsberg)

Der Schlüssel zu drei neuen und faszinierenden Reiseländern, die erst jetzt für den Individualtourismus zugänglich werden. "Weiße Flecken" auf der Tourismuskarte, über die es bisher kaum zuverlässige Informationen gab, Länder voller Überraschungen.

Das Buch bietet Informationen über Land und Leute, Geschichte und Kultur, Tradition und Gegenwart sowie eine Fülle praktischer Reisetips: Einreise, Visa, Zoll, Geld, Verkehrsverbindungen, Restaurants, Übernachtung, Einkaufen, Camping, Gaststätten, Tips für Autofahrer und Wohnmobilisten, Kultur- und Freizeitangebote sowie Informationen über Besonderheiten, die dem unvorbereiteten Besucher Probleme bereiten könnten. Der Reiseteil gibt Routenempfehlungen und beschreibt die überraschend vielen Sehenswürdigkeiten und Attraktionen in den baltischen Ländern: Baudenkmäler wie Kirchen und Burgen ebenso wie Museen, Ausstellungen und Veranstaltungen; Badestrände und Nationalparks, Möglichkeiten für Wanderungen und Kanutouren.

624 Seiten, ca. 200 Fotos, Abbildungen und Karten, ausführliche Orts- und Sachregister, 16 Farbseiten.
ISBN 3-89416-196-5, DM 39,80

Rainer und Peter Höh
LITAUEN
mit Kaliningrad (Königsberg)

Auskopplung aus dem oben genannten Reiseführer. Für jeden, der ausschließlich Litauen und Kaliningrad (Königsberg) besuchen will.

336 Seiten, ca. 100 Fotos, Abbildungen und Karten, ausführliche Orts- und Sachregister, 8 Farbseiten
ISBN 3-89416-169-8, DM 29,80

Rainer und Peter Höh

Urlaubshandbuch
Rügen/Usedom

Rügen, Hiddensee und Use-
dom, die "Perlen der Ostsee"
begeistern Naturliebhaber
und Kulturfreunde genauso
wie Badeurlauber. **Bilder-
buchstrände** wechsen mit
schroffen **Klippen;** mondäne
Seebäder vergangener Zeiten
mit klassizistischen Prachtbauten sind zu entdecken,
aber auch reizvolle Dörfer mit
reetgedeckten **Fischerkaten**
und reichgeschmückten **Kapitänshäusern.** Die prachtvollen mittelalterlichen Stadtkerne der großen Hansestädte
Greifswald und **Stralsund**, die steinzeitlichen **Großstein-
gräber** und slawischen **Burgwälle** sind Zeugen der Vergangenheit.

Das **Urlaubshandbuch Rügen/Usedom** informiert über
die aktuelle Reisesituation und bietet detaillierte
Hintergrundinformationen. Neben ausführlichen Ortsbe-
schreibungen mit Besichtigungsvorschlägen gibt es Tips
zu Unterkünften und Gaststätten, Szene-Treffs und Discos.
Schiffsausflüge werden ebenso vorgeschlagen wie Wanderungen; Adressen von Campingplätzen und Jugendherbergen wurden ebensowenig vergessen wie die Beschreibung aller Strände.

Abgerundet wird diese Urlaubshandbuch durch

- rund 50 Karten und Stadtpläne
- zahlreiche Fotos und Zeichnungen
- drei umfangreiche Register

Reise Know-How Verlag Peter Rump GmbH, Bielefeld
ISBN 3-89416-190-6, 384 Seiten, DM 19,80

Rainer und Peter Höh

Urlaubshandbuch
**Ostseeküste/
Mecklenburg**

Osteeküste und Mecklen-
burg: Ein Paradies für Erhol-
ungssuchende, Naturliebhaber und Kulturinteressierte!
Alte Badorte mit klassizistischen Prachtbauten können
entdeckt werden, reetge-
deckte Fischerkaten, maleri-
sche **Altstädte,** Schlösser
und Burgen, **Sandstrände**
mit lebhaftem Badebetrieb
und stille Küsten. In kaum berührten **Seengebieten**,
Dünen- und Heidelandschaften sind so seltene Tierarten
wie Biber und Kraniche zu Hause.

Das **Urlaubshandbuch Ostseeküste/Mecklenburg** informiert über die aktuelle Reisesituation und bietet detaillierte
Hintergrundinformationen. Neben ausführlichen Ortsbe-
schreibungen mit Besichtigungsvorschlägen gibt es Tips
zum Kulturangebot, zu Unterkünften und Gaststätten,
Szene-Treffs und Discos. Schiffsausflüge werden ebenso
vorgeschlagen wie Wanderungen. Adressen von Campingplätzen wurden ebensowenig vergessen wie Tips für
Kanuten und Radler oder Extra-Hinweise für Kurzausflüge.

Abgerundet wird das Urlaubshandbuch Ostseeküste/
Mecklenburg durch

- rund 50 Karten und Stadtpläne
- zahlreiche Fotos und Zeichnungen
- drei umfangreiche Register

**Reise Know-How Verlag Peter Rump GmbH, Bielefeld
ISBN 3-89416-184-1, 312 Seiten, DM 19,80**

Sachregister

Inselkarten

Ortskarten

Ortsregister

HILFE!

Dieses Reisehandbuch ist gespickt mit unzähligen Adressen, Preisen, Tips und Infos. Nur vor Ort kann überprüft werden, was noch stimmt, was sich verändert hat, ob Preise gestiegen oder gefallen sind, ob ein Hotel, ein Restaurant immer noch empfehlenswert ist oder nicht mehr, ob ein Ziel noch oder jetzt erreichbar ist, ob es eine lohnende Alternative gibt usw. Der Autor dieses Buches ist zwar stetig unterwegs und versucht alle zwei Jahre eine komplette Aktualisierung zu erstellen, aber auf die Mithilfe von Reisenden kann er nicht verzichten.

Darum: Schreiben Sie uns, was sich geändert hat, was besser sein könnte, was gestrichen bzw. ergänzt werden soll. Nur so bleibt dieses Buch immer aktuell und zuverlässig. Die besten und hilfreichsten Zuschriften belohnt der Verlag mit einem Freixemplar der nächsten Auflage. Schreiben Sie direkt an: Reise Know-How Verlag Peter Rump GmbH, Hauptstr. 198, D-33647 Bielefeld. Danke!

Der Autor

Wer könnte besser einen Reiseführer für die deutschen Nordseeinseln schreiben als jemand, der an der Nordsee (Cuxhaven, 1942) geboren wurde, mit Salzwasser im Blut viele Jahre lang zur See fuhr und fließend "Platt" spricht?

Der vorliegende Nordseeführer ist Roland Hanewalds zwölftes Buch, seit er sich zu Beginn der achtziger Jahre nach und nach von der Seefahrt verabschiedete, um als Schriftsteller, Journalist und Fotograf in eigener Regie weiterzumachen. Zu seinen Büchern gesellen sich weit über zweihundert Bildreportagen in bislang siebzehn Ländern.

(FH)